北京大学城市治理研究院
广州高新区高质量发展研究院

出品

国土空间规划与治理研究丛书

打造世界级生物安全产业集群

——国际经验、国家战略与黄埔实践

沈体雁　李耀尧　何力武　徐海涛◎著

经济日报出版社

图书在版编目（CIP）数据

打造世界级生物安全产业集群：国际经验、国家战略与黄埔实践／沈体雁等著．—北京：经济日报出版社，2021.10

ISBN 978－7－5196－0938－2

Ⅰ．①打… Ⅱ．①沈… Ⅲ．①生物技术－高技术产业－产业集群－研究－中国 Ⅳ．①F426.7

中国版本图书馆 CIP 数据核字（2021）第 201095 号

打造世界级生物安全产业集群——国际经验、国家战略与黄埔实践

作　　者	沈体雁　李耀尧　何力武　徐海涛
责任编辑	黄芳芳
责任校对	史玉京
出版发行	经济日报出版社
地　　址	北京市西城区白纸坊东街 2 号 A 座综合楼 710（邮政编码：100054）
电　　话	010－63567684（总编室） 010－63584556（财经编辑部） 010－63567687（企业与企业家史编辑部） 010－63567683（经济与管理学术编辑部） 010－63538621　63567692（发行部）
网　　址	www.edpbook.com.cn
E－mail	edpbook@126.com
经　　销	全国新华书店
印　　刷	北京九州迅驰传媒文化有限公司
开　　本	710 毫米×1000 毫米　1/16
印　　张	19.75
字　　数	293 千字
版　　次	2021 年 12 月第 1 版
印　　次	2020 年 12 月第 1 次印刷
书　　号	ISBN 978－7－5196－0938－2
定　　价	52.00 元

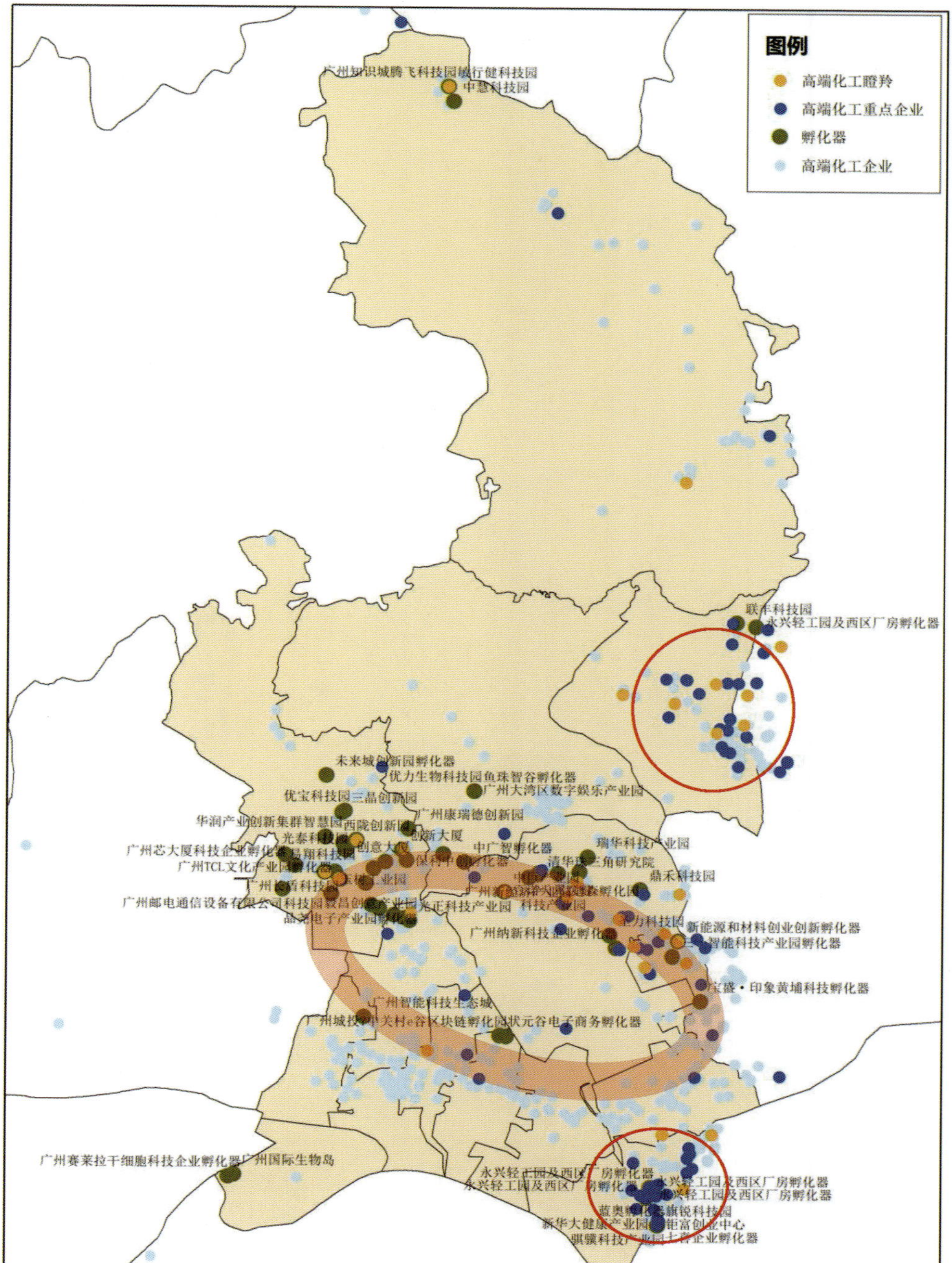

图 5-2　黄埔区高端化工产业集群地图

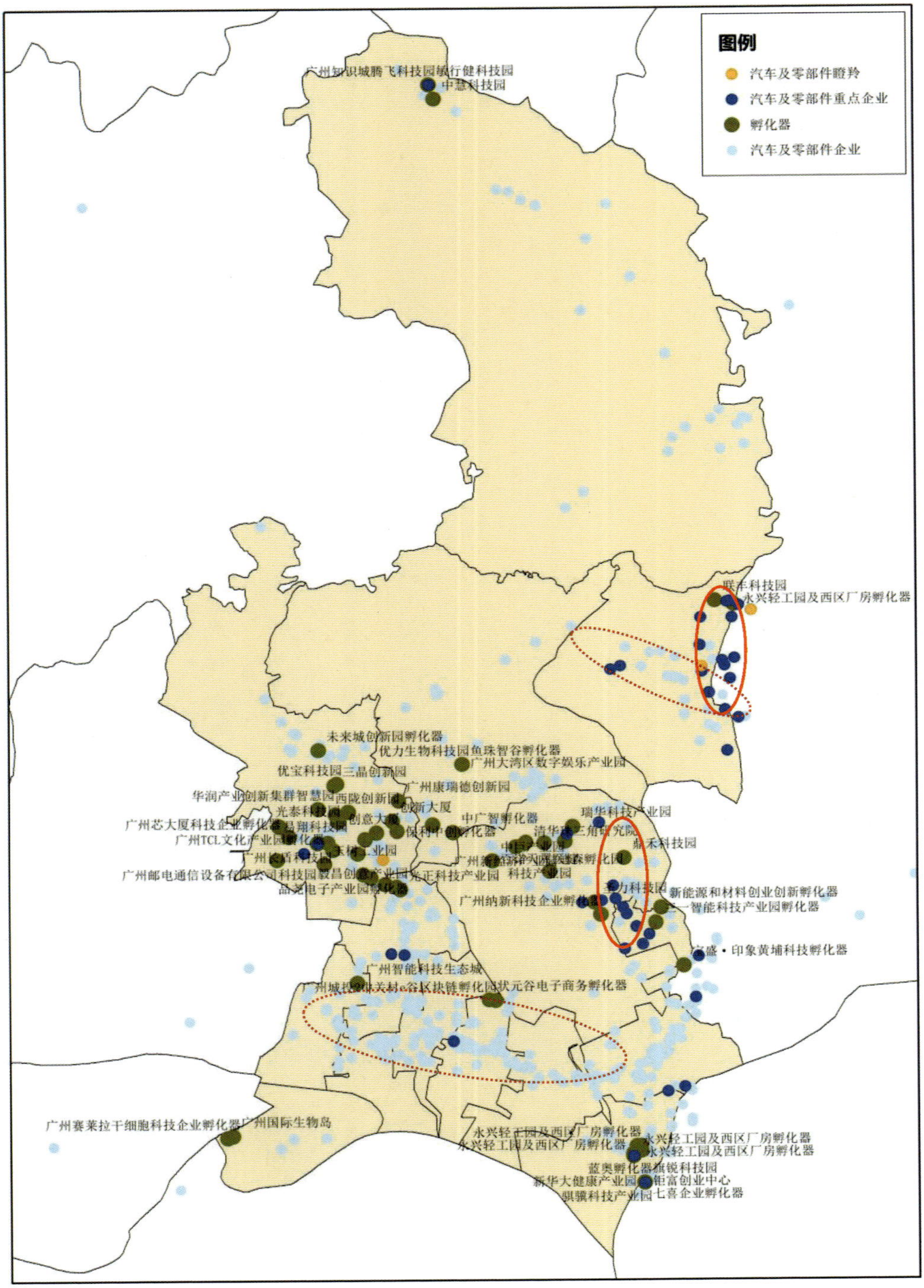

图 5–3　黄埔区汽车及零部件产业集群地图

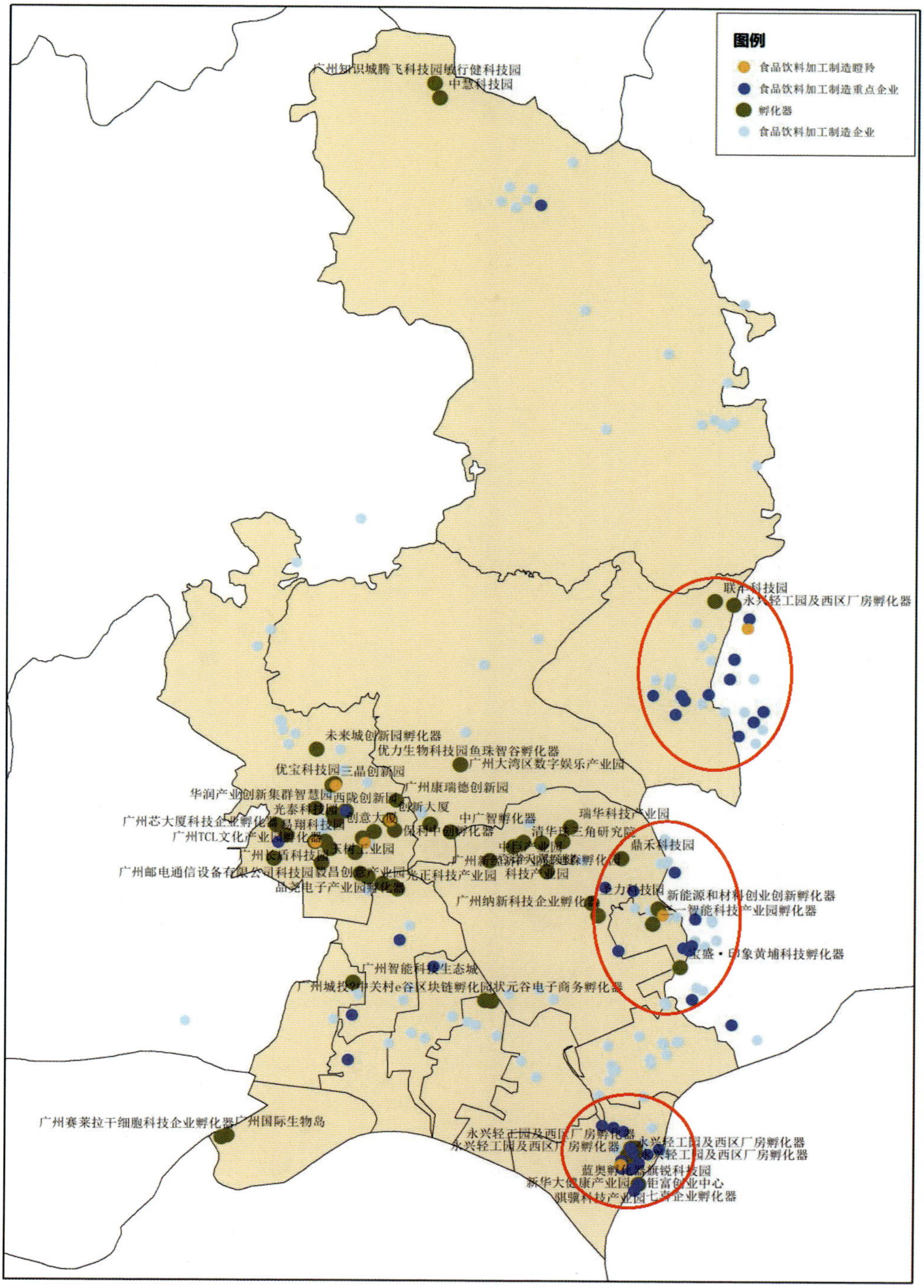

图 5-4　黄埔区食品饮料加工制造产业集群地图

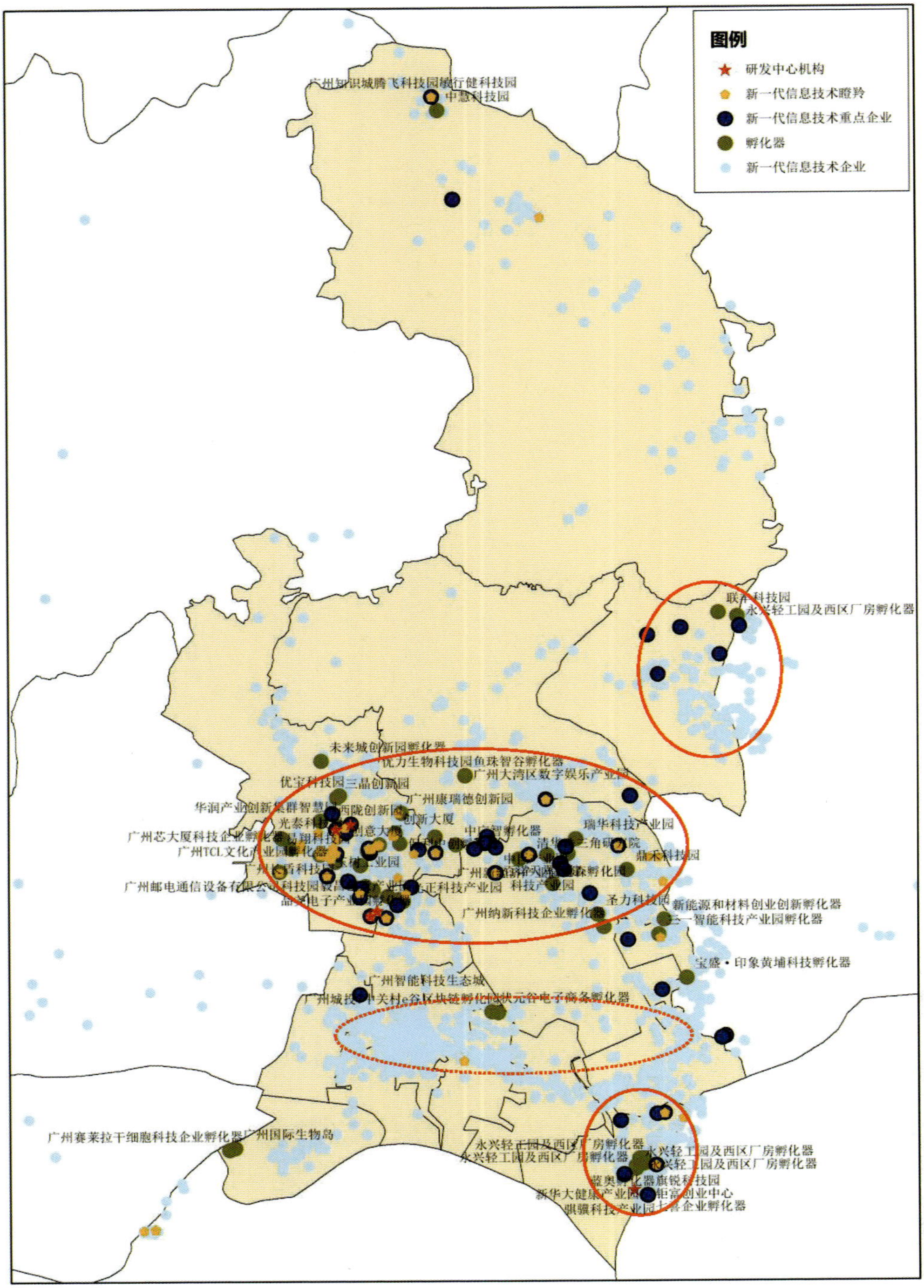

图 5–5　黄埔区新一代信息技术产业集群地图

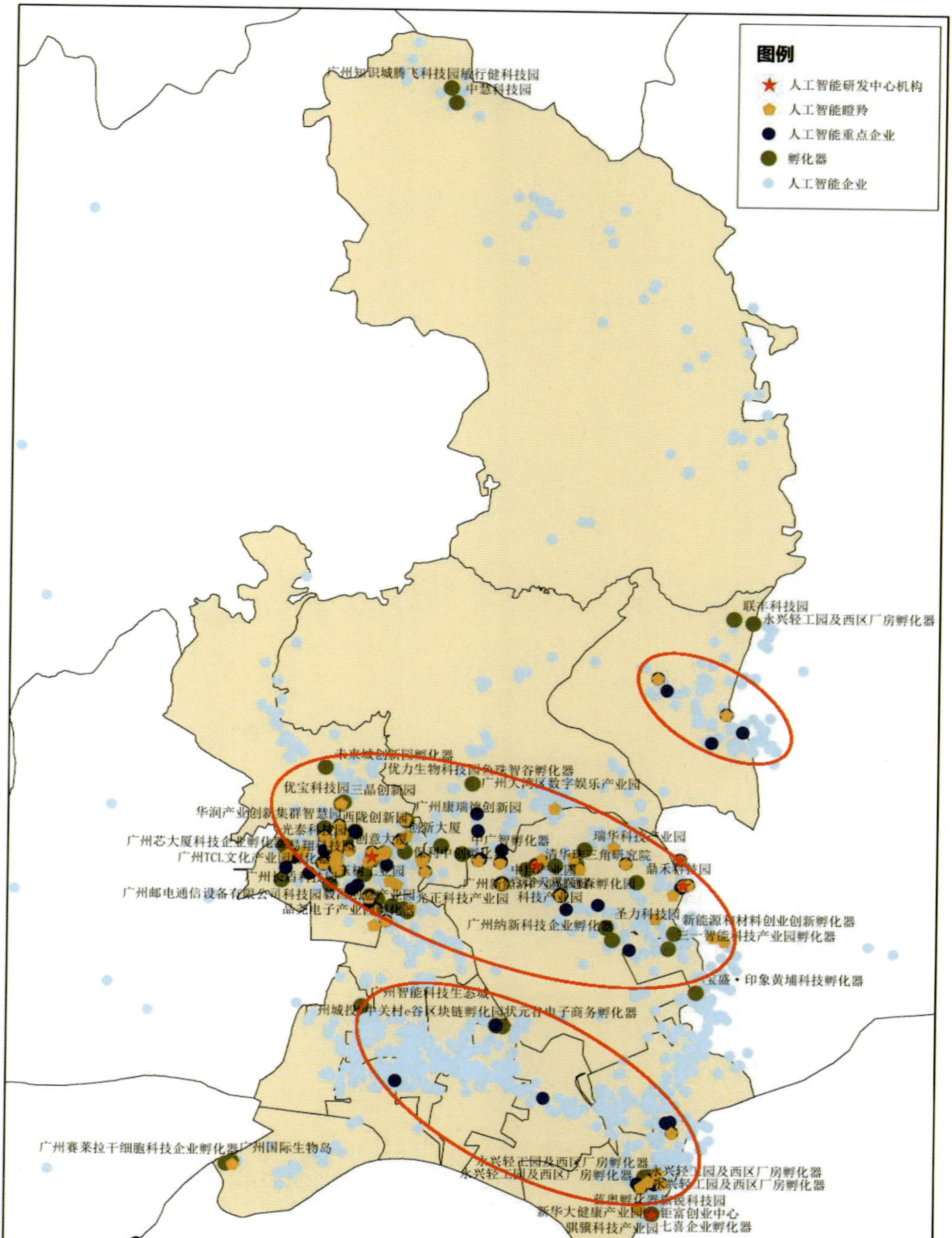

图 5–6　黄埔区人工智能产业集群地图

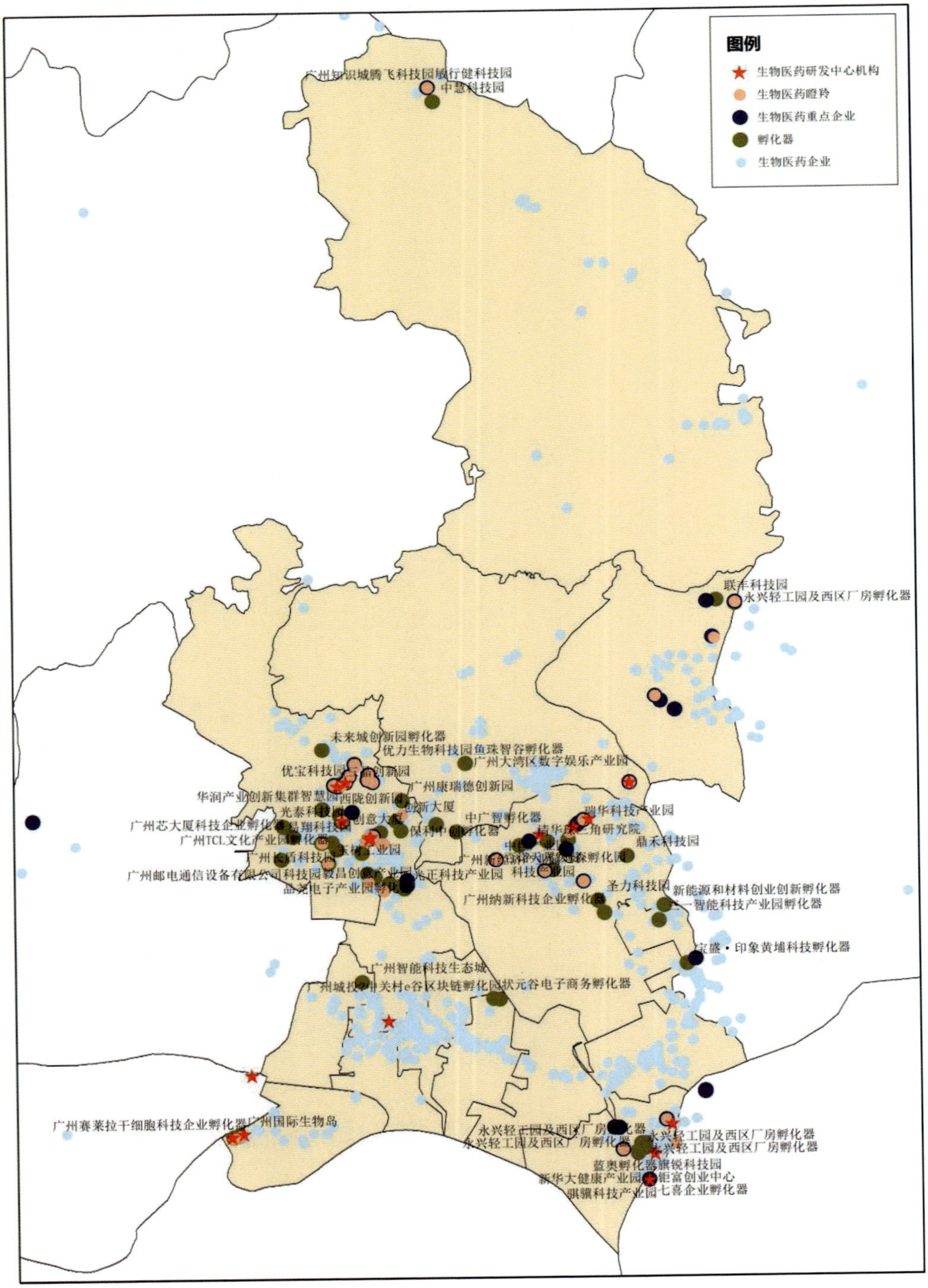

图 5-7　黄埔区生物医药产业集群地图

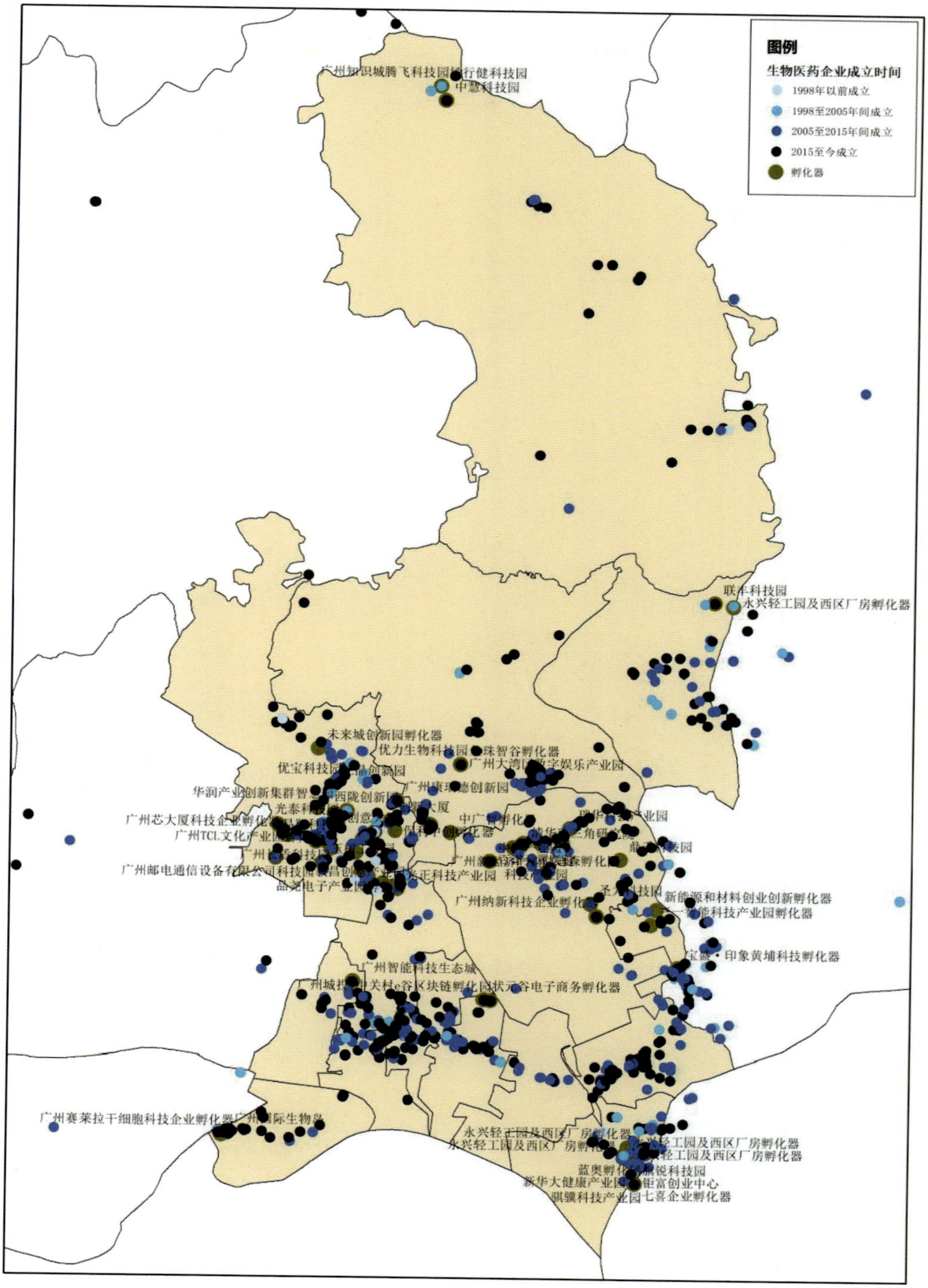

图 5-8　黄埔区生物医药产业集群地图—企业成立时间

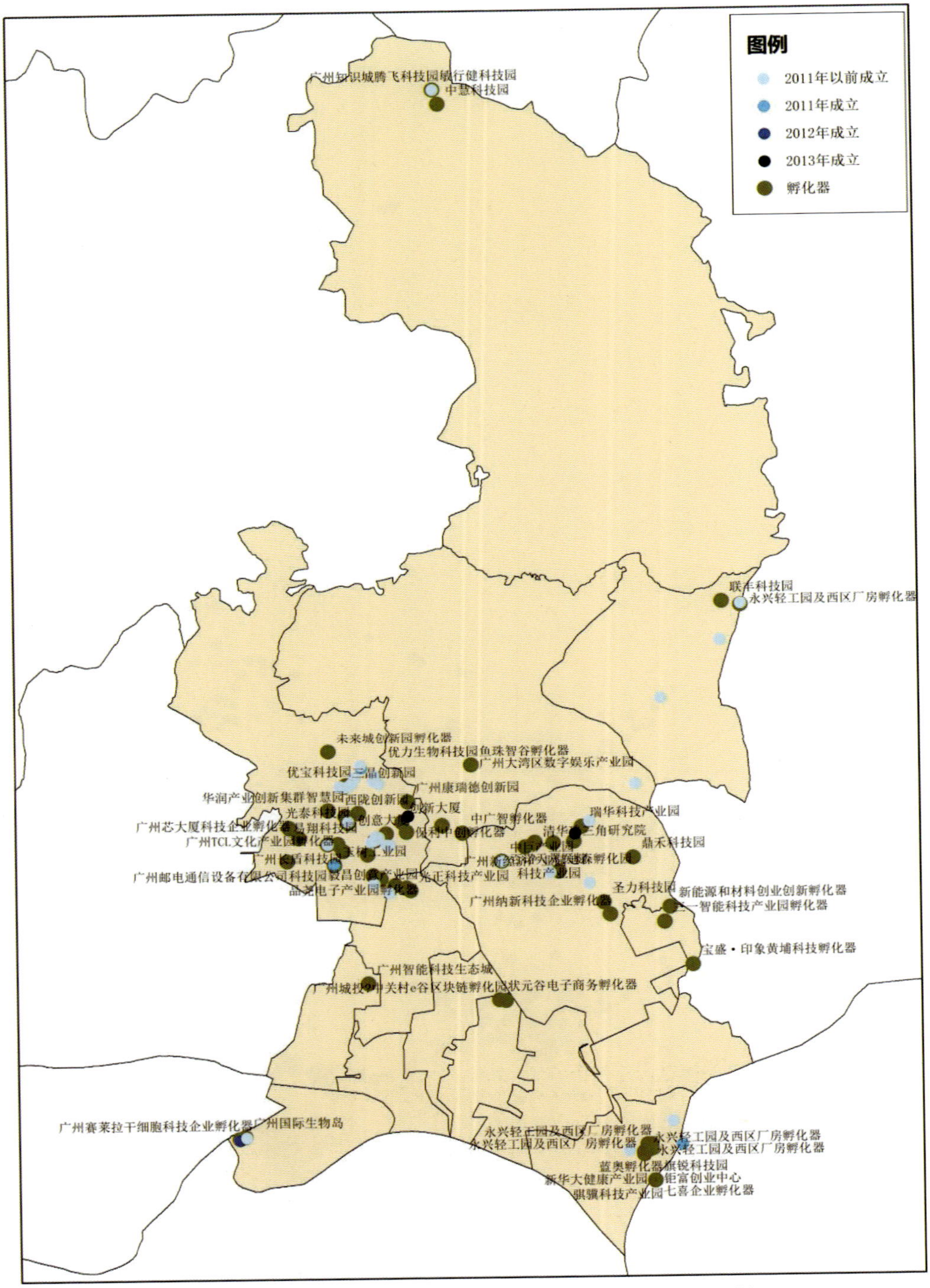

图 5–9　黄埔区生物医药产业集群地图—瞪羚企业成立时间

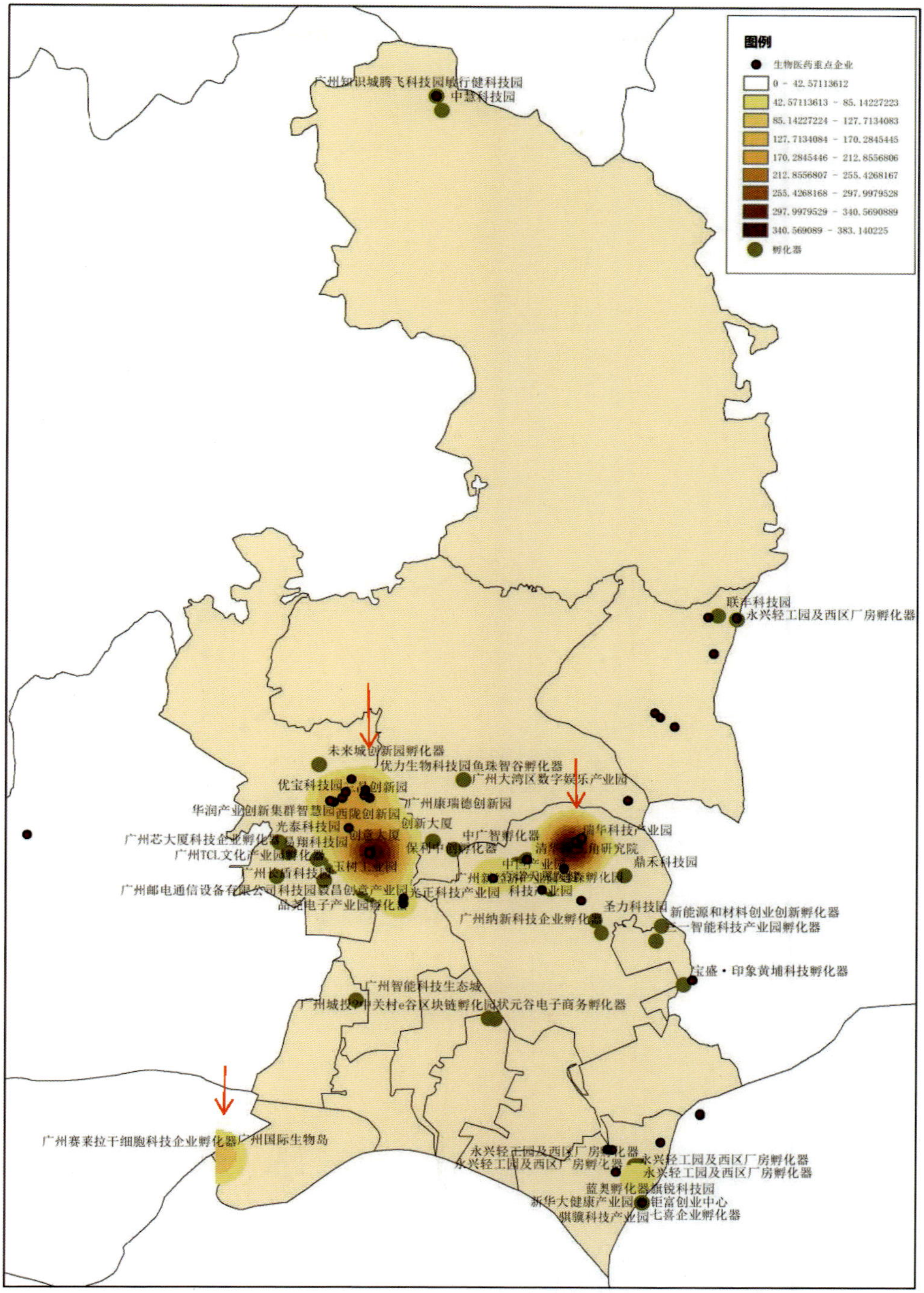

图 5–10　黄埔区生物医药产业集群地图—发明专利申请数量核密度图

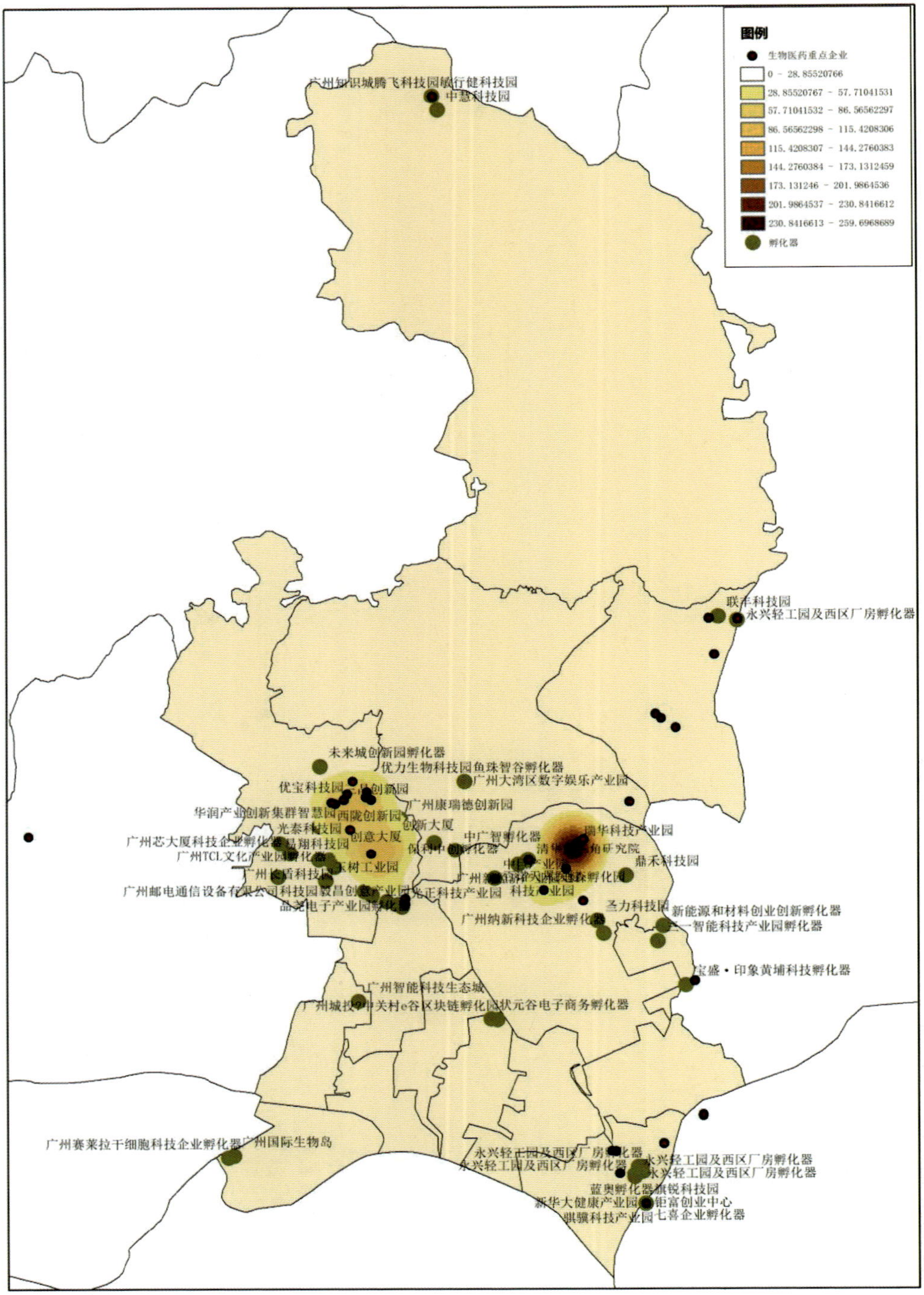

图 5-11　黄埔区生物医药产业集群地图—发明专利授权数量核密度图

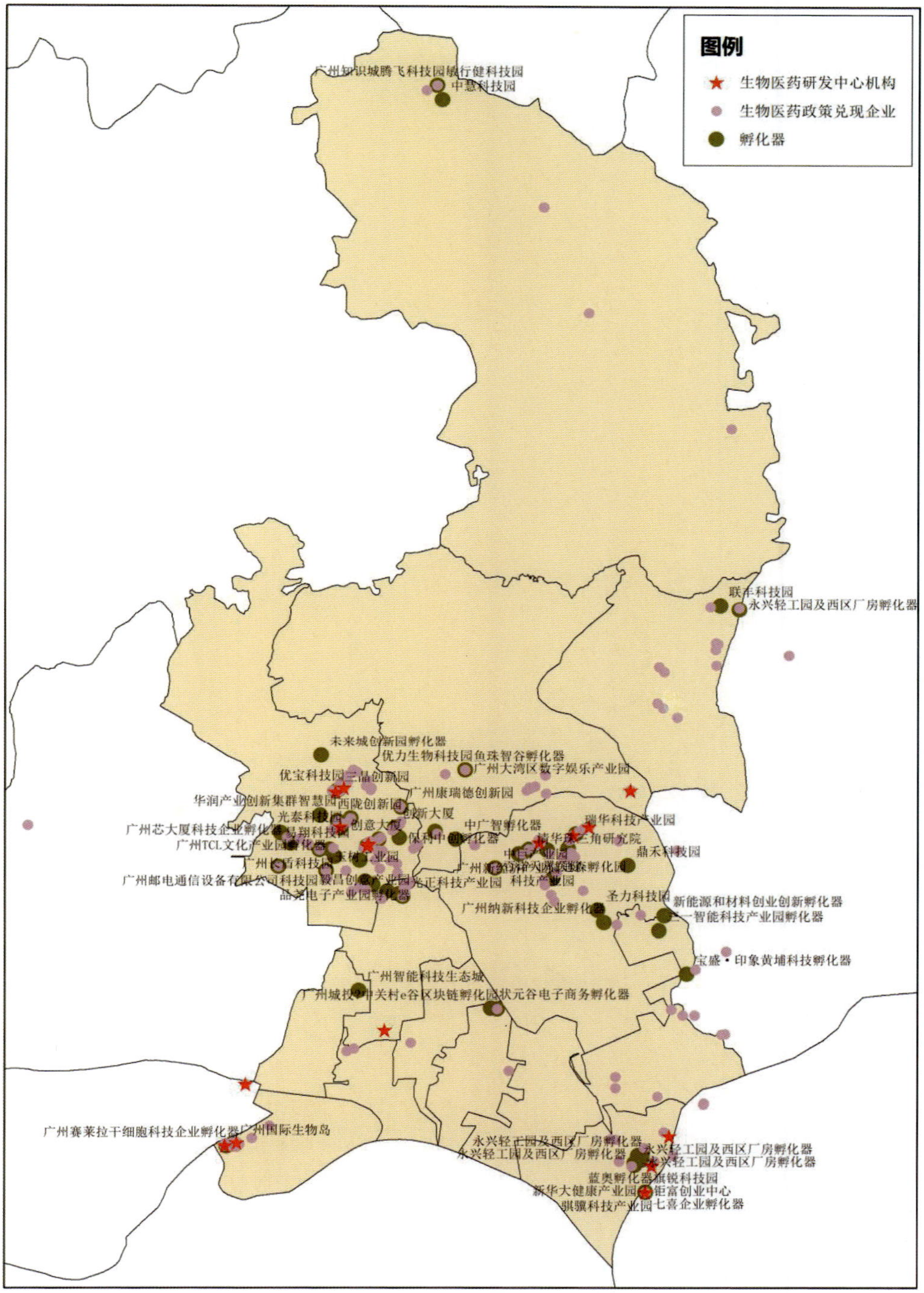

图 5-12　黄埔区生物医药产业集群地图—政策兑现企业分布

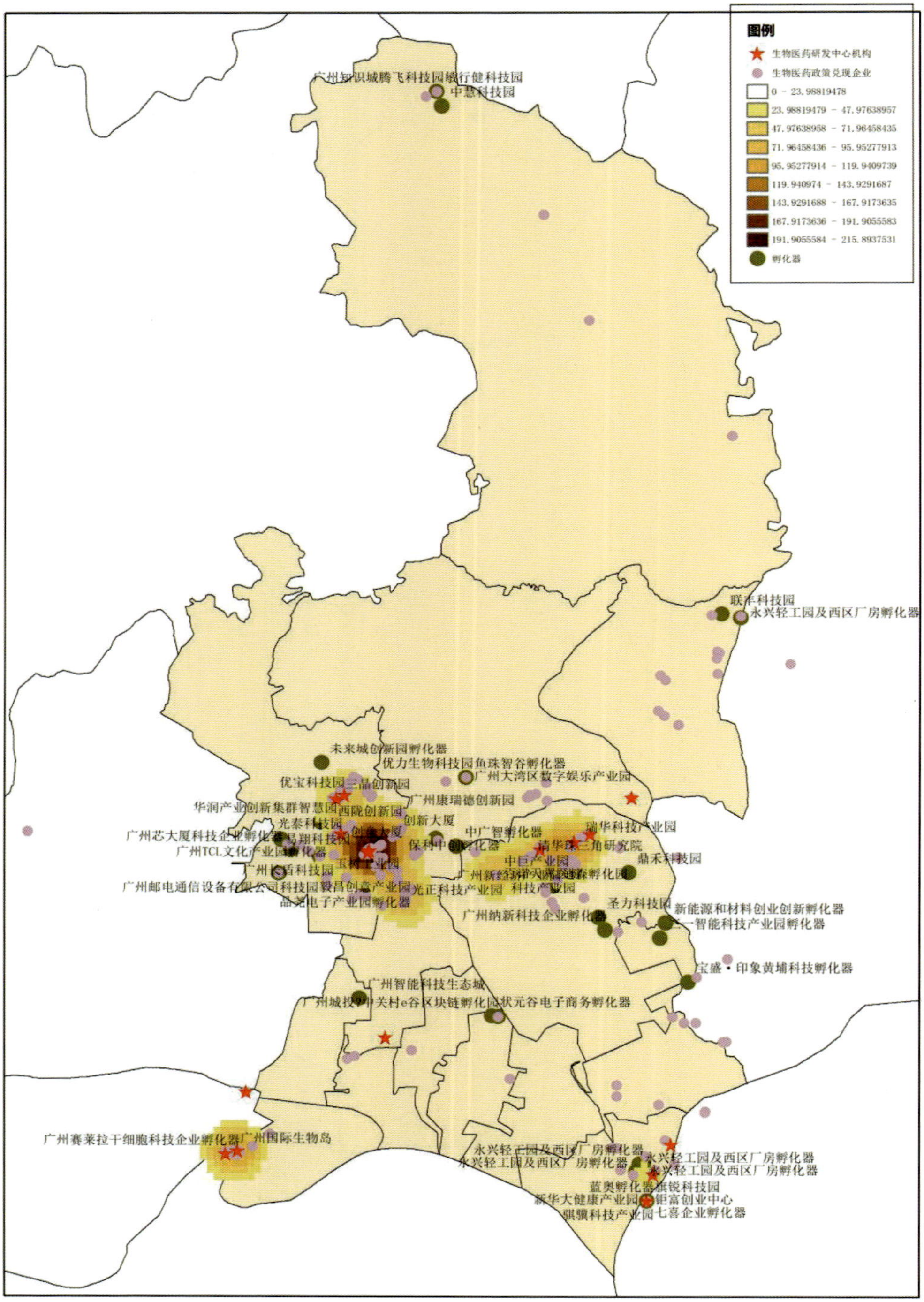

图 5-13　黄埔区生物医药产业集群地图—政策兑现总拨付次数核密度图

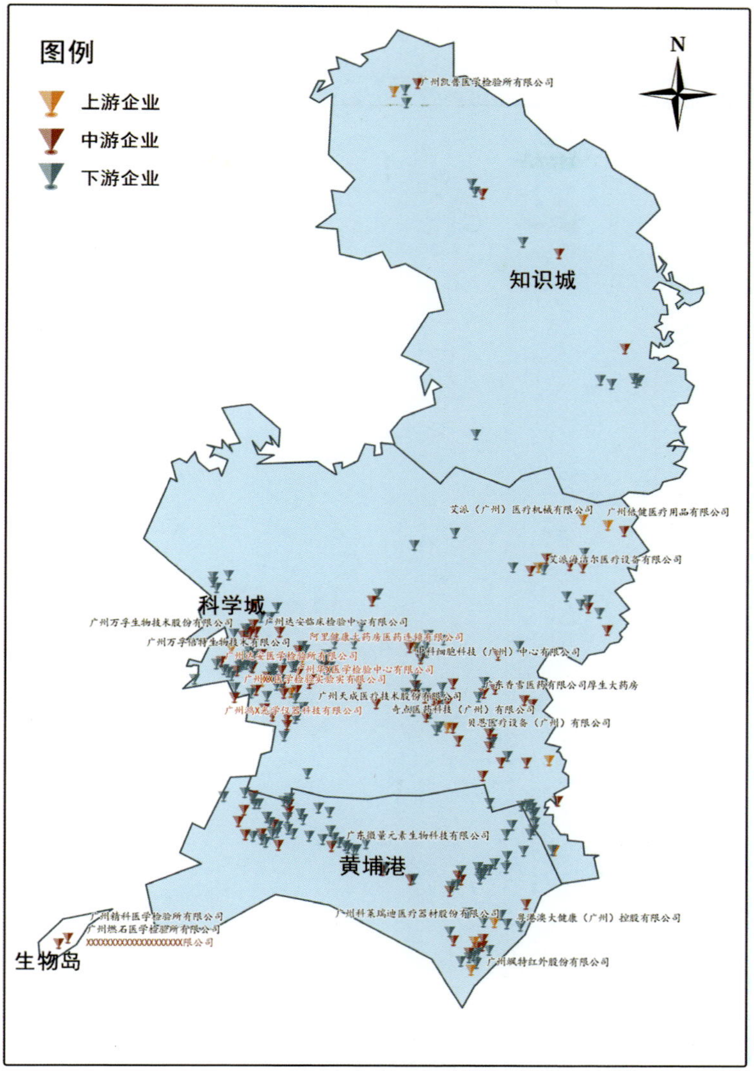

图 6-15　广州开发区检验检测全产业链龙头企业空间分布示意图

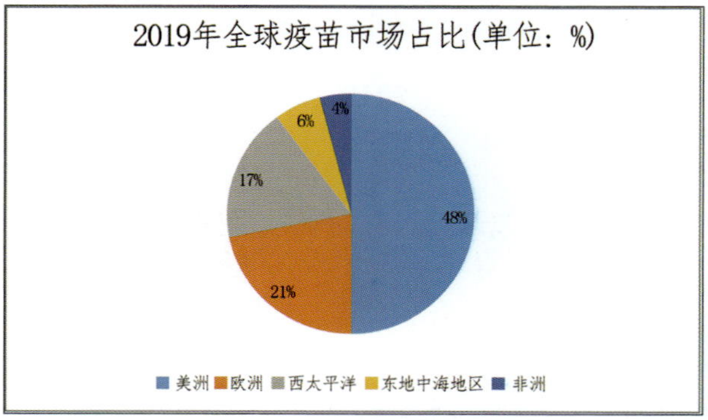

图 6-21　2019 年全球疫苗市场占比

图 6–30　广州开发区新型疫苗全产业链龙头企业空间分布示意图

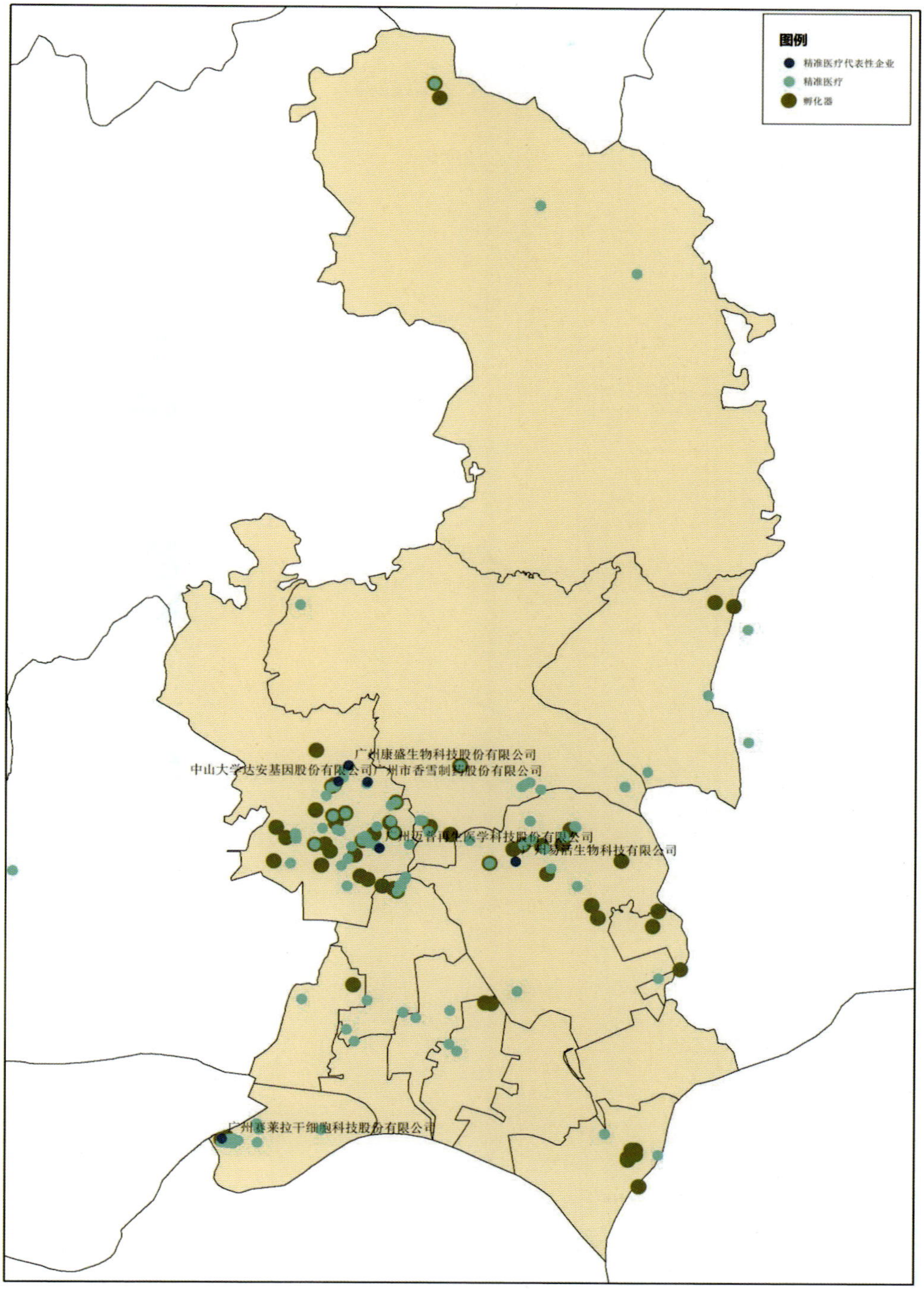

图 6–33　黄埔区精准医疗机构与代表性企业分布示意图

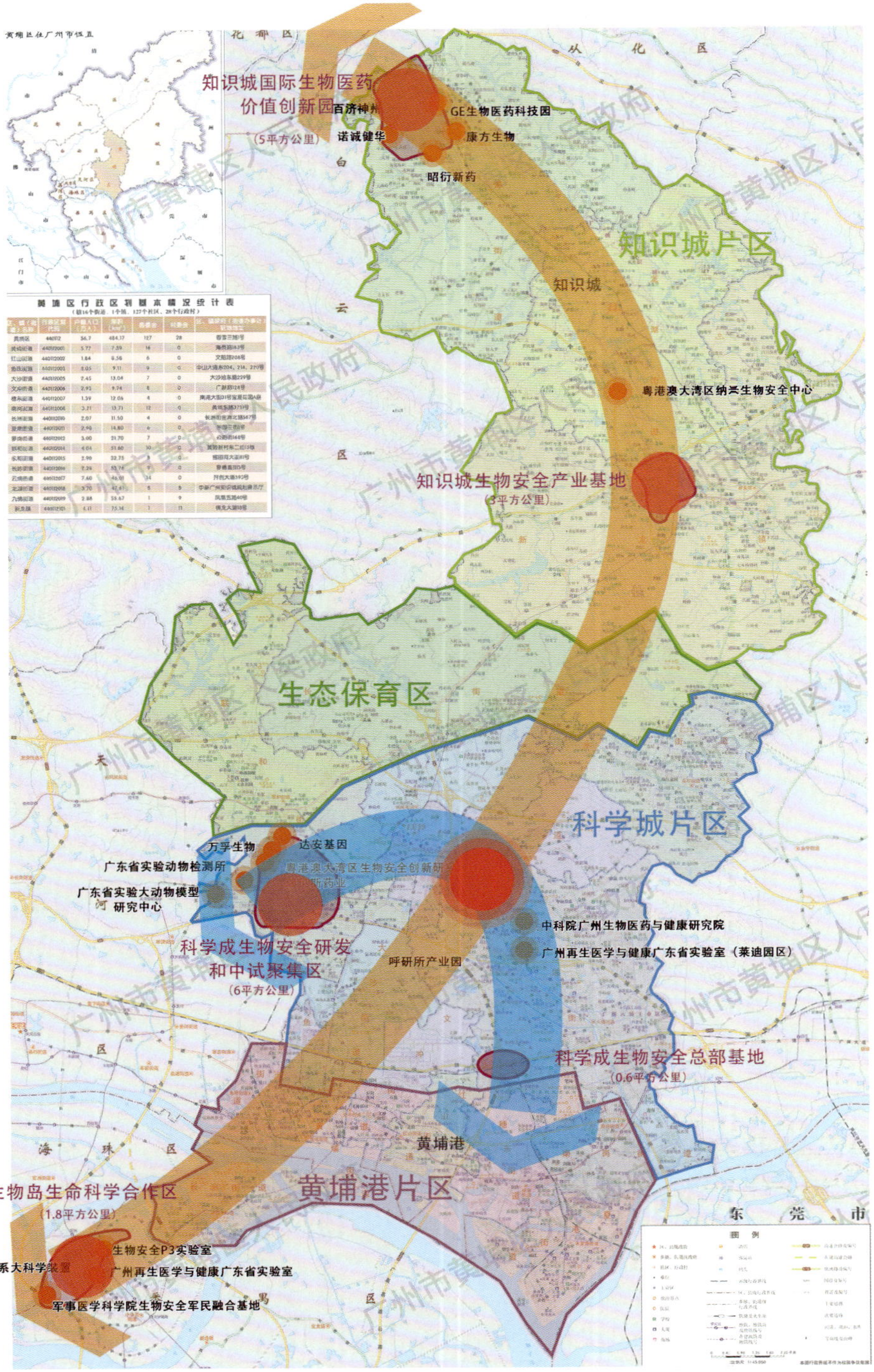

图 7-1　全球顶尖生物安全产业基地“一核一轴四区多中心”空间布局图

国土空间规划与治理研究丛书编委会

课题组成员

组　　长　沈体雁　李耀尧

副 组 长　何力武　徐海涛

指导专家（按姓氏笔画排序）

吕　斌　刘金山　刘广珠　刘　建　李中华
易善桢　张耀军　张召堂　郭红卫　梁盛平
黄　斌　薄文广

成　　员（按姓氏笔画排序）

尹美丽　包　文　许　硕　李洪滨　李　桐
李佳琦　李芷韬　张　波　沈雁顺　沈朱里
沈　杰　林　煌　贾涛鸣　凌英凯　徐海涛
寇聪慧　黄明珠　温锋华　蒋进平　惠　利
褚大军　蔡晓林　熊卫国　潘亚军

秘　　书　贾涛鸣

总 序

习近平总书记指出："考察一个城市首先看规划，规划科学是最大的效益，规划失误是最大的浪费，规划折腾是最大的忌讳。"建立适应生态文明建设的城市空间规划与治理体系，探索新时代具有中国特色的社会主义国土空间规划与治理新模式、新途径和新方法，是当前我国新型城镇化建设和治理能力与治理体系现代化建设的重要任务与抓手。

作为中国城镇化发展研究的践行者，我们一直在探索实现我国城乡空间善治的科学路径，并于2017年结集出版了《北京大学城乡规划与治理研究丛书》。为满足新时代生态文明建设对国土空间规划和治理领域的技术支撑需求，我们尝试以系统的逻辑框架和技术平台将多种空间层次规划和多要素规划有机融合，提出和建立基于"系统规划"理念的国土空间规划与治理研究的工作路径和方法体系，并以此为指导先后在全国各地完成了多个不同层次城市（镇）的国土空间规划实践，为快速发展中的中国城市化进程和面临着快速发展之"痛"的地区政府提供空间规划与治理的系统解决方案。我们秉承"从实践中来、到实践中去"的基本理念，基于多年的规划实践，结集出版《国土空间规划与治理研究丛书》。

本丛书在2017年《北京大学城乡规划与治理研究丛书》的基础上，以《中共中央、国务院关于建立国土空间规划体系并监督实施的若干意见》为指导，定位于推动传统城市规划模式的转型创新、国土空间规划与治理的协同创新，以及城乡发展与善治的经验总结，为美丽中国建设、全面实现小康社会的宏伟目标投智献策，为读者深入理解转型期中国城乡规划与治理提供第一手资料和生动的实践场景。

城乡善治是实现中华民族伟大复兴中国梦的重要组成和必由之路，也是治理能力与治理体系现代化建设的重要抓手！实现国土空间的善治需要传统规划的转型和治理创新，需要不断总结国土空间规划与治理的实践经验，探索建立有中国特色的国土空间规划与治理理论与方法！以这套丛书与国土空间规划治理届的同仁们共勉，希望共同推动中国国土空间走向善治！

沈体雁
北京大学政府管理学院教授、博导
北京大学城市治理研究院执行院长
2020年6月28日

序

根据世界卫生组织公布数据，截至2021年10月底，全球累计新冠肺炎死亡病例已接近500万例，超过了自1982年以来所有世界战争中阵亡人数的总和。包括新冠肺炎疫情在内的生物安全已经成为全世界、全人类面临的重大生存和发展问题，成为大国博弈的重要议题、国家竞争的前沿阵地和重塑世界格局的重要力量。2020年2月14日，习近平总书记在中央全面深化改革委员会第十二次会议上强调，“要从保护人民健康、保障国家安全、维护国家长治久安的高度，把生物安全纳入国家安全体系，系统规划国家生物安全风险防控和治理体系建设，全面提高国家生物安全治理能力”。2020年10月17日，中华人民共和国第十三届全国人民代表大会常务委员会第二十二次会议通过了《中华人民共和国生物安全法》，生物安全法于2021年4月15日起正式施行。2021年9月29日，中共中央政治局就加强我国生物安全建设进行第三十三次集体学习，习近平总书记在主持学习时强调，生物安全关乎人民生命健康，关乎国家长治久安，关乎中华民族永续发展，是国家总体安全的重要组成部分，也是影响乃至重塑世界格局的重要力量，要深刻认识新形势下加强生物安全建设的重要性和紧迫性，贯彻总体国家安全观，贯彻落实生物安全法，统筹发展和安全，按照以人为本、风险预防、分类管理、协同配合的原则，加强国家生物安全风险防控和治理体系建设，提高国家生物安全治理能力，切实筑牢国家生物安全屏障。贯彻落实党和国家关于生物安全的战略方针，推动国家生物安全体系与能力现代化，既需要完善顶层设计，加强法律法规和标准规范等制度建设，探索形成中国特色生物安全制度体系；也需要加快推进生物科技创新和产业化应用，推进生物安全领域科技自立自强，增强国家生物安全战略科技力量，打造世界级生物安全产业集群，构筑支撑国家和全球生物安全的现代产业体系。

黄埔区、广州开发区是我国国家竞争优势产业集群的战略集聚地和打造世界级先进制造业集群的排头兵，经过40多年的发展，已经形成了以精准医疗、体外诊断、检验检测、创新药物、高端医疗器械、干细胞与再生医学等六大细分领域为代表的先进生物医药产业集群，具备了高度发达的开放型经济、富有活力的区域创新网络、自主知识产权、高端人才群体、高品质人居环境、垄断性战略资源组合、世界一流营商环境和良好城市治理等核心竞争力，在抗击新冠肺炎疫情的战斗中发挥了中流砥柱的作用。为支撑国家生物安全战略，助力国家生物安全屏障，黄埔区、广州开发区区委、区政府审时度势，提出了将黄埔打造成为世界级创新型生物安全产业集群、全球生物安全能力中心、国际生物安全示范区“三位一体”全球顶尖生物安全产业基地的战略行动计划。

在国家社会科学基金重大项目《中国产业集群地图系统（CCM）建设与应用研究》（17ZDA055），黄埔区、广州开发区政府2019年特别委托课题《黄埔区 广州开发区产业集群发展思路研究》以及黄埔区、广州开发区政府2020年重点研究课题《广州开发区打造全球顶尖生物安全产业基地策略研究》等课题的支持下，我们组建了一支产学研用结合、老中青结合、多学科综合的研究队伍，以黄埔区、广州开发区为研究对象，基于长期从事产业集群管理、区域经济发展等方面的教学科研和规划咨询工作积累，比较系统地梳理了产业集群和世界级产业集群发展脉络与基本经验，明确了生物安全产业的概念、特征与发展形势，研究了世界级生物安全产业集群的内涵与外延、识别与评价方法、典型案例与国家战略，分析了黄埔区、广州开发区打造世界级生物安全产业集群的条件，提出了黄埔世界级生物安全产业集群发展的战略定位、发展目标、重点领域、空间布局、重大工程和保障措施，并将研究成果整理、结集成书。

生物安全治理、生物安全产业、世界级生物安全产业集群仍是全新的知识领域，史诗般的全球新冠肺炎疫情阻击战仍在如火如荼进行中，我国生物安全体系与能力现代化进程仍是万里长征第一步，唯有从人民福祉和国家战略出发，脚踏实地，努力奋进，不断研究，不断总结，不断探索，不断迭代，才能寻找到一条通往天、地、人、生和谐共生的生物安全之路。谨以此书与从事生物安全和生物安全产业理论与实践工作的同仁共勉，愿天下无“毒”，众生皆“安”！愿魔高一尺，道高一丈，人类的技术进步与产业发展将将生物安全风险之“魔”永远关进地狱，将悬挂世间的生物安全的“达摩克里斯之剑”永远卸下！愿我们把优秀传统理念同现代生物技术结合起来，中西医结合、中西药并用，为全球生物安全治理贡献中国智慧！

沈体雁

北京大学政府管理学院教授

北京大学城市治理研究院执行院长

2021 年 11 月 1 日于燕东园

前　言

本书是对生物安全产业较为全面的梳理，适合关注中国生物安全产业的普通读者阅读，也可以作为研究生物安全产业和制定相关政策的专业人士的基础性读物。

生物安全原本是相对专业、远离大众的领域。然而，在新一轮科技变革和世界政治经济秩序转型背景下，传统生物安全问题与非传统生物安全问题交织，与经济、科技、生态、军事安全等融合，直接关系到人民健康、社会安定，引发日益严峻的国家安全问题，深刻影响国家发展和国际格局。

近年来，生物安全事件不断出现新情况、新问题，尤其是新冠肺炎疫情的暴发和冲击，生物安全引起了全球的高度重视，国内生物安全领域也迎来政策的全面推动。2020 年被称为生物安全元年，习近平总书记在中央全面深化改革委员会第十二次会议上强调："要从保护人民健康、保障国家安全、维护国家长治久安的高度，把生物安全纳入国家安全体系，系统规划国家生物安全风险防控和治理体系建设，全面提高国家生物安全治理能力。"自 2021 年 4 月 15 日起，《中华人民共和国生物安全法》正式实施。

生物安全已被提上至关重要的产业地位，生物安全成为国家安全体系的重要组成部分，生物安全产业成为捍卫国家生物安全主权和抵御生物安全风险的重大战略需求。产业集群是地区产业竞争力和创新能力的重要来源，是国际经济竞争的核心力量，世界强国必有代表国家参与全球竞争的世界级的创新型产业集群。培育和打造若干世界级产业集群将是中国促进经济结构转型升级、实现经济高质量发展的重要举措，生物安全产业集群创建迎来窗口机遇。习近平总书记在党的十九大报告中强调，促进我国产业迈向全球价值链中高端，培育若干世界级先进制造业集群。工业和信息化部印发了《关于进一步促进产业集群发展的指导意见》，明确提出推动产业集群转型升级、进一步促进产业集群发展，打造具有全球竞争力的产业集群。

在新冠肺炎疫情冲击和构建生物安全治理体系的背景下，选择若干生物技术优势明显、产业基础好、示范意义大的重点地区，建设成为世界领先的生物安全产业基地，打造世界级生物安全产业集群，积极开展国家生物安全治理试点工作，对于系统规划国家生物安全风险防控和治理体系建设、全面提高国家生物安全治理能力具有重要战略意义。

黄埔区广州开发区在打造世界级生物安全产业集群方面的发展实践具有代表性意义。广州开发区及其所在的粤港澳大湾区是中国生物医药产业的核心区之一，拥有以生物制药、精准医疗、高端医疗设备及生物医用材料、检验检测及体外诊断产品、干细胞与再生医学六大细分领域为先进代表的生物医药产业集群，聚拢一大批龙头企业、生物创新性技术以及顶尖的科研人才队伍。在面向国家对生物安全与抗疫防疫的重大需求的同时，广州开发区率先建设世界领先的生物安全产业基地和国家生物安全治理试验区，建设成为“世界级创新型生物安全产业集群”发展指引，建立健全生物安全风险治理的体制机制，力争打造首个国家级生物安全协同治理示范区和国家级开发区的发展样本。

本书创造性地提出生物安全产业、生物安全产业集群、世界级生物安全产业集群的概念，并从产业链和产业集群的研究角度切入，总结生物安全产业的国际经验，梳理全球生物安全产业的国家战略部署，并以黄埔区如何打造世界级生物安全产业集群为例，为生物安全产业发展和政策制定提供理论支持和实践参考。

全书分为上下两篇共九章。上篇重点阐述打造世界级生物安全产业集群的国际经验和国际战略，下篇主要介绍打造世界级生物安全产业集群的黄埔实践。具体来讲，第一章介绍国内外产业集群的研究和发展概况。第二章介绍生物安全和生物安全产业的发展概况。第三章介绍世界级生物安全产业集群的国际经验。第四章介绍是世界级生物安全产业集群的国家战略。第五章介绍黄埔区广州开发区产业集群的发展格局、发展特征和发展条件。第六章介绍黄埔区广州开发区打造世界级生物安全产业集群的发展战略。第七章介绍黄埔区广州开发区打造全球顶尖生物安全产业基地的实施路径。第八章介绍黄埔区广州开发区迈向世界级生物安全产业集群的重大工程。第九章介绍相关的保障措施。

以上就是本书编写的基本逻辑，非专业读者可以较快地理解生物安全产业和生物安全产业的发展概况、世界级生物安全产业集群的国际经验和国家战略以及我国打造世界级生物安全产业集群的典型案例。对于生物安全产业的专业研究者和政策制定者而言，也可以把它当作一本入门读物，在深入研究具体问题之前，首先对生物安全产业和生物安全产业集群有一个较为全面系统的把握，并通过具体的黄埔实践案例，为日后更具体更深入的研究打下良好的基础。

本书由《广州开发区打造全球顶尖生物安全产业基地策略研究》课题组团队编写完成，主要作者为：

北京大学政府管理学院教授、博导 / 首都发展研究院副院长 / 北京大学城市治理研究院执行院长 沈体雁 教授

广州开发区政策研究室主任 / 广州高新区高质量发展研究院（广州知识城海丝创新研究院）院长 李耀尧 博士

广州开发区政策研究室首席经济师 / 主任助理 何力武 博士

北京北达城市规划设计研究院战略与产业规划所 徐海涛 所长

参与编写者还包括：北京大学政府管理学院李佳琦、凌英凯、李帅帅博士、杨明翰博士，北京大学新结构经济学研究院惠利博士；广州开发区政研室熊卫国副主任、褚大军副主任，广州开发区政策研究室经济研究处蒋进平处长、广州高新区高质量发展研究院黄明珠研究员、广州高新区高质量发展研究院许硕特聘研究员、广州开发区政策研究室经济研究处林煌干事；北京北达城市规划设计研究院贾涛鸣博士、李洪滨、蔡晓林、李桐、李芷韬、尹美丽、沈朱里、沈杰等人。

以下专家学者在课题调研与成果撰写中给予了专业指导和咨询建议：

北京大学城市与环境学院 吕斌 教授

中国科学院战略咨询研究院 赵作权 研究员

南方科技大学生物系讲席教授 / 长江学者 郭红卫 教授

暨南大学经济学院副院长 刘金山 教授

中国人民大学应用经济学院区域与城市经济研究所 张耀军 教授

华中科技大学土木与水利工程学院 易善桢 教授

青岛科技大学经济与管理学院 刘广珠 教授

南开大学滨海开发研究院副院长 薄广文 教授

北京大学新结构经济学研究院国内智库部主任 黄斌 研究员

中国开发区协会副会长 张召堂 教授

国务院发展研究中心国研科技集团战略与技术发展部总经理 梁盛平 研究员

广州再生医学与健康广东省实验室成果转化部部长 李中华 研究员

百济神州生物岛创新中心 / 百济神州生物医药有限公司董事长 刘建 博士

另外，广州开发区科技、规自、投促、招商、教育、卫健、人社、环保、营商等政府部门，中科院广州生物医药与健康研究院、生物岛实验室、广州广州高新区投资集团、百济神州、达安基因、万孚生物、金域医学等企事业单位对课题及本书的完成给予了支持和帮助。

本书得到了国家社会科学基金重大项目《中国产业集群地图系统（CCM）建设与应用研究》（17ZDA055）以及黄埔区 广州开发区政府 2019 年特别委托课题《黄埔区 广州开发区产业集群发展思路研究》、黄埔区 广州开发区政府 2020 年重点研究课题《广州开发区打造全球顶尖生物安全产业基地策略研究》的资助与支持。

目　录

CONTENTS

上 篇

世界级生物安全产业集群：国际经验与国家战略

第一章　国内外产业集群发展概述①

经济活动的集聚现象一直都是经济地理学关注的焦点问题。Marshall（1920）最早提出产业区的概念，认为企业由于投入产出关系、共享劳动力池、知识溢出方面的外部性而集聚在一起从而形成产业区，随后 Weber（1929）、Bagnasco（1977）、Piore & Sabel（1984）等多位学者对集聚经济现象进行了经验性总结与分析，迈克尔·波特（Michael E.Porter）（1990）在此基础上创新性地提出了产业集群的概念，认为产业集群可以降低交易成本、创造知识、促进新企业形成，是一个国家经济全球竞争力的根本来源。此后，产业集群风靡全球，被视为推动区域经济发展的重要引擎和制定国家产业政策的基石。

第一节　国内外产业集群研究进展

产业集群在促进地区经济发展，提高经济战略地位中发挥着重要作用，已经逐渐发展成为一种重要的世界经济现象，产业集群相关理论也逐渐成为国内外研究的重点。本节对近年来国内外产业集群研究相关文献进行了全面梳理，内容主要集中在期刊发展趋势、关键词演进历程及文献评述等方面。

一、数据来源

本节使用的数据分别来源于 Web of Science 数据库核心合集与中国知网。为了保证数据的权威性和代表性，外文选择 SSCI 子数据库，分别以“industry cluster”“industrial cluster”“enterprise cluster”作为关键词进行主题检索，语

① 该章根据“李帅帅 . 集群环境、生产网络与企业生产率的关系研究，北京大学博士论文，2020.”部分内容修改而成。

种选择“English”，文献类型选择“Article”，时间跨度选择“1990 年 ~ 2016 年”，最终得到 3423 篇英文文献数据；中文选择 CSSCI 数据库，以“产业集群”为关键词进行题名和关键词搜索，时间跨度截止到 2016 年，最终得到 2890 篇中文文献数据。

二、期刊趋势

国内外历年产业集群研究文章数量变化如图 1–1 所示。国外产业集群研究兴起于 1990 年前后，年发表文章数量一直处于增长状态。具体来看，2000 年以前，年发表文章数量处于缓慢增长状态，2001 ~ 2011 年期间，年发表文章数量增长速度有所提升，在经历了短暂的调整之后，从 2014 ~ 2016 年，年发表文章数量急剧增加，到 2016 年，年发表文章数量已达 406 篇。国内产业集群研究较早的两篇文章分别是盖文启、王缉慈于 2000 年发表在《北京大学学报》上关于在全球化浪潮中打造具有国际竞争力的产业集群的文章①，以及徐康宁 2001 年发表在《中国工业经济》上关于产业集群与竞争力探讨的文章②。在 2008 年之前，年发表文章数量急剧增加，到 2008 年，年发表文章数量已达 359 篇，然而在 2009 年之后，年发表文章数量剧烈减少，到 2016 年，年发表文章数量已降至 106 篇。可以看出，近年来国内外核心期刊发表文章数量变化趋势呈“喇叭状”。

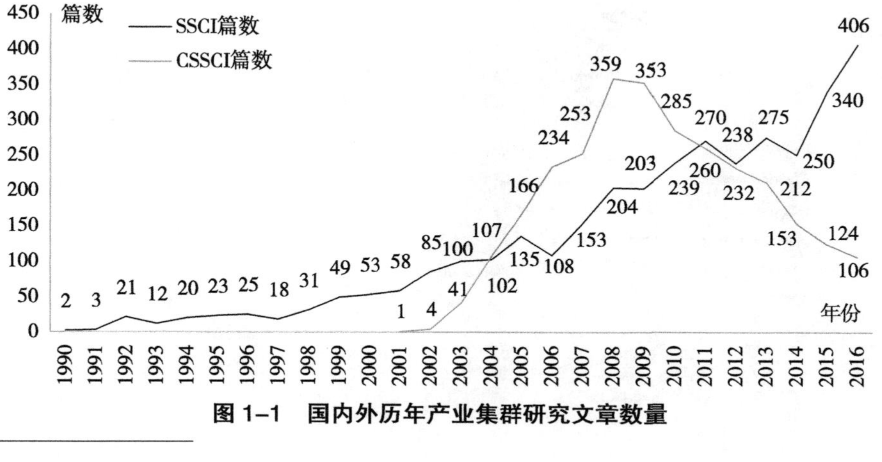

图 1–1　国内外历年产业集群研究文章数量

---

① 盖文启，王缉慈 . 全球化浪潮中的区域发展问题［J］. 北京大学学报（哲学社会科学版），2000（06）：23–31.

② 徐康宁 . 开放经济中的产业集群与竞争力［J］. 中国工业经济，2001（11）：22–27.

三、关键词演进历程

本书从两个维度着手分析国内外产业集群研究历史的演变，一是统计各时间段内出现的高频关键词，研究其动态变化，二是通过关键词的突发性分析，识别各时间段内被引用率激增的关键词，从而确定该时期内的关注热点。由于国内研究历时相对较短，而国外研究历时相对较长，因此，中文关键词的演进分析选择时间间隔为三年，英文关键词的演进分析选择时间间隔为五年，具体分析结果如图 1–2 所示。在突发性分析中筛选最低持续时间为三年的关键词，最终得到的结果如表 1–1 和表 1–2 所示。

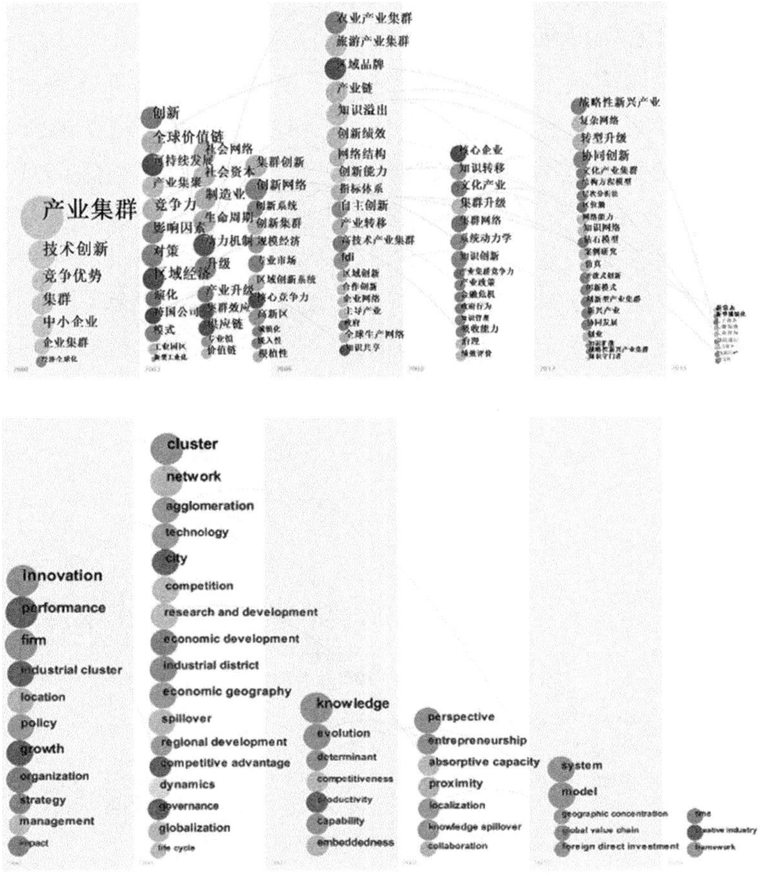

图 1–2　中英文研究关键词演化比较

表 1-1 中文关键词突发性分析

关键词	强度	起始	结束	关键词	强度	起始	结束
产业集群	4.3515	2000	2004	层次分析法	2.9108	2010	2013
竞争优势	14.5006	2000	2006	核心企业	5.2999	2010	2016
集群学习	3.8941	2003	2006	技术扩散	3.1996	2010	2012
交易费用	3.8509	2003	2008	指标体系	4.1804	2010	2012
聚集经济	2.9886	2004	2006	知识创新	4.8166	2011	2013
产业关联	5.0994	2004	2007	演化博弈	8.6226	2011	2016
中小企业	7.5869	2004	2010	知识扩散	3.0992	2011	2013
规模经济	8.1762	2004	2007	新兴产业	15.9955	2011	2016
集群式创新	3.9859	2004	2006	影响因素	4.2364	2012	2016
价值链	4.4947	2004	2007	创业	3.5112	2012	2014
区域创新体系	3.8438	2004	2007	知识网络	5.6685	2012	2016
企业竞争	5.5251	2004	2007	结构方程模型	4.2551	2012	2016
区域竞争力	5.546	2005	2007	转型升级	14.2842	2013	2016
集群竞争力	3.6953	2005	2007	系统动力学	4.9395	2013	2016
集群式发展	3.2502	2006	2008	小微企业	4.6624	2013	2016
主导产业	5.933	2006	2008	案例研究	3.7289	2013	2016
fdi	4.4055	2007	2009	创新绩效	11.5886	2013	2016
县域经济	4.7217	2008	2010	新型城镇化	3.2624	2013	2016
仿真	3.0219	2010	2016	网络能力	3.0064	2013	2016
集群创新网络	3.1105	2010	2012	创新驱动	3.0064	2013	2016
低碳经济	5.0343	2010	2012	协同创新	16.4764	2013	2016

表 1-2 英文关键词突发性分析

关键词	强度	起始	结束	关键词	强度	起始	结束
performance	9.8758	1990	1997	context	3.8082	2006	2009
growth	8.0295	1990	2001	patent citation	4.7256	2007	2010
industry	11.3053	1993	2001	pipeline	4.9927	2008	2011
model	8.209	1993	2003	knowledge transfer	4.2193	2010	2012
risk	4.4501	1995	2003	knowledge management	4.0684	2010	2012
innovation	4.0041	1995	1998	social structure	4.8063	2011	2013
integration	8.9396	1996	2009	local buzz	4.6456	2011	2014
increasing return	6.1147	1998	2004	automobile industry	3.7723	2011	2013
r and d	7.3718	1999	2005	regional innovation system	4.9334	2012	2016

续表

关键词	强度	起始	结束	关键词	强度	起始	结束
collective efficiency	6.0459	1999	2005	community	4.3294	2012	2014
developing country	4.0835	1999	2006	economic performance	3.4128	2012	2016
linkage	4.6722	2000	2009	life cycle	8.2835	2013	2016
networking	5.2191	2002	2008	segmentation	4.7352	2013	2016
learning region	4.9283	2004	2009	supply chain	4.5322	2013	2016
serv	3.8491	2004	2010	social capital	4.4388	2013	2016
environment	4.7961	2005	2009	knowledge network	3.3553	2013	2016

四、文献评述

总体来看，国内产业集群研究与国外相比还存在较大差距（如图 1–3 所示），具体体现在以下几个方面。

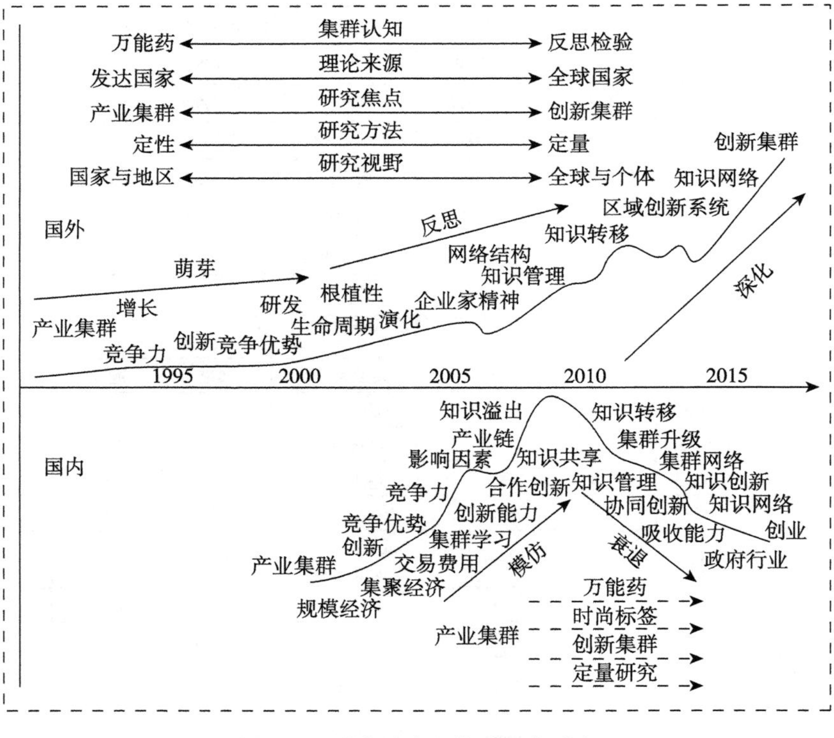

图 1–3 国内外产业集群研究对比

（一）国内外论文数量变化趋势呈“喇叭状”

近年来，国内外发表在核心期刊上产业集群相关论文数量差异变大，整体变化趋势呈“喇叭状”。国外产业集群研究起源于1990年，文章数量在经历了萌芽阶段缓慢增长之后，在反思阶段增长速度明显提高，在深化阶段经过短暂调整之后再一次剧烈提升。国内产业集群研究起源较之国外要晚10年左右，在2008年金融危机之前，文章数量剧烈提升，在金融危机之后，文章数量又快速下降。这说明国内产业集群研究由于存在原创性不足、概念界定混乱、标签化现象严重、数据支撑不够等问题，核心期刊发表文章数量难以维持稳定增长，也表明产业集群概念被过度炒作，正如Martin & Sunley（2003）所描述的那样，一些研究将产业集群视为时尚标签，缺乏深入界定和研究，甚至仅仅是挂着产业集群的旗帜，而并没有进行实质性研究。

（二）国内外产业集群认知存在显著差异

经过多年的发展、反思、深化，国外产业集群研究已在多个方面进行转向，而国内集群研究仍需进一步加速转向。国外对产业集群的认识在集群认知、理论来源、研究焦点、研究方法、研究范围方面均发生转变，对集群的认知从“万能药”向集群反思和集群效应实证检验转变，理论经验来源由主要来自欧美等发达国家向全球国家转变，研究焦点从产业集群向创新集群转变，研究方法从以定性研究为主向以定量研究为主转变，研究视野从国家与地区向既关注全球定位又关注微观个体特质转变。相比之下，国内对产业集群批判与反思的研究比较缺乏，集群认知还停留在“万能药”阶段，定性研究仍占主流。但值得肯定的是，国内研究也越来越关注创新集群，定量研究和通过实地调研的微观个体异质性研究也日渐增多。

（三）国内产业集群政策实践还有待发力

与国外相比，国内产业集群研究的实践应用还需大力加强。目前，在美国和欧洲，产业集群研究已经成为宏观经济活动监测、政府政策制定、企业管理决策的重要抓手。例如，在美国，迈克尔·波特主持的美国产业集群地图项目已于2014年正式开放，该项目利用美国普查数据，通过全国性基准集群算法，识别出51个可贸易产业集群和16个地方性产业集群，并通过网站可视化呈现，已成为政府政策制定和企业战略抉择的重要依据。欧洲对产业集群研究的实践应用则更加重视，欧洲产业集群联盟于2006年成立，其搭建的产业集群信息综合服务平台，搜集所有欧洲产业集群相关数据，定期发布《欧洲产业集群全景报告》，在欧洲产业集群创新与发展中发挥着巨大的作用。然而，我国产业集群研究在实践应用上与美国和欧洲相比，还存在很大差距，很难较好地指导产业集群实践活动。

第二节　国内外产业集群研究发展演进

从19世纪末著名剑桥经济学家马歇尔（A. F.Marshall）研究产业区，到19世纪70年代末意大利社会学家别卡提尼（G. Becattini）研究新产业区，再到1990年迈克尔·波特正式提出产业集群，以及引入国内后不断发展升级，国内外的产业集群研究经历了几大发展阶段，同时逐渐划分为不同流派。国内外产业集群研究发展演进表明，产业集群理论已经引起众多发达国家及发展中国家的高度重视，集群效应的全球化更加明显，产业集群已演变成为一种富有朝气的区域发展模式。

一、国外产业集群研究阶段划分

综合考虑关键词的历史演变、突发性分析、年发文数量，国外产业集群研究可划分为萌芽阶段、反思阶段、深化阶段，各阶段具体如下所示：

（一）萌芽阶段（1990年~2002年）

该阶段高被引关键词主要包括“cluster，innovation，performance，network，knowledge，agglomeration，competitiveness，growth，globalization”等，突发性关键词主要包括“performance，growth，industry，model，risk，innovation，integration，increasing return”等，表明该阶段的研究焦点为产业集群与区域竞争力、产业集群形成机理与外部性、产业集群与创新。

在产业集群与区域竞争力方面的研究中，迈克尔·波特（1990）在《国家竞争优势》中最早提出了“产业集群”的概念，并将产业集群与国家竞争力联系起来，认为产业集群可以降低交易成本、创造知识、促进新企业形成，这标志着产业集群理论开始萌芽。波特在 1998 年和 2000 年发表的两篇文章对产业集群的定义、产业集群与全球化竞争、政府在产业集群中的新角色等议题进行了详细论述，奠定了其在产业集群研究中的核心地位，标志着产业集群理论框架基本形成。在此基础上，一些学者对上述理论进行了拓展与检验。Jacobs & Jong（1992）在波特理论的基础上绘制了荷兰的集群地图，识别出其经济的优势与不足，并对波特的理论进行评估和拓展。Hill & Brennan（2000）进一步探讨了产业集群与区域竞争力的关系，认为主导产业是带来区域竞争力的关键因素。Berranger & Meldrum（2000）研究发现信息通信技术提供的虚拟网络使得产业集群内部联系更加紧密，这有利于提高产业集群的国际竞争力和地方凝聚力。

在产业集群形成机理方面的研究中，Swann & Prevezer（1996）以美国计算机和生物技术行业为例，检验了产业强度和技术强度与新企业进入的关系，产业集群与增长的关系，最终发现，在计算机行业跨部门效应有利于新企业的进入，而在生物技术行业，技术强度则发挥重要作用，表明不同产业集群的形成机理存在差异。Rui & Swann（1998）利用英国制造业的数据探讨了集群中的企业是否创新能力更强，发现企业所在行业中就业强度有利于创新，而其他行业的就业强度对创新能力的影响则不明显，说明拥挤效应大于集群多样性带来的外部性。Rabellotti（1998）分析产业集群带来的两种经济效应：外部经济和合作效应，并通过实证分析发现，这两种效应在意大利和墨西哥的两个产业集群中的作用机制存在明显差异。

在产业集群创新方面的研究中，Audretsch & Feldman（1996）在研究 R&D 溢出和创新地理时发现，在知识溢出发挥决定性作用的产业中，创新活动更倾向于集群。Audretsch & Feldman（1996）研究发现，在产业生命周期早期，地理邻近发挥正的集聚效应，而在成熟和衰退期，拥挤效应则发挥主要作用，因此，产业集群的知识溢出并非一直由于地理邻近而带来正的外部性。Lawson & Lorenz（1999）在研究创新活动中显性知识与隐性知识的关系时认为，由于在劳动力流动缺失的情况下，隐性知识很难转移，因此，隐性知识是区域可持续竞争力的基本组成要素。

总体来看，迈克尔·波特产业集群理论占据着主导地位，其他学者主要进行补充研究和探索。但由于产业集群这一概念还是新生事物，该阶段研究焦点主要集中在产业集群如何提升区域竞争力、产业集群形成机理与外部性、产业集群如何促进创新等。其中定性研究仍是主流，定量研究相对较少。产业集群理论中所提出观点的一般性，也缺乏足够的实践支撑，尚需进一步实证检验、补充和发展。

（二）完善阶段（2003 年～2010 年）

该阶段高被引关键词主要包括“evolution，embeddedness，perspective，entrepreneurship，absorptive capacity，proximity，localization，knowledge spillover，collaboration”等，突发性关键词主要包括“linkage，networking，learning region，service，environment，context，patent citation”等，表明该阶段研究聚焦于产业集群演化、集群环境与根植性、产业关联与网络关系、学习与吸收能力、企业合作等。该阶段产业集群理论研究产生了以下转变：从宏观向中微观转变、从静态或相对静态向动态转变、从一般性分析向考虑根植性转变、从同质性向异质性转变、从单一学科分析向多学科综合研究转变。具体来看，该阶段的研究比较重视产业集群的动态演化、产业集群的根植性、产业集群内部关联和网络关系、产业集群的微观特质、产业集群与创新。

从产业集群动态演化方面来看，产业集群研究从静态或相对静态向动态转变。产业集群动态演化最直接的灵感来源于产业生命周期理论，Klepper（1997）在产品生命周期理论的基础上进一步提出了产业生命周期理论，包括萌芽、发展、成熟三个阶段，Menzel & Fornahl（2007）在此基础上增加了衰退阶段，从定量和定性两个维度对产业集群生命周期进行了系统性论述，在不同阶段中，企业的数量、规模、就业、企业能力均动态变化。如何正确理解和把握产业集群的动态能力已成为集群研究的关键所在。Maskell & Malmberg（2009）研究了知识开发过程与集群演化的机制，认为由于企业家认识范围的有限，相似的企业聚集到一起，企业家更倾向于进入熟悉的行业，这样可以共享劳动力市场等。因此，由于企业家未来的“近视”行为，产业集群会经历形成、增长、成熟和衰退的过程，并伴随着知识多样性的变化。

从产业集群的根植性方面来看，从一般性分析向考虑根植性转变。产业集群根植性理论受 Granovetter（1985）的影响最大，其认为在现代工业社会中，经济行为都嵌入在一定的社会关系当中，对经济行为的复杂性描述必须重点关注根植性。根植性意味着更强的信任关系、丰富的信息交换、协同参与问题的解决。因此，根植性与集群中企业的创新绩效息息相关，嵌入良好产业集群环境中的企业更容易形成自身竞争力，而集群网络的建立已成为产业集群保持核心竞争力的关键因素。总之，根植性理论从制度环境、主体关系、网络结构、技术能力、心理认知等方面为产业集群理论研究开拓了新思路。

从产业集群创新方面来看，该阶段对创新机制的研究更加深入，对创新绩效的研究更加细化、对创新主体的认识更加多元。Bathelt 等（2004）从知识生成过程的视角将集群内知识生成的过程称之为地方传言，将集群间知识生成的过程称之为全球渠道，进而提出了产业集群竞争力的地方传言和全球渠道模型，认为隐性知识与编码知识均可以通过本地和全球渠道进行交流。Lou & Spoehr（2010）针对产业集群内知识流动，从劳资关系的角度提出了新观点，认为由于雇主对雇员的劳动补偿不足，高价值的隐性知识会以剽窃的形式在不同企业的员工之间交易流动，这种忽视企业利益行为被称为认知团结。Schilling & Phelps（2007）通过实证分析发现企业所处集群程度较高与集群网络可达性较高，均有助于创新行为的产生。Thomas（2005）实证发现企业家精神与集群内部协同合作均能促进产业集群的形成与创新。此外，创新网络的形成、创新能力的培育、区域创新系统的建立、创新政策的支持均被证明是产业集群创新的重要影响因素。

总体来看，该阶段中有关产业集群的理论研究在质疑和反思中不断完善。研究尺度不再局限于国家和区域，产业集群的微观特质越来越受重视。随着演化经济地理学的兴起，学者们对产业集群动态演化的研究也更加重视。产业集群也并非解决地方发展问题的“万能药”，对产业集群的分析必须考虑根植性问题。对于产业集群创新机制的说明更加详细深入，并识别总结出多种创新影响因素。总之，该阶段产业集群研究较之萌芽阶段在理论基础、机制探讨、实证分析、政策检验等方面均取得了长足进步，产业集群理论已基本发展成熟。

（三）深化阶段（2011 年 ~ 至今）

该阶段高被引关键词主要包括“system，model，geographic concentration，global value chain，FDI，sme，creative industry，framework”等，突发性关键词主要包括“knowledge transfer，knowledge management，social structure，local buzz，regional innovation system，community，economic performance，life cycle，segmentation，supply chain，social capital，knowledge network”等，表明该阶段对产业集群的研究更加注重系统性与复杂性，产业集群的分析框架在该阶段趋于完善，产业集群在全球价值链和供应链中的位置备受关注，地理邻近、社会结构、生命周期等仍是关注重点，创新型产业集群已成为研究核心，产业集群创新的实证研究更加关注知识转移、知识管理、知识网络。

从产业集群创新方面来看，该阶段通过对产业集群与创新关系的深入分析，总结出了更加详尽的产业集群创新基础条件；创新型产业集群已成为该阶段的研究焦点；产业集群知识管理方面的新观点大量出现。产业集群的创新性与其所处的社会环境、行业条件、微观基础密切相关，并非仅仅通过集群就能带来创新。Breznitz（2013）以以色列生命科学集群为例实证发现，一个创新型产业集群要保持可持续性，需要政策、资金、知识等多方面的支持。该阶段提出了许多产业集群知识管理方面的新观点，如 Giuliani（2011）从智利的经验中发现产业集群中最高等级的企业扮演着知识门卫的作用，并依据演化经济地理、社团商业、根植性三方面理论，对其在定义相关知识和促进知识在集群内传播中的作用进行了详细探讨。Guo & Guo（2013）则发现创新机构在产业集群知识系统中扮演着技术门卫、技术扳手、技术问题解决者、创新资源整合者等多重角色，知识吸收能力、知识复杂性、结构洞与网络中心性等对这些创新机构来说都十分重要。

该阶段研究对产业集群相关概念进一步反思与深化，并出现大量泛化研究。如 Martin & Sunley（2011）认为以往产业集群生命周期法存在诸多不足，进而提出了集群适应性生命周期模型，该模型分为重组、扩张、保持、下降、再重组阶段，并对每个阶段中资源积累、连接程度、恢复能力进行了分析。在全球化视野下，诸多学者对全球价值链中的产业集群进行再审视，全球产业集群网络的结构与演化、全球产品网络与升级、全球价值链中政府的角色等都是该阶段的关注要点。此外，产业集群对贫困率的影响、产业集群是否提高了企业员工匹配质量、产业集群是否是初创企业的温床等泛化研究也越来越多。

定量化也是该阶段产业集群研究的重要特征，这主要体现在两个方面，一是产业集群的定量识别方法越来越规范，二是科学严谨的定量实证研究越来越多。首先，从产业集群识别方面来看，Delgado et al.（2016）通过多年的研究，基于产业间关系、投入产出关系、就业相似性提出了一个基准集群定义定量算法，较之以前的识别方法有了很大的进步。其次，该阶段的定量实证研究趋于规范严谨，计量方法使用更加恰当。在传统产业集群研究方法的基础上，问卷调查研究大量出现。近年来，由于产业集群研究更加关注企业微观特质，利用结构方程模型对产业集群企业微观特质的研究已成为重要研究方向，如 Lai et al.（2014）通过构建结构方程模型探讨了产业集群知识管理对创新绩效的影响。Mueller & Jungwirth（2016）构建了结构方程模型检验了产业集群的环境、结构、功能特性如何影响其绩效。此外，模拟等方法也被引入到产业集群的研究中来，如 Wang（2012）基于理论研究和数值模拟，讨论了不同类型企业的集群倾向，发现较少土地需求的劳动密集型企业和高科技企业更倾向于集群，而传统的巨头企业相对而言不愿意集群。

总体来看，创新型产业集群已成为该阶段研究的核心，集群的创新性与其所处的社会环境、行业条件、微观基础、企业异质性等均密切相关。该阶段对已有集群概念，如生命周期、集群知识管理、集群根植性等方面的研究也更加复杂和深入。严谨的定量研究已成为该阶段研究的主流，并涌现出大量产业集群定量识别与应用的研究，利用计量方法对各种集群效应进行严谨检验的研究也大量出现。由于研究的需要与现有研究数据的缺乏，通过问卷调查的结构方程模型等定量研究方法被大量引入到集群研究中来，产业集群的研究方法日趋多元。

二、国外产业集群研究流派划分

国外在早期产业集群研究中大致形成了四大流派，包括新产业区学派、区域创新网络学派、新经济地理学派和战略管理学派①。在此基础上，随着社会科学对数据科学的重视，逐渐形成了产业集群的定量研究学派，并成为近期研究的焦点，如表 1–3 所示。

① 邓宏兵．国外产业集群理论演进与发展研究［J］．学习与实践，2008（04）：48–54.

表 1-3 国外产业集群研究流派划分①

学派划分	新产业区学派	区域创新网络学派	新经济地理学派	战略管理学派	定量研究学派
时间起源	1970 年～	1985 年～	1991 年～	1990 年～	
代表学者	Becattini，Piore & Sabel	GREMI，Camagini	Krugman	Porter	Delgado，Porter
主要观点	产业区的发展是在本地劳动分工基础上实现的经济外部性，以及当地社会文化背景支持下企业之间的相互协同作用。	区域发展更多地依赖于创新环境的改善，而不仅仅是产业内部的柔性专业化分工。	地方化的规模收益递增与空间距离交易成本之间的平衡是对等级式产业空间发展的最好解释。	产业集群是国家竞争力的来源。	产业集群效应需要定量检验。
研究尺度	区域	区域	国家	国家和区域	区域和个体
研究重点	产业区的形成与集聚机制	创新网络和创新环境	将地理区位作为分析市和竞争的重要问题之一	竞争力	集群效应
研究方法	定性	定性	定量	定性	定量
支撑理论	经济地理学	创新理论，根植性理论	新贸易理论	产业集群理论，生命周期理论	计量经济学，结构方程模型
面临问题	由于受经济地理学的限制，难以从经济学的角度分析这些产业区的形成与发展机制。	对理论的验证缺乏足够的数据支撑。	较难解释对运输成本并不敏感的高新技术产业集群的出现。	缺乏广泛应用性；对产业集群定义不够清楚；以发达国家经验为主，缺乏对发展中国家经验的考量。	定量分析所需数据可得性的约束。

三、国内产业集群研究阶段划分

国内产业集群研究可划分为模仿阶段和调整阶段，具体如下所示：

（一）模仿阶段（2001 年～2008 年）

该阶段高被引关键词主要包括“产业集群、创新、竞争力、竞争优势、动力机制、升级、价值链、全球价值链、跨国公司、社会网络、社会资本、制造业、演化、生命周期、根植性、中小企业、农业产业集群、旅游产业集

① 邓宏兵．国外产业集群理论演进与发展研究［J］．学习与实践，2008（04）：48-54.

群、区域品牌、知识溢出、指标体系、产业转移、高新技术产业集群、主导产业”等，突发性关键词主要包括“产业集群、竞争优势、集群学习、交易费用、集聚经济、产业关联、中小企业、规模经济、集群式创新、价值链、区域创新体系、企业竞争、区域竞争力、集群式发展、集群竞争力、主导产业、FDI”等。不难看出，该阶段研究主要为国外产业集群相关理论引入与介绍、产业集群与竞争力关系的定性探讨、产业集群的概念界定、产业集群识别方法等。

由于国内产业集群理论研究起步较晚，早期主要为国外产业集群理论介绍和产业集群与竞争力关系的定性探讨。由表 1–4 可以看出，国内产业集群研究高被引论文中，被引次数排名前十的论文均为此类研究。表明该阶段研究以“模仿”国外产业集群理论为主，其他相关概念如全球价值链、演化、根植性等也大都以介绍国外研究进展为主。

表 1–4　国内产业集群研究高被引论文

作者姓名	论文题目	期刊名称	发表时间	被引次数
陈剑锋，唐振鹏	国外产业集群研究综述	外国经济与管理	2002	1194
徐康宁	开放经济中的产业集群与竞争力	中国工业经济	2001	1175
魏守华等	产业集群：新型区域经济发展理论	经济经纬	2002	756
张辉	产业集群竞争力的内在经济机理	中国软科学	2003	736
魏守华	集群竞争力的动力机制以及实证分析	中国工业经济	2002	708
刘恒江，陈继祥	产业集群竞争力研究述评	外国经济与管理	2004	405
安虎森，朱妍	产业集群理论及其进展	南开经济研究	2003	373
魏后凯	对产业集群与竞争力关系的考察	经济管理	2003	372
王缉慈	关于中国产业集群研究的若干概念辨析	地理学报	2004	349
魏守华，赵雅沁	企业集群的竞争优势探究	财经问题研究	2002	347

注：检索时间为 2017 年 11 月 27 日。

从研究方法来看，该阶段产业集群研究绝大多数为定性研究，定量研究相对较少。如梅丽霞等（2005）从技术能力升级、创新能力升级、外向关联升级、社会资本升级、创新系统升级等方面论述了产业集群升级的内涵①。任家华，王成璋（2005）基于全球价值链的视角从工艺流程升级、产品升级、

① 梅丽霞，柏遵华，聂鸣．试论地方产业集群的升级［J］．科研管理，2005（05）：147–151.

功能升级、价值链升级等方面对高新技术产业集群升级进行了定性探讨①。张杰，刘东（2006）基于组织分工构架对我国地方产业集群的升级路径进行了分析②。一些学者在定性分析的基础上，进一步提出了打造产业集群的政策建议。

从产业集群识别与应用方面来看，早期研究以定性识别集群进行分析为主，如朱华晟，王缉慈（2002）定性识别出东莞电子信息产业集群并分析了集群内地方联系的影响因素③。包建华，方世建（2006）基于钻石模型理论的四要素对安徽茶叶产业集群进行分析，并提出了集群式发展措施④。由于定性识别方法往往过于依赖专家的个人判断，所以难免存在一定局限性。因此，产业集群定量识别的方法逐渐兴起，如贺灿飞，潘峰华（2007）系统地介绍了区位商法、空间联系和产业方法、因子分析和等级聚类法、图谱分析法等集群定量识别方法⑤。孙铁山等（2008）采用多变量聚类的集群定量识别法，识别出我国基准产业集群，并利用2004年经济普查数据对北京的集群进行了分析⑥。沈体雁等（2021）采用地理邻近和产业关联两个准则，定量识别和划分了中国标准产业集群，并制作了中国标准产业集群地图⑦。

总体来看，该阶段国内产业集群研究以引入和介绍国外产业集群相关理论为主，并结合我国的具体实践进行了分析。在产业集群识别方法上，多种定量识别方法被引入应用，为我国产业集群的定量识别与分析提供了一定的方法支撑。然而，该阶段研究也存在许多局限性。首先，该阶段产业集群研究原创性不足，并没有提出创新性、根植性、原创性的中国特色产业集群理

① 任家华，王成璋.基于全球价值链的高新技术产业集群转型升级［J］.科学学与科学技术管理，2005（01）：118–121.

② 张杰，刘东.我国地方产业集群的升级路径：基于组织分工架构的一个初步分析［J］.中国工业经济，2006（05）：48–55.

③ 朱华晟，王缉慈.论产业群内地方联系的影响因素——以东莞电子信息产业群为例［J］.经济地理，2002（04）：385–389+393.

④ 包建华，方世建.安徽茶叶产业集群式发展：基于钻石模型的分析［J］.农业经济问题，2006（06）：65–68.

⑤ 贺灿飞，潘峰华.产业地理集中，产业集聚与产业集群：测量与辨识［J］.地理科学进展，2007，26（2）：1–13.

⑥ 孙铁山，卢明华，李国平.全国基准产业集群识别及在区域经济分析中的应用——以北京市为例［J］.地理研究，2008（04）：873–884.

⑦ 沈体雁，李志斌，凌英凯，郭洁.中国国家标准产业集群的识别与特征分析[J].经济地理,2021,41(09):103–114.DOI:10.15957/j.cnki.jjdl.2021.09.011.

论。其次，产业集群概念滥用现象严重，一些研究打着产业集群的旗号，实际上并非研究产业集群问题。此外，由于缺乏更加细分的投入产出数据、小尺度分行业微观个体数据、全国性产业集群数据库，一些定量研究难以开展，这也大大限制了我国产业集群研究的进一步拓展。

（二）升级阶段（2009 年 ~ 至今）

该阶段高频被引关键词主要包括“核心企业、知识转移、文化产业、集群升级、集群网络、系统动力学、知识创新、产业政策、金融危机、政府行为、知识管理、吸收能力、战略性新兴产业、复杂网络、协同创新、转型升级、文化产业集群、结构方程模型、区位商、层次分析法、知识网络、钻石模型、仿真、案例研究、开放式创新、创新模式、协同发展、创业、知识守门人、新常态、新型城镇化、创新驱动、创业行为”等，突发性关键词主要包括“县域经济、仿真、集群创新网络、低碳经济、层次分析法、核心企业、技术扩散、指标体系、知识创新、演化博弈、知识扩散、新兴产业、影响因素、创业、知识网络、结构方程模型、转型升级、系统动力学、小微企业、案例研究、创新绩效、新型城镇化、网络能力、创新驱动、协同创新”等。在金融危机之后，我国产业集群研究也面临着危机，核心期刊上发表文章数量由急剧增长转为快速下降。产业集群的演化与升级、产业集群协同创新、产业集群与知识管理、创新型产业集群等是该阶段的研究焦点。

产业集群生命周期理论以及演化与升级是该阶段的重要方向，如李明惠等（2012）基于生命周期理论，以青岛家电产业集群为例，对集群自主创新机制进行了分析[①]。朱建民，史旭丹（2015）基于生命周期理论，分析了社会资本对不同时期集群创新绩效的影响[②]。汤临佳，池仁勇（2012）分析了产业集群结构及其适应能力，进而提出了产业集群的升级路径[③]。胡大立（2016）以计算机、汽车、飞机、集成电路、耐用家电等行业为例，指出我国产业集群在全球价值链中存在“低端锁定”的战略风险，进而提出了基于生产者驱

---

① 李明惠，雷良海，孙爱香．基于生命周期的产业集群自主创新动力机制研究［J］．预测，2012，31（03）：54–58.

② 朱建民，史旭丹．产业集群社会资本对创新绩效的影响研究——基于产业集群生命周期视角［J］．科学学研究，2015，33（03）：449–459.

③ 汤临佳，池仁勇．产业集群结构、适应能力与升级路径研究［J］．科研管理，2012，33（01）：1–9.

动与购买者驱动的产业集群升级路径①。

产业集群协同创新、产业集群与知识管理、创新型产业集群相关研究均是该阶段的研究核心。与国外研究观点一致，国内诸多学者已经意识到创新是影响产业集群可持续发展的关键要素，如杨耀武，张仁开（2009）通过构建协同创新框架模型，探讨了集聚—集成—集群的产业集群发展路线②。王承云等（2013）利用京津沪渝的统计数据，识别出四个地区创新型产业集群不同的空间格局特征，并分析了这种空间集聚模式差异的形成原因③。魏江，徐蕾（2014）从集群企业知识网络嵌入视角出发，以知识整合作为中介变量，探讨了知识网络对企业创新能力的影响④。

从研究方法来看，该阶段定性研究仍然占据主要位置，但定量研究文章数量显著增加，计量统计分析、层次分析法、结构方程模型法、案例研究等是该阶段的主要研究方法。特别是利用调查问卷构建结构方程模型的研究在该阶段显著增加，表明一些学者力图通过实地调研以突破产业集群现有数据不足的限制。然而，仍有一些研究打着产业集群的旗号，实际上并非在研究产业集群，如陈雁云等（2016）在研究产业集群和城市群的耦合与经济增长之间关系时，对产业集群进行界定时仅仅说明“假定产业集群内包含城市群的所有产业”，而研究中并没有实质性涉及产业集群的研究⑤。

四、国内产业集群研究流派划分

依据学科背景、研究视角、研究内容的不同，可将国内产业集群研究学者大致分为地理学派、经济学派、管理学派、政策学派（如图 1–4 所示）。地理学派的学者主要关注产业集群在空间上的变化与分布，经济学派的学者主要关注产业集群的内在经济机理及其与增长的关系，管理学派的学者主要关

---

① 胡大立.我国产业集群全球价值链“低端锁定”战略风险及转型升级路径研究［J］.科技进步与对策，2016，33（03）：66–71.

② 杨耀武，张仁开.长三角产业集群协同创新战略研究［J］.中国软科学，2009（S2）：136–139+144.

③ 王承云，秦健，杨随.京津沪渝创新型城区研发产业集群研究［J］.地理学报，2013，68（08）：1097–1109.

④ 魏江，徐蕾.知识网络双重嵌入、知识整合与集群企业创新能力［J］.管理科学学报，2014，17（02）：34–47.

⑤ 陈雁云，朱丽萌，习明明.产业集群和城市群的耦合与经济增长的关系［J］.经济地理，2016，36（10）：117–122+144.

注微观企业特质与创新绩效的关系，政策学派的学者主要关注集群政策的选择与制订。

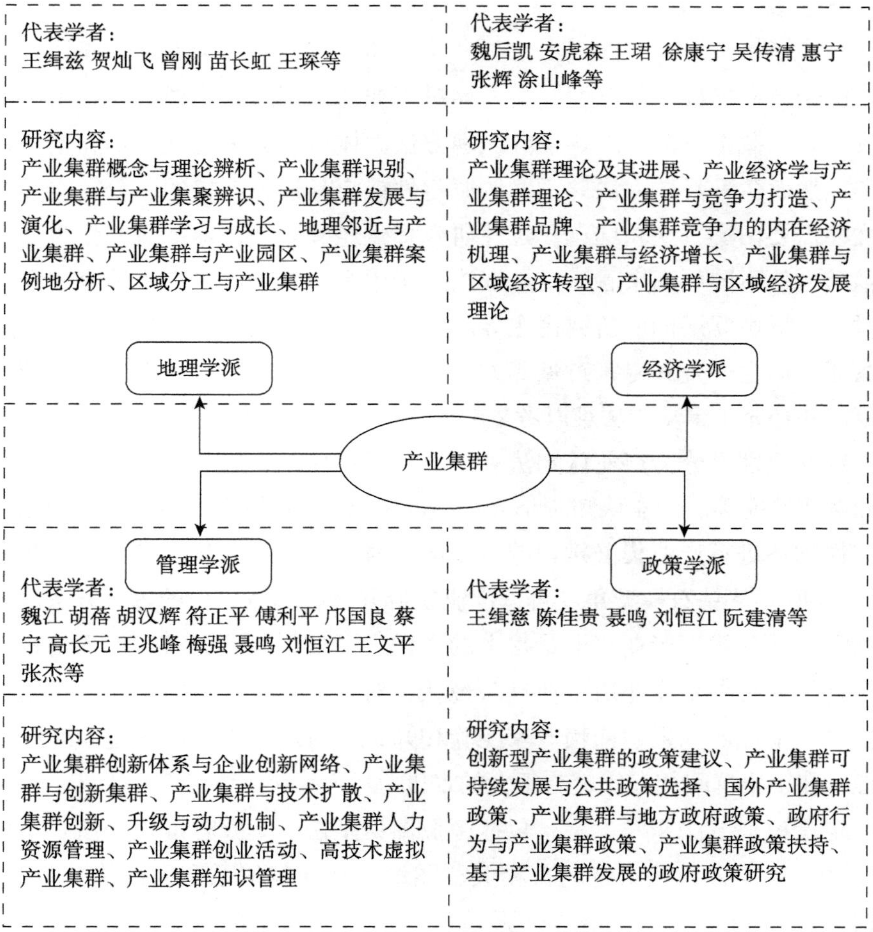

图 1–4　国内产业集群研究流派划分

第三节　产业集群政策研究的重点

随着产业集群成为推动国家及区域经济发展的重要力量，产业集群政策研究越来越成为国家或区域经济政策的基础。如何使集群政策更加精准而有效，是政策制订者着重关注的问题，主要包括产业集群识别、动态跟踪、精准治理以及其效用评价等四个重点问题。

一、集群识别

由于产业集群的复杂性，学术界对于如何识别产业集群的问题始终没有达成一致。截至目前，产业集群识别方法大体可以分为定性识别和定量识别两类，然而各种具体方法并不能按照定性或定量进行严格的区分，实际应用时往往需要两类方法相结合，定性研究提供经验判断，定量研究作为计算方法辅助。从不同层面来看，定量方法对于中观和宏观的研究更适合，定性方法对于集群微观层面的研究占主导。定量方法需要精准的数据和信息，定性方法通过问卷调查和专家意见等方式有效弥补了实际数据的有限性和精度的不足，并补充了定量方法难以考量的重要因素，提高了集群识别的可靠性。

定性识别可分为产业认知法和钻石模型法两类，研究手段包括问卷、访谈和案例研究等。产业认知法是 Anderson 在 1994 年提出的结合定量数据分析和定性阐述进行产业集群辨识的五步法，属于专家经验法。钻石模型法是波特于 1990 年从钻石模型角度辨识产业集群并评析其竞争力的理论方法。他认为钻石体系是辨识产业集群最根本的手段，即使用问卷调查、深入访谈、历史分析等方法考察产业历史演进与现状，对产业竞争优势的源泉进行钻石分析。由于定性研究强烈依赖专家经验和知识，对产业集群的界定缺乏统一的标准，使得集群间相互比较有很大的难度。

定量识别方法相对丰富，包括区位商识别法、集聚程度识别法、主成分分析法、聚类分析法、空间自相关、图谱、空间基尼系数及网络分析法等。根据是否考虑产业集群的两个本质特征——“产业关联”和“地理邻近”，产业集群定量识别的研究又可以分为产业集中度法、产业关联法、点密度法三类方法。产业集中度法是在假定产业地理集中即集群的前提下，通过计算产业集中度来判断某地区是否存在产业集群。这种方法只计算某个产业的区位商而忽略了企业之间的联系，并且没有考虑到企业的微观区位而是只按照地理单元进行统计，模糊了产业集群的企业临近特性。产业关联法主要利用投入产出表中的产业间经济联系来识别产业集群，识别的结果从本质上看是根据产业关联度进行产业分类的结果。这类方法包括以主成分分析提取产业联系的主要结构、用多变量聚类将大量产业分组以及用网络分析降解数据分割产业等。点密度法是利用专利数、企业密度等个体数据对某产业进行空间密度分析从而划分出地理集群。这种方法主要分为识别产业集聚和地理集群两类，前者以 ME 指数为代表，用于解决企业在一个特定地理区域内进行区位选择的问题，后者通常利用点模式分析方法来识别出集群的地理范围和地理边界。目前产业集群识别的产业集中度法、产业关联法和点密度法大都只考虑了产业关联和地理邻近特征的某一方面，仍然缺乏对产业集群这两个本质特征的综合考虑。

二、动态跟踪

早期关于产业集群空间分布格局的研究以静态为主，多数研究停留在某一特定时间截面上。如今随着大数据时代的到来，越来越多的研究从定性转为定量，静态描述式研究也转变为动态跟踪式研究。全球管理学大师迈克尔·波特在 20 世纪 90 年代提出了产业集群的概念，他认为通过集群关键要素之间的关联程度，考察集群效应的强弱，可以此来对该集群的竞争力进行评价。波特早期的研究以定性的案例分析为主，目前他的研究团队也已经转向了以定量为主的研究，他们联合美国商务部和经济发展局所开展的全美集群地区项目，有力地推动了美国区域经济发展和国家竞争力的提升。

欧盟的集群观测台计划以欧盟各成员国作为研究对象，系统地调查了欧洲产业集群的表现力。根据 2016 年所报告的就业统计，以规模（就业数；企业数）、专业化程度（区位商）、生产率（工资）、动力（就业增长率；新企业成长率）四项指标作为评价标准，欧洲共识别出 3043 个强产业集群，占了所有就业的 46%，比贸易型产业的平均工资高 3%，且大部分地区均有 5～13 个强集群。除了本国区域内的集群间合作相对频繁以外，近年来欧洲各国之间的集群合作也非常活跃。2006 年，组织波罗的海与中欧地区产业集群活动的欧洲集群联盟成立，其促进了整个欧洲地区集群联盟的发展。

与欧美高度重视产业集群动态监测形成鲜明对比，亚洲各国对产业集群的关注和支持力度相对薄弱。尽管日本、韩国、新加坡等亚洲发达国家也在积极推动各自的产业集群政策，但是各国仍旧缺乏对国家内部集群的统一动态跟踪平台。中国作为制造业大国，产业集群种类多，发展程度参差不一，关于产业集群的发展动态有着更大的谜团。因此，建立统一规范的国家产业集群网站，掌握全国集群的空间分布与动态演化，是当前中国集群发展亟待完成的重要任务。

三、精准治理

大数据时代的到来为产业集群的精细化模拟提供了重要的发展机遇，随着微观数据可得性的不断增强，近年来关于产业集群治理的研究与微观模拟相结合日益增多。由于影响产业集群变化的因素越来越多，为分析和预测集群效应的变化，更加需要精细化的模型作支持，通过观察产业集群内部各主体在不同情景下的反应，为产业集群的战略和政策制定提供科学准确的指导。

由于产业集群与多主体系统的相似性，ABM 技术兴起不久便成为产业集群研究的有力工具，其应用主要集中在集群的涌现和演化两个方面。Albino 等（2006）基于 Agent 的仿真方法研究了创新的涌现及演化。Cai 等（2009）将集群内的企业分为弱知识和强知识的两类 Agent，制定规则后观察集群的知识溢出现象。乐建兵和杨建梅（2005）基于 Agent 的仿真分析了产业集群中企业的投资行为及其发展过程①。周庆、黄颖颖和陈剑（2005）基于 Swarm 平台对企业的动态竞争行为和演化机制进行了仿真分析②。李英（2009）利用 Agent 的微观建模方法研究了产业集群中的创新扩散问题③。Zhang（2003）通过 Agent 的仿真研究了硅谷高科技产业集群的形成和发展，并分析了政策的作用。陈金丹等（2012）基于多次仿真计算的结果用网络规模、平均集聚系数、平均路径长度的分布函数刻画了集群知识网络的结构特征④。Yang 和 Ren（2011）采用多主体建模分析了产业集群的演化，认为集群演化是学习和积累的过程，R&D 和创新是集群演化的驱动力。然而目前的研究大都只考虑了集群的某一方面，缺少各要素对集群形成、演化、政策效应等一系列的系统模

① 杨建梅，乐建兵 . 基于产业集群的企业重点投资地区决策的仿真［J］. 管理工程学报，2005（02）：146–149.

② 周庆，黄颖颖，陈剑 . 基于主体的动态竞争模型的设计与仿真［J］. 系统仿真学报，2005（08）：1977–1981.

③ 李英 . 基于 Agent 的产业集群中创新扩散模型框架［J］. 华东理工大学学报（社会科学版），2009，24（03）：43–46+124.

④ 陈金丹，胡汉辉，吉敏 . 集群知识网络的内生演化研究—基于多主体的仿真分析［J］. 情报杂志，2012，31（07）：128–133.

拟，因此精确集成式的集群模拟将是未来研究的热点和发展方向。

四、效用评价

地区集群化发展效用评价是指通过使用产业相近度、产业投资网络及产业创新产出相似性等指标来描述集群中产业和企业间的相互联系以及产业集群的发展和演进过程的研究工作，地区集群化发展效用的研究更多的是基于产业关联所进行的研究。

当研究者或政策制定者提到产业集群的时候，实际上具体所指的是某一地区的产业发展具有较高的专业化程度，产业间的相互关联性较强，而且其成功的发展引起了相关产业在当地较高的集中度。因此，我们将同时符合这三种标准的地区产业发展定义为成功的产业集群，这也正是我国大多数研究产业集群的学者们潜意识中产业集群的含义。基于此，产业关联性的衡量和计算是产业集群研究的核心部分，在可量化的、可验证的基础上，进一步开展产业集群的识别、评价和相关研究才有意义。将产业集群的研究从对象研究转变为地方的效用属性研究，有助于量化开展对一个地方产业集群进行时序和空间上的度量和对比，同时更易于政策制定者对一个地方产业集群的细微发展有一个细致和精准的认知，从而更加有利于政策的制定和地方产业结构的调整。

第四节　世界级产业集群及经验借鉴

世界级产业集群是产业集群发展到一定程度和规模后的产物，一般具有以下特征：产业规模在行业占据较大比重；拥有世界一流的行业龙头企业；围绕行业龙头企业形成专业化分工协作网络；拥有世界领先的核心技术和持续创新能力。目前，世界级产业集群主要分布在发达国家，本节将对世界级产业集群的概念进行阐述，并列举三个具有代表性的世界级产业集群，以期对如何培育世界级产业集群具有一定的借鉴意义。

一、世界级产业集群的概念

“世界级产业集群”（World-Class Clusters）的概念界定和理论研究目前尚

处于起步阶段[①]，国内从2016年开始才出现了一些以“世界级产业集群”为主题词的相关文献，而国外在这一领域的相关研究同样比较匮乏。具有开拓性意义的同时也是目前国际上比较具有权威性的文件是欧盟委员会在2010年发布的《欧洲世界级产业集群发展白皮书》，这份白皮书将世界级产业集群定义为能够在世界级水平上促进企业创新、区域发展和提升国际竞争力的产业生态系统，产业集群的国际竞争力主要是指在全球市场上提供产品和服务的能力。也就是说，无论在技术创新、产品市场，还是经济发展层面上，世界级产业集群都应具备十分强大的影响力和控制力。

《欧洲世界级产业集群发展白皮书》通过3大类15项指标详细描述了世界级产业集群的主要特征。首先，以集群主体为核心的基础框架和结构体系，为集群发展创造了良好的环境。这要求集群研发部门的能力、相关领域的教育质量、在该地区建立创新型企业的动力、对具有高潜力的世界级研发人员和外国投资的吸引力、激励创新的法规和公共部门需求的存在等五个方面都要有良好的表现。第二，集群的卓越性取决于集群主体的竞争力。这要求集群在开发或制造高科技产品组件应用程序或提供创新服务的市场领域和技术领域领导者的数量、集群及其内部主体的国际知名度和声誉、关键主体（企业、学术界、民众）在集群发展事务上的相互信任和积极参与、竞争者的有效参与、集群主体在国际合作上的积极参与及其与集群外部关键主体之间的联系等五个方面具有显著优势。最后，集群的实力和发展前景与集群组织的能力和专业性密切相关。这要求集群在集群发展战略及其实施的科学性、集群管理服务的专业化、集群组织的人员配备和资金支持的可持续性、教育和研发机构与集群主体之间的一致性、提供附加值等五个方面都有突出的表现。

借鉴白皮书中的上述内容，并结合国内外的现有研究成果，本书将世界级产业集群定义为：企业、科研机构、公共组织等集群主体之间围绕共同目标紧密合作、协同创新，通过发挥技术优势与组织优势，引领全球技术升级、产业变革、市场运作、空间重构和区域经济发展，具有强大国际竞争力、发展活力和地方根植性的产业集群。

---

① 张佩，赵作权．世界级竞争力集群培育的欧盟模式及其启示［J］．中国软科学，2019，（12）：72–80.

二、美国硅谷：世界级电子信息产业集群

硅谷位于美国加利福尼亚州旧金山湾区南部，是世界上高新技术和创新发展的开创者和中心地，因为其拥有全球规模最大、创新能力最强、发展水平最高的电子信息产业集群。硅谷以其附近的斯坦福大学、加州大学伯克利分校等具有雄厚科研力量的世界一流大学为依托，以中小型高新技术公司集群为基础，将科学、技术、生产融为一体，拥有苹果、谷歌、惠普、英特尔、Facebook、甲骨文、思科等国际行业巨头，是全球电子信息产业和知识经济的制高点。目前，硅谷拥有大约 1500 家计算机公司和超过 100 万名科技人员，年产值约 3000 亿美元，人均 GDP 比肩世界排名第一的卢森堡。

图 1-5　硅谷世界级产业集群知名企业分布[①]

① 百度图片 . http：//www.yiminchaoshi.com/wp-content/uploads/2013/09/s_123677911529o7Tr7e.jpg

硅谷世界级电子信息产业集群形成和发展壮大的主要经验可总结为以下几点。一是把握住了高新技术飞速发展的历史机遇。二战后各种电子信息技术和电子工业技术的重大突破与创新，例如20世纪60年代的半导体技术、80年代的个人电脑量产、90年代的互联网技术均与硅谷关系密切。二是发达的风险投资保证了坚实的资金基础。硅谷是美国风险投资活动的中心，全美风险投资总额的三分之一集中在该地区。风投不但能够支持初创企业迈出从技术到市场的关键一步，而且还能提供技术发展意见，从而推动技术更新换代。三是构建起灵活的公司网络和成熟的企业生态。硅谷内的多数企业规模相对较小，这些企业有着巨大的外包需求，而硅谷建立了发达的外包支持系统，可及时迅速地将构思和创意转化为产品，实现小批量的工业化生产。另外，硅谷内的信息交流渠道多样，信息交换便捷高效，发达的信息交流网络营造了良好的硅谷企业生态系统。四是浓郁的创业文化和创新精神推动了硅谷不断向前发展。硅谷内公司生产结构相对开放，人才流动频繁，企业注重并善于激发员工勇于探索、大胆尝试的创新热情。此外，来自不同文化背景的多元化的人种只要有才能，都能在硅谷找到一席之地，相互之间的思维碰撞擦出了无数的创新火花。

三、日本爱知县：世界级汽车产业集群

爱知县位于日本关东地区与关西地区之间，是日本工业化程度最高的发达地区之一。汽车产业作为其支柱产业，奠定了其日本制造业中心的地位。爱知县集聚了全球最大的汽车生产商丰田汽车公司，丰田参股的大型汽车零部件制造商日本电装公司以及铃木、三菱和大众集团等其他知名汽车厂商的若干工厂。近年来，由于丰田等大型厂商相继在海外布局了大量汽车组装厂，本土的汽车组装业务向外转移，爱知县重新将自身定位为汽车零部件的研发和生产中心。

目前日本所生产的汽车零部件大约一半皆出自爱知县，爱知县汽车工业产值超过1500亿美元，占日本汽车总出货值的40%。县首府名古屋港一年往国外出口的汽车整车（轿车、巴士、货车）约144万辆，一个集汽车组装和零部件制造于一体的世界级综合性汽车产业集群已在爱知县形成。

城市	制造品产值	主产业	主要企业
丰田市	975,614,599	汽车	丰田汽车
名古屋市	349,519,331	航空机、电机、制陶	三菱重工业、三菱电机
田原市	199,929,073	汽车	丰田汽车
四日市市	187,706,614	石油化学	科斯莫石油公司、昭和四日市石油、三菱化学
铃鹿市	161,703,980	汽车	本田技研工业
津市	161,703,980	造船、电机、食品	环球造船（ユニバーサル造船）、JFE工程（JFEエンジニアリング）、松下电工、凸版印刷、井村屋制菓、优雅食
安城市	136,830,438	汽车	电装、牧田、爱信AW、爱信精机
幸田町	135,383,815	汽车	电装、SONY EMCS（ソニーイーエムシーエス）
刈谷市	134,881,838	汽车	电装、丰田自动织机、爱信精机、丰田车体、丰田纺织
冈崎市	127,926,872	汽车	三菱汽车
豐桥市	114,395,729	汽车	东碧工业（トピー工業）、电装、福斯集团
小牧市	109,477,156	汽车、航空	三菱重工业、日本碍子（日本ガイシ）、日本特殊陶业
西尾市	108,593,524	汽车	爱信精机、电装
东海市	105,499,662	制铁	新日铁住金、爱知制钢

图 1–6　爱知县工业带主要城市①

丰田公司及其本地供应商的协同发展是爱知县建立世界级汽车产业集群的关键所在。以丰田公司为代表的大型横向一体化企业占据了行业的主导地位，无论在技术上还是市场上都具有领导力。专注于生产关键零部件的中小企业以供应商的身份环绕在大企业周围，依托大企业获得先进技术的突破和创新，并依靠大企业所提供的运营资金和长期融资。大企业会控制供应商的产品质量，为其设定合理的市场价格，并运作一套风险分担和利润分配的激励机制。低级别的供应商为争夺大企业的订单往往竞争激烈，而高级别的供应商一般会与某个大企业建立长期的合作关系，缔结长期的生产合同，互相持股或财务联保，并接受大企业的全面质量管理。集群内大中小企业之间形成的这种复杂的关系网络有利于资产的有效投资、降低交易成本、增加有组织的相互学习、提高产品开发效率、增强抵御风险的能力，从而成为集群国际竞争力的重要来源。总之，历史悠久的制造业传统、高素质的人力资源、全球化发展的核心企业以及本地网络化的中小企业是爱知县世界级产业集群的主要驱动力。

① 维基百科 . https：//zh.wikipedia.org/wiki/%E4%B8%AD%E4%BA%AC%E5%B7%A5%E6%A5%AD%E5%9C%B0%E5%B8%B6

四、美国北卡三角区：世界级高新技术产业集群

坐落在美国北卡罗来纳州核心地区的三角科学园拥有世界闻名的高新技术产业集群，在过去60多年的发展历程中，这里始终践行着以科技创新为引擎推动地区经济发展的先进理念。如今，北卡三角区已经逐步壮大成为比肩“硅谷”的美国乃至全世界最大的高新技术产业集聚区之一，其科研投入强度、高素质人才比例等指标常年位居美国前列，获得过美国发展的首选地、生物技术和生命科学的都会区、最具有企业家精神的地区、世界生物技术的后起之秀等多项荣誉，是美国媒体和研究机构所评选的经济发展最快都市圈排行榜中的常客。目前，三角科学园入驻了大约300家公司，其中超过40%是生物企业，还有约20%是信息科技企业，园区拥有5万多个高技术就业岗位，诞生了约4000项专利，每年世界上顶级的学术刊物发表的科研论文中有大约20%是三角园区科学家所撰写的，园区内的生物技术产业年产值近1000亿美元，是世界疫苗研发和制造领域的领先者。

北卡三角区世界级高新技术产业集群的竞争优势来源可以总结为以下几点。第一，高校、科研机构和企业之间的紧密协作。许多高新技术中小企业是从大学或科研机构中直接孵化或演变而来，从而与这些机构间有着复杂的天然关联，这促使各种集群主体之间的联系非常紧密。另外，集群内部企业之间的专业化分工程度非常高，不同生产环节的企业依托本地产业链开展前后向联系，通过相互协作共同完成一件产品的生产流程。第二，知识和创新在集群内的有效传播。企业通过聘请大学和科研机构的专家教授做技术顾问或咨询人员，从而更加快捷直接地与研发机构合作开展技术攻关或直接吸收利用前沿创新成果。集群内建立了各种主体之间的正式或非正式社会关系网络，为所有知识的传播和转移提供渠道，这种知识扩散机制对于中小企业应对日新月异的技术和市场格局至关重要。第三，社会资本的形成。通过企业之间的生产协作、员工之间的交流互动、中介组织的牵线搭桥等方式所形成的社会资本，使集群内的人才、技术、知识、信息等要素自由流动，协调各集群主体之间的竞争和博弈，形成了一种集群所独有的竞争优势。第四，打造优质的生活品质。北卡三角区以较低的生活成本、较短的通勤时间、良好的教育环境和发达的医疗条件等优势吸引国内外优质企业和高素质人才的流入，这种舒适的工作生活环境能让人们感到自己与城市共同成长，从而增强

归属感。

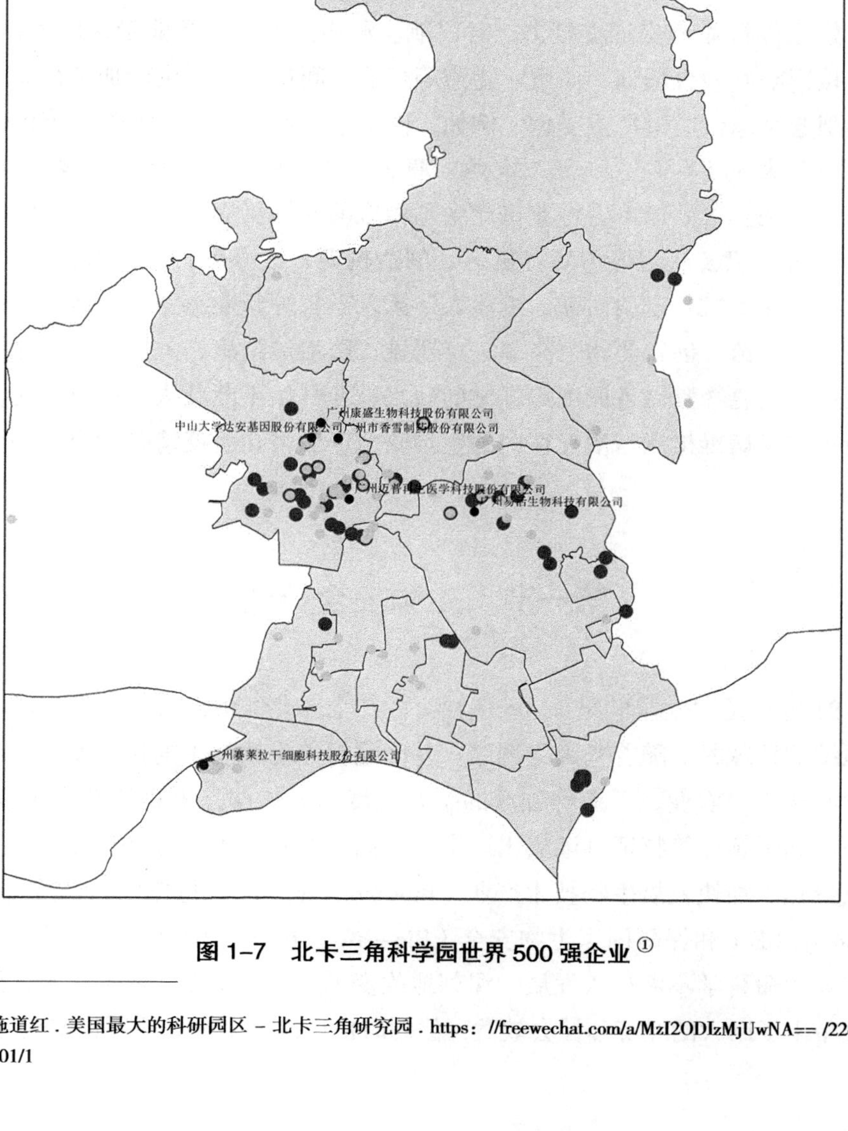

图 1–7　北卡三角科学园世界 500 强企业①

---

① 施道红 . 美国最大的科研园区 – 北卡三角研究园 . https：//freewechat.com/a/MzI2ODIzMjUwNA== /2247488401/1

第二章　生物安全与生物安全产业概述

新冠肺炎疫情严重影响了全球的经济和贸易活动，不仅让旅游、餐饮、线下娱乐等行业遭受沉重打击，对民航、酒店、零售等行业带来巨大冲击，还直接影响到教育培训、商贸、物流等行业，间接影响到生产加工行业。疫情还引起全球供应链严重受创，例如，由于电子产品和汽车零部件等供应短缺，引起大量工厂停工、工人失业、商店关闭。此外，采矿、能源、运输、建筑、会展、食品加工等行业也产生了相应的连锁反应。灾难面前，各行业转危为机，积极从困境中找寻机遇、创造机遇，云办公、云学习、云购物、大数据、无人机、自动驾驶、机器人、无人零售等新业态蓬勃发展，基因检测、新型疫苗、创新药物、高端医疗器械、防治传染病相关产品、柔性生产与制造、应急物资储备调度等领域的新兴行业开始不断壮大。可以预见，包含新冠肺炎病毒检测与治疗在内的生物安全产业将在后疫情时代迎来一个爆发期。

第一节　生物安全概述

21 世纪是“全球世纪”，经济社会的“全球化”浪潮，将世界变成了时空压缩的地球村。随着基因组测序、基因编辑等生物技术的快速发展，生命科学与医学、农业、工业等领域的融合程度不断加深，生物技术的颠覆性、突破性和引领性等特征日渐突出。世界各国，尤其是大国将社会经济的战略重点聚焦于加快发展生物技术产业（Bio-industry, BI）、抢抓生物经济（Bio-economy, BE）和保障国家生物安全（Bio-safety, BS）等生物安全领域。生物技术和生命科学不断深入发展，深刻地改变了人类对生命本质的理解，给全人类带来了巨大的经济和社会效益，但同时也可能带来全球性生物安全问题，威胁人民健康、社会安定和国家安全。因此，当前生物技术全球化遇到的最大挑战之一，是既要全力发展与生物技术、生命科学及生命健康相关的各类产业，又要把生物安全风险隐患降至最低。

一、生物安全定义

（一）一般定义

关于生物安全的概念①，目前国际上主要有两种释义。一种是 Bio-safety，指保护人类免受病源侵害。如：实验室生物材料安全使用措施——The set of measures taken to ensure the safe handling of bio-hazardous materials, such as pathogens, bio-logical contaminants, and genetically modified organisms, especially to prevent their accidental spread beyond a laboratory or research facility（译文：为确保安全处理诸如病原体、生物污染物和转基因生物等生物危害材料而采取的一系列措施，尤其是防止其意外传播到实验室或研究机构之外的措施）；（农业）转基因作物控制措施——（Agriculture）the precautions taken to control the cultivation and distribution of genetically modified crops and products（译文：农业领域为控制转基因作物和产品的种植和分配而采取的预防措施）。另一种是 Bio-security，指控制病源避免其危害人类。如：流行病、生物污染及生物袭击的保护措施——The set of measures taken to limit or counter the threat posed by sudden widespread disease or bio-logical contamination, as from bio-logical warfare, acts of bio-terrorism, or pandemic outbreaks, including measures for increasing public safety and preparedness as well as procedures aimed at restricting access to bio-hazardous materials or to information relating to their production（译文：为限制或应对由突发的广泛疾病或生物污染〔例如生物战、生物恐怖主义行为或大流行性疾病暴发〕造成的威胁而采取的一系列措施，包括提高公共安全性和防备的措施以及旨在限制接触生物危害材料或有关其生产信息的规程）。对比上述两种概念，我国的生物安全概念兼而有之。

---

① 北京大学政府管理学院，广州开发区政策研究室．广州开发区打造全球顶尖生物安全产业基地策略研究——黄埔区“世界级创新型生物安全产业集群”发展规划．2020 年 09 月，3-23

（二）国家定义

生物安全作为国家安全体系的重要组成部分之一，与国家利益密切相关。2021 年 4 月 15 日，《中华人民共和国生物安全法》终于颁布实施。从 2002 年科技部等 14 部门开始立法研究与起草工作，2005 年完成送审稿，到 2019 年 10 月提请全国人大常委会一审，2020 年 2 月，习近平总书记主持召开的中央全面深化改革委员会第十二次会议，强调将生物安全纳入国家安全体系，加快推进《生物安全法》立法工作，整个立法过程历时近廿载。《生物安全法》的颁布实施标志着中国进入生物安全依法治理时代，对推动我国生物安全治理体系与能力现代化具有重要的里程碑意义。

1. 定义

《中华人民共和国生物安全法》中所称的生物安全，是指国家有效防范和应对危险生物因子及相关因素威胁，生物技术能够稳定健康发展，人民生命健康和生态系统相对处于没有危险和不受威胁的状态，生物领域具备维护国家安全和持续发展的能力。

2. 适用范围

《中华人民共和国生物安全法》中生物安全风险防控的主要活动范围包括：（1）防控重大新发突发传染病、动植物疫情；（2）生物技术研究、开发、应用；（3）病原微生物实验室生物安全管理；（4）人类遗传资源与生物资源安全管理；（5）防范外来物种入侵与保护生物多样性；（6）应对微生物耐药；（7）防范生物恐怖袭击与防御生物武器威胁；（8）其他与生物安全相关的活动。

3. 根本任务

在《中华人民共和国生物安全法》中，生物安全的根本任务包括贯彻总体国家安全观，坚持中国共产党对国家生物安全工作的领导，建立健全国家生物安全领导体制，加强国家生物安全风险防控和治理体系建设，提高国家生物安全治理能力。主要专注于防范和应对生物安全风险，保障人民生命健康，保护生物资源和生态环境，促进生物技术健康发展，推动构建人类命运共同体，实现人与自然和谐共生。

（三）生物安全概念的内涵与外延

1. 内涵

生物安全是指基于生物技术进行的生产活动和衍生产品，科学评估其对人类、环境产生的不利影响，以及可能存在的风险性和不确定性，通过采取一定的控制和管理措施，将风险性和不确定性降至可接受的范围，从而保障人类生命健康和保护生态环境安全。

生物安全的提出始于生物遗传物质结构的发现和DNA重组遗传技术的重大突破，科学家逐渐意识到生物实验所带来的安全隐患，1975年，在位于美国加州的阿西洛马召开了具有重要意义的“Asilomar会议”，对生物安全问题进行了专门而激烈的讨论。而在此次会议之后，美国国立卫生研究院（National Institutes of Health，NIH）制定了《NIH实验室操作规则》，作为首部专门研究生物安全的规范性指导文件，首次提出了生物安全（Bio-safety）这个概念，并基于此概念，在随后若干年中不断发展和完善。直到2000年，联合国《生物多样性公约》（Convention on Bio-logical Diversity，CBD）的卡塔赫纳生物安全议定书，极大拓展了原有生物安全的概念，把生物安全的适用范畴从实验室扩展到更广的范围，对生物安全产生了深远的影响。

2. 外延

生物安全是一套致力于检测、评价、监测、防范和治理生物危害的科学技术体系，其中广义的生物危害是指生物体（动物、植物、微生物，主要是指具有致病性的微生物）或其他产物（来自各种生物的毒素、过敏原等）对人类健康、生态环境、社会经济生活所造成的现实损害或潜在风险，而狭义的生物危害则是指由人为操作或人类活动导致生物体及其产物所导致的现实损害或潜在风险，主要包括基因技术、操作病原体（活的生物体及其代谢产物）和生物入侵等所造成的危害。综合来看，生物安全是一个多维度、多尺度、多领域的系统全面的概念，涉及从实验室研究到产业化生产、从技术研发到经济活动、从个人安全到国家安全等各个方面。

二、生物安全发展简史

（一）生物安全理论发展史

1. 启蒙阶段（1890 年～1940 年）

由于生物安全这一概念涉及诸多学科（医学、食品，环境等），其确切的起源难以考证，该概念的第一步一般被认为出现在巴斯德和科赫时代，即 1890 年。在当时的研究报告中，的确提出了一些针对研究人员的安全防护措施，以应对暴露于病原微生物下的潜在安全风险。但当时尚未明确提出致病微生物的处理存在影响人类健康的风险这一概念。

2. 论证阶段（1940 年～1976 年）

1949 年，Sulkin，Pike 等人针对实验室相关感染问题开展调查研究，结果在 222 例病毒感染者中（其中 21 例死亡），仅有 27% 的病毒感染者与实验室事故相关联，随后在 1950 年至 1970 年间，又对 5000 余实验室开展调查，共统计与实验室相关病毒感染者 3921 例，为生物安全防护措施的施行做出了卓越的贡献。在 20 世纪 60 年代末期，由于基因工程技术的快速发展，人们担忧研究人员可能有意或无意间将该致病基因转移到人体内，导致祸及全人类的基因风险。1970 年代初，北美和英国首先出台了实验室处理病原微生物的安全措施，其中包括旨在限制生物制剂扩散的研究步骤，人员保护措施和物理遏制措施。1973 年，在伯格的倡议下，北美科学界在 Asilomar 进行了会谈，随后又在第一届“戈登核酸会议”上呼吁重视转基因技术带来的风险，考虑建设特定的研究设施和提供完善的个人防护设备，以保护研究人员并防止研究物质泄露于外界环境中。这是“生物安全”概念发展过程中的重要一步。1975 年，在第二次 Asilomar 会谈中，在场超 150 名科学家一致认同，转基因研究应在严格的监管下进行。涉及重组 DNA 的研究应遵循两个原则：一是研究应考虑遏制措施；二是遏制措施应与风险程度相匹配。

3. 发展阶段（1976 年～至今）

1976 年，基于以上有关重组 DNA 的辩论，世卫组织向全世界科学界发出了呼吁，要求该结论应获得全球推广。为了响应这一呼吁，美国国立卫生研究院（简称 NIH）于 1976 年 6 月发布了第一份专门针对实验室中研究处理重组 DNA 的指南。这些建议于 1979 年经过了二次修订（放宽了安全条件），这是世界上第一个根据生物安全领域的讨论和研究提出的管理措施。该指南也成为后世生物安全管理条例、法律法规制定的重要参照。

（二）生物安全管理法规发展史

生物安全事业主要是伴随着生物技术的发展以及全球生物安全法律法规（参见下表）的发展而不断进步的。1976 年，美国颁布了世界上首个关于生物安全问题的管理法规《重组 DNA 分子研究准则》。随着生物技术的不断发展，生物安全逐渐从实验室研究走向了工业化生产。除美国外的许多国家对生物安全问题的争论日趋激烈，在各国民众的不断强烈要求下，各国政府纷纷借鉴美国管理法规，依据其核心内容制定了适用于各国自身的生物安全法律法规，并逐渐完善发展成法律管理体系，这也在客观上约束和规范了生物技术的发展。

表 2-1　全球生物安全法律法规发展概况一览表

名称	时间	事件
美国	1975 年	发布《NIH 实验室操作规则》
	1976 年	颁布 NIH 制定《重组 DNA 分子研究准则》《有毒物质控制法》
	1986 年	发布《生物技术管理协调框架》
	1991 年	发表《美国生物工程政策报告》
	1997 年	颁布《转基因食品自愿标识指导性文件》《转基因食品上市前通告提议》
	2002 年	公布《国家安全战略报告》
	2003 年	颁布《联邦杀虫剂、杀菌剂、杀鼠剂法》《联邦食品、药物和化妆品法》
	2004 年	发布《世纪生物防御国家战略》
	2005 年	发布《国家突发事件应急预案》
	2009 年	发布《应对生物威胁国家战略》
	2010 年	发布新版《美国国家安全战略》
	2018 年	发布《国家生物安全防御战略》《美国卫生安全国家行动计划》《国家卫生安全战略实施计划 2019 ~ 2022》

续表

名称	时间	事件
欧盟及其成员国	1984 年	建立生物技术指导委员会
	1990 年	通过了 3 个生物安全法规，所有成员国执行统一的生物安全法规标准
	1990 年	德国《基因工程法》正式生效
	1992 年	公布《欧洲联盟条约》
	1995 年	公布《申根协定》
	1997 年	公布《阿姆斯特丹条约》《食品管理法》
	2001 年	公布《尼斯条约》《转基因生物环境释放法令》(2001 年修订)、《转基因生物环境释放法令》(2001)、《有关有意向环境排放转基因生物（GMOs）的 2001/18/EC 指令》
	2002 年	颁布《基本食品法》
	2004 年	关于根据转基因生物环境释放法令建立有关转基因生物基因操作信息的详细登记程序的决定、《动物源性食品具体卫生规定》
	2007 年	实施《第七个框架研发计划》
	2009 年	发布欧盟化学、生物学、放射性和核（CBRN）安全行动计划
	2011 年	启动《预测全球新型流行病爆发》(ANTIGONE）项目
	2018 年	英国发布《英国国家生物安全战略》
日本	1979 年	制订《重组 DNA 试验指导条例》
	1992 年	颁布《重组 DNA 实验准则》《农、林、渔及食品工业应用重组 DNA 准则》《重组 DNA 工作准则》
	1995 年	制定实施《科学技术基本法》
	2001 年	颁布《转基因食品标识法》
	2003 年	颁布《食品安全基本法》《食品卫生法》《管制转基因生物使用、保护和持续利用生物多样性法》
	2004 年	颁布新《防卫计划大纲》
	2015 年	开展“全球传染病等生物威胁的新冲突领域研究”项目
	2019 年	发布《生物战略 2019——面向国际共鸣的生物社区的形成》《实验室生物安全指南》第二版修订

续表

名称	时间	事件
联合国	1975 年	《禁止生物武器公约》生效
	1993 年	《生物多样性公约》生效、OECD 发表《现代生物技术食品的安全评价——概念和原则》
	1994 年	组织制定“生物安全议定书”
	1999 年	《国际植物保护公约》生效
	2000 年	根据公约制订《卡塔赫纳生物安全议定书》
	2001 年	召开联合国转基因生物国际大会，会议决定建立一个国际生物安全信息中心
	2002 年	联合发起一项全球范围内的生物安全计划
	2007 年	修订新的《国际卫生条例》(IHR)

资料来源：根据公开资料整理而得。

1975 年前后，我国就已经开展了有关基因工程方面的工作。然而生物安全方面的立法工作却严重滞后于生物技术的快速发展，在很长时间里，生物安全处在无法可依的状态下。1990 年 7 月，国家科学技术委员会才借鉴国外相关准则和条例，立足于我国基本国情和在重组 DNA 方面的研究趋势，先后制定并颁布了一系列法律法规，包括《重组 DNA 工作安全管理条例》《人用重组 DNA 制品质量控制要点》，以及基于《基因工程安全管理办法》制定的《新生物制品审批办法》。1993 年 12 月，我国颁布实施了第一部有关生物技术领域的管理法规——《基因工程安全管理办法》。1996 年 4 月，《农业生物技术基因工程安全管理实施办法》颁布施行，详细规定了安全性评价及相关控制措施。2001 年 5 月，我国通过了《农业转基因生物安全管理条例》，《条例》的发布实施迈出了发展和完善我国生物安全管理政策的关键一步，不仅覆盖了从实验室研究到田间试验，再到商品化生产、加工、经营，直至进出口等所有涉及生物安全的方方面面，而且各个环节均加以科学严格的安全评价和质量把关。同年 7 月，又发布了《农业转基因生物标识管理办法》。

一直以来我国都秉持科学严谨、富有建设性的大国态度参与全球生物安全治理，在国际社会组织制定《生物安全议定书》的历次会议及谈判中均表现积极，并完成编制《中国国家生物安全框架》，不仅搭建了我国生物安全领域关于政策体系、法规体系、能力建设的国家层面主体框架，同时还制定了详细的风险评估和管理指南以及具体的实施措施。2000 年 8 月，经国务院批准，我国正式签署了《生物安全议定书》，成为世界第 70 个签署该议定书的国家。2002 年，一系列关于农业转基因生物管理办法正式施行，例如《农业转基因生物安全评价管理办法》《农业转基因生物进口安全管理办法》等。2017 年 7 月，《生物技术研究开发安全管理办法》颁布实施。2018 年，国务院对《病原微生物实验室生物安全管理条例》进行修订，并颁布了《中华人民共和国人类遗传资源管理条例》。同年，我国首个最高级别 P4 生物安全实验室（生物安全四级实验室）建成并投入使用。2019 年 3 月，国务院正式发布对于核准《生物多样性公约卡塔赫纳生物安全议定书》的批复。8 月，《中华人民共和国生物安全相关法律法规规章汇编》正式出版发行。同年 10 月，十三届全国人大常委会第十四次会议首次审议了《中华人民共和国生物安全法》草案，该草案不仅明确了总体要求——维护国家生物安全，以及根本目的——保障人民生命健康，同时还提出了保护生物资源、防范生物威胁、促进生物技术健康发展的主要任务。相信随着生物安全保障能力与相关技术支撑能力的不断提升，以及与生物安全相关法律法规的逐渐完备，我国的生物安全治理体系将进一步完善、治理能力将不断提高。

三、生物安全协作

（一）国际生物安全协作体系

现代生物技术的发展使得人为改变生物自然性状的能力前所未有地提高了，从而严重威胁着生物多样性，并引起激烈的生物伦理冲突。在有关专家学者的共同呼吁和世界各国政府的不断努力下，全球已经建立起了比较完善的生物安全规范体系。联合国环境规划署（United Nations Environment Programme，UNEP）制定了《国际生物技术安全技术准则》，该准则与世界多国签署的《禁止生物武器公约》《生物多样性公约》《卡塔赫纳生物安全议定书》《全球环境基金生物安全初始战略》等法律文件共同组成了国际生物安全框架体系。

1.《禁止生物武器公约》

1971 年 9 月 28 日，美、英、苏等 12 个国家联合向第 26 届联合国大会提出了《禁止细菌（生物）及毒素武器的发展、生产及储存以及销毁这类武器的公约》(简称《禁止生物武器公约》）草案，联大在经过决议后决定向全球推荐《禁止生物武器公约》。1972年4月，《禁止生物武器公约》在华盛顿、伦敦、莫斯科签署通过。1975年3月，公约生效。截至2002年11月，全球146个国家批准《禁止生物武器公约》。然而在公约实际执行实施和监督管理过程中，却由于核查机制缺乏、措辞不严谨等原因而出现各种困难。因此在1980年、1986年、1991年、1996年和2001年，各公约签字国家先后五次举行审议会议对《禁止生物武器公约》进行修改和完善。1984年11月15日，中国正式加入该公约。

在全球生物恐怖威胁频发、传染病疫情趋于常态化的生物安全环境背景下，《禁止生物武器公约》在防止全球生物武器扩散、禁止及销毁生物武器方面起到了关键作用，与此同时，公约专家组会及年会等活动也强化了公约的有效性。

2.《生物多样性公约》

1992年6月5日，联合国环境与发展大会审议通过《生物多样性公约》（Convention on Bio-logical Diversity，CBD），并开放给各国签字、批准和加入。1993年12月29日，公约生效，目前公约已有196个签署国。《生物多样性公约》对三个主要目标进行了议定：按照公约相关条款对生物多样性进行保护，持久使用其组成部分，以及公平合理分享由利用遗传资源而产生的惠益。公约的具体实现措施包括遗传资源的适当取得和相关技术的适当转让，但前提是需要顾及相关资源技术的权利，并提供适当的资金保障。现今这份公约往往被视为生物可持续发展的关键文件。

3.《卡塔赫纳生物安全议定书》

2000年，国际社会在《生物多样性公约》的框架前提下，缔结并通过了《卡塔赫纳生物安全议定书》，2003年9月11日，该议定书正式生效。截至2019年12月，共有172个政党和组织签署该议定书。《卡塔赫纳生物安全议定书》主要目的是保护生物的多样性，降低由现代生物技术制造的活性改造生物体所带来的潜在风险，不仅提供了事先知情同意程序（Advanced Informed Agreement，AIA），即出口商必须先征得进口国同意，才被允许输入活性改造生物体（Living Modified Organisms，LMOs）及其产品，如转基因动植物等。除此之外，还搭建了专门的生物安全信息交换机构（Bio-safety Clearing-House，BCH），一方面有利于促进关于LMOs商品的科学、技术、环境影响方面的合法信息及经验的交流；另一方面可以协助议定书各成员国共同执行相关协议。该机构所提供的主要信息包括现有法律、法规及协议的根本指导方针、LMOs 商品的风评及环评总结报告，以及对 LMOs 商品是否被允许进口及传播做出最终决定。

4.《全球环境基金生物安全初始战略》

2000 年 11 月，联合国环境署通过了《全球环境基金生物安全初始战略》（Global Environment Facility Initial Strategy on Bio-safety），旨在协助《卡塔赫纳议定书》的缔约方履行其在该协定下的承诺。包括提供相关培训，支持生物安全项目建设等。截至 2012 年 5 月，已有 121 个国家完成了其国家生物安全框架草案，有 25 个国家已施行其国家生物安全框架，40 个国家已开始实施其国家生物安全框架。

5. 世界卫生组织（World Health Organization，WHO）

长久以来，世界卫生组织一直与全世界各国人民共同致力于保障人类的生命和健康，成为国际社会通力合作推动全球公共卫生治理的重要平台。世界卫生组织推行了生物安全与实验室生物安全项目（Bio-safety and Laboratory Bio-security Programme），旨在帮助其成员国了解及施行生物安全风险管理措施，以降低在实验室环境内及运输过程中受到感染的风险。为实现这一目标，WHO 向各成员国提供了包括且不限于：技术指导、保障安全的工作条例、防护设备、危险研究源的监管条例等协助。该项计划衍生出了一系列出版物，为生物安全行业发展做出了深远的贡献，包括但不限于：《传染性物质和诊断标本的安全运输准则》（1997 年）、《传染性物质运输指导守则》（2004 年）、《传染性物质运输法规指南》（2005 年）、《生物风险管理：实验室生物安全指南》（2006 年），以及《生物安全和实验室生物安全性培训手册》、《实验室风险评估指南》、《实验室生物安全柜使用培训》等一系列生物安全守则。

（二）区域间生物安全协作组织

1. 美国生物安全协会（American Bio-logical Safety Association，ABSA）

ABSA 成立于 1984 年，旨在促使生物安全成为一门科学学科，并满足全球生物安全专业人士不断增长的需求。其目标是提供一个代表生物安全从业者兴趣和需求的专业协会，并提供一个论坛，以供业内人士及时持续地分享生物安全有关信息。2003 年，ABSA 发布了《了解生物安全白皮书》，以帮助相关从业人员：一是了解生物安全，二是识别和管理生物相关资产及活动，三是需预防问题及制定解决措施。同时，ABSA 也为北美境内成员提供指导。作为享誉全球的生物安全协会，ABSA 创立并承办了诸多国际高端生物安全峰会，如：《Annual Bio-safety and Bio-security Conference》第 63 届大会于 2020 年 10 月 31 日至 11 月 4 日在亚利桑那州凤凰城举办。《Bio-security Symposium》第一届研讨会于 2021 年 4 月 20 至 23 日在明尼苏达州明尼阿波利斯举办。《USDA ARS International Bio-safety & Bio-containment Symposium》第 6 届研讨会于 2021 年 2 月 1 日至 4 日在巴尔的摩举办。同时，ABSA 还与美国桑迪亚国家实验室下属国际生物威胁减少计划（International Bio-logical Threat Reduction Program）合作，以通过技术咨询、人员培训确保安全进行有害物质的研究活动，加大生物安全领域人士之间的联系和互动，鼓励发展本地生物安全协会。

2. 亚太生物安全协会（Asia-Pacific Bio-safety Association，A-PBA）

2005 年，A-PBA 成立，作为专门由亚太地区及各大洲主要国家生物安全方面从业人员组成的国际学术组织，A-PBA 是一家由亚太地区各国家与生物安全相关的学术组织共同组成的联合组织，成员国包括中国、韩国、新加坡、美国、澳大利亚等共 40 余个国家及地区。该协会成立的主要目的是促进亚太地区生物安全相关知识传播和生物可持续发展；提供区域内分享与交流生物安全信息的论坛；促进学界、政府、民间和私营企业之间的建设性对话。A-PBA 自成立以来同样举办了诸多论坛研讨会等以促进信息分享与区域交流，如：《Annual Bio-risk Conference》，其中第 13 届大会于 2018 年在北京举办。2019 年 9 月 19 日，中国疾控中心病毒病所党委书记武桂珍研究员在第 14 届年会上被推选为新一届主席，这也是中国专家历史首次当选协会主席。《Asian Conference on Safety and Education in Laboratory（ACSEL）》第 4 届于 2017 年 7 月 26 日至 28 日在新加坡举办。

3. 欧洲生物安全协会（European Bio-logical Safety Association，EBSA）

1996 年，EBSA 成立，该协会旨在为相关从业人士提供一个既方便又高效的生物安全相关信息交流分享平台。EBSA 鼓励成员间及时、透明的信息分享与交流，同时力求为生物安全相关法律与标准提供支持。EBSA 现致力于以下几个项目：生物安全专业认证（制定生物安全专业从业人员的培训课程及认证标准，为建立培训计划和生物安全专业人员认证建立框架）；生物风险实验室管理标准（对实验室内生物体及其制品中制定通用的管理标准，保护生命、财产和环境免受生物风险的侵害）；欧洲生物安全计划（欧盟委员会在第六届研究与技术开发框架计划内授权的一个项目，旨在在欧盟内就生物安全相关问题进行协调、统一和交流）；欧洲生物安全和生物防范（就生物材料运输、进口管制、生物材料可追溯性、检测技术和粮食安全等方面提供技术支撑）。

第二节　生物安全产业概述

随着科学技术的不断发展，科技成果不仅对经济、社会、军事等产生巨大影响，也逐渐渗透到人们的日常生活中。进入 21 世纪以来，随着人类基因组图谱绘制完成，生物技术和生命科学迅猛发展，已经成为科学技术领域最活跃的前沿学科。伴随着生物医疗技术、生物育种技术、生物制造技术等生物技术的不断发展，生物产业应运而生，同时生物安全问题也日益突出。为解决生物安全问题，从生物技术突破中获取源动力的生物安全产业不断发展壮大，前景广阔，潜力巨大。

一、生物安全产业定义

生物安全产业是指以生物技术和生命科学理论为基础，为生物技术安全使用及生物防护提供产品和服务的一类企业或组织等经济活动的集合。生物安全产业作为国家战略性支柱产业的主要内容，兼具国家经济发展和安全保障的双重功能，是决定国家生物安全治理能力的重要力量。

（一）范围

随着现代生物技术的不断发展，生物安全产业的范围不断扩展，与作为我国重点发展战略性新兴产业之一的生物医药产业高度相似，涵盖了医药生物、新一代信息技术、医疗保健服务（基因检测、生物芯片）、智能制造、农业（遗传育种）、食品（转基因）、材料化工（纳米材料）、资源环保、物流运输（医药冷链）、生物信息安全（基因信息）等方面的相关技术与产品。生物科技的突破不仅使生物安全产业自身受益，而且由于较强的产业关联性，带动其他相关产业发展的同时也形成较强的产业优势，包括主体产业和关联产业，其中关联产业链又可以分为支撑产业链和带动产业链。

主体产业包括：（1）防控传染病和疫情，如：疫苗、治疗药物、消杀用品、防护用品、诊断检测、跟踪监测等；（2）生物技术的研发与应用，如：基因技术、疫苗及创新药研发、血液制品、抗体 / 免疫 / 细胞治疗等；（3）实验室生物安全保障，如：正压防护服、生命支持系统、化学淋浴装置、生物安全柜（BSC）等；（4）保护生物资源和人类遗传资源，如：基因诊断、基因治疗等；（5）防范外来物种入侵、保护生物多样性，如：完善立法、健全法律法规、加强检验检疫等；（6）应对微生物耐药，如：抗生素创新药、新型抗菌药、抗病毒创新药等；（7）防范生物恐怖袭击，同上（1）；（8）防御生物武器，同上（1）。

关联产业包括：（1）安全生产方面，如生物信息溯源、医疗信息化、食品安全、冷链运输等；（2）医药方面，如试剂、体外诊断等；（3）设备方面，口罩、体温计、医用防护服、负压救护车等生物安全产品；（4）信息服务方面，如信息溯源产业、数据安全保障、生物安全意识宣传等；（5）生物技术方面，如基因测序、基因编辑等；（6）产业智能方面，如云计算、大数据、物联网等智能技术进入生物安全相关领域，另外，还包含原料、设计、管理、标准、监测、认证、物流等生物安全产业链上下游领域。

（二）与生物医药产业的区别

产业边界是指由产业经济系统内诸多子系统共同构成的，与其外部环境相联系的界面，是对各产业相关技术、业务、市场、服务、企业、监管机制等特性加以判断区分形成的。美国学者尼古拉斯·尼葛洛庞帝（Nicholas Negroponte）指出，三个圆圈出现交叉、重叠甚至包含，对应表明了产业边界的不断模糊、渗透直至消失。本书引入产业边界的目的是为了区分生物安全产业与生物医药产业之间的逻辑关系。

2016 年，科技部、财政部以及国家税务总局共同印发《高新技术企业认定管理办法》修订版，对我国重点支持的高新技术进行了新一轮的领域划分。其中对生物与新医药产业做了权威界定，本书通过与生物安全产业的分析比较（参见下表），发现二者的产业内容高度相似。因此，从统计数据和研究资料可得性等角度出发，本书将生物医药产业等同于生物安全产业。

表 2-2　生物医药产业与生物安全产业比较

序号	类型	生物医药产业	生物安全产业
1	医药生物技术	新型疫苗；生物治疗技术和基因工程药物；快速生物检测技术；生物大分子类研发技术；天然药物生物合成制备技术；生物分离介质、试剂、装置及相关检测技术	新型疫苗；生物治疗技术和基因工程药物；快速生物检测技术；生物大分子类研发技术；天然药物生物合成制备技术；生物分离介质、试剂、装置及相关检测技术
2	中药、天然药物	中药资源可持续利用与生态保护技术；创新药物研发技术；中成药二次开发技术；中药质控及有害物质检测技术	中药资源可持续利用与生态保护技术；创新药物研发技术；中成药二次开发技术；中药质控及有害物质检测技术
3	化学药研发技术	创新药物技术；手性药物创制技术；晶型药物创制技术；国家基本药物生产技术；国家基本药物原料药和重要中间体的技术	创新药物技术；手性药物创制技术；国家基本药物生产技术；国家基本药物原料药和重要中间体的技术
4	药物新剂型与制剂创制技术	创新制剂技术；新型给药制剂技术；制剂新辅料开发及生产技术；制药装备技术	创新制剂技术；新型给药制剂技术；制剂新辅料开发及生产技术；制药装备技术
5	医疗仪器、设备与医学专用软件	医学影像诊断技术；新型治疗、急救与康复技术；新型电生理检测和监护技术；医学检验技术及新设备；医学专用网络新型软件；医用探测及射线计量检测技术	医学影像诊断技术；新型治疗、急救与康复技术；新型电生理检测和监护技术；医学检验技术及新设备；医学防护装备
6	轻工和化工生物技术	高效工业酶制备与生物催化技术；微生物发酵技术；生物反应及分离技术；天然产物有效成分的分离提取技术；食品安全生产与评价技术；食品安全检测技术	高效工业酶制备与生物催化技术；微生物发酵技术；生物反应及分离技术；天然产物有效成分的分离提取技术；食品安全生产与评价技术；食品安全检测技术；单纯检测技术应用
7	农业生物技术	农林植物优良新品种与优质高效安全生产技术；畜禽水产优良新品种与健康养殖技术；重大农林生物灾害与动物疫病防控技术；现代农业装备与信息化技术；农业面源和重金属污染农田综合防治与修复技术	农林植物优良新品种与优质高效安全生产技术；遗传改良与转基因技术

资料来源：《国家重点支持的高新技术领域》（2016 年新版）产业目录。

注：粗体是两类产业存在的技术差异项目。

二、生物安全产业发展简史

（一）远古时代：生物发酵技术

生物产业既是最古老，也是最现代的产业。人类从很早便开始接触包括人类自身的各种生物，以及将生物技术应用到农耕渔牧、医疗卫生、食品餐饮等产业发展中。从公元前6000年开始，苏米尔人（古巴比伦人）就已经学会酿造啤酒；到公元前4000年，古埃及人学会发酵面包；公元前5000～4000年的仰韶时代，我国先民也已经学会利用小口尖底瓮通过保温发酵的方法酿造谷芽酒。

（二）巴斯德时代：传统生物技术

19世纪，生物安全产业进入巴斯德时代，该时代的主要特征是人类开始有意识地利用微生物进行各类产品的大规模生产活动。19世纪60年代，法国著名的微生物学家路易斯·巴斯德（Louis Pasteur）开创了巴氏灭菌法，又名巴氏消毒法，不仅开辟了微生物领域，还成功地挽救了处于困境的法国酿酒业、畜牧业和养蚕业等产业；1880年，巴斯德成功研制出多款疫苗，包括鸡霍乱疫苗、狂犬疫苗等；1917年，匈牙利工程师Karl Ereky基于发酵工程首次提出“生物技术”这一概念；1929年，英国科学家Flemming发现青霉素，标志着抗生素作为一类新产品进入生物技术产品领域；20世纪40年代，以获取抗生素为主要表现特征的抗生素工业成为生物发酵工业技术的支柱性产业；20世纪50年代，生物技术更进一步，氨基酸发酵工业加入生物技术产业，可以实现人工调节微生物的代谢；20世纪60年代，酶制剂工业也加入了生物技术产业；20世纪70年代，为解决人口快速增长带来的粮食短缺问题，取代传统碳水化合物发酵技术，进行非碳水化合物发酵，如充分利用石油化工原料进行发酵生产、培养单细胞蛋白、进行能源开发和污水处理等。

（三）基因工程时代：现代生物技术

1953年，James Watson和Francis Crick共同发现了DNA的双螺旋结构，这不仅为现代分子生物学奠定了坚实的基础，更引领了整个生物学乃至人类社会的一场革命；1971年，美国学者Paul Berg教授的DNA体外重组技术开启了基因工程的大门；1982 年，重组人胰岛素的上市开启了现代生物科技的产业化发展；1983 年，美国成功培育出世界上第一例转基因植物，这也是转基因技术的起点；1985 年，美国的 Mullis 发现了 PCR 技术，具有划时代意义；20 世纪 80 年代以来，生物技术随着重组 DNA 技术的不断发展而进入一个全新阶段；2000 年，人类第一个基因组图谱绘制完成，全球生物科学和生物技术在随后二十年的时间里以空前的速度蓬勃发展。

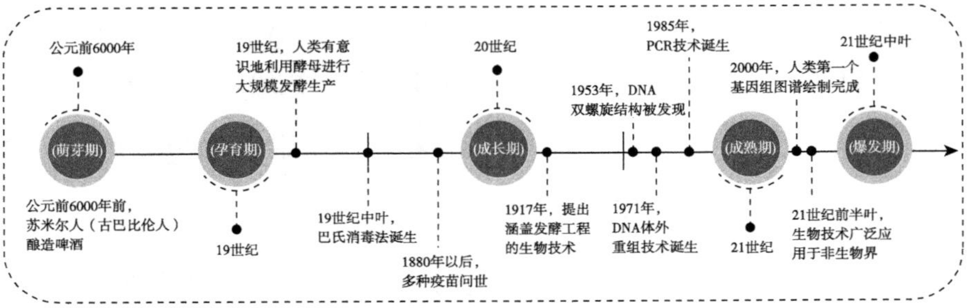

图 2-1　生物技术产业的发展阶段及其标志

第三节　生物安全产业发展概况

作为 21 世纪创新最为活跃、市场最具潜力、影响最为深远的战略性新兴产业之一，随着生物技术的不断发展，特别是在新冠肺炎疫情肆虐全球的背景下，生物安全产业取得了长足的进步。本节通过对生物安全产业发展现状、产业特征和产业未来发展趋势进行描述，全面系统地梳理生物安全产业发展概况。

一、生物安全产业发展现状

（一）全球生物安全产业发展现状

随着生命科学与生物技术的快速发展，生物安全产业为世界各国医疗、制药、农业、能源、环保和化工等行业开辟了更加广阔的发展空间，形成巨大且极具发展潜力的市场空间，因此世界各国纷纷将生物技术及生物技术产业提升到国家战略的高度。生物技术自诞生之日起至今仅二十余年，在世界上众多应用领域均表现出强劲的发展势头，呈现出极为广阔的发展前景并取得了举世瞩目的发展成就。随着人们更加重视基础研究及高技术之间的相互融合，生物技术的更新速度将不断提高，并将达到更高的发展水平。

十多年来，全球生物安全产业的年均产值增长率保持在 25% ~ 30% 的极高发展水平上，该增速约为世界经济的平均增长率的十倍，另外在专利方面，生物技术领域专利占世界专利总数的近三成。种种迹象表明，生物技术正基于自身巨大的发展活力迅速向经济社会各领域扩散渗透，强力推动社会生产力的快速发展，不仅改变了传统经济社会的生活方式及产业机构，更将代表一个国家的科技力量，成为经济社会发展的重要支柱，最终影响现代世界技术经济的整体面貌。因此，世界各国纷纷把发展生物技术作为新的科技强国之路，制定产业规划和发展战略，以推动本国生物技术的高速发展。专家预测，到 2025 年，全球将全面进入生物经济社会。

随着全球生物安全产业的快速发展，出现了一批影响未来的重大技术：人类基因组学 / 蛋白质组学、干细胞技术与组织工程、生物信息学、转基因技术、克隆技术、生物芯片 / 蛋白芯片 / 组织芯片、基因治疗与细胞治疗、反义核酸技术和单抗技术等；生物技术的产业格局也逐渐从治疗为主，向治疗、保健及提高生活质量的健康产业过渡。此外创新型产品不断涌现，众多生物技术跨国公司每年研发（Research and Development，R&D）投入与销售收入比值已超过 10%。自 1998 年以来，世界生物制药业格局发生剧烈变化，其中全球市场前五强中重组企业占据四席，且前二十强企业的市场集中度高达 67.8%。众多小型制药企业逐渐步入专业化道路，成为该行业的一个显著特征。

（二）我国生物安全产业发展现状

1. 产业现状

我国生物安全产业的发展主要是围绕生物医药技术领域开展的，起步于 20 世纪 80 年代中期，主要经历了两个阶段：第一阶段（1986 年 ~ 1995 年），该阶段以仿制国外医药产品为主；第二阶段（1996 年 ~ 2005 年），该阶段在科研项目开发和创新药物研究方面增加投入，不仅储备先进技术，改善基础设施，而且建成一批研究、中试及产业化基地，主要技术平台已搭建完成，使得生物医药技术有了更长足的发展，目前我国系统化的研发能力已经位列世界发展中国家的前列。我国是世界范围内较早开展基因治疗基础研究和临床试验的国家之一，在2004年1月，深圳赛百诺基因技术有限公司将世界首个基因治疗产品——重组腺病毒P53抗癌注射液推向市场，并在国际范围内引起强烈反响，成为世界基因治疗研究、产业化发展的重要里程碑。

目前，我国生物制药领域的基础研发主要由高校和公立研究机构担纲，政府则通过国家自然科学基金、高技术研究发展计划（即863计划）、国家重点实验室计划等途径进行资助，整体基础研发实力已跻身世界前十。二十余年来，每年生命科学和生物技术领域的国家自然科学基金资助额度占当年资助总额的1/3左右；生命科学和生物技术领域的国家重点实验室数量占总数的23.5%，位居七大科学领域首位；863计划中生物技术资助费用超过全部民用经费总额的1/4。此外，国家人类基因组南方中心、国家人类基因组北方中心、国家组织工程中心、生物芯片中心、基因工程药物研究中心等一大批国家级技术平台和基地争相崛起，在生物医药类技术产品的研究开发过程中发挥重要作用。2006年2月7日，《国家中长期科学和技术发展纲要（2006~2020年）》发布实施，《纲要》指出，到2020年我国将在生物技术领域积极部署一批前沿技术，包括靶标发现、动植物品种与药物分子设计、基因操作和蛋白质工程、基于干细胞的人体组织工程和新一代工业生物技术等。

2. 产业基地

“十一五”期间，国家发改委选择全国产业发展条件良好的若干地区，分批建设了国家生物产业基地和国家高技术产业基地，对促进生物安全产业的集聚、健康、快速发展，避免重复建设、资源分散导致的同质化竞争起到了重要的引导作用。截至目前，已认定国家生物产业基地12个——石家庄、深圳、长沙、北京、上海、广州、武汉、昆明、青岛、成都、重庆，以及生物产业领域国家高技术产业基地10个——西安、天津、泰州、通化、德州、郑州、南宁、哈尔滨、杭州、南昌。

在国家引导和地方推动的双重助力下，我国生物安全产业呈现集聚化发展，在空间布局上逐渐形成了长三角、珠三角和京津冀三个综合性生物产业基地，以及东北、中西部地区若干个专业性生物产业基地，生物企业、技术、资本、人才等产业要素逐渐向优势地区聚集，集聚效应初步显现。2007年，十二个国家生物产业基地的工业总产值为3145亿元，同比增长21%，贡献了全国近一半的生物产业总产值。同时各地纷纷出台一系列配套优惠政策，为生物产业基地发展奠定了良好的基础。建设国家生物产业基地对于营造发展环境、聚集产业资源、优化产业结构和布局、形成产业增长极，以及辐射和带动我国生物产业快速发展均起到了积极的促进作用。

3. 与世界先进水平的差距

经过二十余年的快速发展，生物技术在我国已经广泛应用于农业、医药、环保、轻化工等领域，对提高农牧业、工业的产量和质量，提高人民身体健康水平，改善生态环境等发挥了更加重要的作用。尤其是进入21世纪以来，我国在生物技术产业领域取得了一系列成就，例如2000年，生物、生化制品行业总产值仅为135.6亿元，2010年，总产值高达1208亿元，十年间产值增长了近八倍。虽然近年来我国生物技术产业取得了一定的成就，生物、生化制品行业产值一直呈现平稳增长的态势，其中，2005到2010年间平均增长率为27.9%，但从2006年开始该增长率逐年下降，另外我国生物技术产业还存在着技术转让率较低等众多问题。

我国生物制药技术受历史、经济、技术及科技基础等因素限制，在研究领域起步较晚、发展速度较慢，直到近些年受社会经济和科学技术的推动才得到较快发展，目前已将生物制药技术成熟应用到肿瘤、心脑肺血管、免疫以及内分泌等诸多疾病的药物研制中，且生物制药技术产业规模也在不断扩大。但与以美国、欧洲为代表的世界先进水平相比，我国生物制药技术水平仍远落后于西方发达国家，在技术、资金、人才和管理等方面还存在较大差距，目前存在的问题与不足主要表现为：一是拥有的自主知识产权相对较少，竞争能力受限；二是资金、人力等投入严重短缺，研发能力不足；三是无序竞争现象严重，整体优势匮乏；四是生物技术人才侧重理论研究，产业化人才较少，导致实验室中的研究成果很难产业化，抑或产业化成本高但毫无经济价值；五是各地低水平重复建设盛行，产业集聚效应较低，生物产业的发展环境欠佳。

二、生物安全产业主要特征

生物安全产业是从生物技术的创新突破中获得发展的根本推动力，拥有产业规模庞大、发展潜力巨大、市场表现活跃的发展前景，具有以下六大特征：

（一）创新驱动发展

生物安全产业是知识高度密集的创新驱动型产业，具有产学研用快速转化、直接转化的特点。一些基础性研究成果可以跨越常规的应用研究与试验发展阶段迅速产业化，生物知识的倍增期在缩短，产业化速度加快，经济不断加速成长。

（二）技术资本高度密集

生物安全产业的发展离不开生命科学的突破与生物技术的进步，是典型的知识密集型产业。在生产结构中，知识产权、研发经费、人力资本等无形资产在生物技术总资产中所占比重较大，庞大的资金支持是生物技术研究与生物药品开发成功的根本保障。

（三）高风险、高投入、高回报

与生物制药一样，生物安全产业投入相当巨大，研发平台、厂房建造和设备仪器的配置等需要耗费巨额经费。新产品发现过程是一个耗时、耗资的过程，且成功率无法预见，产品开发具有极大的不确定风险因素，一旦开发成功投放市场，将获高额利润回报。

（四）产业研发周期较长

生物安全产业将直接或间接影响到人类自身的生存与安危，世界各国对其成果与技术的应用推广态度极为谨慎。许多产品如生物药品（如疫苗、抗肿瘤药）等，从研制初期到最终产业化需要经过众多环节，包括实验室研究阶段、中试生产阶段、临床试验阶段、规模化生产阶段、市场商品化阶段，以及安全评估与监督等环节，且每个环节均需要经过严格负责的审批程序。

（五）产业结构不对称性较强

生物安全产业在结构上有较强的不对称性，主要包括：企业形态不对称性，研发型企业较多而占有大量市场份额的大公司数量较少；产业自身现阶段的小规模市场与未来巨大市场之间的不对称性；产业市场在全球范围内发展不对称性。生物安全产业的垄断性极强，在全球化进程中必然表现得更加不均衡。

（六）产业集群现象明显

生物科技产业是知识密集型产业，近年来，随着技术创新速度的不断加快，产业集群现象日益明显，许多地区已通过生物安全产业的空间聚集形成了创新网络雏形，并表现出明显的知识溢出效应，为生物安全产业集群中的企业带来巨大的利益，也促进了生物安全产业自身的不断成熟。

三、生物安全产业发展趋势

生物安全产业的发展，伴随着生物技术的进步和生物产业的发展而不断更新迭代，更多受关注的领域是病毒、传染病、网络生物安全、基因战等。这些领域具有相对滞后性，其早期一般处于零散化、小规模化的发展状态，属于伴随型、依赖型的产业。同时，生物安全产业在改善人类健康状况、提升生态环境质量、提高农牧工业产品质量和产量中发挥着日趋重要的作用。跟随政策导向，生物安全产业将具有以下几大发展趋势：

（一）产业集群化发展

生物安全产业将依托产业基地形成集聚区，并逐渐呈现集群态势。企业向核心城市的基地不断聚拢、服务规模化，产业优势显现。如美国的波士顿剑桥地区、英国的剑桥科技园区、德国的纽伦堡医谷、法国的里昂生物科技园区、日本神户产业园区，以及我国的长江三角洲、珠江三角洲和环渤海地区。

（二）智能化水平提高

伴随着人工智能、新一代信息技术、智能制造等关联产业的发展，未来生物安全产业将探索人工智能与生物制药有机结合，基于数字化发展增强产业间的信息共享，以及利用智能制造打造一批“无人生产线”“无人车间”“无人工厂”，聚焦发展柔性制造、云制造及共享制造等新制造模式。

（三）人才价值凸显

生物安全产业是一个多学科交叉、新兴的发展领域，人才是产业创新驱动的核心动力，而医生作为对患者需求、产品效果最熟悉的一类群体，掌握了大量的产业创新资源，也是生物安全产业的创新密码。将医生的创新成果不断转化，可以形成以医生为人才中心的创新优势。

第三章　世界级生物安全产业集群的国际经验

生物安全是典型的集群发展型产业，生物安全产业在一定空间范围内高度集中而且相互关联，从而形成生物安全产业集群，这既有利于降低企业制度成本，提高规模和范围经济效益，更能提高集群内产业及企业的市场竞争力。根据生物安全产业集群影响力和竞争力的大小，可以划分为区域级、国家级和世界级三个等级，其中世界级生物安全产业集群的产业链条完整、布局合理、分工明确、协同创新、竞争优势可持续，是代表国家引领世界产业发展的集群组织。本章将结合世界级生物安全产业集群的基本概述，介绍具体的评价标准与研究方法，并以美国波士顿生物医药产业集群、英国伦敦生命科学产业集群、德国纽伦堡医谷、日本生物医药产业集群作为集群代表，介绍世界级生物安全产业集群的国际经验。

第一节　世界级生物安全产业集群概述

生物安全产业作为新兴产业，其发展情况不仅关系到人民健康，更直接关系到国家安全和战略利益。打造世界级生物安全产业集群、最大化发挥产业集群优势，成为各国政府和企业发展生物安全产业的重要手段。本节将介绍世界级生物安全产业集群的基本概念，概念的内涵和外延，以及其主要特征。

一、基本概念

一般情况下，产业集群是指多个或者一组在地理位置上靠近且相互之间有关联的企业和机构，它们处于一个特定的产业领域或相关的产业领域，由于它们具有较强的关联性、共生性以及互补性，从而形成一个产业生态群落。

一般认为，产业集群这个概念出自1990年出版的《国家竞争优势》一书，由美国哈佛商学院大学教授迈克尔·波特提出。2019年，波特对产业集群的概念进行了进一步的深化和解释。他指出，产业集群应是在某一特定领域内相互联系的、在地理位置上集中的公司和机构的集合，同时也包括对他们相互联系、竞争力有重要作用的产业和其他实体。

生物安全产业集群是以“生物安全”（包含“实验室生物安全保障、传染病疫情防护与治疗、生物遗传信息安全、非人生物安全与多样性保护”等诸多领域）为业务核心的，以“涉及人类生物安全保障服务、产品供给”为主的，包括生物安全领域相关的高校、科研平台、协会、标准监管审核等公共服务机构在内的，地理集中的公司、机构和实体的集合。

世界级生物安全产业集群是产业集群总体规模排名世界前列，掌握核心关键技术，具有高附加值的集群品牌，龙头企业是世界排名靠前的国际性企业，集群内主导产业链结构完整，产业集群内具有易于创新的环境氛围且创新成果层出不穷，这样的生物安全产业集群被称为“世界级生物安全产业集群”。

二、世界级生物安全产业集群概念的内涵与外延

（一）内涵

世界级生物安全产业集群是以“生物安全”为产业内核的产业集群，以“涉及人类生物安全保障措施供给的产业”为主，包含“实验室生物安全保障、传染病疫情防护与治疗、生物遗传信息安全、非人生物安全与多样性保护”等诸多领域。

（二）外延

世界级产业集群是指具有全球竞争力、能够代表国家参与到世界竞争的、创新型的高端产业集群。在美国，一个行业能够被认定为高端产业需要符合以下两个标准：一是该产业中人均研发经费需要超过450美元，需要高于或

者等于全行业标准的80%；二是产业中获得STEM（科技、技术、工程和数学）学位的人数需要高于全国平均水平，或者在该行业内所占份额高于21%。

美国国家竞争力集群中有43个世界级产业集群、56个联邦资助的创新型集群，美国产业集群的主要特点有：以区域优势作为产业集群的发展基础、以“市场+政府+中介组织”的多方合作作为产业集群的治理框架、以产学研协同创新作为产业集群的发展动力等。例如，美国波士顿的生物技术产业集群，其拥有哈佛医学院、波士顿大学、麻省理工学院药科与保健科学学院等世界顶尖的生物医药相关的高校资源；并且还拥有贝斯以色列女执事医疗中心、波士顿儿童医院、哈佛大学医学院等世界一流的优质临床医学资源；同时，该地区还设有Danna Farber癌症科研中心，Shapiro心血管病科研中心，Joselin糖尿病中心等引领世界的优势学科群和实验室。优越的地理位置以及优质的产学研资源，吸引了众多的投资者和机构，为具有庞大市场潜力的生物科技产业注入了动能。

法国将不同产业的“竞争力集群”分为了3个等级，其中第一等级为全球领先竞争优势的产业集群，总计6个产业；第二等级为全球使命计划，总计9个产业；第三等级为国家使命计划，总计52个产业。法国的产业集群是由多个层次构成的，大到实力雄厚的跨国企业，到大学高校、科研机构、中小创新型企业，小到微型企业。特别是以里昂为中心的生物工程产业集群，其中就包括4家大型企业、52家中小型企业和分公司、13个专业研究中心以及7个相关的行政区域，仅在区域内的里昂生物技术园区就有企业雇员14 000人，在法国生命科学领域雇员人事排列第二名，同时还汇集了生物技术相关的高等院校和科研机构26所，吸引了国家科学研究中心研究员32位。里昂的优质条件不仅吸引了大量的人才和企业，同时凭借遗传病学的科研实力获得了政府的批准，成为13个先进主题研究网络（RTRA）之一，是法国在生物技术研究上的领头羊。

三、世界级生物安全产业集群的主要特征

通过分析全球范围内世界级产业集群的发展情况，可以发现，世界级产业集群，包括世界级生物安全产业集群具备六大特征：规模影响力、核心技术、品牌价值、世界级龙头企业、完整的产业链以及创新驱动。

（一）强大的规模影响力

世界级产业集群的首要标志就是具有全球领先的经济竞争力和强大的规模集聚效应，其产业的规模必须占据很大的份额，同时单位土地的产出也必须远高于集群所在区域的平均水平。

（二）拥有关键核心技术

核心技术是指具有延展性、核心价值性、难以模仿性的制作设计或制作技术。世界级产业集群的立足基础就是掌握关键的核心技术，特别是在生物安全产业领域，关键的核心技术能够为区域生物安全产业确立主导和领先地位，切实有效地提高集群的核心竞争力，规避产业发展中“卡脖子”的技术难题。

（三）持久的品牌价值

世界级产业集群的总量规模指标（如产出、资产等）和绩效指标（如技术、品牌、利润等）在全球的同行业中必须是位居前列的，而且在同行业中起主导作用，能够成为行业的国际标准。对于生物安全产业，单纯的技术和价格竞争优势难以长期维持产业集群的世界级竞争力和影响力，还需要打造产业集群的品牌价值，从而提升产品的综合附加值，以技术塑造品牌，以品牌提升价值。

（四）具有世界级龙头企业

世界级的龙头企业需要具备以下条件：规模庞大、经济效益好、品牌价值高、产业带动能力强、产品竞争优势显著等。在生物安全产业领域，龙头企业的主导和带动作用相对明显，特别是对中小企业的发展有着深远的影响，对提升所在区域生物安全产业竞争力和影响力有突出贡献。世界级的龙头企业是发展世界级产业集群的必要条件。

（五）拥有完整的产业链

世界级产业集群是行业围绕产业链环节所涉及的一系列互为基础、相互依存的企业或者机构所构成的产业集合体，拥有完整的产业链会有以下八大竞争优势：一是创新和差异化；二是盈利和抗风险能力；三是战略协同效应；四是规模效应和成本优势；五是信息传递的流畅性；六是行业领导力和产业优势；七是产业升级优势；八是社会信誉、品牌影响力和知名度。

（六）创新驱动型产业集群

创新驱动型产业集群可以通过创新型企业和人才为主体、知识和技术密集型产业和品牌产品为主要内容、创新组织网络和商业模式等为依托，创建有利于创新制度和文化的发展环境，优质的创新生态环境对于世界级生物安全产业集群是必不可少的，对于生物安全这类高端、前沿的产业集群来说，优质的创新环境是其主要特征。

第二节　世界级生物安全产业集群的评价标准与研究方法

无容置疑，世界级生物安全产业集群就是创新驱动型产业集群，因此，可以运用产业集群的相关理论（包括竞争优势理论、产业生命周期理论、产业集群治理理论等）和创新型产业集群研究方法（科技部火炬中心创新型产业集群评价指标体系等）对生物安全产业集群进行识别、诊断和分析研究。

一、世界级生物安全产业集群的评价指标

世界级生物安全产业集群评价指标的特征及内容：（1）是一个非 0 自然数，无最大值（参考大盘指数）；（2）是一个动态指标，随时间发展而变化（每年的标准不一样）；（3）基点成分项为：位势、政策、社会、规模、效益、创新、培育、技术、金融等九项，每一项的基点分数为 100（因此世界级生物安全产业集群指标基点值为 100）；（4）成分项的得分又由成分集群加权得出（因此，世界级生物安全产业集群指标是个复合指数）。

指数 Score=1/（(（0.85/"score A"）+（0.15/"score N"））

成分项 Score=［score X/（score A* 权重 +score B* 权重 + ⋯ score N* 权重）/N］× 100

表 3–1　世界级生物安全产业集群评价指标体系

一级指标	权重（%）	二级指标	权重（%）
发展环境	20	位势	8
		政策	8
		社会	4
集群产业	50	规模	17.5
		效益	15
		创新	17.5
创新服务	30	培育	10.5
		技术	12
		金融	7.5

二、世界级生物安全产业集群的研究方法

（一）行业标准与数据准备

1. 行业分类指标选取

本研究所采用的行业分类标准与黄埔区企业分类标准，均依据我国《国民经济行业分类》（GB/T4754–2017）标准，两者保持一致。

2. 数据库清洗与准备

本研究基于黄埔区的 17 621 家企业数据，按照《国民经济行业分类》（GB/T4754–2017）分类代码进行清洗与筛选，从黄埔区企业数据库中抽取出生物医药企业数据，包括企业名称、注册地址、统一社会信用代码、行业门类、类别名称、经度纬度、注册资本、专利数等字段。

（二）优势集群理论基础

现有文献主要采用投入产出表（I/O）方法和空间分析方法，对某个产业类型和地理尺度的产业集群进行识别。本书基于以下优势集群理论和方法，充分顾及经济联系程度和地理邻近程度两个维度识别产业集群，实现优势集群的识别与划分。

1. 竞争优势理论（钻石模型）

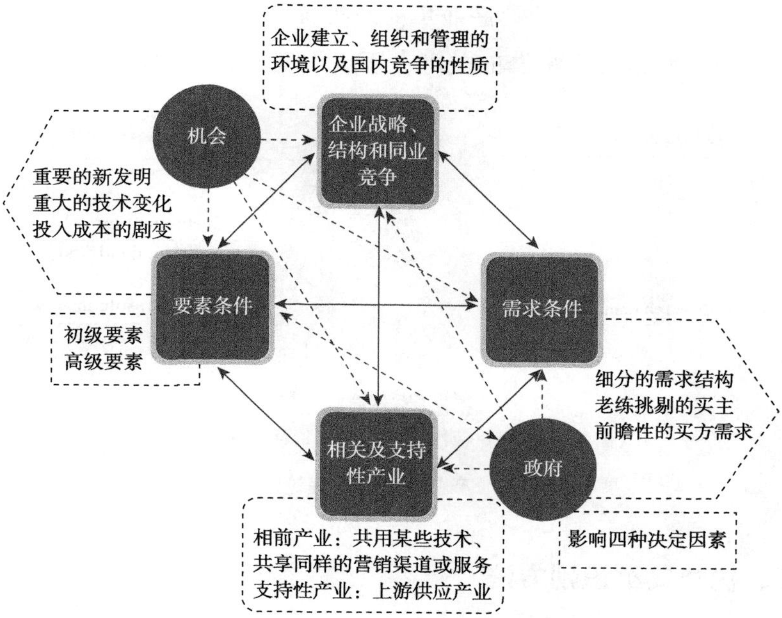

图 3–1　竞争优势理论（钻石模型）示意图

2. 产业生命周期理论

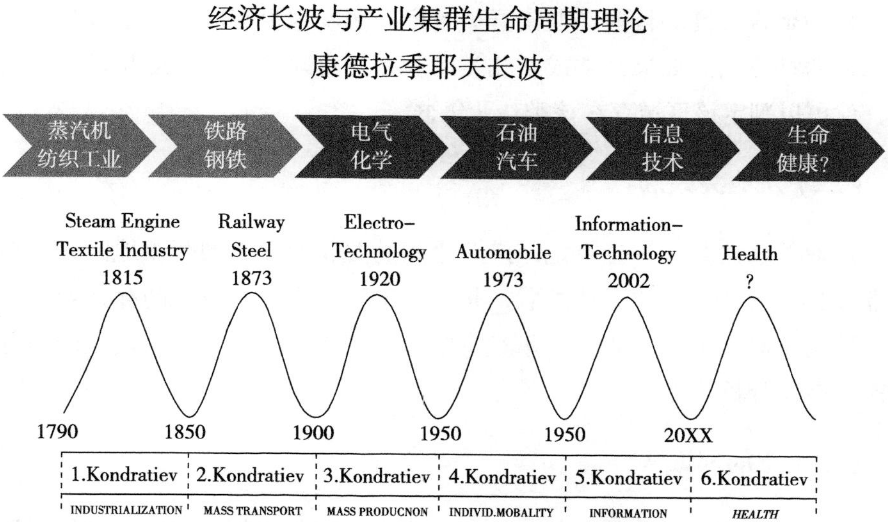

图 3–2　经济长波与产业集群生命周期理论示意图

3. 产业集群治理理论

图 3–3　产业集群治理理论示意图

三、优势集群识别方法

（一）产业集聚度法

产业集聚度法即通过一系列指标判断某一区域是否存在产业集群以及产业集群的聚合程度。目前产业集群集聚度的测度主要有区位商系数和空间基尼系数两种方法。如果某类或某几类产业在特定地区的集聚度超过一定的阈值，就可以判定该区域存在该类产业集群。

（二）产业关联法

产业关联法是通过计算地区产业之间的关联程度来判断该地区是否存在产业集群的方法。所谓产业关联，是指经济系统中各产业之间存在着前向关联、后向关联、旁向关联等技术经济联系。产业关联法主要有投入产出分析和产品空间分析等方法。

（三）空间邻近法

空间邻近法是指地理空间上两个地物之间距离相近的程度。空间邻近法即根据企业地理位置的邻近程度来判定是否存在产业集群。常用的方法有核密度分析等方法。

综上所述，根据产业关联、地理邻近两个维度，可以将产业集群的识别方法分为产业集聚度法、产业关联法、空间邻近法和双重特征法四种方法（见图 3–4）。

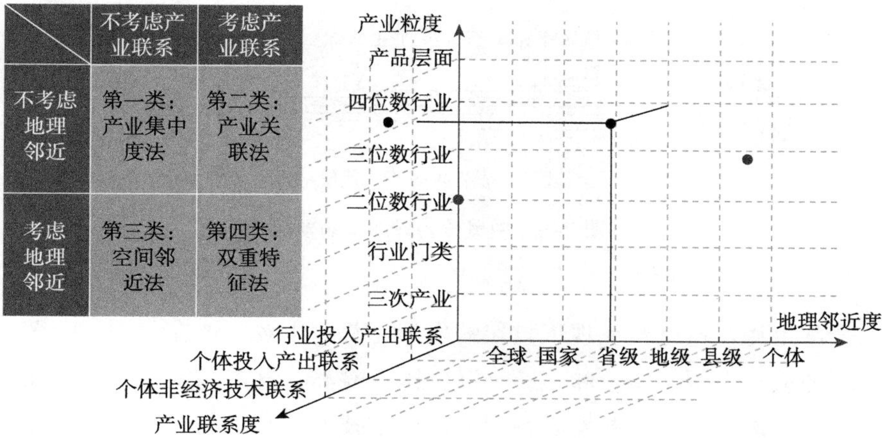

图 3–4　集群识别方法坐标图

第三节　世界级生物安全产业集群典型国际案例

从生物产业的全球发展趋势来看，该产业正处于生物技术大规模产业化的迅猛发展阶段，预计到 21 世纪中叶将成为世界经济的主导产业。世界竞争是科技的竞争，生物技术是竞争的焦点，其中生物安全产业是生物产业的重要组成部分。在中美贸易战中，美国发布了对中国的十大产业领域进行制裁的法案，其中包括新一代信息技术、节能与新能源汽车、高档数控机床和机器人、航空航天装备、先进轨道交通装备、海洋工程装备及高技术船舶、电力装备、新材料、生物医药及高性能医疗器械、农业机械装备，这些领域恰好是《中国制造 2025》中所陈列的十大重点领域。

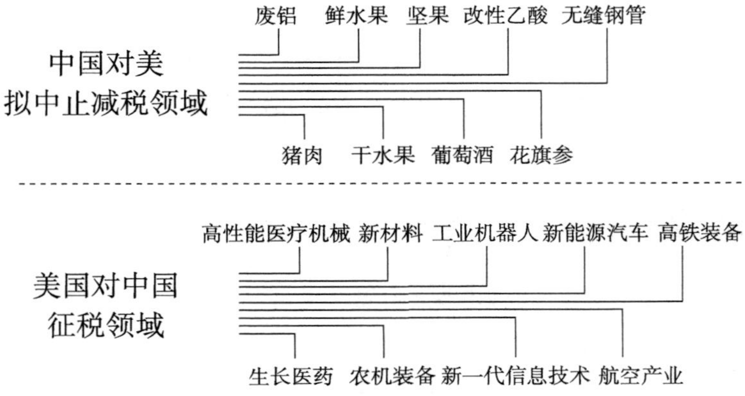

图 3–5　中美贸易战涉及的领域

数据来源：中国商务部网站。

全球生物产业已经呈现了集聚的发展态势，主要集中在美国、欧洲、日本、新加坡、中国等国家和地区，以美国、欧洲、日本等发达的国家和地区为主导。美国凭借多年的发展和积攒的生物技术，在生物医药产业已经确立了代际优势；欧洲依托坚实的产业基础和技术优势紧随美国走在世界前列；日本虽然起步较晚，但是发展迅速，已经成为亚洲的核心竞争力。中国、新加坡等亚洲国家近些年在生物医药产业进行了大量的投资和政策扶持，使得生物医药产业正在飞速地发展，亚洲已经成为除北美、欧洲以外的另一个生物医药产业中心。

生物产业领域竞争白热化：

战略性新兴产业类型	德国	美国	日本	法国	挪威	总计
新一代信息技术产业	3	1	2	4	0	10
高端装备制造产业	2	1	0	2	3	8
生物产业	5	1	10	5	0	21
新材料产业	2	1	5	0	0	8
新能源汽车产业	1	0	0	0	0	1
新能源产业	1	0	0	1	0	2
节能环保产业	0	4	0	0	0	4
跨产业	1	3	0	2	0	6
其他产业	1	0	0	2	0	3
总计	15	11	17	16	3	62

图 3–6 全球主要国家战略性新兴产业领域世界级产业集群分布情况

考虑到中国的生物产业发展起步较晚，在生物技术领域与发达国家和地区相比仍具有一定的差距，因此本节主要选取美国、英国、德国、日本等发达国家的产业集群案例，通过对这些国家代表性产业集群的发展经验进行分析和总结，以期为中国生物安全产业集群的建设和发展提供经验借鉴。

一、美国波士顿生物医药产业集群

美国凭借长期的发展基础、雄厚的研发实力及良好的发展环境等，确立了生物医药产业集群的领先地位。美国马萨诸塞州拥有全球首屈一指的生物技术产业超级集群，特别是全球顶尖的波士顿地区生物医药产业集群。这里汇集了全球最为顶尖的科研院所、生物医药企业、医院等。强大的集群效应使得波士顿地区成了生物医药产业的“圣地”，从而也有了“全球 Top 20 的制药企业大多数不是已经在该地区，就是在去往该地区的路上”的说法。波士顿生物医药产业集群的成功很大程度被归因于政府在区域内扮演了积极的角色、“产学研”的分工和整合、创新社区的构建等原因。

（一）政府扮演提供资金支持的积极角色

新兴产业的创新发展离不开政府的积极支持，美国联邦政府和马萨诸塞州政府通过一系列的经费投入和税收减免等政策支持，刺激和激励波士顿地区的生物医药产业的持续研发和创新，不断推动地区集群的构建和发展。

美国国立卫生研究院是美国生物医药产业资金支持最大的来源，该机构每年会投入 320 亿美元用于医学研究，其中 10% 的经费资金都会授予马萨诸塞州，因此，该州是经费资助第二多的州，同时也是人均筹资最高的州。波士顿生物医药产业集群是马萨诸塞州最重要的产业集群之一，2018 年，全美 70 家受到美国国立卫生研究院经费支持超过 1 亿美元的组织中，马萨诸塞州就有 11 家，其中 10 家就位于波士顿。

相对于联邦政府对全美的生物医药产业的资金支持，马萨诸塞州政府对于波士顿生物医药产业的发展就更为直接些，不仅仅早在 10 多年前就发起了“马萨诸塞州生命科学计划”，对包括科研人员、基础设施等提供了大量的资金资助，同时州政府还成立了马萨诸塞州生命中心对生物医药产业进行了制度化和系统化的管理。马萨诸塞州政府的资金支持与科学管理制度支撑是波士顿生物医药产业发展模式中最具特色的一环，同时也是波士顿生物医药产业创新研发和壮大发展的坚实保障。

（二）“产学研”合作提高集群创新竞争力

波士顿生物医药产业集群能够持续地高质量发展，以及长期维持世界顶尖的科研实力和创新能力，都离不开波士顿地区优质的“产学研”资源和发展环境。在波士顿生物医药产业集群中，将“产学研”一体化模式发展地最为出色的就是长木医疗产业区了。长木医疗产业区位于距离波士顿市中心仅 3 英里的西南部，占地面积仅为 0.86 平方公里，这里却聚集了将近 30 家学校、医院以及研究所等，其中就包含了哈佛大学医学院、麻省理工学院药科与保健科学学院、贝斯以色列女执事医疗中心、波士顿儿童医院等代表全球顶尖水平的高校和医院，因此，该地区因高质量和高密度集中的生物医药产业而世界闻名。

顶尖的人才资源、优质的临床资源及全球顶尖的科研院所，与全球生物医药龙头企业和初创企业积极互动，形成了创新和产业一体化的研发模式“Bed–Bench–Bed”（BBB），从临床到实验室再到临床的模式将医疗研发和医疗产业进行了高质量的分工与合作，使得研发的方向不脱离产业需要，产业的发展依托于研发的创新。

在“产学研”的发展模式中，“学”的作用往往容易被忽视，但是在长木医学产业区中的高校都会对学生的创业提供一定的支持和帮助。例如，麻省理工学院就设立了“5 万美元创业竞争”创业基金，用于资助学生中的创业者，仅 5 年时间就支持了超过 30 家公司的成立。

（三）创新社区为中小企业提供公共空间

创新社区体系构建是波士顿生物医药产业集群成功的重要因素之一。位于波士顿地区剑桥市的肯德尔广场被认为是全球生物医药领域创新企业最为密集的一个区域，是一个集中了商业、娱乐、餐饮、开放空间、共享空间和高校等创新配套设施的创新型产业集群社区。

波士顿生物医药产业集群对于培育企业创新文化很重视，在 1999 年，成立了位于肯德尔广场的剑桥创新中心，共享办公和良好的办公环境使其成为创新产业办公场所的典范。创新中心为初创企业提供了多种多样的社交活动场所来培育创新文化，并举办了各类路演和研讨会等活动为企业家们提供交流和探讨创新想法的机会。

波士顿生物医药产业集群对初创企业在该地区发展提供了强有力的后盾。肯德尔广场设有很多的共享实验室，为众多难以负担起高额租金的初创或小型企业提供了高质量的实验空间，这些共享实验室帮助初创企业将创新产品从药品推向了临床试验。

（四）波士顿生物医药产业集群经验借鉴

波士顿生物医药产业集群的成功离不开外部的资金和资源支持，同时选择正确的发展路径也是关键的因素。政府、企业、高校等创新主体在波士顿产业集群中都发挥了至关重要的作用。

政府提供的政策和资金支持为波士顿地区生物医药领域的人才队伍建设和配套基础设施建设提供了极大便利，同时也给初创企业和中小型企业提供了更多发展的机遇。“产学研”一体化的产业发展模式以及在波士顿地区形成的“BBB”的研发模式，促使企业、研究院、高校优势互补，有机融合，形成了高质量的创新环境，促进生物医药产品从研发到临床到产业化的周期更短，周转更快。政府、企业、高校都对波士顿地区的生物医药产业基础设施的建设和完善提供了有力支持，根据不同的需求，从多个角度建设了生物医药产业发展所必要的基础设施，打造了创新社区，吸引了更多的人才和企业，推动了波士顿地区生物医药产业的长期可持续发展。

二、英国伦敦生命科学产业集群

相比于北美生物医药产业集群，欧洲地区生物医药产业集群在平均规模、从业人员数量、研发投入等方面略微落后，但是其整体发展水平仍是世界领先的，其中英国生物产业的综合实力在全球的排名仅次于美国，位居第二。2019 年，英国超过 10% 的生产总值得益于生物产业的发展，欧洲超过三分之一的生物相关企业坐落在英国，与此同时英国有 18 个医药产品销售额位居全球前 100 名。剑桥大学和牛津大学是英国伦敦生命科学产业集群产业发展的核心和主要驱动力，其周边配套的专业化服务机构为英国伦敦生命科学产业集群的发展提供了优越的外部环境。

（一）顶级院校为技术创新提供坚实基础

英国伦敦生命科学产业集群主要是依托于剑桥大学和牛津大学发展起来的，世界顶尖的两所大学不仅为伦敦生命科学产业集群贡献了大量的人才和科研技术，同时也起到了孵化器的作用，促进了生物技术的转让和产业化。在集群企业构成上，既有大型的跨国制药公司和成熟的生物技术公司，也存在初创型的技术公司和商业化运行的技术转让机构，使得伦敦生命科学产业集群构成了完整的产业供应链。

伦敦生命科学产业集群的科学技术基础是其他地区难以匹敌的，以剑桥大学和牛津大学作为底层的技术保障，围绕英国医疗研究委员会、欧洲生物信息研究所以及巴布拉汉姆研究所等世界知名的研究机构作为技术支撑，构成了这个科研能力和创新能力均具有世界级竞争力的生命科学产业集群。这里获得的生命科学领域的成就可谓是硕果累累，其中仅诺贝尔奖的获得就高达 20 多个。依托顶尖高校和研究机构，促进了产业集群的创新可持续发展和竞争力的提升。

剑桥大学和牛津大学不仅给伦敦生命科学产业集群带来了创新活力，同时也创造了品牌效应，塑造了颇具地方特色的创业精神和创新文化，促进形成了有利于创新的氛围与土壤。有调查表明，超过 60% 的企业认同牛津品牌对生命科学产业发展中的促进作用，甚至有很多企业还会以牛津命名。

（二）配套机构打造优越的发展环境

在英国伦敦生命科学产业集群中，大量专业化配套服务机构包括生物协会、专利机构、咨询管理机构、人才机构、孵化器及法律服务机构等，为生物技术公司提供了优质的外部发展环境。这在很大程度上促成了英国生命科学产业集群的规模化发展，2017 年，英国生命科学企业有近 4400 家，年均产值高达 560 亿英镑，就业人员约 18.3 万人。

英国具有较为完善的投融资体系、银行体系及证券市场等，可满足不同发展阶段的科技创新型中小企业的发展需要。2016 年，英国生物技术相关的企业总共募集超过 11 亿英镑的资金，获得的资金数量仅次于波士顿和旧金山两个世界顶尖的生物技术产业集群，位列世界第三、欧洲第一。在资本的大力支持和推动下，英国不仅有阿斯利康、葛兰素史克等跨国公司，且平均每周都会有一家新的生物技术相关企业诞生，不断地刺激着英国生命科学产业集群的发展与创新。

（三）伦敦生命科学产业集群经验借鉴

在英国伦敦生命科学产业集群的发展模式中，高校和服务机构在其中发挥了至关重要的作用。剑桥大学和牛津大学不仅对产业的发展和创新起到了促进作用，同时也为地区打响了品牌，产生了强大的号召作用。生物医药产业集群的创新可持续发展和产业高质量发展都离不开高校的人才供应和技术支持。优质的营商环境是产业集群发展壮大的必要条件之一，资本的投入会有效地促进和推动产业的发展和创新，助推中小企业的成立及大型企业的可持续发展。

英国伦敦生命科学产业集群对于品牌的打造尤为注重，依托顶尖高校的影响力，打造自身品牌，提高世界影响力，为生物医药产品打上品牌标签，吸引更多的企业或是研究机构来此投资和发展。

三、德国纽伦堡医谷

德国纽伦堡医谷是唯一一个被德国联邦政府推选认可的医疗技术领域顶级集群，德国 42% 的诊断、外科的专利申请，以及 60% 以上 X 射线技术的专利都来自这里。这里诞生了很多世界首台医疗设备，在断层扫描、磁共振断层扫描、介入诊断成像、激光屈光手术、碎石术、内窥镜治疗系统、传感器、医疗信息系统、高科技植入物等技术领域都获得了很多成就。

（一）竞合关系提高产业创新能力

入驻纽伦堡医谷的企业大多在研发方面投入 9% 到 10% 的销售收入，以维持其在市场中的竞争力，这促使了企业基本每隔三年左右就会产出新的产品。同时，德国政府在创新企业之间创造了竞争环境，敦促企业和集群在创新和研发上投入更多的资金，并设立了产业创新基金，支持和奖励优秀的企业或集群，这样就为一些创新项目注入了新的动能。

虽然医谷内部企业之间存在一定的竞争关系，但是对外时则体现出了强大的凝聚力，纽伦堡医谷设立了集群平台，鼓励企业之间的相互合作和交流互动，特别是集群在发展过程中遇到挑战时，平台将会调动和汇集医谷内的企业提出科学方案。纽伦堡医谷更加提倡打群架而不是单兵作战，位于纽伦堡市的纽伦堡会展中心，是世界15大展览中心之一，每年都会举办全球性的国际会展和会议，为纽伦堡医谷打造品牌，提高其世界知名度和影响力。

（二）跨学科合作促进多元发展

德国高度重视高等教育及其在集群发展中的作用，博士生和硕士生的数量在欧盟中名列前茅，人数能占到欧盟人数的15%以上。仅在纽伦堡医谷就聚集了80多所大学研究院和高等应用科学学院，这些科研院所的重点研究方向都是医疗技术相关的领域。与此同时，医谷内设有60多家医院，拥有强大的门诊部门及一流的医疗团队，每年都会有超过85万人次来此就医。

德国纽伦堡医谷不仅拥有可靠的“产学研”一体化的产业模式，同时医谷更加注重跨学科的合作和研究。例如，医谷特别注重医生和工程师之间的合作与学习，并鼓励医生和工程师联手推行“学徒制”，打破医学和工程学之间的隔阂，使医学技术和工程技术实现进一步地融合发展，推动医疗设备产品不断改进和创新。

（三）纽伦堡医谷经验借鉴

德国纽伦堡医谷是一个以医疗设备为重点发展方向的生物产业集群，大量的科研资金投入，以及对人才培养的重视是纽伦堡药谷能够一直保持领先地位的关键，良好的竞争环境和合作环境是药谷能够持续创新和打造品牌的核心驱动力。

纽伦堡医谷推崇的“打群架”，促进了集群的宣传，扩大了集群的世界影响力，在打造品牌方面医谷可谓是内外兼修。内部在政府的推动下，推行竞争机制，鼓励纽伦堡医谷的内部竞争，并通过一系列的激励措施，推动集群的创新发展，确保集群和产品的高质量发展。外部则在集群平台的统筹下，集群内各个企业、研究机构等组织合作和交流，共同解决集群面临的发展问题。

四、日本生物医药产业集群

日本生物医药产业的发展相对于美国和欧洲，起步时间较晚，发展基础相对薄弱，但是日本生物医药产业发展迅速，是生物医药产业中的后起之秀，经过多年的发展，现在日本已经成为世界第二大的药品市场，生物医药领域综合竞争力仅排在美国和德国之后，稳居第三名。日本的生物医药产业在不同的发展阶段都会有不同的产业政策，生物产业在日本的国家战略中具有很高地位。21 世纪初，日本政府出台了生物产业立国的国家产业发展战略，提出将生物产业发展成为国家支柱产业的战略目标。在这个政策出台之后，日本政府在生物医药领域的开发投资大幅地提升，日本生物医药产业的发展路径由起初的低端仿制药模式转变为研发和创新驱动发展模式。日本政府一系列的政策支持和指引，是日本生物医药产业得以快速发展的重要驱动力之一。

（一）政策变革引领生物医药产业发展

在日本生物医药产业发展的初期，日本的大学和学术研究机构在生物医药制品的产业化和商业化上相对比较落后，主要原因有知识产权以及大学与企业之间存在割裂等问题。因此 21 世纪初，日本政府就出台了政策，鼓励和支持日本大学以及研究机构成立新公司，加强日本的大学以及学术研究机构的商业化和市场化的运作能力。同时，日本政府对知识产权政策进行了改革，过去很多研究成果往往属于个人所有，改革后将这些发明专利都归属于大学及学术研究机构所有，这一改革促进了大学将研究成果转化为商业产品，鼓励了日本大学的生物医药技术转让，促进了学校及学术研究机构对生物医药领域的商业研究。

日本生物医药产业在发展初期，新药的审查时间是欧美国家的两倍，这很大程度地延缓了新药的上市时间，降低了产业的发展速度。随后日本政府通过对《药品事务法》进行修改，从而加快了新药品的审批速度。在修订的版本中，改变了药品的审批体系，用市场准入代替原有的以药品制造为基准的审批体系，允许将药品外包给符合生产质量标准的制造商；与此同时，建立了双轨评估体系和增加了新药评价工作人员数量，这些举措有效地促进了审批流程的简化，提高了审查的速度。

（二）政策支持提升生物医药产业市场活跃度

当然，日本生物医药产业发展过程中也遇到过一些瓶颈问题，由于企业并购成本过高导致的高投资风险，日本在很长一段时间内并购活动出现了一定程度的停滞状况，从而很大程度上减缓了发展速度，降低了市场竞争力。日本政府为解决这一问题，开始修改《日本商业法》，改变收购体制机制，从只认可使用认购公司股份修订为可以使用现金和母公司股份，从而降低了兼并方的投资和收购风险，促进企业间的抱团发展。

日本政府每五年都会举办一次预见活动，邀请生物医药产业相关的专家、企业家、决策者等，讨论并评估各种生物医药产业领域内的项目，确定未来的重点研究和发展的领域。日本政府通过推行生物医药产业技术预见活动，依据多方的计划和意见，确定未来的重点发展方向，进而合理地利用资源，有效地规避产业风险。

（三）日本生物医药产业集群经验借鉴

日本生物医药产业集群的发展主要靠政府主导，政府因势利导出台政策，促进产业发展。总体来看，生物医药产业在日本的整体产业发展战略中都占据着至关重要的地位。因此，日本政府在很多政策的制定和法律的调整上都会对生物医药产业有所照顾。生物医药产业具有周期长、投资高、风险高、收益高的性质，这些性质决定了生物医药产业发展对政策法规具有一定程度的依赖性。

日本政府在制定促进生物医药产业发展的相关政策时，会注重对创新、企业竞争力、企业合作等影响因素的考量。同时，对于未来的发展路径和发展方向也会制定具有预见性的方案，合理规划资源，抢占产业发展先机。

第四章　世界级生物安全产业集群的国家战略

随着生物安全产业的重要性与日俱增，打造世界级生物安全产业正在成为世界主要国家的重要产业战略和国家安全战略。本章简要阐述生物安全产业集群的战略价值与国家战略部署。

第一节　生物安全产业的战略作用

当今世界正处在人类历史上少有的“万方多难”时刻，新冠肺炎疫情影响了全世界所有的国家，成为二战以来人类社会共同面临的一场最严重的危机。对于遭受冲击的国家来说，新冠肺炎疫情是对医疗、治理和经济体系的极端压力测试，政治、经济、社会等各方面问题纷纷暴露出来。新冠肺炎疫情对全球经济带来了巨大冲击，造成全球供应链剧烈震荡、导致全球总需求萎缩、加速全球化退潮，对社会、经济影响将超过 2008 年全球经济危机。随着国际形势的日趋复杂和生物技术的飞速发展，由地缘环境、利益争端等引发的生物安全问题愈加突出，无论是现在还是可预见的未来，人类世界仍面临着生物武器研制、生物恐怖行为、病原体跨物种感染跨地域传播、突发公共卫生事件、生物技术误用、生物入侵等一系列的生物威胁，全球生物安全形势日益严峻，逐渐成为一个涉及政治、军事、经济、科技、文化和社会等诸多领域的世界性安全与发展的基本问题①。

生物安全产业及其产成品作为生物安全治理能力和公共卫生安全风险防控能力建设的物质基础，对生物安全防控发挥着重要的战略作用，通过大力

① 郑涛，2014. 生物安全学［M］. 北京：科学出版社 .

发展生物安全产业，有助于促进国家生物技术发展，有效补齐区域医疗物资供给、战略储备、产业储备不足等重大短板，防范与应对生物威胁的长期冲击，降低人员和经济损失，筑牢远期防御屏障，维护国家安全稳定，保障经济持续健康发展。面对当前新冠肺炎疫情带来的冲击及潜在的生物威胁，世界各国和各地区应提高警惕、超前进行生物安全产业布局与提升，谋划发展空间和发展路径，或能减少生物威胁给本国本地区经济和社会带来的负面影响。

第二节　世界级创新型产业集群的战略作用

美国哈佛大学商学院教授迈克尔·波特指出，产业集群是一组在地理上靠近的相互联系的企业和关联的机构，它们同处或相关于一个特定的产业领域，由于具有共性和互补性而联系在一起。随着经济全球化和一体化的持续深化，产业集群特别是世界级产业集群在一个国家或地区的经济现代化发展中扮演越来越重要的角色，直接关系到一个国家或地区的核心竞争力[①]。从世界各国各地区的发展历史来看，世界级强国必有世界级产业集群，在 21 世纪经济形势下，唯有世界级的企业与地区才能在全球竞争中立于不败之地[②]，美国、日本、德国、英国等西方发达国家之所以能建立起强大的经济体，离不开这些国家已建立起诸如硅谷电子产业集群（美国）、爱知县汽车产业集群（日本）、斯图加特汽车产业集群（德国）、伦敦生物医药产业集群（英国）等世界级产业集群。

党的十九大报告明确指出，“要加快建设制造强国，促进我国产业迈向全球价值链中高端，培育若干世界级先进制造业集群”。2020 年 11 月，习近平总书记在出席浦东开发开放 30 周年庆祝大会中指出，“要聚焦关键领域发展创新型产业，加快在集成电路、生物医药、人工智能等领域打造世界级产业集群”。培育世界级创新型产业集群，将有效强健产业链、优化价值链、提升创新链，对于区域加快形成国际竞争新优势、实现更高质量发展，提升区域整体能级、更好服务全国发展大局、代表国家参与全球合作竞争及全面增强

① 胡志林，夏梁．湖北长江经济带培育世界级产业集群研究［J］．经济研究导刊，2018（4）．

② 罗莎贝丝·M．坎特．世界级：地方企业如何逐鹿全球［M］．王成至，译．上海：上海人民出版社，2002.

全球要素配置能力和效率具有极其重要的战略作用。

第三节　国际生物安全产业的战略部署

生物安全关系到国家公共卫生、社会稳定、经济发展和国防建设，是国家安全体系的重要组成部分①。以美国为代表的西方发达国家高度重视生物安全产业的发展，通过积极纳入国家安全战略，制定系统的生物防御计划，加大经费和人力投入，以及持续强化科学研究和体系部署等措施②，在生物安全产业领域一直走在世界前列。其中美国在生物安全产业领域已形成全面性产品体系，培育形成了波士顿生物制药产业集群、明尼苏达州医疗设备产业集群、圣迭戈生物技术产业集群等一批世界级生物安全产业集群。英国、德国、日本、法国等国家则因地制宜地形成了单系列产品体系，培育形成了英国伦敦生物医药产业集群、德国纽伦堡生物医药产业集群、日本神户生物医药产业集群、法国里昂生物医药产业集群等独具本国特色的世界级生物安全产业集群。从发展思路上看，西方发达国家采取的做法有较大相似性，因此，在本书中我们以美国为代表介绍其发展生物安全产业集群的主要战略部署。

一是纳入国家安全战略。美国是世界上最早在生物安全领域开展研究并率先进行生物安全立法的国家，目前已形成系统性的生物安全防御体系。美国政府于2004年发布了《21世纪的生物防御》，着重于建立生物安全防御体系，严防恐怖主义袭击，提高溯源能力，并将生物恐怖主义袭击的威胁感知、预防与保护、监视与检测、响应与恢复作为生物防御能力的四大支柱；2009年发布《应对生物威胁国家战略》，将生物防御上升到了生物安全的高度，主要针对生物武器、生物恐怖主义和生物技术的滥用误用，建立了一整套的预防监管机制，同时以促进全球卫生安全为首要目标，重点关注预防、识别和减轻蓄意的生物恐怖主义袭击。2018年9月，特朗普政府发布美国《国家生物防御战略》，以更有效地防备和打击生物安全威胁，该战略是美国有史以来为解决各种生物威胁而制定的全面系统性战略，堪称美国生物安全领域走向

---

① 陈方，张志强，丁陈君等．国际生物安全战略态势分析及对我国的建议［J］．中国科学院院刊，2020（35）：205．

② 郑涛，2014．生物安全学［M］．北京：科学出版社．

成熟的里程碑；2019 年 5 月，发布《全球卫生安全战略》，意在加强与国际伙伴的密切合作，保护美国及海外伙伴针对自然的、意外的或是蓄意的国内外传染病威胁，提高预防、检测和应对能力，免受威胁[①]。

二是确立重点研究计划。美国为了保障国家生物安全，发展了生物盾牌计划、生物监测计划、生物传感计划等三个技术支撑计划来应对生物恐怖。生物盾牌计划：2001 年“9·11”事件和随后的“炭疽邮件”事件后，为了有效应对潜在的生物恐怖威胁，美国总统布什出台了生物盾牌计划，以全面发展药品和疫苗等来应对生物和化学武器袭击，该计划在 2004 年 7 月以法律的形式（The Project Bio-Shield Act of 2004）通过，其主要目标包括促进现有药物和疫苗的升级换代、开展针对新的医学应对措施的研发活动、授权某些未获 FDA 批准的应对措施在紧急情况下应急使用、确保用于研发新一代的治疗措施的有效性。生物监测计划：主要开展检测空气中病原体的释放工作，由环境保护总局在 120 个不同城市的空气监测点安装监测设备，利用 PCR 的方法分析潜在的生物武器的袭击，项目由三个主要部分组成，其中，环境保护局负责取样，CDC 负责实验室样品检测，如果生物恐怖袭击被监测到，联邦调查局是指定的应对领导机构[②]。生物传感计划：通过获得和分析诊断后和诊断前的数据，实现数据从国家、地区和地方的数据源实时传输到地方、州和联邦公共卫生机构，快速监测公共卫生事件，包括快速发现、判定数量、确定位置等。

三是加强基础设施建设。为了加强生物安全产业的发展，美国从军地两方面建设了众多的研究中心和高等级生物实验室。美国国防部、国土安全部、HHS 对生物事件（生物战争、生物恐怖等）的计算机模拟、信息监测技术开展了大量工作，在生物恐怖和重大传染病危害评估方面发挥了重要作用。同时，美国建设了全球最多的 P3 和 P4 实验室，这些特种设施也是高技术设备的集中地，需要大量研究用和安全保障用的仪器设备系统，这些设施的建设又进一步促进了仪器设备的改进研究，产生了诸多占据较大份额的国际市场产品，获得了巨大的垄断利益[③]。

四是出台产业扶持举措。美国政府通过不断调整和更新政策法规、鼓励

① 李雪枫，姜卉 . 美英澳生物安全的发展路径及对中国的启示［J］. 科技管理研究，2021（2）：18.
② 郑涛，2014. 生物安全学［M］. 北京：科学出版社 .
③ 郑涛，2014. 生物安全学［M］. 北京：科学出版社 .

发明创造和技术转让、实施税务优惠等举措对生物安全产业给予重点支持，美国还特别重视发挥小企业的作用，从有利于国家经济与科技整体发展的高度，尽可能地把分散在众多小企业中的创新产品纳入国家生物安全产业体系。

五是完善产业管理体系。美国总统府和国会均设有专门的生物技术委员会，跟踪生物技术的发展，研究制定相应的财政预算、管理法规和税收政策，并通过高层次的战略规划，领导、协调生物技术及其产业的发展。美国FDA、环境保护总局、USDA、DOC均参与美国生物技术产业的调控和管理，美国生物技术工业组织（Bio-technology Industry Organization，BIO）则一直致力于协调产业和政府之间的关系，推动政府制定有利于生物技术研究、开发和产业发展的政策①。

六是加大研究经费投入。美国高度重视应对生物威胁的生物防御能力建设，积极开展有关生物恐怖防御药物和疫苗的研究，并投入了巨额经费。从2001财年到2012财年，美国政府为生物防御共投入了669亿多美元，其中，自2004财年起基本维持在每年66亿美元左右。美国生物防御经费主要分配给了HHS、国防部和国土安全部三个部门，其具体资助方向包括生物武器防护、阻遏生物武器、药品器材采购和储备、增强医学监测及生物剂的环境检测能力，以及加强州、地方及医院各级的应急准备工作等方面②。

第四节　中国生物安全产业的战略部署

我国作为当今世界快速崛起的发展中国家，长期面对大国间的科技、经济、贸易、金融、军事博弈，面临全球范围内可能的人为生物技术滥用、误用等未知颠覆性威胁，生物安全风险日益严峻和复杂③。伴随着城镇化进程的持续推进，未来大城市群的高速发展将导致城市群人口进一步聚集和流动性的进一步提高，防治传染病和重大疾病、预防生物恐怖和生物武器袭击的任务将更加迫切，必须大力推动生物技术创新，发展生物安全产业，培育若干

① 郑涛，2014. 生物安全学［M］. 北京：科学出版社.

② 郑涛，2014. 生物安全学［M］. 北京：科学出版社.

③ 陈方，张志强，丁陈君等. 国际生物安全战略态势分析及对我国的建议［J］. 中国科学院院刊，2020（35）：208.

与综合国力相匹配的具有世界级影响力的生物安全产业集群，保障人民的健康安全。

近年来，为筑牢生物安全治理能力的物质基础，推动生物安全产业和生物技术健康快速发展，培育世界级的生物安全产业集群，我国主要从宏观政策环境、企业产品和技术创新、产业组织形式、政府直接投入等各方面采取了一系列行动和部署，但有意识地推动生物安全产业集聚的步伐才刚刚迈开。一是生物安全产业政策方面，国务院办公厅、发改委、工信部、科技部等部委和地方政府陆续出台应急产业、安全产业、生物医药产业、生物产业、生物技术创新、应急产业示范基地、安全产业园区等产业政策，涉及公共卫生、动植物疫情、食品安全等产业发展内容，产业政策环境整体更加优化，系统性增强，为生物安全产业及其集群化发展奠定了基础。二是生物安全产品和技术应用方面，我国生物安全产业增长迅速，企业数量众多，产品门类齐全，有效产能巨大。产品种类由单一的有形产品，向服务、咨询、标准认证等无形产品扩展，并开始向普通民众生活延伸。大数据、云计算、物联网、基因编辑等技术全面进入生物安全领域，P3、P4 生物安全实验室重要技术设施建设取得进展，为应急管理、技术开发奠定了坚实基础。三是产业组织化程度方面，我国是世界上少有的拥有完整生物安全产业链条的国家，产业上下游的原料、设计、管理、标准、监测、认证、物流等产业整合力强，这是我国应对疫情的产业组织基础。国家、行业、团体、企业四个层次的标准体系健全，涵盖生物安全柜、负压救护车、医用防护服、医用口罩、电动口罩等生物安全产品，以标准引领技术创新和竞争领导地位的概念已初步形成。四是政府产业投入方面，通过政府采购、补贴、税收减免、物资储备、合同产能储备等经济手段，直接促进了生物安全产业发展。针对一般灾情、疫情及突发事故等，建立了国家、地方多层级的药品、医疗器械、防护用具和装备等多领域的产品储备。经过十多年的快速发展，在生物安全产业领域，全国各地已诞生了 67 个生物医药类（含医疗器械类）国家级园区（数据截至 2018 年底），形成了包括长三角地区、珠三角地区、环渤海地区和东北地区在内的四大生物医药产业集聚区。此外，中部地区的河南、湖北，西部地区的四川、重庆也展现出良好的产业基础。其中，北京中关村国家自主创新示范区、上海张江药谷、苏州 BioBAY（苏州生物医药产业园）、武汉光谷生物城、广州国际生物岛和成都天府生命科技园等是国内生物医药产业园区的典型代表。

2020年2月，习近平总书记针对此次新冠肺炎疫情防控工作提出，“从保护人民健康、保障国家安全、维护国家长治久安的高度，把生物安全纳入国家安全体系，系统规划国家生物安全风险防控和治理体系建设，全面提高国家生物安全治理能力”。2020年10月，国家《生物安全法》顺利通过，旨在维护国家安全，防范和应对生物安全风险，保障人民生命健康，保护生物资源和生态环境，促进生物技术健康发展，推动构建人类命运共同体，实现人与自然和谐共生。2020年11月，习近平总书记在浦东开发开放30周年庆祝大会中特别指出，要加快在生物医药领域打造世界级产业集群。2020年注定是中国生物安全产业发展历程中绝不平凡的一年，在新冠肺炎疫情肆虐、重大法规出台以及领导人连续发表重要讲话的背景下，我国以生物医药、医疗装备为核心的生物安全产业有望步入新的高质量发展快车道。

第五节　国家战略中的黄埔担当

2020年5月，广东省政府出台《关于培育发展战略性支柱产业集群和战略性新兴产业集群的意见》，其中将安全应急与环保产业集群列入“十大战略性新兴产业集群”，全省安全应急产业迎来新的发展机遇。9月，为响应习近平总书记“全面提高国家生物安全治理能力”的战略号召，推进开发区应急管理体系和能力现代化建设，黄埔区、广州开发区在全国率先制定《广州市黄埔区、广州开发区关于推进应急管理体系和能力现代化建设的若干措施》，整合区内组织、人才、企业、技术、创新平台等各类优质资源要素，全力发展安全应急产业，积极争取广东省安全应急科技园落户，依托大数据、云计算、新材料、5G等技术，研发生产各类先进智能安全避险应急产品，引进智能安全防护和无人救援技术标杆企业，孵化涵盖风险辨识、智能安全防护和应急处置系列产品的特色企业，培育高端安全应急产业集群，打造全国安全应急产业发展最高地。

下 篇

黄埔打造世界级生物安全产业集群和
全球顶尖生物安全产业基地的战略与途径

第五章　黄埔区 广州开发区产业集群特征与条件分析

作为开路先锋，粤港澳大湾区在中国改革开放的征程上不断探索，勇往直前，经过40余年的不懈努力，形成了一批颇具特色的产业集群，并以此作为推动整个大湾区经济发展和国际竞争力提升的重要引擎。黄埔区、广州开发区作为国内发展生物产业的重点区域之一，位列全国第一梯队。广州开发区位于广州市东部，穗港澳黄金三角洲的中心地带，致力于发展高新技术产业集群，是广州市落地发展高端产业的重要承载地。

第一节　粤港澳大湾区产业集群格局分析

粤港澳大湾区是我国产业集群发展的重要起源地之一，也是两种制度、三种法律和三个关税区区域经济协同发展的试验区。在大湾区迈向世界级城市群的进程中，同步打造世界级产业集群，以产业集群化驱动区域经济一体化、协同化发展，仍是新时代粤港澳大湾区发展的必由之路。

一、粤港澳大湾区产业集群概述

粤港澳大湾区11个城市已各自具备一定规模和数量的优势产业集群。香港是金融业和服务业的天下，金融、专业服务和仓储物流三大产业在香港服务业的GDP中占据大幅比例。澳门以博彩业和娱乐旅游业为主导，金融服务业的占比在逐年增加，产业结构正在朝更合理的方向变化。广州的电子信息、生物医药、先进制造业三足鼎立，目前正大力实施“IAB”（新一代信息技术、人工智能、生物医药）产业发展战略，以科技产业创新和供给侧改革推动高端要素集聚，以此打造若干个千亿级产业集群。深圳以高新技术产业为引领，已由传统工业转向先进制造业，其先进制造业和高技术制造业在规模以上工业增加值中的比重分别达到71%、65.6%。东莞有着“世界工厂”的美誉，其完善的制造业产业体系，以及镇域间特色明显的高聚集度产业集群支撑了东莞以八大产业为支柱的现代化工业体系。珠海市的电子信息产业与生物医药产业是优势发展方向，电子信息产业是珠海的支柱产业之一，生物医药产业也迅速抢占发展高点，深圳还围绕海岸线优势衍生出海洋工程与旅游等产业。中山市以九大产业平台引进先进制造业，其中高技术制造业及装备制造业工业增加值较高，增长速度快。惠州以电子信息产业和石油产业为优势，辅以汽车产业、现代服务业。佛山市的传统优势产业包括纺织服装业、食品饮料业、家具制造业、建筑材料、家用电力器具，在产能压力下，生物医药等新兴产业也在逐步发展。江门和肇庆的产业基础则相对薄弱，需要根据自身优势因地制宜地创新式发展优势产业，其中江门通过一定的政策招商指引着力打造先进的轨道交通产业集群、重型卡车和商用车产业集群，以及新材料、新能源及装备产业等领域；而肇庆正积极打造先进装备制造业集群与新型电子产业集群。

图 5–1 粤港澳大湾区 11 个城市的优势产业集群

图片来源：广东省自然资源厅。

二、粤港澳大湾区产业集群的阶段划分

根据不同历史时期的特点和发展水平，粤港澳大湾区产业集群的发展历程大致可分为四个阶段：起步、成长、成熟和产业转移与升级阶段。

起步阶段：20世纪80年代初至80年代末，这个时期珠三角产业集群的产生是以乡镇企业和“三资企业”迅速发展为主线。在区位优势和政策优势的叠加之下，珠江东岸地区成为香港产业转移的首选地。在此叠加背景之下，珠江东岸地区培育出了一大批劳动密集型产业集群，如东莞虎门的服装产业集群、大朗的毛织产业集群、惠州的纺织服装产业集群等。随着改革开放的逐渐深化，珠江东岸地区进一步成为国际及台湾地区电子信息产业二次转移的承接地，以此逐渐形成了较为完善的电子信息产业集群。而与珠江东岸的几个城市相比，珠江西岸的区位优势则相对较弱，导致与香港及境外企业资源的对接相对薄弱。

成长阶段：20世纪90年代初至90年代末，这个时期比较典型的是东莞承接全球制造业，通过政策优惠吸引外商投资建厂，发展配套加工业，推动大中小企业分工协作，配套完善的产业集群。同时，在空间上呈现的特征仍是以城镇为依托而形成相对成熟的专业市场，为中小企业提供了一定的营销渠道和信息交流场所，如虎门的服装市场、大沥的铝型材制品与摩托车产业市场、乐从的家具市场等。

成熟阶段：2000年至2009年，新世纪之后，珠三角地区的劳动密集型产业已经处于成熟阶段，而技术型产业则处于发展阶段及半成熟阶段。到2008年，珠三角的制造业、服装、纺织、家具、玩具、陶瓷等已经具有较强竞争力，形成了两大制造业集群：一是以顺德为代表的家电制造业集群，二是以广州、深圳、东莞、惠州四个城市为中心的电子信息产业集群。

产业转移与升级阶段：2010年至今，经过改革开放40余年来的发展，珠三角地区大部分产业集群已处于成熟或相对成熟期，产业规模大、产业配套能力强、辐射带动力强、市场占有率高。同时，产业集群发展的方向因产业结构调整和空间存量有限等约束条件逐渐呈现出分化的趋势。其中以纺织服装业为代表的劳动密集型、资源依赖型产业集群逐步向中西部地区转移，而技术密集型的产业集群逐渐分化为以金融、研发、文化创意等高附加值产业为代表的产业发展方向。转移和升级是该阶段的主要特点，产业集群内部愈

发重视技术创新能力、区域品牌、名优企业、内部环境及与区外联系等要素，失去优势的传统产业涌现出的转移浪潮为中西部地区的产业发展和经济增长提供了极大机遇。

三、粤港澳大湾区产业集群的空间格局

从空间分布特征来看，粤港澳大湾区的产业集群体系已形成了一条核心发展轴和一条次级发展轴。湾区东岸的广州、东莞、深圳、香港无论是在产业规模还是产业高级化程度上都具有领先地位甚至是世界级的竞争力，共同构成一条核心发展轴。湾区西岸的佛山、中山、珠海、澳门虽然与东岸四市有较大的差距，但产业集群化发展程度较高，在优势产业上也具备较强的竞争力，共同构成一条次级发展轴。

从产业结构特征来看，湾区东岸形成了一条以现代服务业、战略性新兴产业、高科技产业为主的知识密集型产业带，具体以金融业、专业服务、物流业、信息服务、会展业、文化创意、新能源、电子信息、新材料、生物医药等产业为代表。湾区西岸形成了一条以装备制造业、优势传统产业为主的技术密集型产业带，具体以汽车制造业、核电、风电、航空、家电业、金属制品、纺织业、建材等产业为代表。南部沿海则形成了一条生态环保型重化产业带，具体以博彩业、旅游服务业、石油化工、油气开采、生物医药等产业为代表。

四、粤港澳大湾区产业集群的趋势分析

首先，产业集群逐渐由大湾区向东西两翼地区扩展，并呈现出跨区域发展趋势。大湾区相对成熟的传统产业逐渐向珠三角中西部地区辐射和转移，主要是劳动密集型的产业，如服装、家电等产业；而像劳动力和土地成本占较大比例的技术、资本型的产业也开始逐步转移，如电子信息、机械产业等。前者主要是通过把产业转移到区外发展，后者则是通过延伸产业链，把一些配套产业放置在区外，核心技术则保留在原有地区，进行产业升级。

其次，大湾区产业集群格局处在一个由低级向高级演替的过程中。升级转型主要包括三个方向：由专业化向综合化方向发展、由传统制造业向产业

链中高端扩展以及由块状集群向链状集群发展。这种演替进化的目标是为了培育一大批具有综合竞争力、高附加值、高集群力，且能在跨区域的方位引领国际行业发展的产业集群群落。广东省政府、粤港澳大湾区地方政府都有意识地从公共服务体系、区域品牌等方面进行引导和推动产业集群升级、促使集群向更具竞争力的方向可持续发展。

最后，高新技术产业集群将替代传统产业成为主导产业。粤港澳大湾区的传统产业由于劳动力和土地成本上升等市场因素影响，已经逐渐转移到区外的优势地区，同时进行着原有产业集群的转型升级，并向高新技术产业发展。

五、粤港澳大湾区优势集群——生物医药产业集群

由前文可以发现，粤港澳大湾区多个城市的优势产业中都可以找到生物医药的身影，生物医药产业集群已成为大湾区的代表性优势产业集群。作为国家重点支持的战略性新兴产业，生物医药产业具有科技含量高、未来需求大、创造价值能力强等特点，将成为粤港澳大湾区加速产业提质升级、参与全球产业链、价值链竞争的有力武器。

粤港澳大湾区拥有成熟的市场经济体系、发达的医药流通体系以及丰富的科研与医疗资源，是发展生物医药产业的优质沃土。截至2019年，注册地址位于大湾区，并在A股、新三板、港股上市的生物医药公司分别达到36家、25家及53家，经营范围涵盖了中药、化学制药以及医疗器械等多个领域。广州、深圳、珠海、中山的生物医药产业集群发展水平最高。广州市重点聚焦中药、化学药、医疗器械和健康服务等发展领域，形成了以广州科学城、广州国际生物岛、中新广州知识城为产业集聚中心，以白云生物医药园区、番禺生物医药基地和从化生物医药基地为辐射区的“三中心多区域”的产业格局。深圳市生物医药产业重点发展坪山国家生物产业基地、深港生物医药创新政策探索区、光明生物医学工程创新示范区、宝龙生物药创新发展先导区、坝光国际生物谷精准医疗先锋区等多个产业园区。珠海市通过推进粤澳合作横琴中医药科技产业园、金湾生物医药产业园、富山生物医药产业园和唐家湾医疗器械研发产业基地等产业园区的建设，致力于打造区域性新药研制中心、全国一流的生物医药产业基地和全球生物医药资源新型配置中心。中山市的生物医药企业围绕中山国家健康科技产业基地、南朗镇华南现代中医药

城和翠亨新区生物医药科技园三大园区展开布局。

《广东省战略性新兴产业发展“十三五”规划》明确提出，强化生物产业创新发展技术基础，加快产业化进程，广东省正以广州和深圳为“双核心”，加快引进、培育一批高端生物科技企业，力争把生物医药产业集群打造成为拥有万亿产值的世界级创新型产业集群。

第二节　黄埔区生物安全产业集群的特征分析

本节以“可计算产业集群研究范式”作为研究方法，以“地理邻近特征、集聚类别关联特征、标准化行业分类特征”作为黄埔区产业集群定量识别的准则，对黄埔区战略性新兴产业以及传统支柱产业两类新旧重点产业集群的发展状况和空间分布特征进行识别和分析；通过地图落点的形式具体展示，形象说明了生物医药产业集群的空间格局特征、企业特征、政策环境特征以及创新特征，对黄埔区生物医药产业的发展状况进行整体分析；通过对两大类产业集群的整体识别以及对其中生物医药产业集群的具体分析，对黄埔区、广州开发区打造世界级生物安全产业集群的发展基础进行整体概览，并结合前文中所提到的目前在世界范围内生物安全产业与生物医药产业覆盖范围高度重合这一前提，可以判断生物安全产业的发展源自于生物医药产业，并且在黄埔区、广州开发区，从产业集群的特征识别以及发展基础来看，生物安全产业集群大体上等同于生物医药产业集群。

一、黄埔区重点产业集群发展格局与特征

（一）高端化工产业集群

化工产业作为黄埔区最早发展起来的支柱产业和黄埔经济发展引擎，为黄埔提供了大量的税收贡献。黄埔区的高端化工产业集群主要涵盖石油化工、日用化学产品、涂抹油墨颜料及类似产品、专用化学品四个细分领域，区内拥有包括广州宝洁、安利、广州蓝月亮、广州环亚等本土龙头企业。

将黄埔区高端化工产业集群中的企业在地图上落点，其分布如图 5–2 所示。整体而言，高端化工产业集群在黄埔区的空间布局呈现出“一环两团”

的特征，即形成了以沿科学城、东区、云埔工业区、大沙区域和广州出口加工区形成的“环带”分布区域和永和经济区、广州保税区两个“团块状”分布区域。具体来看，“环带”区域的化工企业发展具有北强南弱的特点，“环带北部”即科学城、东区、云埔工业区的重点企业和瞪羚企业数量显著多于“环带南部”；永和经济区和广州保税区两个“团块”中重点企业、瞪羚企业、普通企业形成了较为明显的集群形态。从高端化工产业集群的空间布局特征可以推断，“环带南部”可能以附加值相对较低或规模较小的化工企业为主，因此重点企业和瞪羚企业的数量较少。

通过同样类似的方法对该产业集群各项特征进行分析可以发现，黄埔区高端化工产业集群发展并未表现出重点企业带动型的特征，重点企业虽然通过规模和产值在获取政策扶持方面具有优势，但创新能力相对较弱，且集群内未能形成明显的创新扩散效应。

（二）汽车及零部件产业集群

汽车及零部件产业作为黄埔的主要支柱产业，产业规模已经达到千亿级，区内拥有广汽本田、本田中国、广日专用车等整车龙头企业，相关零部件生产体系完备，以底盘系统为主导细分领域。

将属于黄埔汽车及零部件产业集群的企业在空间上落点后，可以看到，整体而言，黄埔汽车及零部件产业集群体现出的空间形态较为松散，也没有表现出明显的围绕重点企业集聚的现象，部分原因是汽车零部件生产厂商对于物流的需求较高，对于集聚的需求相对较低。具体来看，以沿科学城、东区、云埔工业区、大沙区域和广州出口加工区形成的“环带”区域和永和经济区、广州保税区两个“团块状”区域，同样也是黄埔汽车及零部件产业集群企业分布的主要区域，知识城也有一定数量的企业；重点企业的分布相对更为集聚，绝大多数重点企业分布在永和经济区和云埔工业区，少量分布在科学城、大沙区域、广州出口加工区和广州保税区；瞪羚企业数量较少，分布在永和工业区和科学城区域。

通过同样类似的方法对该产业集群各项特征进行分析可以发现，黄埔汽车及零部件产业集群虽然具有良好的产业基础和规模竞争力，但重点企业获取资源的能力较强，一定程度上挤压了中小企业的发展空间，且集群严重缺乏创新能力和核心竞争力，产业转型迫在眉睫。

（三）食品饮料加工制造产业集群

黄埔区的食品饮料产业主要涵盖农副食品加工业、食品制造业和酒、饮料和茶制造业等领域，以食品饮料加工制造和产品包装为主。目前以玛氏箭牌、益海嘉里粮油、美赞臣、合生元、达意隆等龙头企业为主导，广州麦芽、冷冻食品、益力多等单项冠军企业以及香雪亚洲饮料、金银卡生物、美晨等瞪羚企业为支撑。

黄埔食品饮料加工制造产业集群中的企业在落点后如图5–4所示，整体来看，黄埔区的食品饮料集群的空间格局特征相对较为集聚，中小企业多围绕重点企业分布，形成了多个集聚区域。具体来看，广州保税区是特征十分明显的以重点企业为主的集聚区域，普通企业数量相对较少，永和经济区、云埔工业区、科学城和广州出口加工区则是以普通企业围绕重点企业集聚的特征分布，知识城虽企业数量较少，但也形成了较为明显的普通企业围绕重点企业的集聚形态。此外，少量普通企业较为零散地分布于黄埔的其他区域。从瞪羚企业的分布来看，食品饮料集群中的瞪羚企业也都位于几大集聚区之中，其中，科学城拥有过半的瞪羚企业，其他的瞪羚企业分别位于永和经济区、云埔工业区和广州保税区。

通过同样类似的方法对该产业集群各项特征进行分析可以发现，黄埔食品饮料加工制造产业已形成集群化发展态势。虽然创新溢出还不明显，但规模效应和集群竞争力已经有所体现，未来仍具有作为黄埔区工业增长的重要动力源的发展空间和发展能力。

（四）新一代信息技术产业集群

新一代信息技术产业集群是黄埔区、广州开发区大力发展的五大战略性新兴产业集群中规模最大的产业集群，已经在电子元器件、计算机、电子材料、系统及终端产品等四个领域具有较高集中度。但黄埔区、广州开发区的新一代信息技术产业在很大程度上依托于自身的电子设备及通信设备制造业基础，集群内企业仍然是以电子和通信设备制造占据主导。

将黄埔区内新一代信息技术产业集群企业在地图上落点，其空间分布如图5–5所示。可以看出，黄埔区新一代信息技术集群规模非常大，企业数量极多，且呈现出“整体分散、局部集聚”的特征。整体而言，新一代信息技术企业遍布整个黄埔区，但具体来看，以科学城、东区、云埔工业区、大沙区域以及广州出口加工区形成了企业集聚的“环带”，永和经济区和广州保税区也分别形成明显的企业集聚“团块”。与传统产业集群分布相类似，“环带”呈现出北强南弱的特点，无论是重点企业、研发中心或是孵化器数量，“环带北部”区域均显著高于“环带南部”区域。其中，黄埔区内的新一代信息技术研发中心主要分布于科学城、广州保税区，重点企业主要分布在科学城、东区、广州保税区和永和经济区。孵化器和研发中心较多的科学城区域内瞪羚企业显著多于其他地区。

通过同样类似的方法对该产业集群各项特征进行分析可以发现，黄埔区内新一代信息技术产业集群具有较强的产业基础，且集群正处于加速发展时期。研发中心和孵化器集聚的科学城区内企业成长能力和规模竞争力显著高于其他地区，但黄埔区新一代信息技术产业集群存在“政策扶持中心偏离创新中心”的现象，科学城区域为政策扶持力度最大的区域，而云埔工业区北区为创新最为活跃地区。后续应当引导集群内企业转向创新驱动，同时应更加关注对云埔工业区创新企业的扶持。

（五）人工智能产业集群

人工智能产业集群作为黄埔区布局的三大核心战略性新兴产业集群之一，已经初具发展规模，但依然存在核心技术不足的情况。以“瑞松科技”为例，作为一家业务涵盖机器人、智能技术、高端智能装备的研发、设计、制造、应用和销售服务的高新技术企业、科创板准上市公司，其机器人本体核心零部件如伺服电机、精密减速机等依然需要从日本厂商进口，而其软件系统则需要从德国公司采购。

从空间格局来看，黄埔区人工智能集群分布较为松散，在整个黄埔区都有分布。整体而言，企业形成了沿科学城、东区、云埔工业区、大沙区域和广州出口加工区的“环带”分布区域和永和经济区、广州保税区两个“团块状”分布区域。除此之外，黄埔区其他地区也有一定数量的企业分布。具体来看，尽管黄埔区人工智能产业集群的企业分布广泛，但重点企业和瞪羚企业表现出十分明显的集聚特征，围绕研发中心形成了“环带北部”区域的科学城、东区、云埔工业区北部集聚带和广州保税区集聚区。此外，永和经济区也有重点企业和瞪羚企业分布。而大沙区域、广州出口加工区则以普通企业集聚为主。

通过同样类似的方法对该产业集群各项特征进行分析可以发现，黄埔区的人工智能产业集群空间呈现以科学城为核心的“单中心”发展模式，科学城的重点企业和瞪羚企业集聚度、研发中心集聚度、企业竞争力、企业创新能力均显著高于其他地区，且具有明显的集群发展效应和创新溢出效应。

（六）生物医药产业集群

全球生物医药技术正处于大规模产业化的开始阶段，并逐步成为世界经济的主导产业之一。生物医药产业因高技术、高投入、高风险、高附加值的特征，决定了其聚集化发展的特性。

将黄埔区生物医药产业集群内企业在地图上落点，如图 5–7 所示，可以看出，黄埔区生物医药产业集群空间分布具有明显的重点企业和研发中心导向集聚特征。具体来看，集群内企业形成了以科学城、国际生物岛、东区、大沙区域以及广州保税区为中心的五大企业集聚区，生物医药集群的重点企业和瞪羚企业主要分布在科学城、东区、广州保税区和永和经济区，其中瞪羚企业主要分布在科学城区域。除永和经济区的瞪羚企业和重点企业外，其他的重点企业和瞪羚企业均集聚在研发中心分布的区域，而以普通企业为主的国际生物岛和大沙区域两个集聚区内也都拥有研发中心。由此可见，黄埔生物医药产业集群企业表现出明显的围绕重点企业和研发中心集聚的特征。知识城生物医药企业数量相对较少，仍处于发展起步阶段。

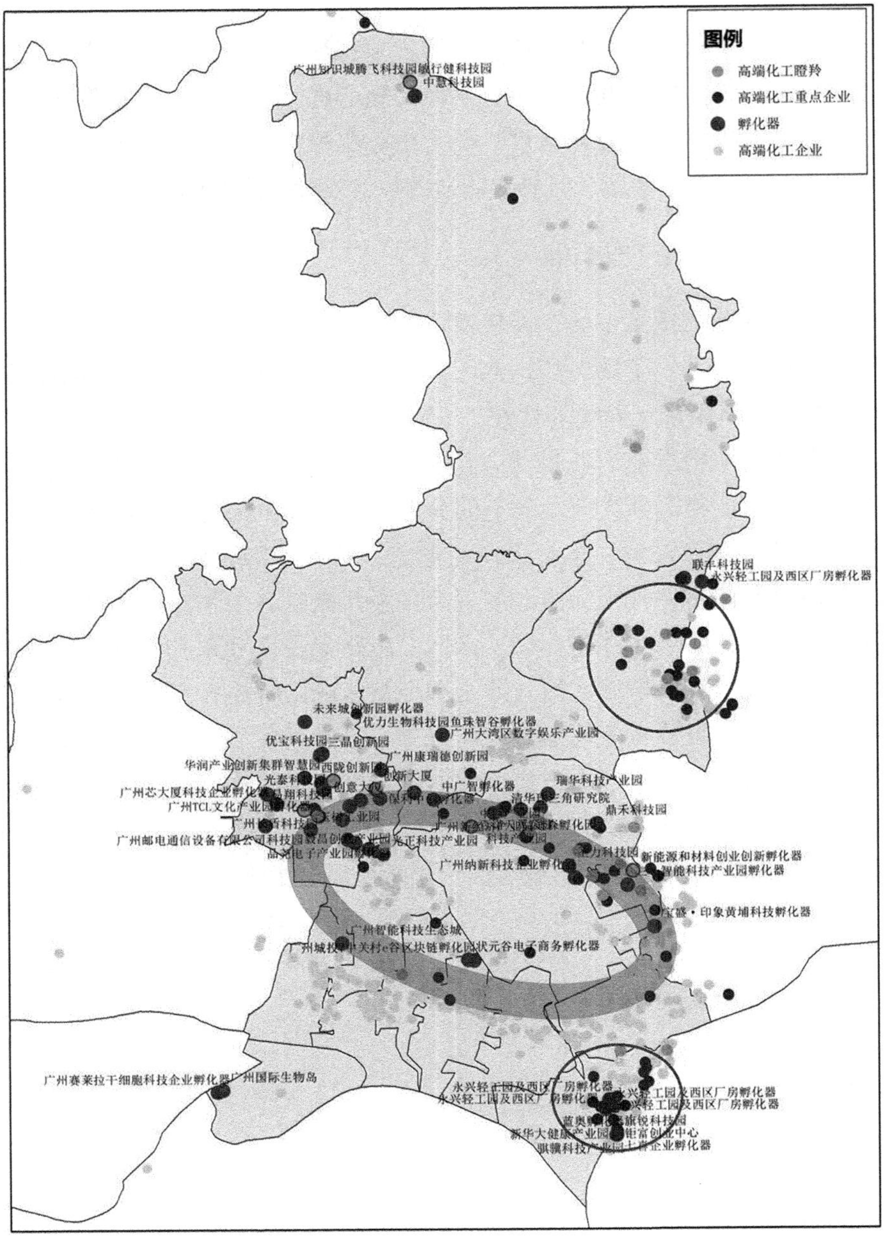

图 5-2　黄埔区高端化工产业集群地图（见彩插）

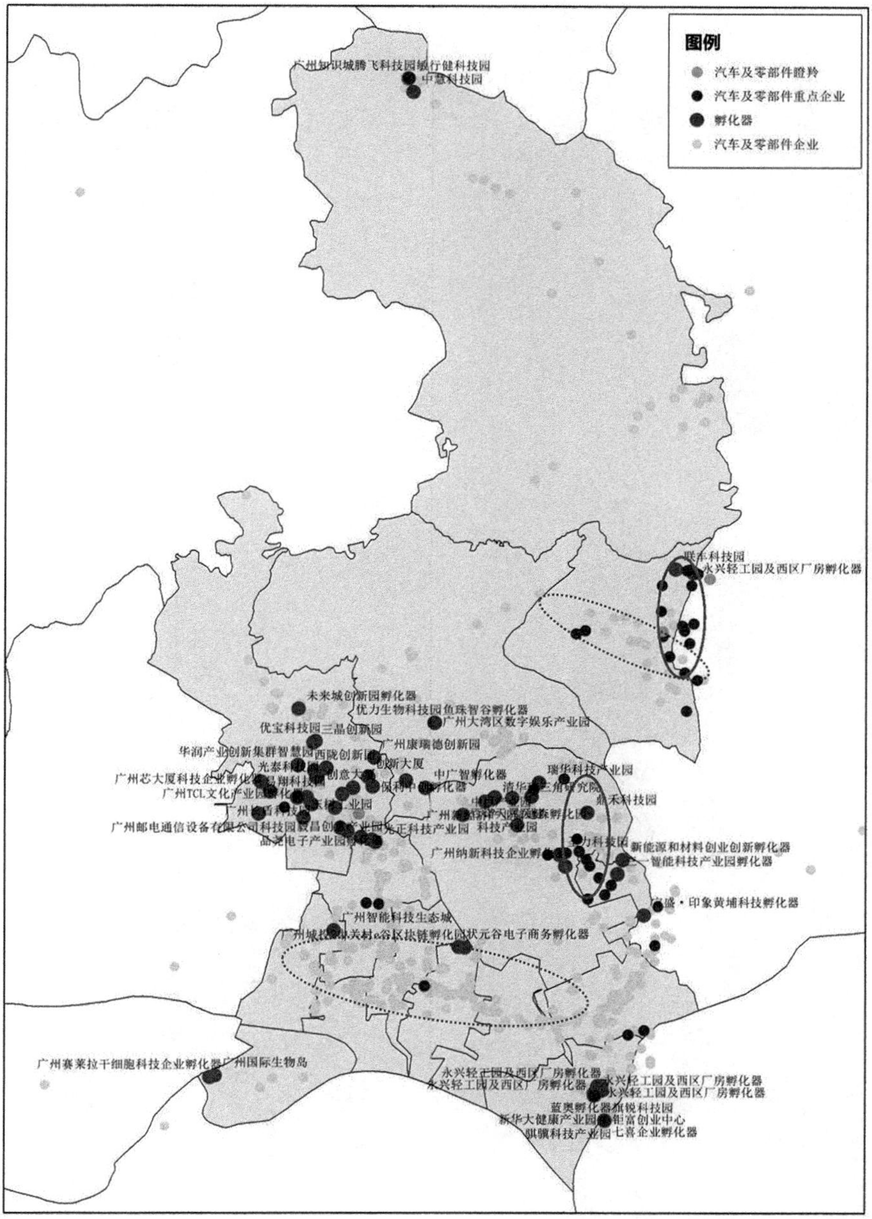

图 5–3　黄埔区汽车及零部件产业集群地图（见彩插）

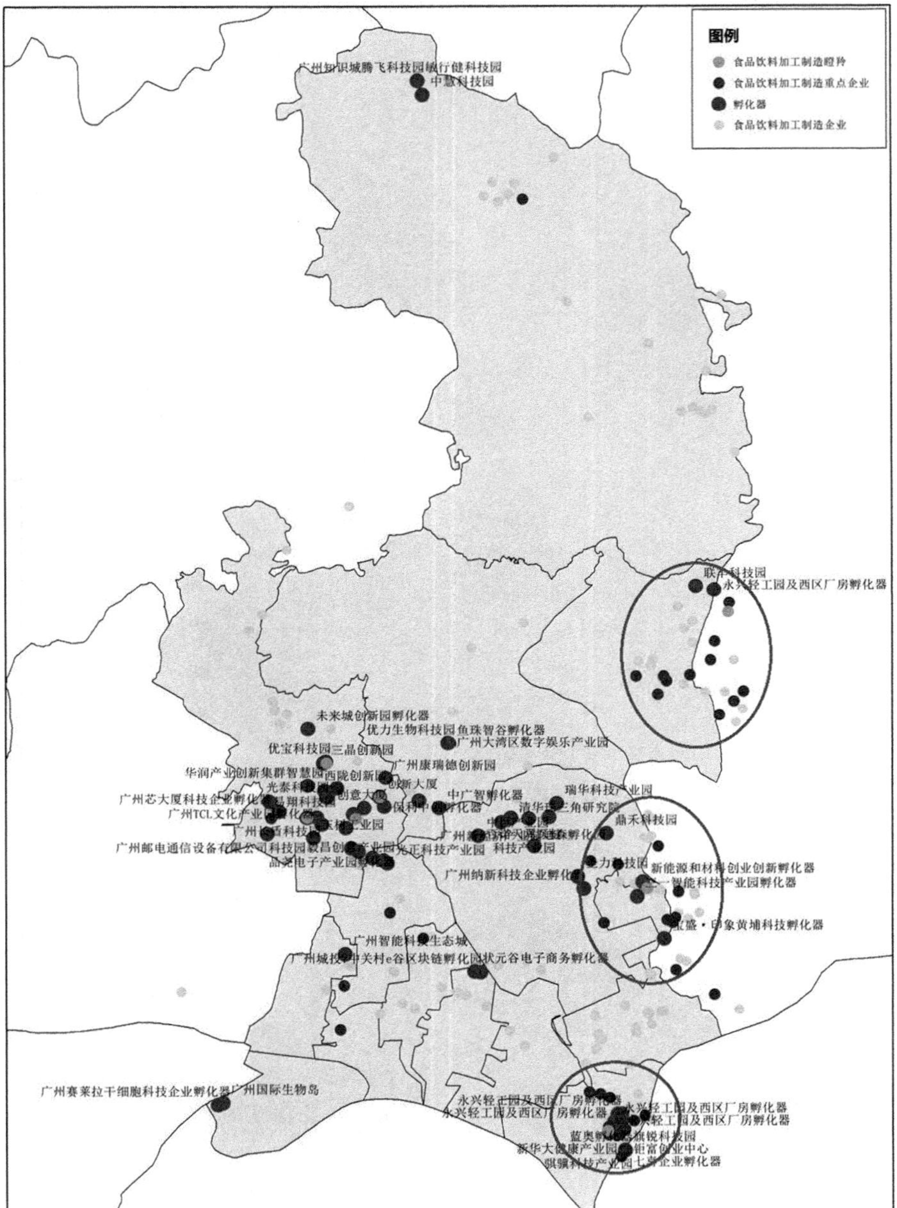

图 5-4　黄埔区食品饮料加工制造产业集群地图（见彩插）

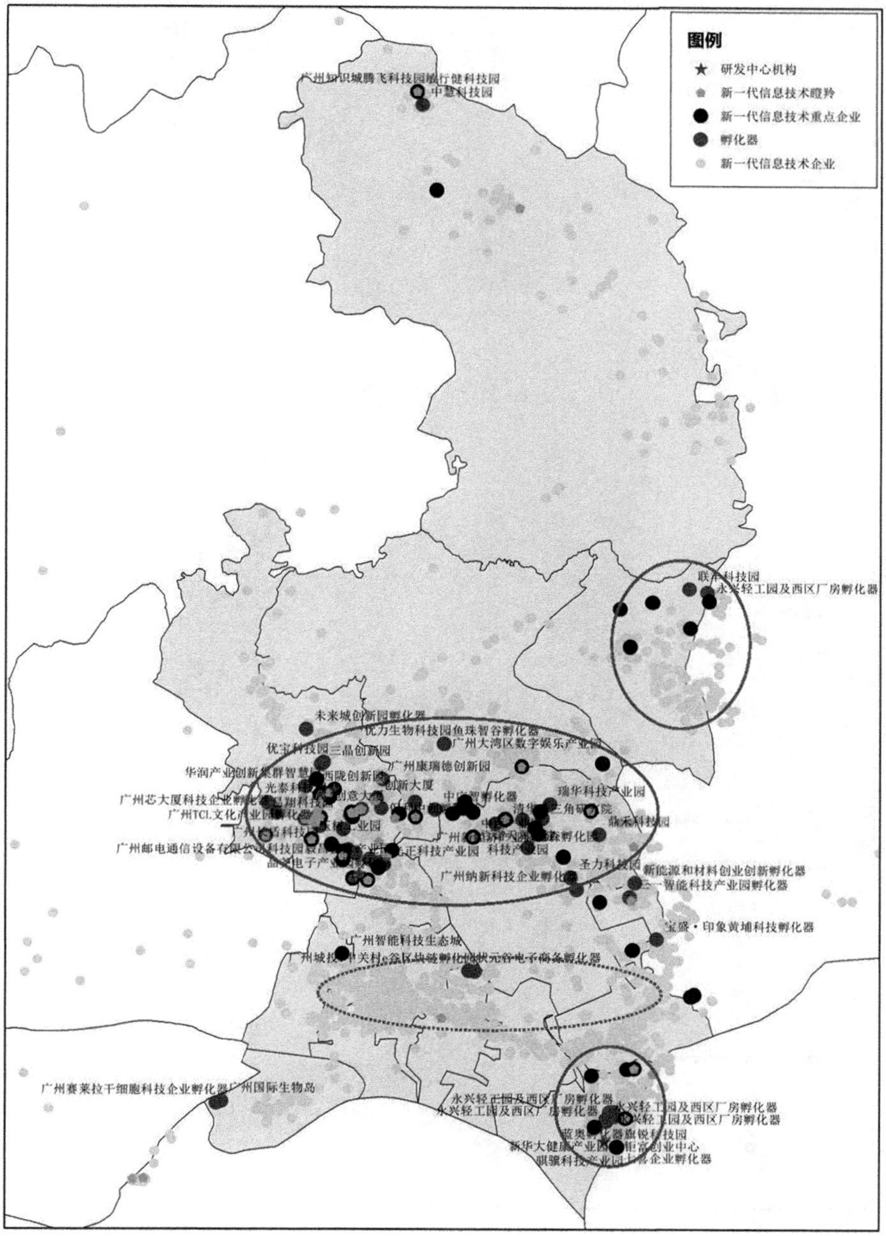

图 5–5　黄埔区新一代信息技术产业集群地图（见彩插）

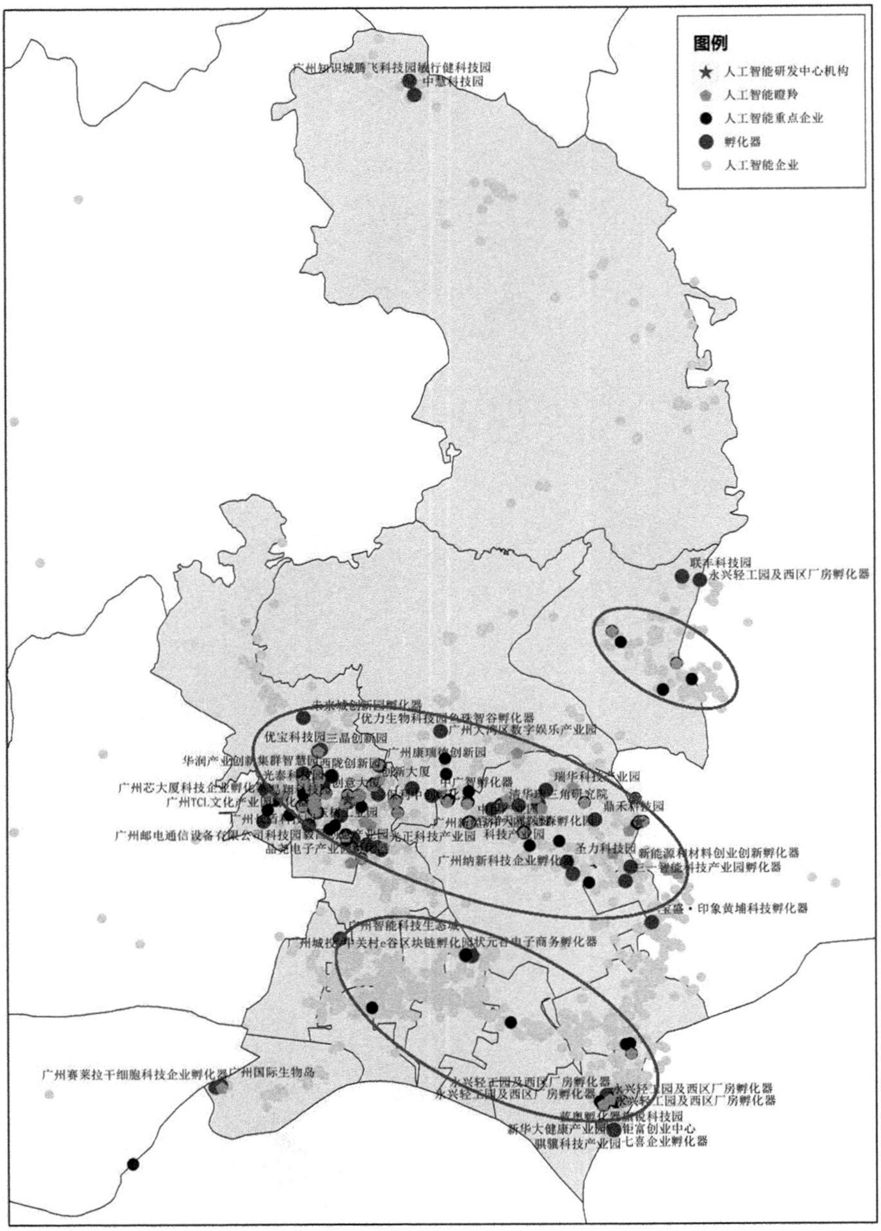

图 5–6　黄埔区人工智能产业集群地图（见彩插）

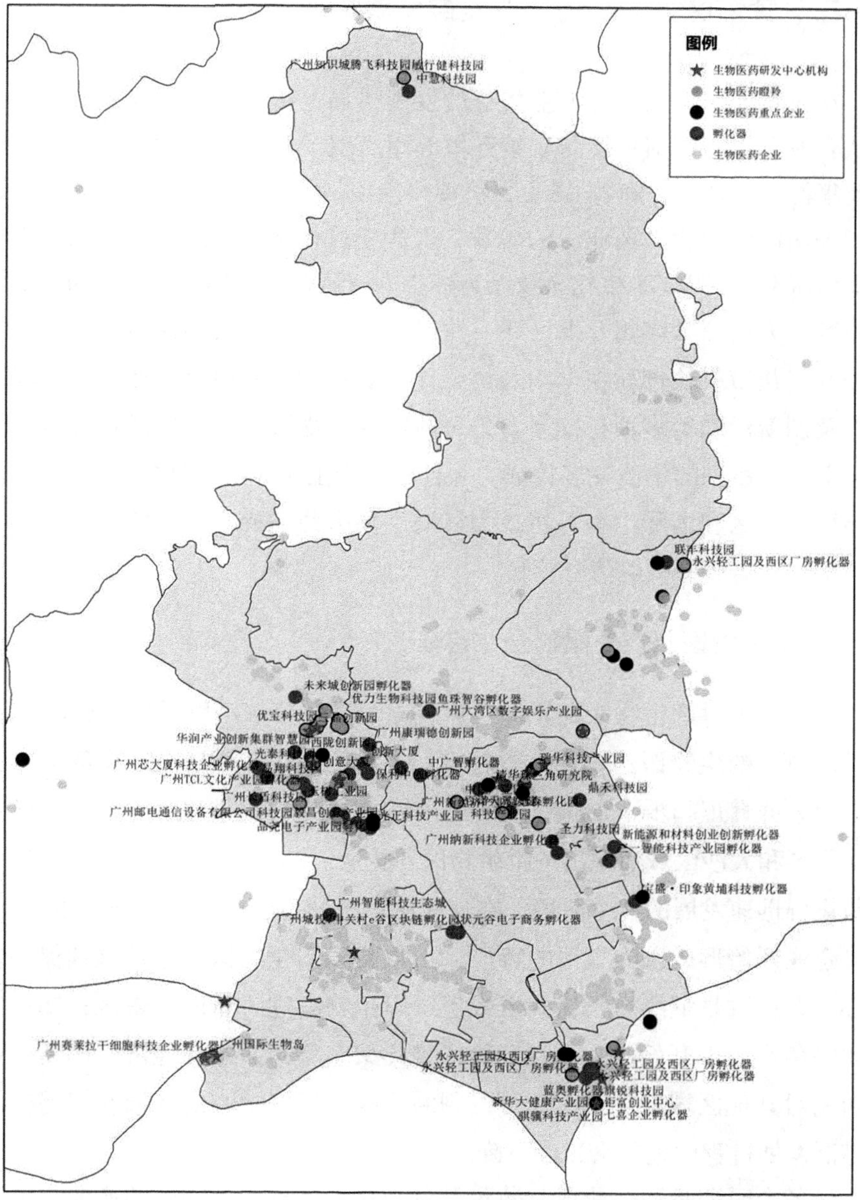

图 5–7　黄埔区生物医药产业集群地图（见彩插）

二、黄埔区生物医药产业集群发展特征

在对黄埔区几大重点产业集群的发展格局与特征进行概述之后，本书接着从企业分布、创新环境与政策环境等角度继续深入分析黄埔区的生物医药产业集群发展特征。随着 GE、百济神州等项目落户，赛默飞、安捷伦、诺诚健华等国内外生物医药业界的研发、生产项目相继集聚落户黄埔区。中新广州知识城形成了以 GE 生物科技园为核心，制药企业云集的生物制药价值创新型园区，为黄埔区广州开发区新一轮经济发展注入科技创新引领的动力，着力提升广州市科技创新在全国乃至全球的显示度。而通过企业成长、政策兑现以及创新活动等多项指标来看，黄埔区的生物医药产业集群具有显著的以研发中心为核心的集群发展特征，并且已经产生明显的集群化创新溢出效应，科学城、东区和国际生物岛将成为黄埔生物医药集群发展主阵地，且现有政策对于创新企业的覆盖情况较好。

（一）生物医药产业集群企业特征

通过各个时期生物医药集群企业成立数量及分布可以看出，黄埔在 1998 年以前成立的生物医药企业数量较少，主要位于科学城区域，全区的生物医药产业集群真正起步于 1998 年以后，科学城、永和经济区、云埔工业区、广州保税区和大沙区域涌现出一批生物医药企业。2005 年至 2015 年是黄埔生物医药集群迅速发展的一个阶段，在这一阶段黄埔生物医药企业数量迅速增加，同时企业开始形成空间集聚的特征。2015 年以后生物医药集群继续保持发展态势，企业数量继续增长，并形成了国际生物岛这一新的集聚区；知识城的生物医药产业也开始起步，且开始呈现集聚态势；而永和经济区的新企业数量则相对其他区域较少，由此可以判断，缺乏研发中心的区域在黄埔生物医药集群发展过程中地位会逐渐下降。

从各个时期瞪羚企业成立数量及分布来看，黄埔生物医药产业集群的瞪羚企业绝大多数成立于 2011 年以前，少数成立于 2011 年至 2013 年间。从瞪羚企业分布来看，2011 年以前成立的瞪羚企业大部分位于科学城，其他则位于东区、永和经济区、国际生物岛、广州保税区和知识城北部。而 2011 年至 2013 年期间成立的瞪羚企业则位于科学城、国际生物岛、东区和广州保税区，

其中广州保税区没有2012年后成立的瞪羚企业。可以看出，永和经济区的企业成长能力相对较差，在黄埔生物医药集群中的地位也已经下降，除此之外，广州保税区的地位也有下降的可能，而科学城、生物岛和东区的企业更具成长能力，这在一定程度上与科学城、生物岛和东区在孵化器数量和科研中心数量上的优势有关。

（二）生物医药产业集群创新特征

从黄埔生物医药产业集群创新特征来看，黄埔区内生物医药产业集群整体创新能力较强，从专利申请数量核密度来看，东区和科学城是两个非常明显的热点区域，此外，国际生物岛和广州保税区也具有一定的规模；从专利授权数量核密度结果来看，东区依然是核密度的高热点区域，科学城相对东区较弱，但也颇具规模。广州保税区和国际生物岛在专利授权数量上没有表现出优势，但二者有一定区别，其中国际生物岛由于起步较晚，虽然生物医药产业集群发展迅速，但专利授权数量积累相对较少，而广州保税区虽然产业基础较好，但已经相对处于下降地位。从空间范围来看，科学城和东区的核密度半径非常高，国际生物岛的热点区域的半径也几乎覆盖整个生物岛，表明这三个区域的生物医药企业具有非常显著的集聚创新特性。结合前图可以发现，创新热点地区同时是研发中心的集聚区域，二者表现出了极高的空间相关性，除此之外，重点企业和瞪羚企业对于集群创新强度和创新溢出效应也有一定影响，但并不起决定性作用。缺少研发中心的永和经济区虽然有重点企业和瞪羚企业分布，但并未表现出创新优势，而大沙区域虽然有一家研发中心，但缺少重点企业和瞪羚企业带动，普通企业的创新能力相对较弱。基于生物医药产业重视创新和研发的产业特性，可以判断，东区、科学城及国际生物岛将成为黄埔生物医药产业集群发展的主要阵地。

（三）生物医药产业集群政策环境特征

从获得政策兑现的企业空间分布来看，整体而言，黄埔区生物医药集群“优胜劣汰”的政策导向模式较为明显，获得政策兑现的企业主要分布于科学城、东区、国际生物岛和广州保税区，少量分布于永和经济区和大沙区域。从企业类型来看，重点企业、瞪羚企业和创新热点区的企业是政策兑现的主要对象，大沙区域作为普通企业集聚区，仅有少量企业获得过政策兑现，而永和经济区获得政策兑现的企业则基本与区域内的重点企业和瞪羚企业位置相吻合。

从政策拨付次数的核密度结果来看，黄埔生物医药集群政策拨付次数的热点区从高到低依次为科学城、东区、国际生物岛和广州保税区。结合前图可以发现，虽然科学城和东区、广州保税区作为重点企业和瞪羚企业较为集聚的区域，但国际生物岛同样成为政策扶持力度最大的区域之一，而同样拥有重点企业和瞪羚企业的永和经济区则并不属于黄埔区政策强力扶持的区域。进一步发现，政策拨付次数的核密度结果显然与创新的核密度结果更为一致，这表明目前的生物医药产业政策具有较为明显的创新导向，且对于创新企业的政策覆盖较为全面和合理。

三、生物安全产业集群与生物医药产业集群的高度重合性

从新冠肺炎疫情后我国建立的生物安全体系所涵盖的防控突发传染病疫情、生物技术研发、实验室生物安全、生物资源与人类遗传资源、外来物种入侵与生物多样性保护、应对微生物耐药、防范生物恐怖袭击以及防御生物武器威胁八大领域来看，我们可以看到生物安全覆盖了生物医药、计算机、农业及食品安全等行业领域。依此延展到生物安全产业，根据前文中所提到的生物安全产业的定义，其覆盖范围随着现代生物技术的不断进步也在逐渐扩大，包含医药生物、新一代信息技术、医疗保健服务（基因检测、生物芯片）、智能制造、农业（遗传育种）、食品（转基因）、材料化工（纳米材料）、资源环保、物流运输（医药冷链）、生物信息安全（基因信息）等多方面相关技术与产品的上下游产业链共同构成了生物安全产业网络。纵观全球生物安全产业的发展，我们可以发现生物安全产业与生物医药产业存在90%以上的相似之处。

通过对黄埔区生物医药产业集群特征的分析，可以发现，在中新知识城、科学城、国际生物岛等地均已初步形成生物医药产业集群的集聚特征，这些地区企业能产生一定的溢出效应，创新优势明显，政策环境友好。同时，从黄埔区的工商企业名录以及众多集聚区的企业分布特征来看，可以发现这些孵化器、产业园的生物医药企业范围包括了仿制药、创新药、医疗器械、医疗系统开发、检验检测、疫苗等，与生物安全产业所涉及的覆盖范围完全相

符。再结合生物安全产业与生物医药产业本身，从定义到内涵与外延再到应用场景上都具有高度相似的特点，可以断定在黄埔区、广州开发区生物安全产业与生物医药产业完全一致，因此，本书将黄埔区生物医药产业的特征等同为其生物安全产业的特征，其生物安全产业集群的发展现状也就是前文中所描述的生物医药产业集群的发展现状。

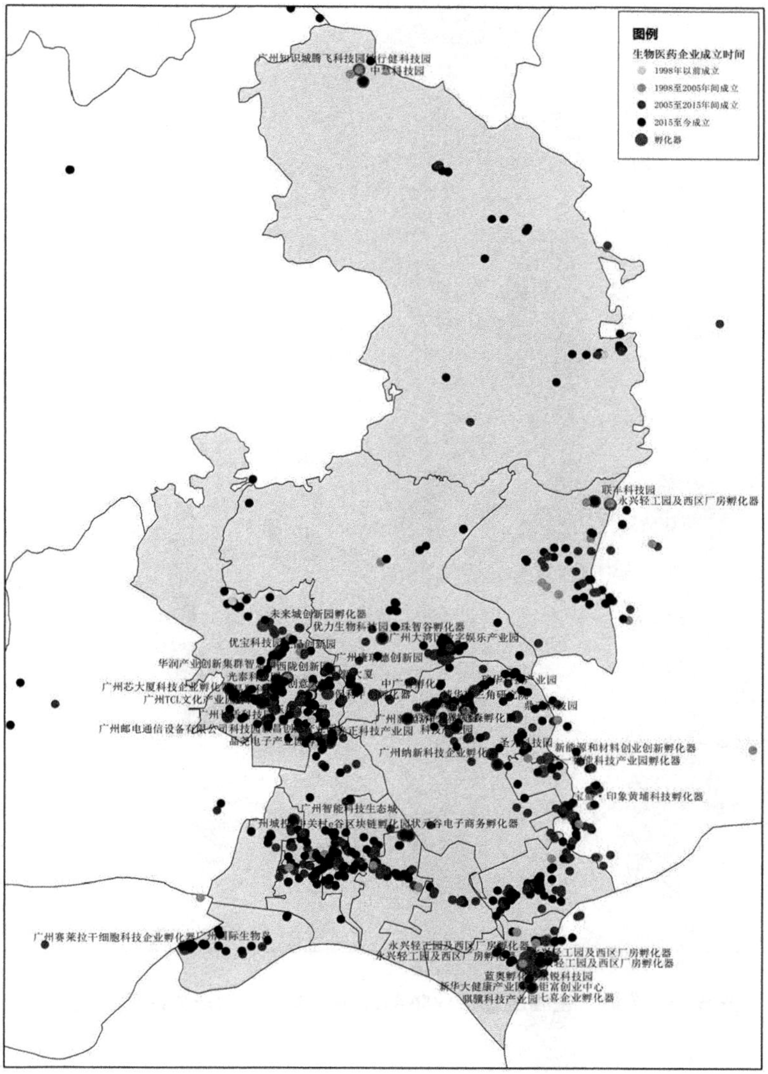

图 5–8　黄埔区生物医药产业集群地图—企业成立时间（见彩插）

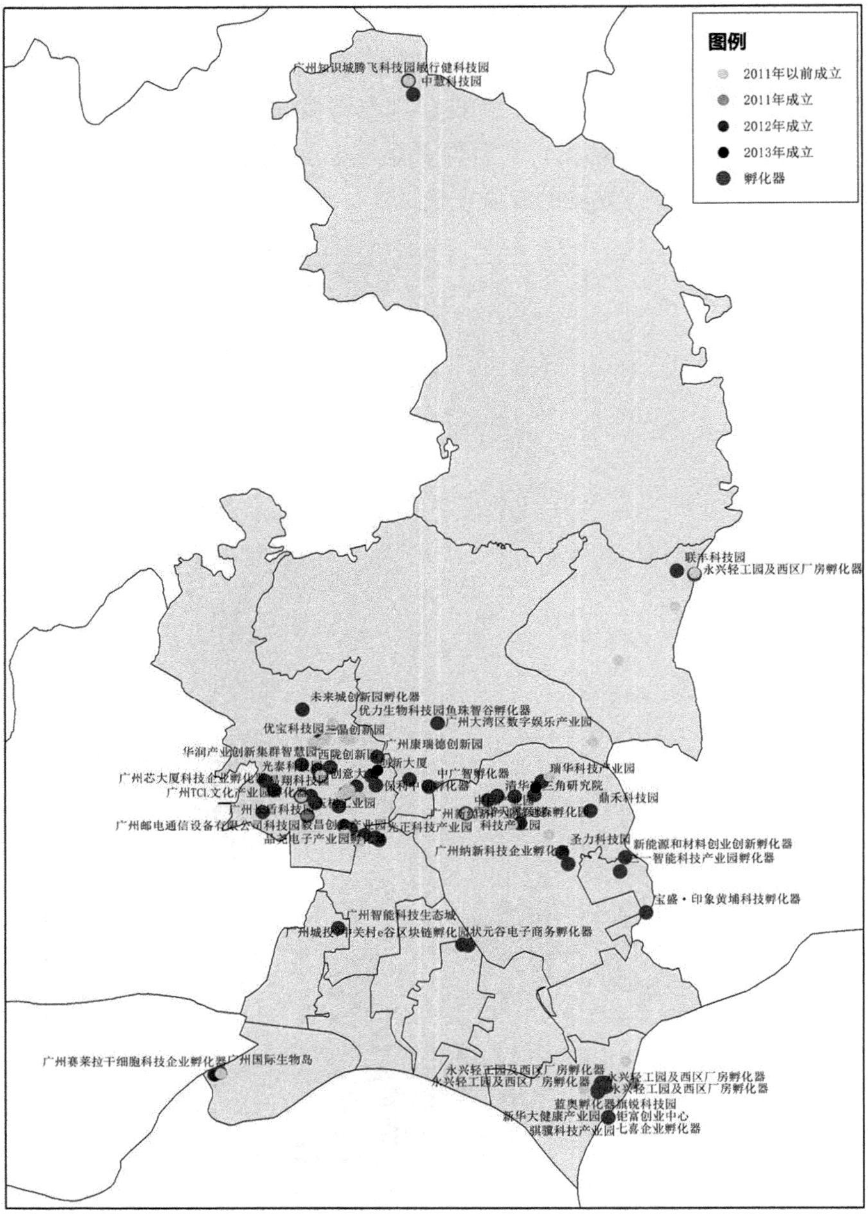

图 5–9　黄埔区生物医药产业集群地图—瞪羚企业成立时间（见彩插）

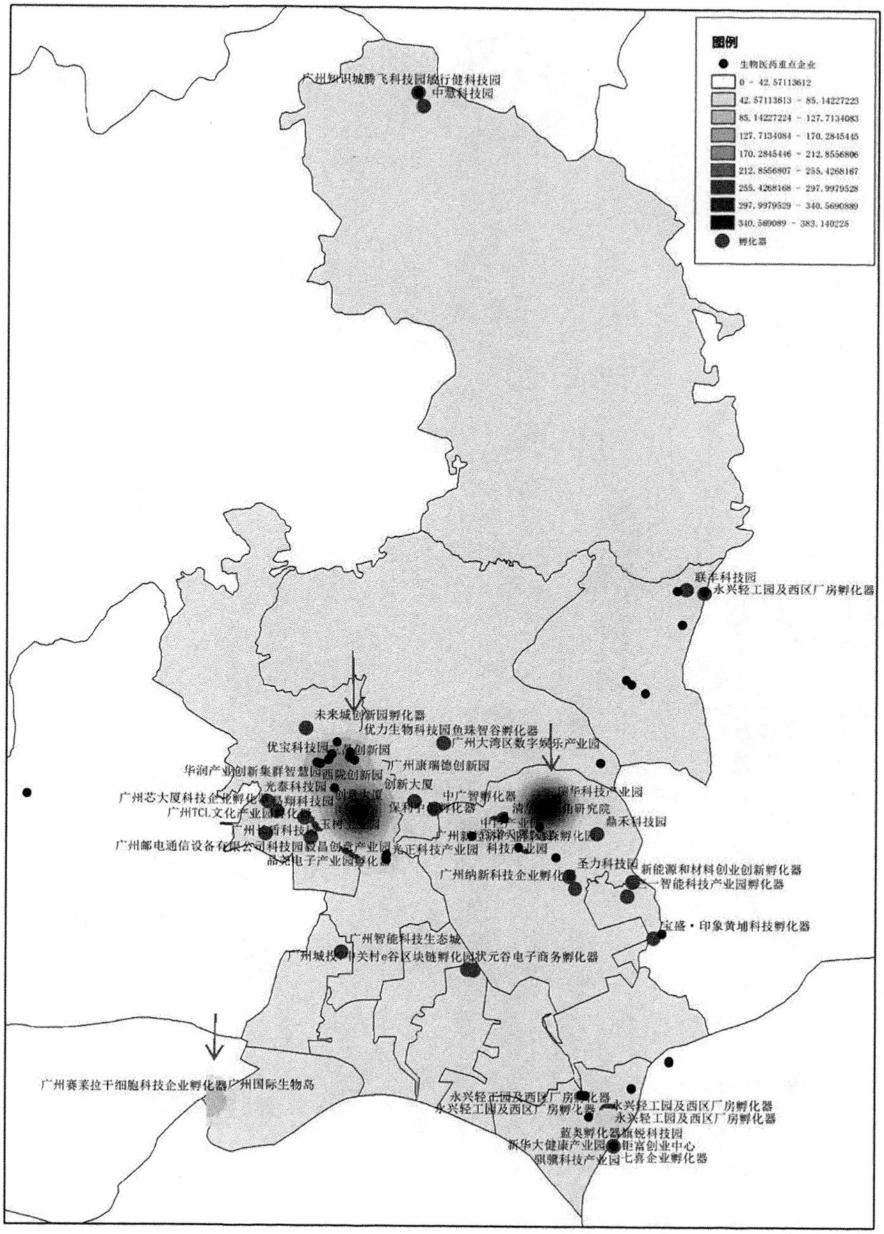

图 5–10　黄埔区生物医药产业集群地图—发明专利申请数量核密度图（见彩插）

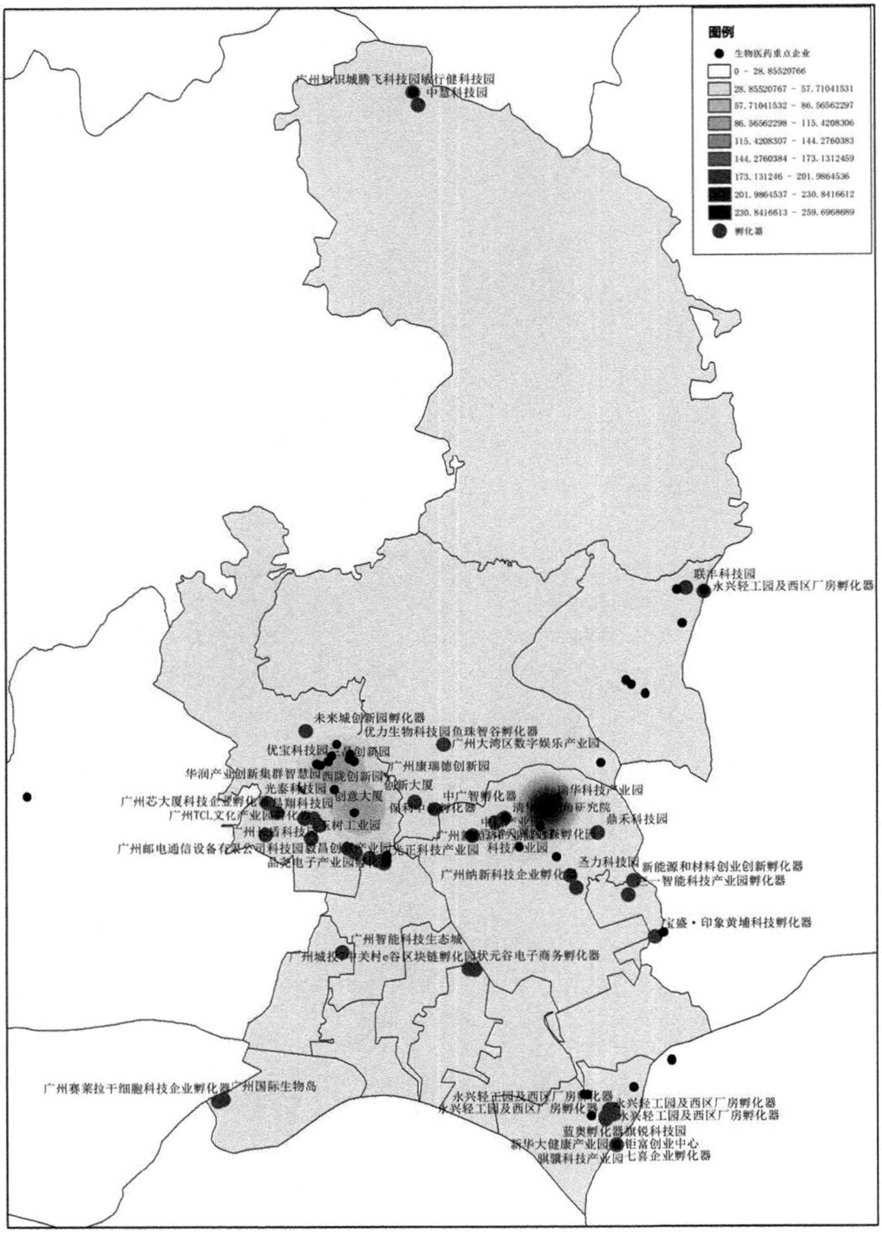

图 5-11　黄埔区生物医药产业集群地图—发明专利授权数量核密度图（见彩插）

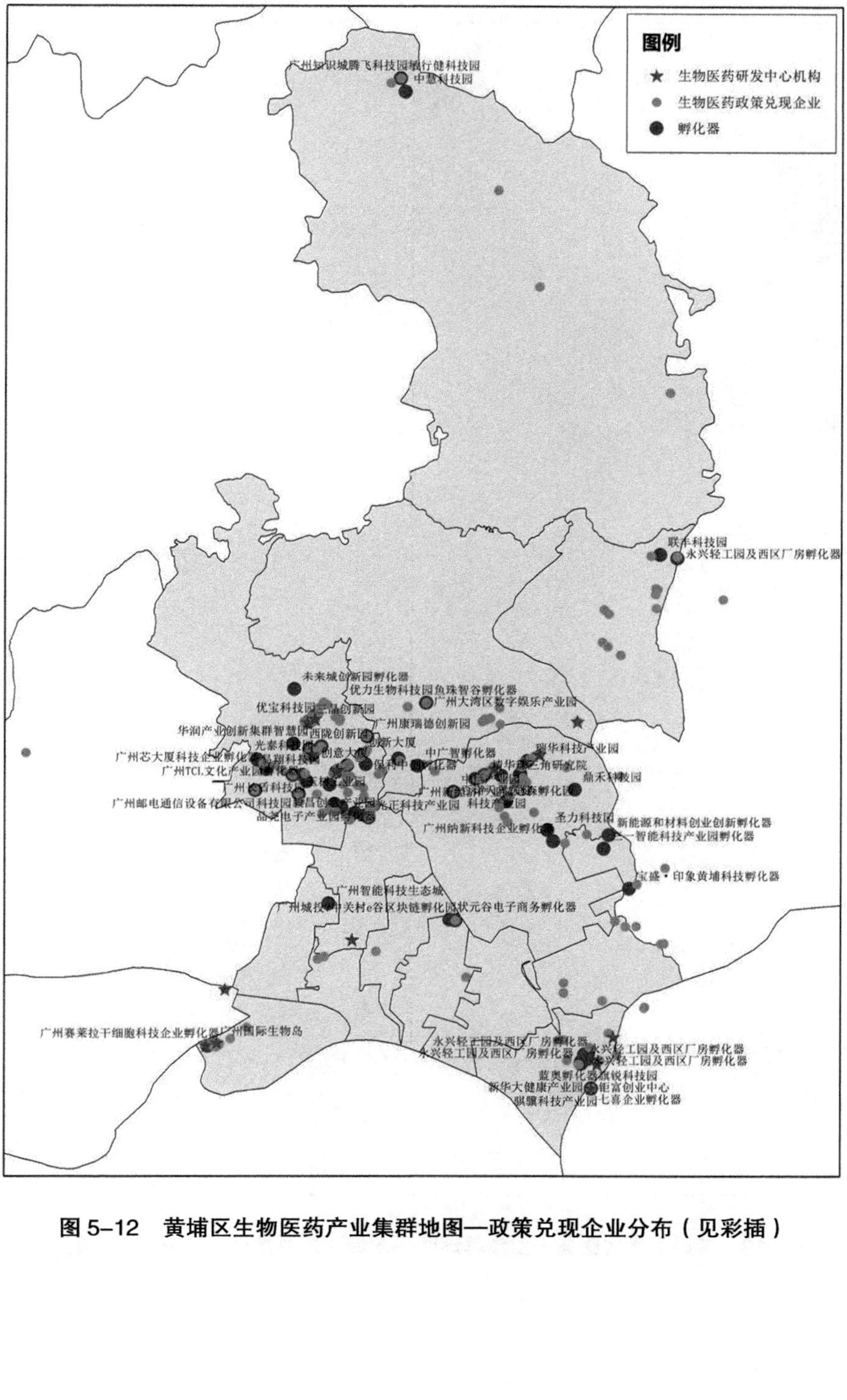

图 5-12　黄埔区生物医药产业集群地图—政策兑现企业分布（见彩插）

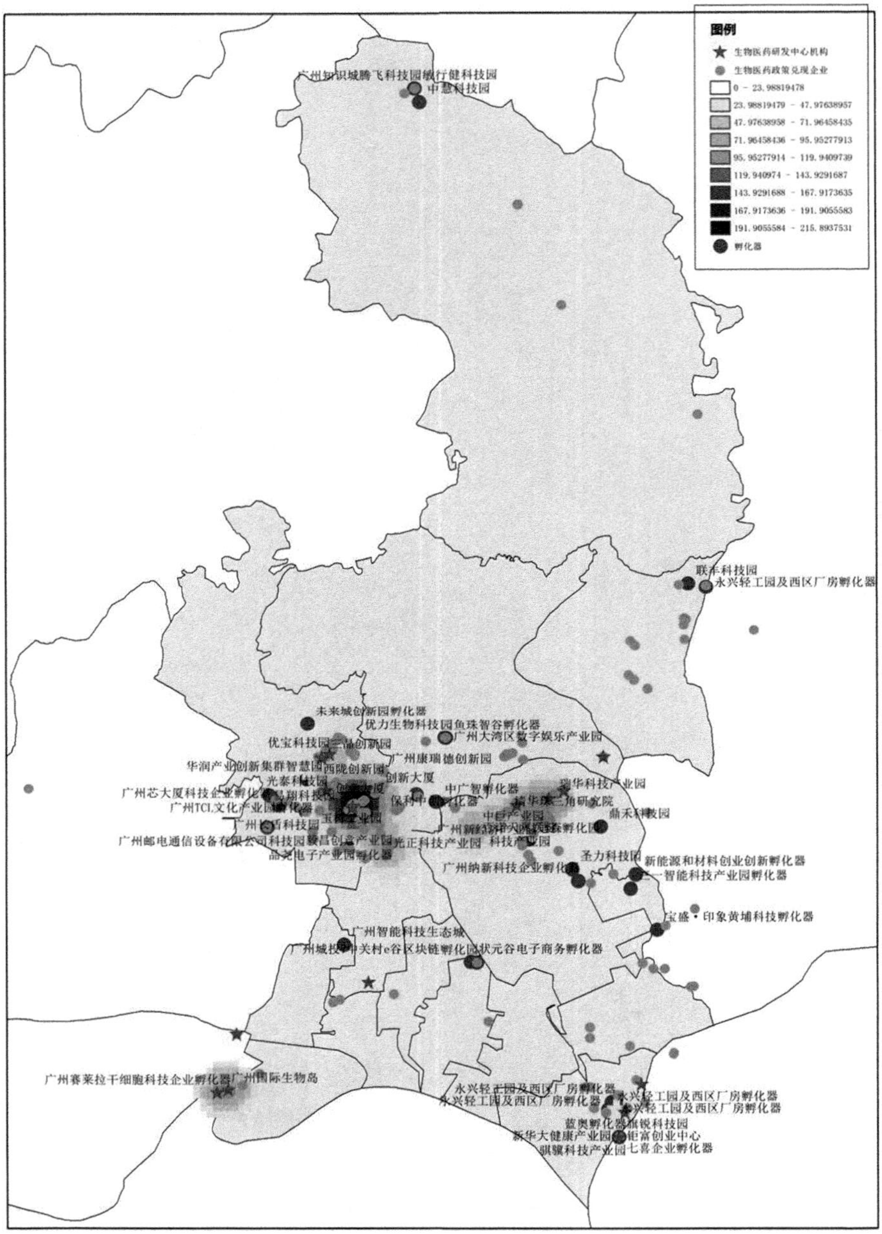

图 5-13　黄埔区生物医药产业集群地图—政策兑现总拨付次数核密度（见彩插）

第三节　黄埔区 广州开发区打造世界级生物安全产业集群的条件分析

近年来，世界级生物医药科研中心、技术平台和产业化基地持续向黄埔区、广州开发区聚拢，不断促进产业链、价值链、创新链、供应链和人才链的集聚。作为广州发展 IAB（新一代信息技术、人工智能、生物医药）和 NEM（新能源、新材料）产业的主战场，国家发改委认定的“国家生物产业基地”，黄埔区、广州开发区是中国打造世界级生物安全产业集群的核心区域。

一、黄埔区生物安全产业发展形势

生物医药产业作为各个国家重点支持发展的高新技术产业，其发展趋势呈现区域协同与集群化的特点。生物医药产业集群是指以生物医药产业为核心，相关辅助性机构为支撑，在拥有同一产业文化的地域范围内高度集聚，相互之间存在密切的垂直与水平联系的生物医药企业和相关机构所组成的地域产业综合体。广义的生物医药产业包含从技术研发到应用、生产、流通、营销等各环节全产业价值链，例如由大学和科研机构进行技术研发，企业负责规模化中试生产与推广销售，第三方辅助机构提供金融、运输、培训等增值服务。生物医药产业作为典型的知识与技术密集型产业，进入壁垒高，并呈现出明显的高技术、高投入、高风险、周期长、高收益、垄断性等基本特征。

（一）生物安全产业正在成为全球新一轮产业竞争的主战场

随着人口老龄化程度的不断加深，以及大众消费观念的改变，生物医药拥有十分可观的市场前景。根据国际权威医药咨询机构艾美仕市场研究公司分析，2020 年我国医药与健康市场基本成为仅次于美国的全球第二大市场。鉴于世界各国对于生物技术的大力支持与高速发展背景，我国于 2010 年明确将生物医药产业列为国家战略性新兴产业之一，国家统计局公布的《战略新兴产业分类（2018）》中也将生物医药产业名列其中，因此近十年来我国生物医药产业一直处于加速发展和布局调整的重要机遇期。近年来，我国生物医药行业销售收入不断增加，2016 年生物医药行业销售收入为 3299.28 亿元，2017 年为 3417.19 亿元，2018 年为 3554 亿元。未来，伴随着大众对健康需求的不断提升以及政府部门和资本市场对创新生物药的重视，到 2022 年，我国生物药市场规模有望维持约 14% 的增速，总量增至 4785 亿元，具有较大发展空间。

（二）粤港澳大湾区正在成为全球生物安全产业制高点

粤港澳大湾区正在打造世界级的生物医药产业集群，区域协同创新发展驶入快车道。《粤港澳大湾区发展规划纲要》明确提出，依托香港、澳门、广州、深圳等中心城市的科研资源优势和高新技术产业基础，联合打造一批产业链条完善、辐射带动力强、具有国际竞争力的战略性新兴产业集群，增强经济发展新动能。在未来，广州与港澳地区进一步强化研发合作交流的过程中，将港澳地区先进的科研能力和管理经验与广州的产业化基础相对接，对于穗、港、澳三地在大湾区框架下实现生物医药合作互利共赢具有深刻意义。广东省是全国生物材料和医疗器械产业最大和最重要聚集区，生物医药产业是广东经济新的支柱产业，产业集聚程度和市场规模均位列全国前列。2019 年，中共中央、国务院印发《粤港澳大湾区发展规划纲要》，广州作为核心城市之一，要依托粤港澳大湾区雄厚的创新型经济基础，大力发展生物医药等战略性新兴产业，聚焦发展生物制药、现代中药、医疗器械等重点行业，要不断提升干细胞与再生医学、体外诊断、精准医疗等领域的高新技术研发、应用，提升产业竞争力。据资料显示，目前广州市共有药品和医疗器械生产企业 5700 余家，整体数量在大湾区领先。预计到 2025 年，广州生物医药与健康产业将达到万亿元规模，增加值将占经济比重的 15% 左右，成为全市第一大支柱产业。

黄埔区作为广州市发展生物医药产业的核心区域，是首批国家级经济技术开发区之一，同时叠加拥有四个国家级经济功能区（广州经济技术开发区、广州高新技术产业开发区、广州保税区及广州出口加工区），承担了广州对外开放“窗口”、自主创新基地、经济增长极和改革“试验田”等多重身份，是广州市“东进”的龙头。

近年来，黄埔区改革开放既有面的整体推进又有点的攻坚突破，经济发展既有量的合理增长又有质的稳步提升，科技创新既填补了基础能力的空白又扩大了前沿领域的优势，城市规划建设管理既着力解决了老问题又注入了新活力。黄埔区坚持以营商环境改革为总抓手，持续推进制度创新和制度供给，加快打造广州高质量发展的核心引擎。

目前，随着一批国际一流的生物医药创新型项目纷纷落户黄埔，黄埔区正着力构建完整的生物医药产业生态体系，进一步优化生物医药产业空间布局，加速抢占全球生物医药产业发展制高点。同时，中新、中欧、中以、中英、中德等国际合作平台及粤港澳大湾区、“一带一路”建设、广深科技创新走廊、“双区驱动”“双核联动”战略、“四个出新出彩”两个行动方案等多重政策机遇叠加，使广州有望在全国生物医药产业领域处于佼佼者地位，在全球生物医药版图上的位置也日益清晰。

（三）黄埔已经成为全球生物安全产业发展的价值洼地

黄埔区采用“以商引商”的招商方式，以园区化集聚、集群、集约的模式不断吸引产业链、价值链、创新链上的各类企业。同时，黄埔区实施大孵化器战略，打造“创客空间 – 孵化器 – 加速器 – 科技园”全链条孵化器集群，形成以投资主体多元化、孵化生态平台化、孵化体系链条化、资源链接国际化的特色发展路子，累计孵化生物医药领域企业 350 家，涌现了一批“隐形冠军”“科技小巨人”创新型企业。

目前，黄埔区的生物医药产业集群在生物技术研发、中试到产业化的全产业链条发展过程中已初具雏形，伴随强大的配套政策保障，产业集聚效应逐渐凸显。近年来，黄埔区持续出台推动新一轮经济创新发展的系列政策，包括促进人才与知识产权完善发展的两个“美玉 10 条”政策；推动先进制造业、现代服务业、总部经济和高新技术产业发展的 4 个“黄金 10 条”2.0 版；发布含金量十足的“风投 10 条”，释放巨大政策红利；设立全国领先的 100 亿元风投引导基金；设立“黄埔人才基金”，围绕产业链、价值链、创新链加快构建人才储备体系，引进科学家、企业家、产业领军人才等多维度的人才团队，并依托高水平人才影响辐射范围，推动相关产业项目进驻。

（四）黄埔已经形成高精尖生物安全产业发展战略性集聚创新平台

1. 广州科学城

集聚了生物医药企业 430 多家，形成以保健食品、医疗器械、现代中药为主导的生物医药与健康产业体系，并建立了生物医药专业孵化器和众创空间。

图 5–14　广州科学城全景

图片来源：广东省建筑设计研究院有限公司官网。

2. 广州国际生物岛

引进落地精准医疗、干细胞、新药研发、医学检验等领域的产业项目 170 多个，打造成为以精准医疗为特色的国际一流医药企业总部和先进技术研发基地。

图 5–15　广州国际生物岛全景

图片来源：广州市产业园区商会公众号。

3. 中新广州知识城

依托 GE 等龙头项目，以 GE 生物科技园为核心，并筹建中山大学国际健康医疗研究中心等高端医疗服务项目，形成药物制造和医疗服务产业聚集区与制药“大咖”云集的生物制药价值创新型园区，为黄埔区新一轮经济发展注入科技创新引领的强劲动力。

图 5–16　中新广州知识城 GE 生物科技园

图片来源：广州市产业园区商会公众号。

二、黄埔区生物安全产业发展历程

广州市委和市政府高度重视生物医药产业发展，从“十五”期间开始将生物医药产业作为高新技术产业的突破口之一，大力培育；“十一五”又明确将生物医药产业作为广州新的支柱产业之一，加快发展步伐；“十二五”“十三五”期间将生物医药定义为战略性新兴产业之一重点布局。黄埔区作为广州市推进生物医药产业发展的高地，以广州科学城和国际生物岛为代表的产业园区建设进展迅速，成为国家重要的生物医药研发和产业化基地。由于生物安全产业刚刚兴起，正处于初创（概念）阶段，因此，研究生物安全产业需要先从与其高度相似的生物医药产业着手。

（一）技术积累阶段（1999 年 ~ 2005 年）

20 世纪 90 年代，广州市医药企业以国有企业为主导，80% 以上的工业产值是国有医药企业创造的。国有企业经营以传统的西药和中成药产品为主，开发现代生物工程制药的比重极小或没有。以民营、股份制为主要经营方式的新兴生物医药企业迅速发展，一批创业型的生物医药公司组建形成企业群体，但是总体数量还是较少。1999 年，广州市开始实施“225 科技工程”，重点发展生物医药和中药现代化技术领域，启动“创新药物”以及“中药现代化”两个重大科技专项研究，通过重点扶持一批技术先进成熟、市场潜力大的项目，择优扶持一批骨干示范企业，以此扩大广州市生物医药产业规模，形成一定规模的特色优势产业。该阶段广州生物医药产业企业小群体初步形成，但规模效应不够明显，产值超亿元企业较少。在全面推广实施 GMP 和 GSP 认证标准下，虽然有众多落后企业被淘汰，但医药企业多、小、散、乱的问题仍未根本解决，主要产品多为技术水平相对较低、专业化程度相对较弱的仿制药，不具备国际竞争能力的跨国企业、龙头企业多。同时，还存在研发资源配置相对分散的现象，导致区域内的企业在专业化科研平台建设方面较为落后，联合创新能力匮乏。在人才供给方面则存在高端人才的负增长趋势。政府资金支持力度不足，杯水车薪的资金补助使得具有高投入特点的生物医药企业难以快速发展。

图 5–17　广州市香雪制药股份有限公司

图片来源：maigoo.com。

该阶段广州开发区所属的代表性企业主要是广州市香雪制药股份有限公司，公司前身是广州市萝岗制药厂，为广州市白云区罗岗镇经济联合总社的全资集体所有制企业。1997年，正值萝岗制药厂进入转制期，这家“年过半百”的乡镇企业，原本只是个鲜为人知的代加工药厂。随着企业转型发展，率先提出“自主生产研发，打造企业品牌”的发展战略，选择了一条核心技术和品牌价值的攻坚之路，企业开始朝生物医药领域大步迈进。

（二）初具规模阶段（2006年~2015年）

生物医药产业园区是初具规模阶段的重要载体，产业化、规模化的生物医药基地整体规划与布局是广州市该阶段的重点方向，从环境与氛围的营造上进行研究开发及技术创新，从软实力的角度吸引和引导生物医药企业在园区聚集。该阶段广州市拥有各类生物医药园区8家，初步形成了以广州国际企业孵化器、留学人员创业园、各区企业孵化基地等为核心的研发、中试及企业孵化基地；以广州科学城和生物岛为核心区、各区科技产业园为扩散区的成果转化和产业化基地；以上各园区功能互补，各具特色，从全产业链构建的角度共同构成了广州生物医药产业化基地网络。2006年，经国家发展和改革委批准，广州成为国家级生物产业基地。包括扬子江药业、北大未名、德国拜耳、德国先灵等一大批国内外知名的生物医药企业选择来穗投资、发展。在一定的龙头带动作用下，一大批由高端人才创办、具有良好潜在成长性的中小型生物技术企业迅速发展。广州市已初步具备比较完整的生物医药产业体系。

该阶段广州开发区所属的代表性企业主要是中山大学达安基因股份有限公司。达安基因依托中山大学雄厚的科研平台，是以分子诊断技术为主导的，集临床检验试剂和仪器的研发、生产、销售以及全国连锁医学独立实验室临床检验服务为一体的生物医药高科技企业。

该企业秉持重创新研究投入和重人才队伍培养的理念，依托中山大学丰富的人才供给资源，十几年来一直坚持产、学、研相结合的发展思路，目前已建成了一支在国际国内具备相当影响力的科研团队。该团队由优秀学科带头人挂帅，年龄、学历和职称结构合理，拥有包括博士、硕士、留学归国人员在内1000多人组成的尖端技术和管理员工队伍，在多个专业领域承担科研项目，同时还拥有大型医学专家咨询库作为坚实的技术后盾。

图 5-18　中山大学达安基因股份有限公司

图片来源：看准网。

（三）高速发展阶段（2016 年～至今）

自“十三五”时期以来，广州生物医药发展动力强劲，高端要素加速集聚，演绎了一幕生物医药领域的“广州现象”。GE 生物、赛默飞、默克等行业巨头，冷泉港实验室等顶级研发机构以及大批生物医药高端人才、核心团队、产业联盟相继在此扎根聚集，抱团发展，黄埔区内的生物岛、知识城、科学城等几大生物医药产业平台逐渐显现集聚效应。这里汇集了百济神州、香雪制药、康方药业、恒瑞医药、金域医学、龙沙集团、达安基因、瑞贝斯药业、万孚生物、贝恩医疗、冠昊生物、赛莱拉干细胞、诺诚健华、康盛生物等一批生物医药领军企业，形成以精准医疗、体外诊断、检验检测、高端医疗器械、创新药物、干细胞与再生医学六大领域为代表的先进生物医药产业集群，构建起以科技创新为核心、多领域互动、多要素联动的产业创新生态体系。

该阶段广州开发区所属的代表性企业主要是百济神州生物药业有限公司。

百济神州是一家以研发为基础，面向全球的生物科技公司，专注于开发和推广靶向和免疫肿瘤治疗。该公司成立于2011年，发展势头迅猛，并于2016年2月登陆美国纳斯达克交易所，是首个赴美上市的中国创新型生物医药企业。2017年3月7日，百济神州与广州开发区政府签订战略合作协议，成立合资企业——百济神州生物药业有限公司，以行业顶尖的标准在广州开发区建设生物制药生产基地，项目直接投资额达到22亿元。百济神州生物药项目的成功引进，将为广州开发区打造成为原创生物制药产业高地提供坚实的基础，通过龙头效应推动区域内生物制药产业发展，为开发区的经济转型升级提供强大动力。

图 5-19　百济神州生物药业有限公司

图片来源：澎湃网。

三、黄埔区生物安全产业的内部环境

广州开发区经历35年高速发展，产业集聚和规模优势更加显著。经历了行政区域的不断变迁，黄埔区与广州开发区实现深度融合，招商引资也由起步时期的“三来一补”模式走到如今的“招商4.0模式”，持续推动“金镶玉”2.0 版系列政策迭代更新，广州开发区始终保持较强的竞争与发展优势。

（一）优势：制度、政策、产业、资金、人才等全面发展

1. 综合实力领先

2006 年，广州开发区被国家发改委认定为“国家生物产业基地”，获批科技部个体化医疗和生物医药创新型产业集群试点区，拥有各类生物医药园区 8 家。中新知识城、广州科学城、广州国际生物岛等多个聚集区涵盖了从研发、中试、企业孵化到成果转化、批量化生产应用的全产业链发展体系，各园区各具特色，共同构成了广州生物医药产业化基地网络。据不完全统计，从生物医药产业园综合实力排名来看，广州开发区（广州高新区）排名第 9；从生物医药产业成分城市排名来看，广州市排名第 5；从单个成分园区排名来看，广州科学城生物产业基地排名第 4。广州开发区（广州高新区）目前处于全国生物医药产业的第一梯队（包括北京、上海、苏州、武汉、深圳、广州、成都、济南、石家庄、天津、泰州、长沙）的中间位置。

2. 制度优势长期延续

广州高新技术产业开发区作为首批国家级高新技术产业开发区正在建设成为一座集产业、创新、教育、生活于一体的新城，正由“产城融合”的城区向“创新城区”不断迈进，成为具有投资价值的地区之一。广州开发区通过构建中新广州知识城、广州科学城、黄埔港、广州国际生物岛以及穗港智造特别合作区、穗港科技合作园的“4+2”战略发展平台，发展成为以技术、人才、资本汇聚融通的知识经济高地和高新技术发展高地，众多世界顶级的高新技术公司纷纷落户于此。

3. 区位优势更加凸显

广州开发区位于大湾区的核心地区，营商环境优异、产业基础雄厚，素有粤港澳大湾区“湾顶明珠”的美称。拥有“敢为人先”的黄埔精神，自建设粤港澳大湾区国家战略实施以来，广州开发区成为大湾区的改革创新担当，以先行先试的精神积极推进粤港澳大湾区建设，支持深圳建设“中国特色社会主义先行示范区”，在推动“双区驱动”“双核联动”中展现“黄埔作为”，同时以建设国家级经开区创新提升示范区为目标，全面推动区域高质量发展，打造治理体系健全化和治理能力现代化的“黄埔样板”。

专栏 1　黄埔：海丝发祥地，中外贸易中心

从南海神庙的历史积淀和考古成果中得到进一步确认：南海神庙是中国古代对外海上交通贸易的重要遗址，建于隋开皇十四年（594 年），至今已有 1415 年的历史。它是我国古代海神庙中唯一遗存下来的最完整、规模最大的建筑群，也是西汉以来海上丝绸之路发源于广州的重要见证。

南海神庙内的明清古码头成为海上丝绸之路发祥地的有力佐证，石刻碑文等文物记载了中国海上交通贸易的历史，见证了广州作为中国门户、世界大港的千年辉煌。这些遗址和石刻资料反映南海神是海上丝绸之路的保护神，为广州与北海、泉州、漳州、宁波、扬州、蓬莱等城市共同打造“海上丝绸之路”，申报世界文化遗产增添了重要素材。

4. 产业要素高度汇聚

广州开发区工业总产值达到全市 40%，拥有企业超过 38 000 家，其中外资企业 3500 余家，世界 500 强项目 170 多个。从产值规模与集聚效应来看，广州开发区已经形成了新一代信息技术、汽车制造、高端化工三大千亿级产业集群，生物医药、新能源、食品饮料三大五百亿级产业集群，同时积极探索发展人工智能、新能源、新材料等战略性新兴产业发展途径。广州开发区正在以总部经济的集聚模式加速发展科技金融、信息服务、港航产业、电子商务、检验检测等一批现代服务业。世界级生物医药研发中心、技术创新平台和产业化基地等多维载体的持续聚拢，进一步推动全规模的产业链、价值链、创新链、供应链、人才链向广州开发区集聚，各种资源高度汇聚与相互支撑，为生物安全产业发展打下坚实基础。

5. 强化创新驱动发展

广州开发区科技创新企业突破 2 万家，高新技术企业突破 2000 家，其中生物医药高新技术企业 679 家。拥有国家级科技企业孵化器 10 家，孵化器总数达 91 家，其中，生物医药专业孵化器 17 家，依托达安基因、冠昊生物、阳普医疗建立专业化众创空间 3 家。在建项目有粤港澳大湾区生物安全创新研究院、纳米生物安全中心等重大创新平台，积极打造穗港澳国际健康产业城、粤港澳大湾区生命健康产业创新区、广东省生物安全与健康产业先导区、广州国际医药港等重大园区载体。

6. 科研医疗资源丰富

广州地区科研资源丰富，拥有与生物医药专业相关的高等院校12所，研究院所近40家，生物医药研发型企业200余家。同时拥有各级重点学科68个，重点实验室（中心、基地）78个，建有15家国家药品临床研究基地、2个国家新药非临床安全评价（GLP）实验室、2个临床安全评价（GCP）中心、4个国家级工程研究中心、8家生物医药产业园区和一批生物医药创新平台。广州开发区同时还是医疗资源与研究设施的集中地，拥有中山大学附属第一医院、中山大学附属第三医院岭南医院、广州医科大学附属第五医院、广州市武警总医院，以及广州市其他55家三甲医院等一批先进医疗资源，还建有广东粤港澳大湾区国家纳米科技创新研究院、中科院再生生物学重点实验室、中国科学院广州生物医药与健康研究院、广州市华南医学病毒学研究所等数十家科研机构，构筑形成了上下游技术平台完善、条件较为齐全的研究开发和技术支撑体系。同时，聚焦生命科学、生物安全超前谋划布局，启动了人类细胞谱系、高级别生物安全实验室等重大科技基础设施预研。近五年来，广州市共有30个药品（一类新药7个），以及5791个二、三类医疗器械获批上市。

7. 充分利用资金优势

截至2019年12月，广州开发区全年地区生产总值3502亿元，同比增长8.6%，增速创6年来新高；规模以上工业总产值7936亿元，固定资产投资1398亿元；进口总额1601亿元，出口总额1285亿元；实际利用外资22.8亿美元，占全市实际使用外资的31.9%；财税总收入1168亿元，增长11%；税收收入907.45亿元，同比增长4.8%。在重点项目引进方面，广州开发区引进外资新批和增资项目246个，投资总额超5000万美元的项目12个，合同利用外资14.55亿美元，超1亿美元的项目5个，合同利用外资9.79亿美元；引进优质项目164个，投资总额达3000亿元；完成攻城拔寨重点项目148个，完成投资587.5亿元。全年完成固定资产投资1274.32亿元（项目在地口径），同比增长22.8%。统筹3个百亿发展基金，中科院科技成果转化母基金60亿元。区内98家企业通过专利权质押共获得融资超23亿元。

8. 延揽全球顶尖人才

广州开发区颁布实施“美玉10条”人才政策，以及创新创业领军人才、科技领军人才、创业英才认定等人才引进政策；实施“一十百千万”科技计划，集聚10 000名以上高端创新人才；以人才支撑政策“组合拳”的形式，探索吸引人才工作的新模式，全国首创全链条人才服务模式，高举“上管老，下管小”的人才服务旗帜；打造港澳青年实习就业首选站，积极探索技术移民落户试点，尝试建立在穗永久居留审批绿色通道；构建大湾区人力资本运营中心，培育“黄埔人才港”。与企业共建生物医药人才培育基地。现有中国工程院著名呼吸病学专家钟南山院士、中国工程院刘昌孝院士、中国科学院施一公院士、中国科学院裴钢院士、中国科学院与发展中国家科学院徐涛院士、中国科学院贺福初院士、中国科学院苏国辉院士、中科院外籍院士王晓东和美国国家科学院外籍院士卢煜明等一众专家学者领衔的顶级人才队伍，还有众多生物医药领域行业专家组成的科研技术团队。据统计，广州开发区2019年从事生物医药的总人数50 236人，大专以上学历从业人员31 145人。

9. 优化营商环境硬核

对标参考国际领先的营商环境，广州开发区重磅推出“营商环境10条”和营商环境改革创新99项具体措施，依托两大政策文件共同支撑良好营商环境的构建，为争创国家营商环境改革创新实验区的目标提供了坚实的基础。两大政策全面对标世行指标和国家评价体系，进一步提高获得电力、登记财产、纳税、跨境贸易、办理建筑许可水平，创新性地以营商环境“黄埔指数”促进整体产业发展氛围。同时，广州开发区积极尝试知识产权综改试验，推动中国（广州）国际知识产权运营中心建设。构建知识产权的市场化运营模式，创建知识产权跨境交易平台为知识产权赋值，以发行知识产权证券化产品等多样化的知识产权金融服务促进技术水平的提高。扩大“承诺制信任审批”政策的事项范围，升级“订制式”的审批服务。推出“来了就办、一次搞掂”“承诺制信任审批”“订制式审批服务”“企业有呼、服务必应”“零跑动”“暖企8条”“稳企6条”等一系列帮企、扶企政策，擦亮营商环境“金字招牌”，稳步逐渐推进行政审批改革、政策兑现服务、知识产权运用和保护三大营商环境改革创新品牌。加快“数字化政府”的改革，运用大数据分析、云计算、区块链、人工智能等前沿技术推动城市治理手段、管理模式、管理理念的创新，建设“令行禁止，有呼必应”综合指挥调度平台2.0版，实现“一网通办，一网统管”。

（二）劣势：领军企业、技术需要追赶、集群配套要加强

1. 缺乏领军企业，自主可控的关键性核心技术品类少

广州开发区生物医药产业全国性龙头企业数量较少，缺乏药、械制造领军企业和独角兽企业。在中国市值前十位的生物医药上市公司中，珠三角地区仅有广州市的广药白云山1家上榜。但是，目前区内已经有达安基因、万孚生物、冠昊生物、百奥泰等数家企业开始发力、奋起直追，在国内乃至国际生物医药领域崭露头角。区内拥有自主可控的关键性核心技术的创新品种不多，即使在体外诊断、高性能医疗器械领域拥有一批领先企业，但还存在产业规模小、产业链整合能力较弱、“重磅”产品稀缺等问题。

2. 原创能力不强，创新活动与科技成果转化能力不足

广州开发区大部分生物医药企业研发力量薄弱、融资渠道短缺，中小企业“底子薄”、技术力量差，难以开展重大创新活动，自主创新能力不强。国有大型企业受制于风险管控、薪酬体系和业绩考核等体制机制障碍，创新积极性低、储备少，带动作用不强。区内存在一定的科技资源要素分布零散、企业内生性的创新动力不足、完全自主可控的研发能力较弱、科技成果转化不畅、技术市场中介和相关人才存在大量缺口、融资渠道阻塞、成果转化的机制创新程度不足、知识产权的保护法规相对不完善、技术应用后的利益分配难以平衡等问题。

3. 资源有而难用，科教研医资源分布不均对接不畅

广州市科教研医资源虽然丰富，但散布在各大学、科研院所和企业中，缺乏有效的集中管理和开放运营机制，科技成果转化效果不明显，集群配套组织单薄。一方面，广州三甲医院虽然数量较多，但分为国家、部队、武警、省属、市属各级，未能增进与广州开发区生物医药企的沟通协作，难以集中力量支撑产业发展。又如，广州大学城与国际生物岛近在咫尺，但产学研融合不深，创新成果转化体系没有形成。另一方面，广州市生物产业联盟的会员单位间开展全产业链合作较少，一边是企业舍近求远到域外寻求临床资源合作，另一边是大量优质的科研资源闲置，缺少一个产学研多方信息共享、供需匹配、高效对接的平台，突显了广州开发区集群组织少，无法发挥作用的短板。

四、黄埔区生物安全产业的外部环境

（一）机遇：政策、需求、制造能力打开发展机会窗口

1. 国家战略：中央对生物安全高度重视

自新冠肺炎疫情暴发以来，以习近平同志为核心的党中央政府高度重视，先后多次召开重要会议，指出把生物安全纳入国家安全体系，部署疫情防控工作要求，始终把人民群众生命安全和身体健康放在第一位。习近平总书记指出："重大传染病和生物安全风险是事关国家安全和发展、事关社会大局稳定的重大风险挑战。要把生物安全作为国家总体安全的重要组成部分，坚持平时和战时结合、预防和应急结合、科研和救治防控结合，加强疫病防控和公共卫生科研攻关体系和能力建设。要统筹各方面科研力量，提高体系化对抗能力和水平。要加强战略谋划和前瞻布局，完善疫情防控预警预测机制，及时有效捕获信息，及时采取应对举措。要研究建立疫情蔓延进入紧急状态后的科研攻关等方面指挥、行动、保障体系，平时准备好应急行动指南，紧急情况下迅速启动。"习近平总书记在2020年6月2日主持召开专家学者座谈会并发表重要讲话，他强调："构建起强大的公共卫生体系，为维护人民健康提供有力保障，人民安全是国家安全的基石。要强化底线思维，增强忧患意识，时刻防范卫生健康领域重大风险；要把增强早期监测预警能力作为健全公共卫生体系当务之急；要继续履行国际义务，发挥全球抗疫物资最大供应国作用，共同构建人类卫生健康共同体。"他还强调，"科学技术是人类同疾病斗争的锐利武器，人类战胜大灾大疫离不开科学发展和技术创新；要加大卫生健康领域科技投入，集中力量开展核心技术攻关，发挥新型举国体制的优势。"习近平总书记的重要讲话对改革疾病预防控制体系、健全重大疫情救治体系指明了方向。我们要深刻领会习近平总书记的重要指示，积极主动、未雨绸缪，把生物安全作为国家总体安全的重要组成部分，坚持以科技打前阵、坚持以法治作后盾，加强战略谋划和前瞻布局，加快构建维护国家生物安全的政策、路径和举措，全面提高国家生物安全治理能力，为国家安全构筑更为坚固的屏障。广州开发区要抓住新一代生物技术发展机遇，面向国家对生物安全与抗疫防疫的重大需求，充分发挥集中力量办大事的制度优势和超大规模的市场优势，全力建设世界级生物安全产业集群和产业基地，打好生物安全产业基础高级化和产业链现代化的攻坚战，既是当前打赢疫情

防控的人民战争、阻击战、总体战的紧要任务，也是推动国家生物安全治理能力现代化的重大战略选择。

2. 市场需求：全球化市场迎来机会窗口

随着全球疫情快速蔓延，防疫抗疫呈现“常态化”趋势，有关部门与各地政府都应该认真重视生物安全产业的发展问题，加快培育相关新业态，以生物经济筑牢国民生命健康的第一道防线。我国的生物产业虽已被列为国家战略性新兴产业之一，拥有万亿级较为广阔的市场空间，但与欧美等发达国家相比，产业发展起步阶段较晚、长期处于全球价值链分工体系的中低端、科研创新实力总体不强、国内医疗卫生体制改革滞后，整体来看仍处于粗放式发展的产业培育阶段。本次新冠肺炎疫情防控诊治对“智能化、不见面、无接触”的模式和“病毒检测、药物治疗”的硬核技术的强烈需求，使得在线问诊、智能医疗设备、第三方医学检验、人工智能医药研发等新业态得到极大关注，智能化、硬科技的新业态将引爆后疫情时代的生命健康产业加速发展。这场战“疫”大考为我国生物安全产业指明了未来升级发展的方向，广州开发区要时刻关注我国大健康产业的市场需求变化趋势，抢抓生物安全产业新业态爆发点，积极采取有力措施加快培育具有核心竞争力和爆发力的生物安全产业集群。

3. 高端制造：高端制造带来产业“磁性”

高端制造产业是体现一个国家核心竞争力的重要标志，是战略性新兴产业的重要一环，也是打造世界级生物安全产业集群的关键一环。广州开发区应该抓住高端制造的“风向标”，要回归到产业发展这个主体功能，要把发展高端制造业作为稳增长、促改革的重中之重。随着创新与工业加速融合发展，“工业互联网”“柔性定制”“工业 4.0 技术”“无人工厂”“数字化车间”“智能制造”等先进技术不断涌现，高端制造作为企业新的升级动力的浪潮正在形成。尤其是生物安全产业整体处于价值链的高端，具有技术知识密集、附加值高、成长性好、关联性强、带动性大等特点，产业链上中下游都在向高端制造共同迈进，产业“磁性”更加强大，集聚能力不断增强。

（二）威胁：全球竞争激烈，区域差异化发展特征不明显

1. 国际竞争对手强大，跨国企业全球技术垄断

在全球医药行业中，约有 75 家企业处于金字塔塔尖的位置，这 75 家巨

头企业分布于制药、生物技术、生命科学、医疗诊断服务和医疗器械等几个相关行业，技术水平均处于行业内顶尖位置，综合实力靠前的医药强国分别是美国、英国、德国、日本、瑞士、法国。国际著名的生物制药企业巨头有辉瑞（Pfizer）、诺华（Novartis）、罗氏（Roche）、默克（Merck）、赛诺菲（Sanofi）、强生（Johnson & Johnson）、吉利德（Gilead Sciences）、葛兰素史克（GlaxoSmithKline）、艾伯维（AbbVie）、安进（Amgen）等。近年来，这些制药巨头研发投入不断增加，而目前国内绝大部分药企的研发投入占支出成本比例不到5%，不管从研发投入资金的绝对数额，还是占比来说，与上述国际制药巨头相比都存在极大的差距。

跨国公司的优势主要集中在其规模较大、资金雄厚、管理水平先进、人才储备充足、知识创新快速等方面，因此，这些跨国巨头公司可以凭借其自身强大的竞争优势，更容易地获取较强的科研力量和创新资源，相比小公司也有更大的概率获得研发与生产上的技术优势，以此通过自身体量的既存优势达到技术与市场的垄断地位。因此，为了巩固其在技术领域及市场竞争中的领先优势，跨国公司通常高度重视技术战略的制定和运用，并且往往会投入更多的资金进行技术的创新及技术的改造升级，以更多的资金优势确保自身更为领先的技术优势，进一步筑牢应用市场的份额。发达国家跨国公司不仅是全球技术创新的主体，而且还是世界绝大多数高新技术的垄断者及垄断利用者，经济科技全球化及跨国公司全球技术竞争的发展通过多种形式把世界各国编织成了一个全球研究、开发、生产、销售网络。发达国家的跨国公司在资本获得、研发能力、技术储备、技术人才、市场信誉等方面的综合优势，使其在全球技术竞争中处于垄断竞争优势地位。

2. 国内发展齐头并进，区域间同质化程度较高

由于国家政策的大力支持，生物制药产业遍地开花，据不完全统计，我国现有107家国家级高新区、78家国家级经开区、4家其他园区，共计189个生物医药园区。根据国家发展改革委、工业和信息化部、科技部所统计的生物医药领域的基地分布，以及中国生物技术中心、商务部发布的生物医药产业集聚区，本书通过交叉去重得到推荐次数达两次以上的74个产业园区。这类产业区域集中度高、运营模式以政府主导型为主、同质化程度较高。其中园区同质化程度高在我国已成为一种普遍现象：在园区规划层面，各地规划发展的传统产业和新兴产业均出现了相似现象。目前各地园区产业发展和

招商引资等政策并没有本质区别，其差异主要在优惠力度上，形成了政策上的“价格竞争”。园区的同质化发展会导致园区加速产能过剩、低水平竞争和削弱区域竞争力，影响园区的可持续健康发展。

将研究范围聚焦至粤港澳大湾区，广州市生物安全产业仍然表现出规模领先优势不显著、龙头地位不稳固等现象。广州聚焦发展现代中药、化学药、医疗器械和健康服务，形成“三中心、多区域”的空间格局，即以广州科学城、广州国际生物岛、中新广州知识城为三大产业集聚中心，以白云生物医药园区、番禺生物医药基地和从化生物医药基地为辐射区域的产业布局。据统计，2018 年广州生物医药企业数量、上市公司总市值和独角兽企业数量均位列全国第 3 位，上市企业数量位列全国第 4 位，规上企业数量位列全国第 9 位，医药工业百强企业数量位列全国第 16 位，上市企业主营业务收入位列全国第 6 位。而同属于粤港澳大湾区四大中心城市地位的深圳，聚焦基因测序、生物医药和医疗器械，形成“双核、多中心”空间格局。“双核”指坪山国家生物产业基地和国际生物谷，“多中心”即南山医疗器械产业园、光明现代生物产业园等各具特色的生物医药产业园。据统计，2018 年深圳生物医药企业数量位列全国第 4 位，上市企业数量位列全国第 3 位，规上企业数量位列全国第 21 位，上市公司总市值位列全国第 1 位，独角兽企业数量位列全国第 4 位，医药工业百强企业数量位列全国第 12 位，上市企业主营业务收入位列全国第 3 位。从上述数据比较来看，深圳是广州在生物医药领域最大的竞争对手。如果广州开发区要从全国生物医药产业园区率先脱颖而出，发展成为世界级生物医药产业集群，必须注重优势产业链的打造，率先形成拳头品牌，带动整体产业的发展。同时，积极推动形成与香港、澳门、深圳、珠海、佛山等粤港澳大湾区中心城市差异化发展、协同发展的格局，共同参与全球竞争。

同时，目前国内大部分的生物医药产业园区的项目建设前期往往伴随着巨额的资金注入，其规划面积大小均以百亩为计量单位，这就导致规划设计出来的园区会出现一种大而空的问题，并且同质化现象严重。然而，生物产业园的建设应突出当地比较优势和特色，关键不在大而在于精，应当因地制宜地发挥地方优势，科学合理地谋划产业布局，形成自身的发展特色。

第六章　黄埔区 广州开发区打造世界级生物安全产业集群的发展战略

以生物医药为代表的生物安全产业是黄埔区、广州开发区“十四五”期间“黄埔制造万亿计划”重点发展的产业。黄埔区、广州开发区将坚持面向世界科技前沿、面向经济主战场、面向国家重大需求、面向人民生命健康，坚持以人民为中心，把科技自立自强作为高质量发展的战略支撑，全力打造千亿级、世界级生物安全产业集群。

第一节　黄埔区 广州开发区打造世界级生物安全产业集群的总体战略

生物安全直接关系到人民健康、社会安定和国家安全。习近平总书记在中央全面深化改革委员会第十二次会议上强调：“要从保护人民健康、保障国家安全、维护国家长治久安的高度，把生物安全纳入国家安全体系，系统规划国家生物安全风险防控和治理体系建设，全面提高国家生物安全治理能力。”本节将从指导思想、基本原则和发展目标三方面阐述黄埔区、广州开发区打造世界级生物安全产业集群的总体战略。

一、指导思想

（一）贯彻落实中央指示精神

党中央、国务院做出系统规划国家生物安全风险防控和治理体系建设、全面提高国家生物安全治理能力的重大决策。习近平总书记强调：“重大传染病和生物安全风险是事关国家安全和发展、事关社会大局稳定的重大风险挑战。要把生物安全作为国家总体安全的重要组成部分，坚持平时和战时结合、预防和应急结合、科研和救治防控结合，加强疫病防控和公共卫生科研攻关体系和能力建设。要统筹各方面科研力量，提高体系化对抗能力和水平。要加强战略谋划和前瞻布局，完善疫情防控预警预测机制，及时有效捕获信息，及时采取应对举措。要研究建立疫情蔓延进入紧急状态后的科研攻关等方面指挥、行动、保障体系，平时准备好应急行动指南，紧急情况下迅速启动。”我们要深刻领会习近平总书记的重要指示，积极主动、未雨绸缪，把生物安全作为国家总体安全的重要组成部分，坚持以科技打前阵、以法治作后盾，加强战略谋划和前瞻布局，加快构建维护国家生物安全的政策、路径和举措，全面提高国家生物安全治理能力，为国家安全构筑更为坚固的屏障。

（二）坚持新发展理念

发展是解决我国一切问题的基础和关键，发展必须是科学发展，必须坚定不移贯彻创新、协调、绿色、开放、共享的发展理念。必须坚持和完善我国社会主义基本经济制度和分配制度，毫不动摇地巩固和发展公有制经济，毫不动摇地鼓励、支持、引导非公有制经济发展，使市场在资源配置中起决定性作用，更好发挥政府作用，推动新型工业化、信息化、城镇化、农业现代化同步发展，主动参与和推动经济全球化进程，发展更高层次的开放型经济，不断壮大我国经济实力和综合国力。

（三）坚守实体经济主战场

广州开发区是广州市实体经济和科技创新的主战场，制造业作为实体经济的主体地位并没有变化，只是制造业自身正经历着转型升级的巨大变革：信息化、服务化、绿色化、高端化、个性化成为制造业发展的重要趋势，智能制造成为制造业转型升级的重要路径。面对当前复杂的国内外经济环境，做强黄埔制造，振兴实体经济，是推进供给侧结构性改革的有效途径。另外，通过对制造业的升级改造，形成“高端制造磁极”，吸引高技术产业和中小企业向广州开发区汇集，进而可形成新兴产业的集群化突破发展。经过多年脚踏实地的发展，广州开发区内聚集并活跃着众多民营中小企业，当中一批“专精特新”的中小企业手握高端核心技术。在本次抗击新冠肺炎疫情的战疫中，这些企业充分发挥了各自在生物医药、人工智能领域的技术优势，积极开展科技攻关，为抗疫提供了技术保障。例如达安基因公司第一时间推出了可用于新型冠状病毒核酸检测的检测试剂盒，成为首批全国发布研制针对性检测试剂盒的两个厂家之一，同时也是广东省内首家推出检测试剂盒的企业。

（四）实现经济高质量发展

新时代我国经济发展的基本特征，就是由高速增长阶段转向高质量发展阶段。推动高质量发展，成为遵循经济发展规律的必然要求。在中央经济工作会议中，明确提出了深化供给侧结构性改革、推动经济高质量发展的政策取向和重点任务，为做好经济工作、引领我国经济向高质量发展阶段迈进提供了重要遵循。实现经济高质量发展是保持我国经济持续健康发展和社会大局稳定的重要举措。坚持推动高质量发展，就要努力实现最优政策组合和最大整体效果。高质量发展是能够很好地满足人民日益增长的美好生活需要的发展，在政策取向上要加强协调配合，聚焦主要矛盾，把握好节奏和力度。宏观政策要强化逆周期调节，实施更大规模的减税降费，保持流动性合理充裕，优化财政支出结构，树立过紧日子的思想，严格压缩一般性支出。结构性政策要强化体制机制建设，坚持向改革要动力，深化国资国企、财税金融、土地、市场准入、社会管理等领域改革，强化竞争政策的基础性地位，创造公平竞争的制度环境，鼓励中小企业加快成长。社会政策要强化兜底保障功能，着力解决结构性失业问题，确保群众基本生活底线，及时识别和解决群众痛点、难点、焦点问题。

实现经济高质量发展，是适应我国社会主要矛盾变化和全面建成小康社会、全面建设社会主义现代化国家的必然要求，是一项长期、曲折、艰苦的系统性工程和历史性任务。这是实现中华民族伟大复兴必须要迈过去的坎，我们要坚定决心和信心，咬定目标不放松，坚持以供给侧结构性改革为主线不动摇，扎扎实实做好推动高质量发展各项工作，我们的经济发展就一定能迎来更加光明的前景。

二、基本原则

（一）开放竞争

十九届四中全会明确指出我国“坚持独立自主和对外开放相统一，积极参与全球治理，为构建人类命运共同体不断做出贡献。”这明确宣示，中国对外开放的成功根本原因在于自主性开放。对于一个系统而言，只有开放才有活力，热力学第二定律表明封闭的系统是一个熵值增大的系统，是一个混乱度不断加大，逐步走向热寂的系统。只有开放的系统才能减熵，通过汲取外部能量，才能不断进化，正是有太阳源源不断的能量流输入，地球的生命诞生、进化才有可能。国家也是如此，世界各国的经验一再表明，只有开放，才有繁荣，闭关锁国，颟顸自大，皆是败亡之道。中国自改革开放以来的巨大发展成就，就是一个最好的证明。中国的开放可以称得上彻头彻尾的开放，无论是产品、技术还是人才、制度、观念全面向全球开放，不论中外东西，只问优劣高低。

中国目前是世界上最大的工业生产国。2009 年，中国的制造业总产值是美国的 1.6 倍，中国也拥有世界上最为完备的工业体系。2013 年，中国的制造业出口占全球制造业贸易额的比重增加至 17%，是当今世界最大出口国。正是具有这种独立完整的工业体系，使得中国有能力在开放条件下，消化、吸收外来的资金和技术，实现自主性增长与工业的转型升级，而不是成为全球分工体系中依附性与被剥夺的环节。未来中国制造业与全球开展的竞争不是依靠流汗与浪费资源的低成本竞争优势，而是核心技术优势 + 生态系统优势，既要有参天大树，又要有高低错落的森林生态系统，全球面临的中国竞争不但是前沿技术核心能力的竞争，还有整个工业体系的竞争，这既有自主红利，也有开放红利。

（二）创新发展

科技创新是提高社会生产力和综合国力的战略支撑，必须摆在国家发展全局的核心位置。广州开发区生物安全产业的发展要坚持走中国特色自主创新道路、实施创新驱动发展战略。“创新驱动发展”战略有两层含义：一是我们未来的发展要靠科技创新驱动，而不是传统的劳动力及资源能源驱动；二是创新的目的是驱动发展，而不是为了发表高水平论文。科技发展要紧紧围绕经济社会发展这个中心任务，要解决制约经济社会发展的关键问题，尤其是明确提出要建立以企业为主体、以市场为导向、产学研结合的创新体系，让企业成为创新主体。高技术不再是独立发展的产业，而要与传统产业全面结合。

实施创新驱动发展战略，对形成国际竞争新优势、增强发展的长期动力具有战略意义。改革开放40多年来，我国经济快速发展主要源于发挥了劳动力和资源环境的低成本优势。进入发展新阶段，我国在国际上的低成本优势逐渐消失。与低成本优势相比，技术创新具有不易模仿、附加值高等突出特点，由此建立的创新优势持续时间长、竞争力强。实施创新驱动发展战略，加快实现由低成本优势向创新优势的转换，可以为我们持续发展提供强大动力。

实施创新驱动发展战略，对提高经济增长的质量和效益、加快转变经济发展方式具有现实意义。科技创新具有乘数效应，不仅可以直接转化为现实生产力，而且可以通过科技的渗透作用放大各生产要素的生产力，提高社会整体生产力水平。实施创新驱动发展战略，可以全面提升我国经济增长的质量和效益，有力推动经济发展方式转变。

实施创新驱动发展战略，对降低资源能源消耗、改善生态环境、建设美丽家园具有长远意义。实施创新驱动发展战略，加快产业技术创新，用高新技术和先进适用技术改造提升传统产业，既可以降低消耗、减少污染、改变过度消耗资源、污染环境的发展模式，又可以提升产业竞争力。

（三）以人为本

在过去相当长的时期内，以征服自然为目的、以科学技术为手段、以物质财富为动力的传统发展模式，在一定程度上破坏了人类赖以生存的环境基础，使人类改造自然的力量转化为毁害人类自身的力量。人们在试图征服自然的同时，往往不知不觉地变成了被自然征服的对象。人类的行为如果违背自然规律，必将遭到自然的惩罚。新冠疫魔的肆虐，也是自然界对人类的一个警告。其实，恩格斯早就告诫我们，“我们不要过分陶醉于我们对自然界的胜利。对于每一次这样的胜利，自然界都报复了我们”。而今天，我们依然在“交学费”。这一切告诉我们：必须树立以人为本的新发展观，找到一条人与自然和谐发展的道路，找到一条生态与经济“双赢”的道路。只有人与自然的关系和谐了，生态系统保持在良性循环水平上，人的发展才能获得永续的发展空间。

以人为本是科学的发展观。以人为本，就是要把人类的生存作为根本，或者把人当做社会活动的成功资本。科学发展观并不否认经济发展、GDP 增长，它所强调的是，经济发展、GDP 增长，归根到底都是为了满足广大人民群众的物质文化需要，保证人的全面发展。人是发展的根本目的。我国提出以人为本的科学发展观，目的是以人的发展统领经济、社会发展，使经济、社会发展的结果发展的目标相统一。

（四）产城融合

“产城融合”是各地产业发展中老生常谈的内容，正因为“老生常谈”，才更突现其重要性。广州开发区生物安全产业发展中再次强调“产城融合”，其具体意义在于：一是“产城融合”有利于实现城市土地集约化，扩大产业空间加速产业聚集；二是“产城融合”有利于增加就业人口，规避盲目城市化带来的空城现象；三是“产城融合”有利于构建城市产业生态体系，增强产业自我更新能力；四是“产城融合”有利于城镇化有序推进，促进城市一体化建设。

它要求产业与城市功能融合、空间整合，“以产促城，以城兴产，产城融合”。城市化与产业化要有对应的匹配度，不能一快一慢，脱节分离。产业与城市融合发展，以城市为基础，承载产业空间和发展产业经济，以产业为保障，驱动城市更新和完善服务配套，进一步提升土地价值，以达到产业、城市、人之间有活力、持续向上发展的模式。

三、发展目标

广州开发区依托产业基础，把握发展机遇，实现全球顶尖生物安全产业基地“三个一、三步走”的发展目标。“三个一”即打造一个世界级创新型生物安全产业集群、形成一个全球生物安全能力中心、建设一个国际生物安全示范区。“三步走”即实施集群、能力、品牌全面提升工程。第一步：到 2025 年，打造出具有国际竞争力的数千亿级创新型生物安全产业集群；第二步：

到2030年，建设成为全球生物安全能力中心；第三步：到2035年，“黄埔生物安全”品牌确立与推广传播。

面对中美贸易争端和新冠肺炎疫情的双重影响，我国经济发展国际环境日益恶化，世界经济出现“逆全球化”现象，广州开发区生物安全产业发展的终极目标就是：依托生物安全产业与生物医药产业业务领域多数重合且区内生物医药产业发展良好，高端制造可成为生物安全产业发展“磁极”且区内生产制造业发达、高端智造升级快速推进等产业优势，化危为机，抓住并扩大新冠肺炎疫情带来的市场需求、国家生物安全政策带来的发展推力、国际贸易摩擦带来的竞争诉求等产业发展升级的窗口机遇，以“生物安全”为突破点，大力加快发展“生物安全产业”，打造“一群一心一区”三位一体的全球顶尖生物安全产业基地，即广州开发区生物安全产业基地的建设内容包含：

打造一个世界级创新型生物安全产业集群（一群）。世界级的生物安全产业集群是“生物安全产业基地”的业态内核，同时也是产业基地“全球顶尖”的重要表征。广州开发区正处于产业加速升级转型的关键阶段，下一步产业将全面进入生产高效、资源集约的产业集群化发展阶段。生物安全产业集群的打造将真正落地实现广州开发区产业集群跨越式发展，从而使广州开发区占据国内生物安全产业领先位置，代表中国参与国际生物安全产业竞争。

规划建设一个全球生物安全能力中心（一心）。“全球顶尖产业基地”的目标定位要求广州开发区生物安全产业要有服务全球的担当与能力，因此“全球生物安全能力”中心的建设是广州开发区生物安全产业基地打造的重要内容之一。未来，广州开发区生物安全产业将形成辐射大湾区、保障全中国、服务全世界能力，将为全球生物安全保障输送产能。

创建一个国际生物安全示范区（一区）。广州开发区是我国改革开放的重要窗口之一，是中国特色社会主义先行示范区之一，在经济建设与创新发展上一直走在全国开发区前列，有着“开拓进取、勇立潮头”的优良传统，并树立起了“敢为人先”的“黄埔精神”。在全球面临生物安全威胁的关键时刻，广州开发区迎难而上、勇于担当作为，用自身实力与科学举措创建“国际生物安全示范区”，把本区打造成为粤港澳大湾区、中国乃至世界的生物安全治理、产业化、创新发展、意识教育的优秀样板，展现出新的黄埔担当、黄埔品质、黄埔精神。

无论是地理位置，还是科技创新能力和产业发展情况，作为广州东部发展核心的广州开发区，在粤港澳大湾区整体布局上都处于“C 位”，将是未来大湾区创新产业发展的主阵地，以及世界级大湾区时代“下一个十年”的瞩目所在。打造全球顶尖的生物安全产业基地是广州开发区实现产业发展自我突破，实现经济高质量发展，实现“黄埔振兴”、重现“黄埔地位”、彰显“黄埔实力”，引领全球产业变革的核心任务与关键抓手。

第二节　做大做强以“第三方检测”为核心的检验检测产业链

从工业时代至今，全球各地的检验检测服务行业经历了从产生一个单独的行业到现如今已经形成了一个更加规范的检验检测服务市场。欧、日、美等在早期就已经形成了一些在国际上相当知名、具有权威性的民间贸易和商品质量检测部门；而中国作为一个发展中国家，由于我国的工业化水平较低、技术起步相对较慢，因此我国的检验设备和检测产品行业的发展正呈现出一种进程缓慢的态势。

一、产业现状与趋势

社会经济的进步与科技水平的发展，带来了全社会对于产品质量、生活健康水平、生产生活安全性、社会环境保护等的新需求。在人们的日常生活中，检测行业不仅在保障着人们衣食住行用品的安全性，同时还在推动着新事物、新产品、新服务的产生。这使得检验检测行业与人类的健康生活息息相关，对社会的良性发展起着至关重要的作用。

按检测市场性质，检验检测行业可以分为政府检验检测、企业内部检测及独立的第三方检测。其中，具有独立性、公正性的第三方检测由于广泛的应用范围和使用人群而占有较高的市场比重。目前来看，检验检测行业的“品牌”和“网络”构成了产业核心竞争力。一方面，品牌公信力体现了检测机构的生命力和溢价能力；另一方面，检测服务的多样性和连续性使得具有客户黏性的“服务零售”网络成为检测企业胜出的另一核心资源。而检测机构网络的两个特质：首先，送检成本和服务时效要求某些同质化检测服务寻求靠近客户的空间分布；其次，综合服务、综合检测能力成为高度多样化检测需求客户的关键诉求。

从检测过程来看，客户送样或检测机构到现场采样后，一般在固定实验室内使用专用仪器设备完成检测活动，因此距离远近直接影响送样或采样的成本，从而使检测服务具有一定的区域性，靠近客户的空间分布是检测企业网络价值最明显的体现。由于检测需求分散多样、差异明显，检测机构需要丰富的产品线，专业、周到的“一站式”服务，综合化的网络服务能力是满足客户需求的关键。检测企业核心竞争力的另一关键因素——人才：作为人力和技术密集的行业，技术人才是检测行业竞争的核心；检测数据和检测报告是检测企业的核心产品。检测市场中，通过并购实现业务拓展以获得具有综合服务能力的网络资源，成为目前检测行业发展的一个趋势。同时，检测行业对于检测资质的高要求，使得多机构并购就成为一个快速进入子市场的捷径。

数据显示，截至 2019 年年底，我国共有检验检测机构 44 007 家、从业人员 128.47 万人，分别较上年增长 11.49%、9.4%；对社会出具各类检验检测报告 5.27 亿份、实现营业收入 3225.09 亿元，分别较上年增长 23.13%、11.49%。我国检验检测行业持续快速增长的势头得到保持。

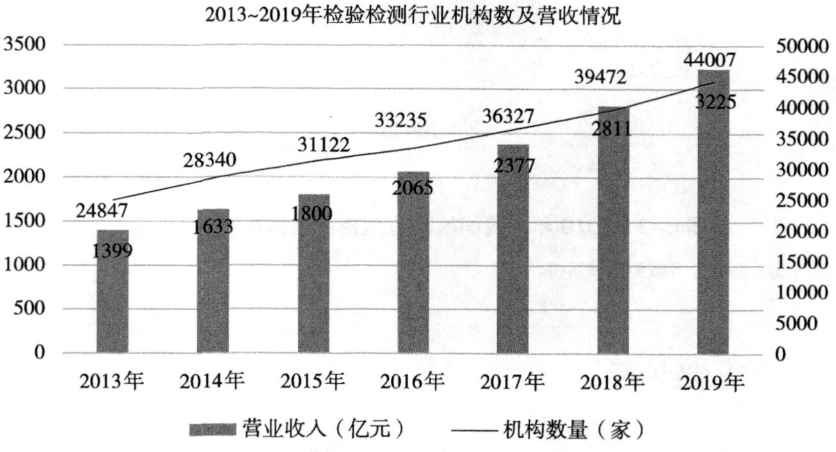

图 6-1　我国检验检测行业机构数及营收情况

数据来源：根据公开资料整理而得。

数据显示，截至 2019 年年底，我国共有事业单位制检验检测机构 11 071

家，占机构总量的25.16%，比重较上年下降2.52个百分点；共有企业制检验检测机构29 905家，占机构总量的67.96%，比重较上年增长2.09个百分点。民营检验检测机构在2019年继续得到快速发展，全国共有民营检验检测机构22 958家，实现营业收入1175.22亿元，分别较上年增长19.38%和26.47%。

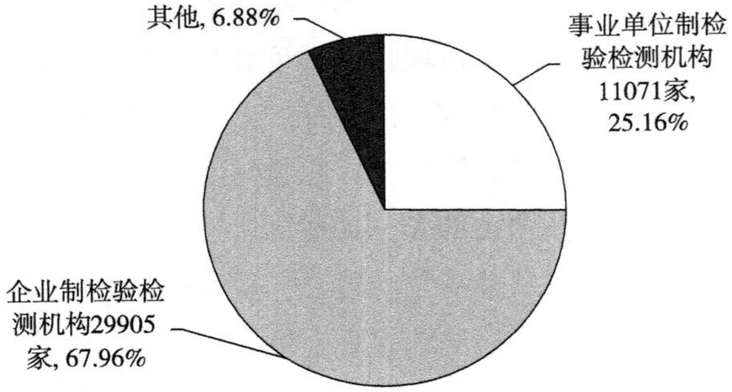

图6–2　2019年，我国检验检测机构企事业单位占比

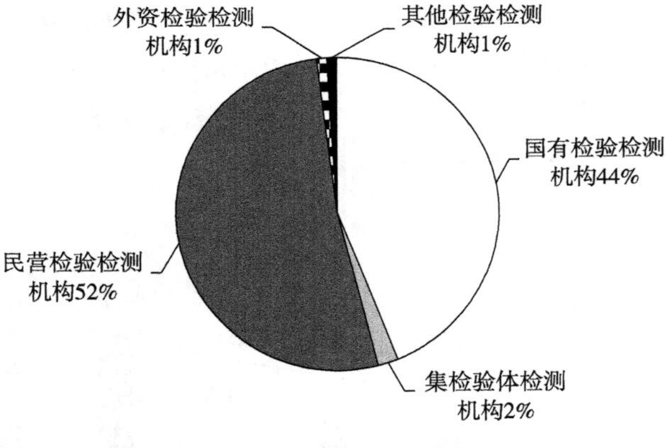

图6–3　2019年，我国检验检测企业机构资本性质占比

数据来源：根据公开资料整理而得。

二、产业链诊断

检验检测行业的供应商主要是检验检测所需分析测试仪器设备和试剂耗材的生产商和贸易商。检验检测行业的客户主要是各类产品和服务的市场交易主体（生产商、贸易商等）及各级政府监管部门，主要的服务内容是为客户提供检验检测服务并出具检验检测报告。检验检测行业的客户涉及农林牧渔业、采矿业、制造业、建筑业、交通运输业、餐饮业等众多行业领域。市场交易主体采购检验检测服务主要用于满足研发、科研、教学、质量控制、监管要求等，并在交易过程中起到证明作用，从而推动交易的进行；而各级政府监管部门的检验检测需求多来自食品安全、环境保护、产品质量控制等监督方面，具有一定的特殊性，其每年的检验检测支出较为稳定。总体来说，检验检测行业需求较为稳定，不会与单一下游行业产生较高的依存关系。

（一）产业链结构

1. 上游：设备 / 试剂与耗材

产业链上游主要分为检测设备、检测试剂等行业，主要涉及相应的检验检测硬件设备及智能控制系统等软件服务，以及第三方检测需要用到的化学试剂、耗材等。

2. 中游：第三方医学检验

产业链中游主要是第三方医学检验企业和检测机构，企业根据生产制造商的新产品开发及新市场开拓而产生的检测需求拓展业务并研发新的检测方法，同时检测机构技术水平的提高使得生产制造商进一步推广与改进新产品。检测行业伴随生产制造的发展而兴起，并且通过不断发展反向推动生产制造业的发展。

3. 下游：多领域广泛需求

产业链下游主要涉及电器制造、汽车制造等为代表的终端工业品企业；食品制造、药品制造为代表的消费品生产制造商；以及医学检测、生命科学检测、建设工程检测和进出口商品检测等领域。检测报告的使用者——政府、消费者或生产制造商的下游厂商，是产业链发展的驱动力，生产制造商和检测机构通过满足报告使用者不断提升的服务需求，进而推动产业链向前发展。

（二）产业链全景图谱

检验检测行业上游主要涉及相应的检验检测硬件设备及智能控制系统等软件服务，同时还包括第三方检测需要用到的化学试剂、耗材等；第三方检测应用十分广泛，涉及的领域包含食品制造、药品制造、电器制造、汽车制造等各行各业。按照下游需求领域的不同性质来分类，对第三方检测产生需求的领域包括生命科学检测、消费品检测、工业品检测、建设工程检测和进出口商品的检测等。产业链覆盖面大，下游需求广泛，产业链全景图谱如下图。

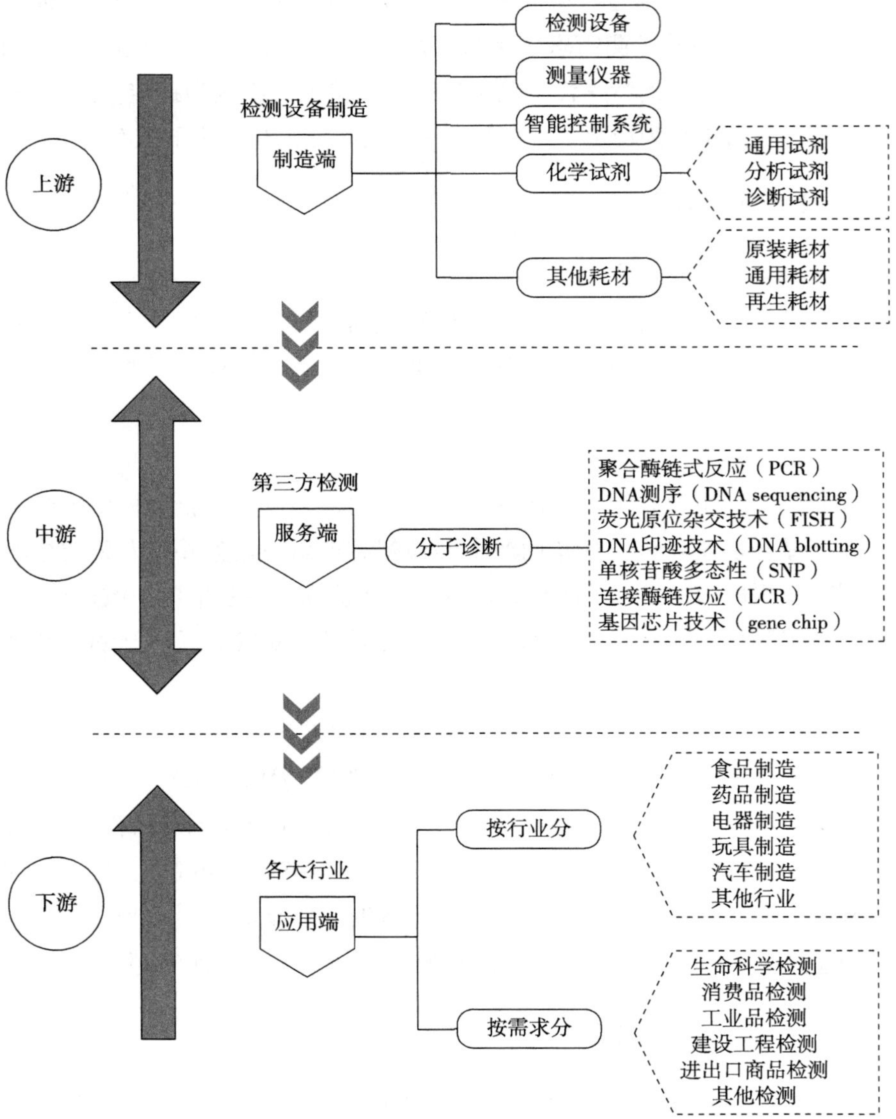

图 6–4　检验检测产业链全景示意图

三、产业链主要任务

（一）第三方医学检验

1. 发展概况

第三方检测行业通常被称为TIC行业，包含检测（Testing）、检验（Inspection）和认证（Certification）三大类，是指机构接受客户委托，运用科学方法及专业技术对某种产品的质量、安全、性能与环保等方面进行综合评定，并出具专业的评定报告。作为市场监管工作的重要组成部分，检验检测认证被称为质量管理的“体检证”、市场经济的“信用证”、国际贸易的“通行证”；根据国家认监委的表述，检验检测认证属于市场经济条件下加强质量管理、提高市场效率的基础性制度。

专栏2　独立医学检验实验室(ICL)

独立医学实验室，又被称为第三方医学实验室或医学独立实验室，是指在卫生行政部门许可下，具有独立法人资格的专业从事医学检测的医疗机构。它与医院建立业务合作，集中收集并检测合作医院采集的标本；检验后将检验结果送至医院，应用于临床。《医学检验所基本标准（试行）》（卫医政发〔2009〕119号）医学独立实验室(ICL)的定义为：“医学检验所是对取自人体的标本进行临床检验，并出具检验结果的医疗机构，该机构可同时开展病理学检查。”上游行业为医疗器械、诊断试剂、耗材等制造业，下游是为患者医疗服务的机构。

医学独立实验室一般要通过比较严格的质量体系认证，如IS017025国家实验室认可和IS09001：2000国际质量体系认证。目前，我国已经也有多家医学独立实验室，但相对于发达国家和地区来说，仍属于发展阶段。2016年10月国家卫生计生委组织制定了《医学检验实验室基本标准（试行）》和《医学检验实验室管理规范（试行）》，明确医学检验实验室为具有独立法人资质的医疗机构，并将在分级诊疗中扮演重要作用。

第三方检测市场规模覆盖下游全行业、贯穿全产业链，往往是伴随着全球贸易活动、经济增长等趋势而实现持续增长的服务活动。因此，结构性变化将提升第三方检测的增长速度与市场规模。一方面，由于高质量经济发展要求对检测需求与标准有所增加，从而使得检测的范围与指标扩大与增加；另一方面，由于国际市场限制、成本控制，检测部门工作外包成为大势所趋。

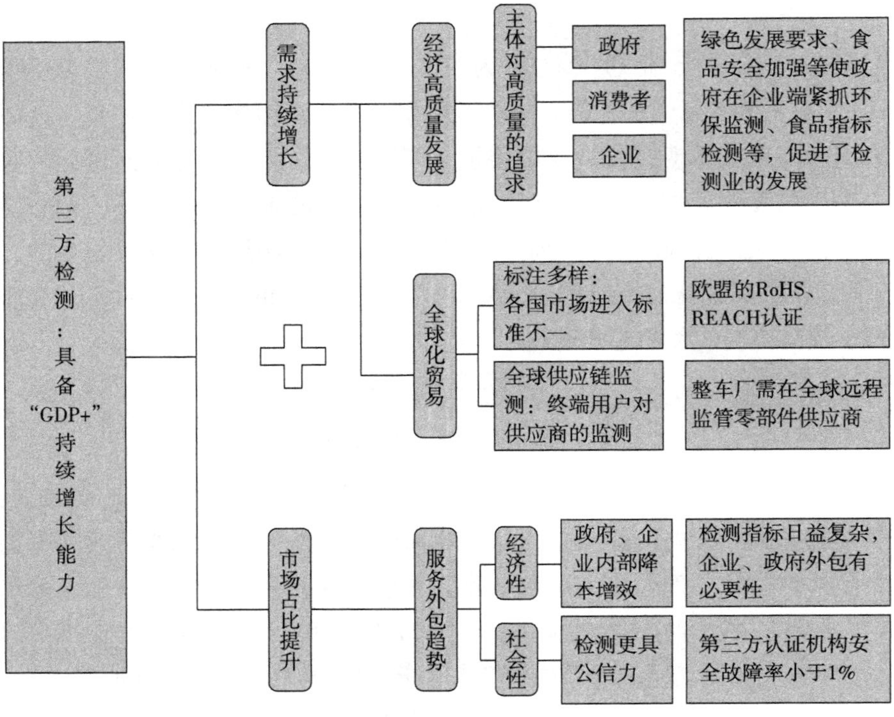

图 6–5　第三方检测市场能力

作为检测报告的主要使用者，政府、消费者及生产制造商的下游厂商对环境保护、食品安全、产品质量等要求不断提高，成为第三方检测市场规模成长的长期动力。检测行业一定程度上映射经济发展状况：由于检测具备全行业服务属性，下游广泛且覆盖从产品研发、生产至销售的全产业链，涵盖环境、食品、消费品、医药、建筑建材等诸多领域，呈现客户多、项目多且频率高的特点，因此其质量水平深刻影响市场规模、增长情况与经济增长。

检测市场参与者可以分为政府检测机构、企业检测部门与独立的第三方检测机构。国际市场第三方检测市场占有率约为 40%，仍有 60% 的检测业务在政府与企业内部。产品多样化、全球经济化、学科交叉化使得检测外包具有一定的经济性：企业方面，检测的产品种类、指标数量越来越多，使得技术迭代快速的企业无法快速跟上供应链情况，并造成重复投入；政府方面，为避免大量的重复性实验室建设，打破地域限制，减少检测活动的成本开支，目前也正将检测工作逐步外包给专业的第三方检测机构。在市场竞争下，检测结果高可靠性要求第三方检测承担更多社会责任。然而 17% 自称符合标准的产品存在安全关键故障。而来自相同类别但已由独立的、经认证的第三方机构认证的产品，安全关键故障率不到 1%。

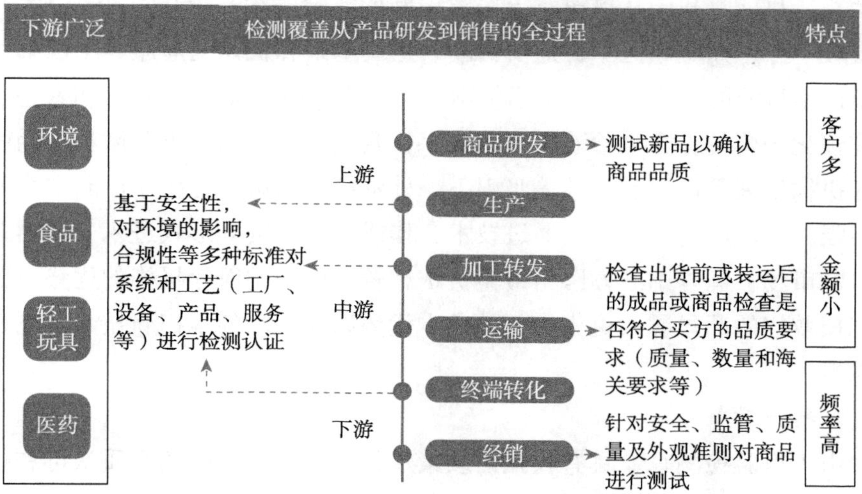

图 6–6　检测行业具备全行业、全产业链服务属性

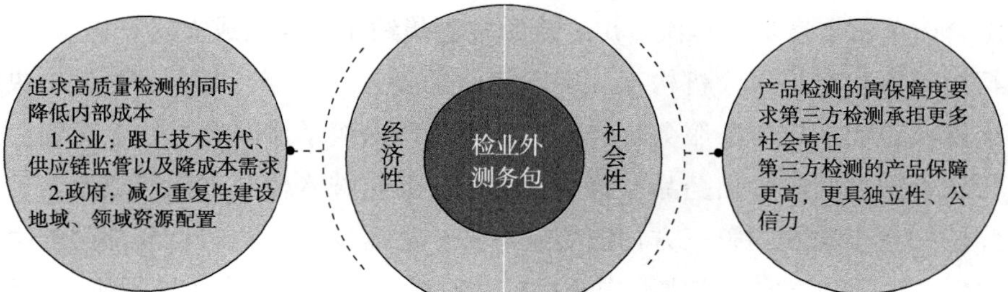

图 6–7　检测业务外包业务属性

我国经济正处于由高速增长向高质量发展的阶段，使得产业转型升级与培育未来新动能成为重要任务。2017 年 5 月，国家认监委发布《2017 年检验检测行业质量提升行动方案》，指出在保障基本检验检测公共服务质量的基础上，逐步提升检验检测的个性化、智能化水平和综合服务能力，从而解决产品创新和质量提升的技术难题。此后，国务院确定逐步推行质量认证体系建设及推动重大技术装备研发创新、检测评定与示范应用体系的建设。

我国第三方医学检验起步较晚，整体水平尚落后于欧美日等发达国家，医学诊断水平差距明显。近年来，随着互联网医疗、移动医疗等新势力的崛起，我国第三方检测机构开始互联网化转型之路，积极利用大数据推动资源利用的最大化，扩大消费者对于第三方检测行业的认知，从而扩大下游需求的增长。目前，我国从事第三方医学诊断的实验室约有 100 多家，但大部分规模较小：广州金域医学、迪安诊断、达安基因和杭州艾迪康是中国第三方医学诊断行业的龙头企业，市场份额合计占比 70% 左右，并且这四家企业均为连锁化经营的综合型诊断服务模式。在我国下游市场需求刺激和鼓励民营医疗机构发展等诸多利好政策吸引下，外资对中国第三方医学诊断市场的兴趣增强。目前已有众多外企通过技术合作或直接注资等形式进入中国第三医学诊断市场。国外第三方医学检验机构相较于国内的医疗机构的优势主要在于规模效应的凸显导致更为出色的成本优势以及更高的承担新技术研究开发的能力。

2. 行业政策

由于检验检测行业具有较强的政策性，检验检测机构的资质认可和行业资质管理本身就是政府调节的手段。第三方医学检验被政府部门认可诊断服务外包，行业监管体制趋向开放。2012 年 6 月，国务院发布的《县级公立医院综合改革试点意见》首次提出“鼓励资源集约化，探索成立检查检验中心，推行检查检验结果医疗机构互认，以及后勤服务外包等”要求。这是中央最高层首次正面认可诊断服务外包模式。由于国内医学诊断服务行业主要受卫生行政管理部门、食品药品监督管理部门、质量技术监督部门严格监管；且医疗机构从事独立的第三方司法鉴定业务，还需要获得司法行政部门的批准和监督。医学独立实验室需要申请批准，获得《医疗机构执业许可证》，还需要取得环保部门、公安部门的批准，从申请到获得批准大约需要 1 年甚至更长的时间。行业准则为《校准和检测实验室的认可准则》（17025）、《医院实验室质量管理》（15189）。卫生部于 2009 年 12 月 24 日颁布了《医学检验所基本标准（试行）》，第一次将医学检验所（独立医学实验室）定义为医疗机构，同时对其人员、设备、环境及注册资金等提出了相应的要求，对医师资质暂时没有具体要求。《中共中央国务院关于深化医药卫生体制改革的意见》

《医药卫生体制改革近期重点实施方案（2009～2011）》《关于公立医院改革试点指导意见》《关于进一步鼓励和引导社会资本举办医疗机构的意见》等相关行业政策对医疗服务行业产生积极的影响。

在政府监管制度约束和行业自律的情况下，第三方医学检验机构的公正性日益受到社会重视。世界各国政府或行业协会对检验检测市场均实行市场准入制度，对检测机构进行评审，通过评审后才具备向社会出具公开证明数据的资格，并将定期进行审核。对检测机构设置了违规惩罚措施，检测机构经审核未达到标准将取消其合格检测资格；若检测机构违反规定出具不真实检测结果，检测机构将面临重罚。作为现代服务业的重要组成部分，技术检测行业和检测机构生存发展的关键所在是其市场公信力。对于各机构来说，市场公信力的培育需要长期的过程、坚持行业自律、坚持按市场规则办事；对于检测机构来说，加强内部控制体系、提高检测服务质量成为市场竞争力提高的关键。

3. 行业特征

作为第三方医学检验机构的主营业务，医学诊断外包服务主要包括生化、酶免、放免、PCR、微生物、染色体检测、骨髓细胞分析和组织病理、细胞病理及诊断等。此外，在企业整合下，上游产业链包括生产或代理医疗器械和诊断产品，如达安基因；实验室优势资源下，部分企业广泛开展临床试验、卫生检验、科研服务等多项业务，如广州金域；或提供健康管理服务，如杭州艾迪康。连锁化经营模式使得有实力的独立检验实验室降低成本、提高服务时效性、降低送检成本，效果显著。

（1）由于进入壁垒较高，第三方医学诊断行业整体上竞争激烈程度相对不高，利润水平较高。但不同区域、不同诊断项目因竞争程度不同，利润水平各有差异，北上广地区竞争较为激烈，具有规模优势的企业能够保持良好的盈利水平；在竞争不激烈的地区，行业的毛利率水平更高；与生化、酶免等普通项目相比，病理诊断和分子诊断等高端项目的毛利率水平相对较高。

（2）医学诊断服务行业的刚性需求特征，使得该行业无明显的周期。

（3）医学诊断行业无明显区域性特征，但经过多年的发展，经济较发达、医疗资源丰富、医院经营意识较超前的东部沿海地区的行情发展良好。

（4）部分检验需要使用专门的采样设备，中间距离影响送样成本。

（5）有一定的季节性。春季和秋季为各类疾病的高发期，从而带动医学诊断服务量的提升。

4. 行业风险

（1）市场整体认知度有待加强。医疗卫生机构对于医学诊断服务外包的认知度偏低，尤其是大型医院对独立医学实验室诊断项目质量与服务能力缺乏足够的认同感。

（2）检验人员结构和素质参差不齐。

5. 产业链分析

第三方医学检验产业链主要包括上下游行业，分别为医疗器械、诊断试剂、耗材等制造业，以及为患者提供医疗服务的机构。上下游行业之间的关联性如下图。

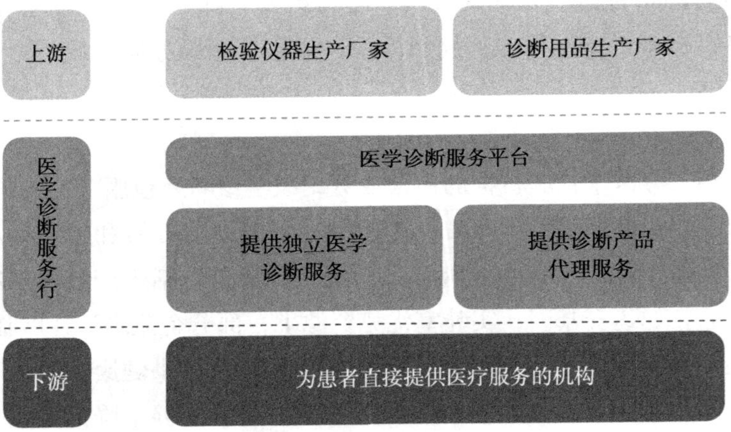

图 6–8　检验检测产业上下游关联关系示意图

（1）上游

上游存在较高的行业集中度，主要是专业领先的医疗仪器和试剂供应商。由于对检测结果的准确性要求极高，第三方医学检验相应地对采购产品质量性能的先进性、稳定性和精确性有极高要求，因此对专业领先的医疗仪器和试剂供应商有一定的依赖，目前仍主要依赖于进口。

（2）下游

下游主要面向医院检验科、体检中心等各级医疗卫生机构，随着未来各级医疗卫生机构的临床检验服务需求不断扩大，医学检验服务行业未来市场空间巨大。

病理诊断、分子诊断等领域不断有新的诊断技术产生，而这些项目通常属于“三高一新”项目（高投入、高成本、高风险、新技术），出于成本风险考虑，很多医疗机构不愿涉足该类业务，这使得开展特色诊断项目成为独立医学实验室的良好业务机会。

（二）对广州开发区检验检测产业链识别诊断

1. 产业链企业识别

进行广州开发区检验检测产业链识别，首先是对现有第三方医学检验机构和企业的识别。重点龙头企业识别如下：

（1）金域医学

作为我国综合实力最强、规模最大、发展速度最快的第三方医学检验集团，广州金域医学检验集团股份有限公司（简称“金域医学”），1994 年成立于广州，主要开展医学检验、临床试验、卫生检验、科研服务四大业务。在全国的 22 个省会城市（包括香港地区）建立 37 家省级中心医学实验室，可提供超过 2700 项检测项目，年检测标本量超 7000 万例，拥有遍布全国的远程病理协作网，以及由 600 多名国内外病理医生加盟组成的病理医生团队，为超过 22000 家医疗机构提供准确、及时、便捷的医学检验及病理诊断服务。其服务网络覆盖全国 90% 的人口区域，并以香港为桥头堡服务于粤港澳大湾区以及“一带一路”沿线国家和地区，成为临检与病理整体解决方案服务提供商中的佼佼者。曾先后荣膺“中国医疗健康产业最具投资价值企业 TOP10”“21 未来之星——中国最具成长性的新兴企业”、福布斯“中国潜力企业”等多项殊荣，并获批成立了国家级博士后科研工作站。

金域医学严格遵循国际标准，拥有先进的质量管理体系。截至 2019 年，共获得包括美国 CAP、ISO15189 在内的国内外认证认可证书 38 张，连续 17 年领先行业。检测结果获得全球 50 多个国家和地区的认可。

作为广州开发区检验检测产业的领军企业，金域医学勇于走在抗击新冠肺炎疫情的第一线，充分彰显第三方医学实验室的检测服务实力。面对疫情，有备而战。早在 2018 年，在广州呼吸健康研究院专家团队的指导下，金域医学便按照 P2+ 实验室建设标准建设了“临床呼吸道病毒诊断与转化中心”。作为呼吸道疾病国家重点实验室病毒诊断研究分室，该中心还是全国领先的呼吸道病毒临床和实验室诊断的第三方精准检测平台。当时设立该中心的初衷之一，就是要在应对急性、突发性传染病时能发挥至关重要的作用。此外，金域医学还组建了一支近3000人的医疗冷链物流团队，拥有规模强大、覆盖网络广、运输时效快速的生物样本冷链物流（金域达物流），目前已经在31个省（自治区、直辖市）的700多个城市及香港地区构建了物流网络，县级网点超过2300个，可深入基层开展生物样本运输。

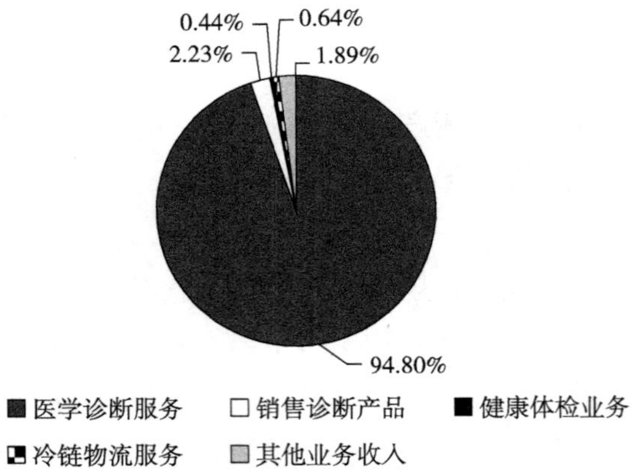

图6-9　2019年金域医学营业收入结构

数据来源：金域医学2019年年度报告。

截至2020年7月中旬，金域医学集团已在包括湖北、广东、北京、上海等29个省（自治区、直辖市）及香港地区获授权，陆续开展核酸检测和抗体检测，累计检测超过1200万例。凭借其规模化优势与成本控制优势，金域医学已成为第三方医学检验的行业领导者。

（2）达安基因

依托中山大学雄厚的科研平台，中山大学达安基因股份有限公司是以分子诊断技术为主导，集临床检验试剂和仪器的研发、生产、销售以及全国连锁医学独立实验室临床检验服务为一体的生物医药高科技企业。达安基因为广东省高校校办产业中第一家上市公司，于2004年8月在深圳证券交易所挂牌上市。达安基因拥有卫生部医药生物工程技术研究中心、广东省临床医学分子诊断工程实验室、中山大学生物技术研究所、中山大学组织配型中心、广州市抗体工程技术研究中心、广州市分子诊断工程技术研究中心等多家研究机构。在分子诊断技术及其产品的研制、开发和应用上一直处于国内领先地位，以拥有国际上首个荧光定量聚合酶链式反应（FQ-PCR）诊断试剂核心技术的自主知识产权为标志，以成为中国一流的诊断产业上下游一体化供应商为战略目标，目前已发展成为一家拥有百余家控股及参股公司的全面发展的生物高新技术企业，涵盖健康检测、产业投资、优生优育、免疫诊断、病理、食品安全、医疗器械、临床生化等领域，并建立了合作共赢的市场营销平台，形成了一个覆盖全国31个省（自治区、直辖市）的强大营销服务网络，为几千家医疗机构、科研单位和政府应用平台提供产品和检验领域的高技术服务。

达安基因配备了国际先进的生产科研设备及仪器，建设有通过国家药品质量管理体系（GMP）、医疗器械质量管理体系（YYT0287/ISO13485）、欧盟生产质量标准（CE）和加拿大卫生署（CMDCAS）认证的诊断试剂、仪器和配套软件的生产体系。各项指标均符合国际生物制药企业标准，年生产能力达2000万人份试剂，拥有国际上首个荧光定量聚合酶链式反应（FQ-PCR）诊断试剂核心技术，在基因诊断技术及其试剂产品的研制、开发和应用上始终处于国内领先地位。以“科技创新，质量为本，守法诚信，服务至上”为质量方针，达安基因严格按照质量管理体系要求实行科学管理，诊断产品取得百余项国内药品及医疗器械注册证书，二十余项CECMDCAS证书，为公司产品进入国内及国外市场提供了有力的保证。

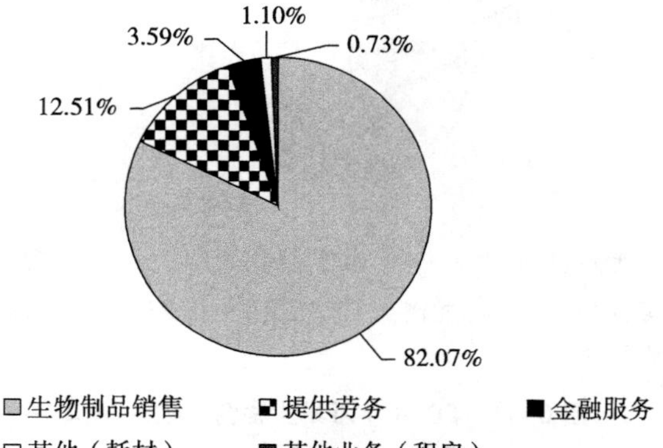

图6-10　2019年达安基因营业收入结构

数据来源：达安基因2019年年度报告。

（3）万孚生物

广州万孚生物技术股份有限公司（以下简称“万孚生物”）成立于1992年，总部位于广州科学城，荣获国家火炬计划重点高新技术企业、国家生物工程高技术产业化示范基地、国家知识产权优势企业、世界卫生组织 PQ 认证企业、世界海关组织 AEO 高级认证企业，是国内首批通过美国 FDA 现场审核的体外诊断试剂企业之一，并建有 POCT 领域唯一的国家级工程实验室。万孚生物致力于生物医药体外诊断（in vitro diagnosis，IVD）行业中快速检测（point-of-care testing，POCT）产品的研发、生产、销售和服务，为顾客提供专业的快速诊断解决方案。经过多年发展，万孚生物构建了免疫胶体金技术平台、免疫荧光技术平台、电化学技术平台、干式生化技术平台、化学发光技术平台、分子诊断技术平台、病理诊断技术平台，以及仪器技术平台和生物原材料平台，并依托上述九大技术平台形成了心脑血管疾病、炎症、肿瘤、传染病、毒检（药物滥用）、优生优育等检验领域的丰富产品线，广泛应用于临床检验、危急重症、基层医疗、疫情监控、灾难救援、现场执法及家庭个人健康管理等领域。其中万孚生物的免疫胶体金明星产品——流感系列产品，有着辉煌的历史：全国唯一获得 H7 亚型禽流感病毒（2013）抗原检测注册证的产品、全国唯一一家流感检测全系列产品：H7，FIu，FIuB，FIuA&B；这两年，万孚生物推出分子诊断技术平台，布局流感疾病、感染性疾病、肿瘤伴随诊断等领域。

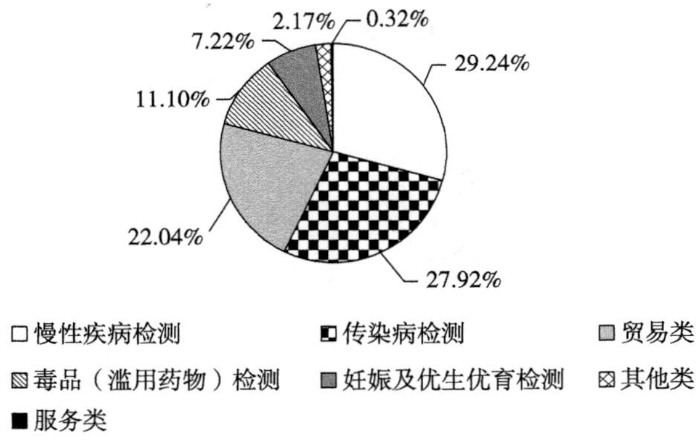

图 6-11　2019 年万孚生物营业收入结构

数据来源：万孚生物 2019 年年度报告。

凭借雄厚的自主创新能力和管理能力，万孚生物获得包括 NMPA 认证、CE 认证、FDA 认证、MDALL 认证、MDSAP 认证以及 WHO PQ 认证等在内的全球权威认证。近年来，万孚生物通过在全球多个国家开展包括联合创新基地、联合经营中心、外延并购等多种方式，构建起全球化内的“万孚生态圈”，完善产品、技术及渠道的布局。为集成全球化的科研创新能力，万孚生物在中国广州、深圳及美国圣地亚哥建立了研发基地，拥有海内外一流科研人员 530 余人；推进全球化的智能制造体系，在亚洲、南美洲、非洲及独联体地区投资建立工厂；同时，布局全球化的营销服务网络，拥有 20 余家国内外子公司，为全球 140 多个国家和地区客户提供产品解决方案和技术支持。

2. 产业链精准诊断

检验的专业化提高，使得许多第三方医学检验机构在运营效率和成本管控上已经比医院检验科更高。同样的一台检验设备，在第三方医学检验机构手里的“满负荷”运转远高于放在医院的开机率。如今，规模和成本优势使得越来越多的医院选择将检验项目外包给金域医学等第三方机构。目前，国内检验市场总量大约为 3000 亿元，国内第三方医学实验室的市场规模在 150 亿元左右，相当于整体市场的 5% 左右，行业发展任重道远，但前景广阔。

根据广州开发区企业数据库检索比对、数据清洗获得 708 家检验检测产业链关联企业，具体细分如下：上游企业（行业分类为：制造业，信息传输、软件和信息技术服务业）共有 62 家；中游企业（行业分类为：科学研究和技术服务业）共有 371 家；下游企业（行业分类为：卫生和社会工作，批发和零售业，租赁和商务服务业）共有 275 家。领军企业：金域医学、达安基因、万孚生物等；代表性企业：燃石医学、凯普医学、华银医学、呼研所红外医学检测、香雪南方精准医学、贝恩医疗等。

对广州开发区检验检测产业链进行科学诊断发现，该条产业链基本特征如下：链条完整、产业基础雄厚、领军企业突出、拥有颠覆性技术（新一代生物检测技术、新一代基因操作技术、合成生物技术）、产业规模与市场份额具有显著优势、初步形成完整的产业生态体系。一条开发区引以为傲的世界级检验检测产业链已经初具规模。但是笔者在实地走访企业调研中还发现一些问题：一是核心设备国产化率低，企业不单要有颠覆性技术，还需要不断地进行原始创新，自行研发高端医疗装备，“工欲善其事，必先利其器”，检验检测产业链的发展，离不开自主研制最先进的“检验检测设备”。二是缺乏高端人才，检验检测产业是知识密集型、资金密集型行业，高技术门槛对高学历人才需求非常大。但是目前广州开发区检验检测行业低学历低技术能力的从业人员比重较高。未来必须以开发区政府为引导，支持和营造良好的用人环境，充分发挥现有高校、科研单位的人才优势，积极开展合作交流，有效整合人力资源，推动开发区检验检测从业人员的结构优化。

表 6-1　广州开发区检验检测产业链上中下游分类表

所属链条	行业分类	主要经营范围（重点关联）	企业数量	代表企业
上游	制造业，信息传输、软件和信息技术服务业	专项化学用品制造（监控化学品、危险化学品除外）；化学药品原料药制造；化学试剂和助剂制造（监控化学品、危险化学品除外）；化工产品批发（危险化学品除外）；化学工程研究服务；模具制造；机械零部件加工；塑料加工专用设备制造；自然科学研究和试验发展；技术进出口；其他合成材料制造（监控化学品、危险化学品除外）；塑料薄膜制造；塑料粒料制造；高技术复合材料生产：连续纤维增强热塑性复合材料和预浸料、耐温＞300℃树脂基复合材料成型用工艺辅助材料、树脂基复合材料（包括体育用品、轻质高强交通工具部件）、特种功能复合材料及制品（包括深水及潜水复合材料制品、医用及康复用复合材料制品）、碳/碳复合材料、高性能陶瓷基复合材料及制品、金属基和玻璃基复合材料及制品、金属层状复合材料及制品、压力≥320MPa超高压复合胶管；生物药品制造；卫生材料及医药用品制造；生物防治技术开发服务；进出口商品检验鉴定；实验分析仪器制造；药物检测仪器制造；通用和专用仪器仪表的元件、器件制造；消毒剂制造；医用消毒设备和器具制造；医疗卫生用塑料制品制造；仪器仪表批发；化工产品零售（危险化学品除外）；材料科学研究、技术开发；医疗数据管理和分析；软件开发；信息系统集成服务；信息技术咨询服务；软件批发；软件零售；软件技术推广服务；血液制品经营；化妆品及卫生用品批发；清洁用品批发；化妆品及卫生用品零售；新材料技术推广服务；新材料技术开发服务；新材料技术咨询、交流服务；消毒用品销售（涉及许可经营的项目除外）；为医疗器械、设备、医疗卫生材料及用品提供专业清洗、消毒和灭菌；生活清洗、消毒服务；医疗实验室设备和器具制造；医疗诊断、监护及治疗设备制造；医疗诊断、监护及治疗设备批发；医疗设备租赁服务；医疗设备维修；许可类医疗器械经营；非许可类医疗器械经营；货物进出口（涉及外资准入特别管理规定和许可审批的商品除外）；货物进出口（专营专控商品除外）；商品批发贸易（涉及外资准入特别管理规定和许可审批的商品除外）	62	七喜医疗设备、达安医疗器械、倍健医疗、贝恩医疗、天成医疗、海洁尔医疗设备、南芯智造、科莱瑞迪、飒特红外、鸿琪光学、广州医大新药创制、艾派（广州）医疗、爱思医疗
中游	科学研究和技术服务业	实验室检测（涉及许可项目的需取得许可后方可从事经营）；临床检验服务；环境保护监测；化工产品检测服务；水质检测服务；食品检测服务；动物检测服务；生物技术推广服务；生物技术转让服务；生物技术开发服务；非许可类医疗器械经营；医学研究和试验发展；医疗设备租赁服务；医疗用品及器材零售（不含药品及医疗器械）；生物技术咨询、交流服务；医疗诊断、监护及治疗设备制造；临床检验服务；医疗诊断、监护及治疗设备零售；生物药品制造；二、三类医疗器械批发；医疗诊断、监护及治疗设备批发；药品研发；西药批发；化学药制剂、生物制品（含疫苗）批发；中成药、中药饮片批发；中药材批发（收购）；中药材批发；血液制品经营；放射性药品批发；生物医疗技术研究；医疗技术研发；医疗技术推广服务；医疗技术咨询、交流服务；医疗技术转让服务；医疗数据管理和分析	371	创芯国际生物、万孚倍特、中科细胞、国药器械、奇点医药、微量元素、赛莱拉健康、南芯医学检验实验室

续表

所属链条	行业分类	主要经营范围（重点关联）	企业数量	代表企业
下游	卫生和社会工作，批发和零售业，租赁和商务服务业	医疗用品及器材批发；医疗用品及器材零售（不含药品及医疗器械）；许可类医疗器械经营；非许可类医疗器械经营；西药批发；中成药、中药饮片批发；药品零售；中药饮片零售；医疗诊断、监护及治疗设备零售；植物提取物原料的销售（不含许可经营项目，法律法规禁止经营的项目不得经营）；互联网商品零售（许可审批类商品除外）；生物技术咨询、交流服务；信息技术咨询服务；许可类医疗器械经营；医疗诊断、监护及治疗设备批发；血液制品经营；互联网药品交易服务；医学互联网信息服务；医学研究和试验发展；仓储代理服务；仓储代理服务；仓储咨询服务；软件服务；冷库租赁服务；为医疗器械、设备、医疗卫生材料及用品提供专业清洗、消毒和灭菌；医疗设备租赁服务；干细胞技术的研究、开发；消毒用品销售（涉及许可经营的项目除外）；供应链管理；物流代理服务；生物技术推广服务；交通运输咨询服务；非许可类医疗器械经营；医疗技术咨询、交流服务；医疗技术推广服务；中成药生产；第三方药品现代物流业务（接受药品生产经营企业委托储存配送药品，特殊管理的药品除外）；中药饮片加工；药品零售；货物专用运输（集装箱）；中药饮片零售；中药材批发；生物药品制造；中药材批发（收购）；西药批发；医疗诊断、监护及治疗设备零售；医用消毒设备和器具制造；医疗诊断、监护及治疗设备批发；放射性药品零售；中医医院；中西医结合医院；乡镇卫生院	275	达安临床检验中心、呼研所红外医学检测、华银医学检验中心、燃石医学检验所、慈达医学检验所、永诺医学检验所、精科医学检验所、量子高科医学检验所、香雪医药厚生大药房、阿里健康大药房、粤港澳大健康

数据来源：黄埔区工业企业数据库（截至 2019 年 10 月 18 日）。

（三）产业链空间分析

本书基于广州开发区企业数据库清洗整理后获得检验检测上中下游企业数据信息，进行相关地理信息匹配，呈现其在空间集聚上的特征，具体如下。

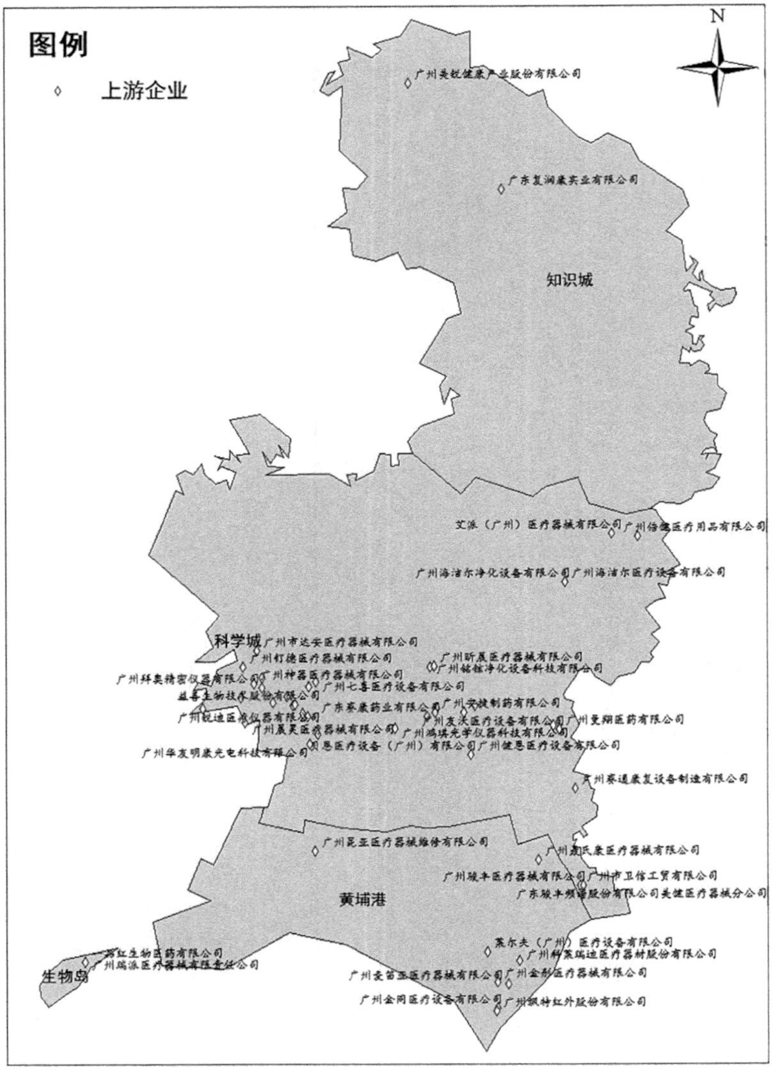

图 6–12　广州开发区检验检测产业链上游企业空间分布示意图

数据来源：广州开发区企业数据库（2019 年）。

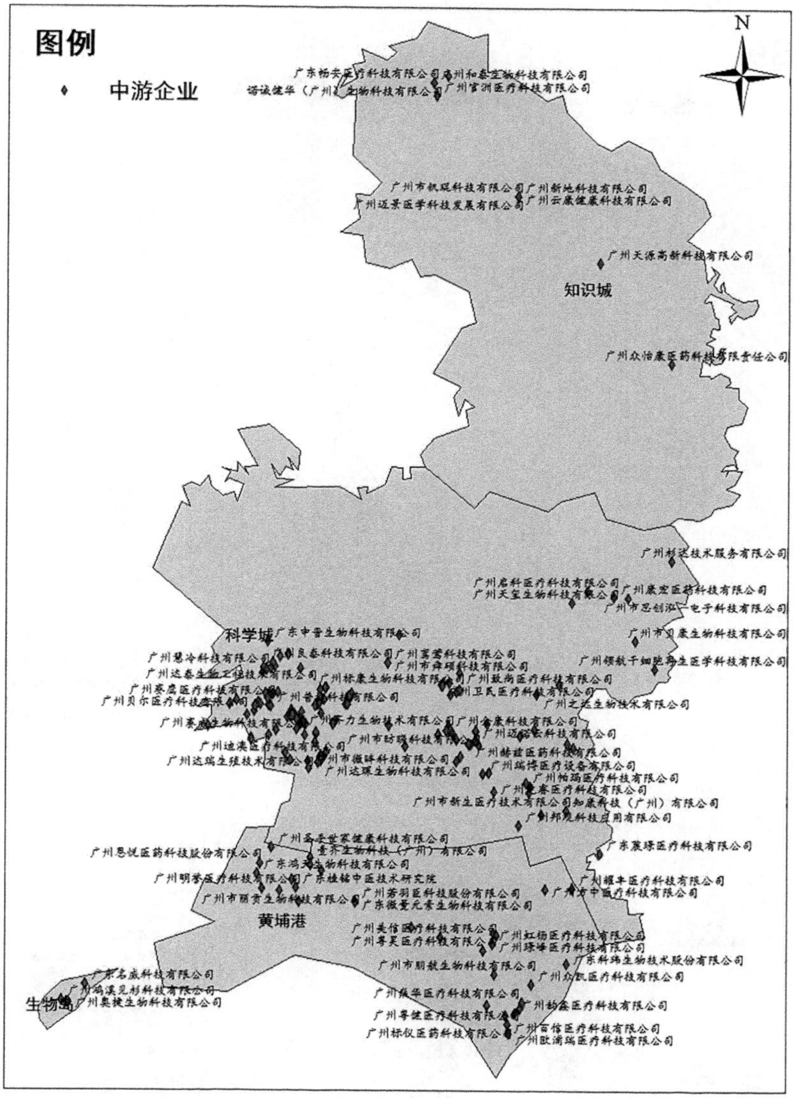

图 6–13　广州开发区检验检测产业链中游企业空间分布示意图

数据来源：广州开发区企业数据库（2019 年）。

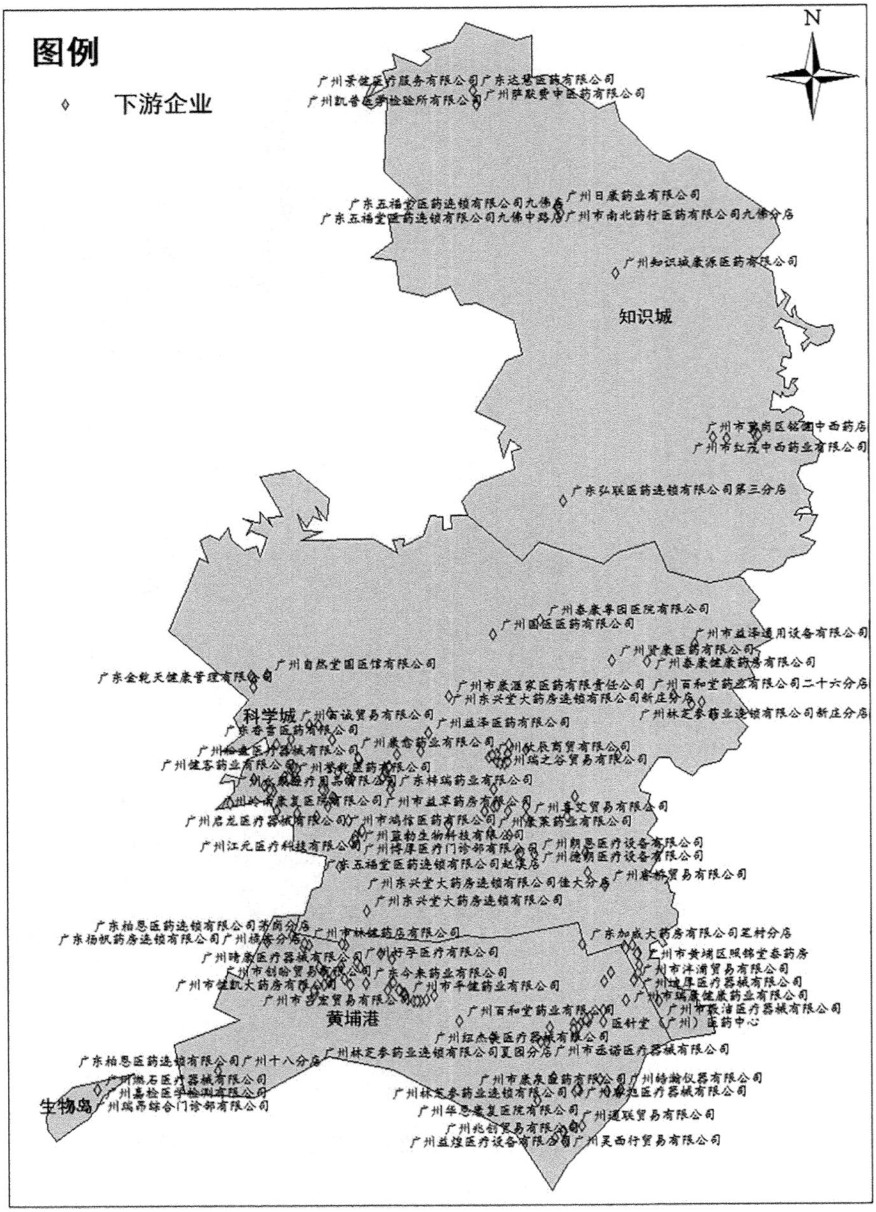

图 6–14　广州开发区检验检测产业下游链企业空间分布示意图

数据来源：广州开发区企业数据库（2019 年）。

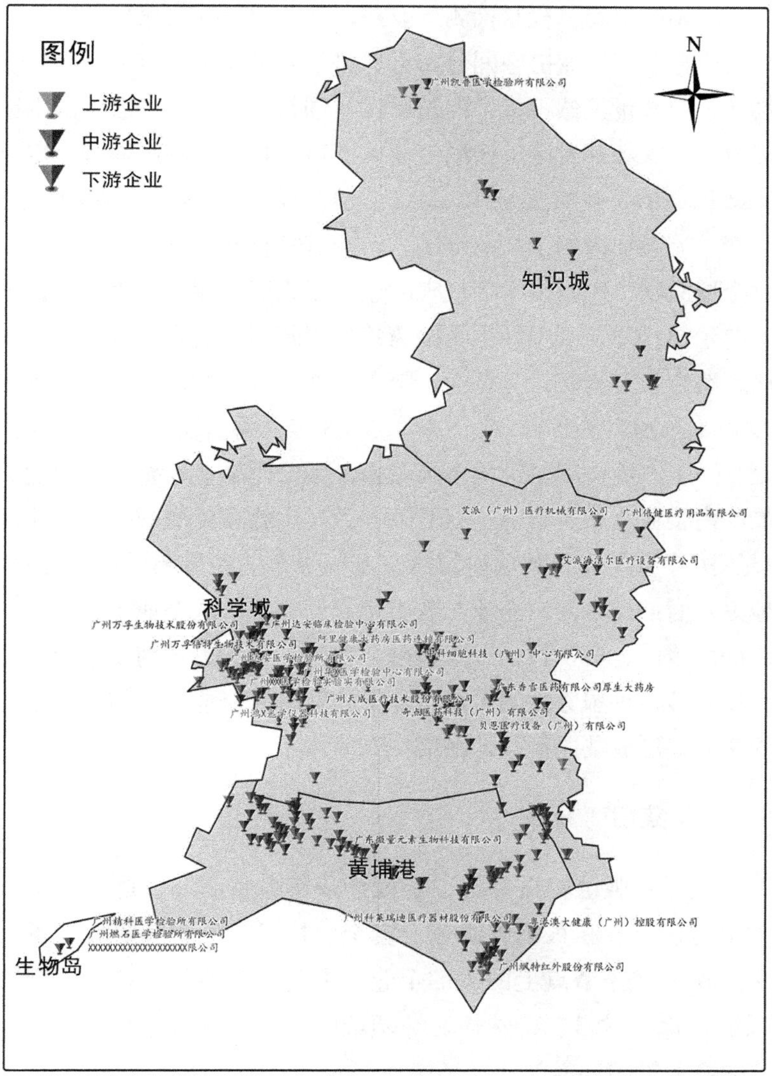

图 6–15 广州开发区检验检测全产业链龙头企业空间分布示意图（见彩插）

数据来源：广州开发区企业数据库（2019 年）。

根据地理信息处理系统对广州开发区企业数据进行分析，得到广州开发区检验检测全产业链企业空间分布图（参见图 6–12、图 6–13、图 6–14、图 6–15）。从企业数量上看，检验检测产业上游企业 62 家，中游企业 371 家，下游企业 275 家，重点企业 32 家，龙头企业有达安基因、金域医学、万孚生物等。从空间结构上看，检验检测产业在地理空间上的集聚特征是：（1）产业空间集聚效应显著。产业链空间分布上，科学城聚集企业最多，集聚效应最显著；生物岛企业数量虽然不多，但是研发与创新能力最强，占领国内检验检测市场份额最大；永和开发区、云埔工业区、黄埔临港经济区均有一定数量的企业集聚；知识城的企业聚集最少。（2）产业链完整性提升。科学城包括研发、中试、生产、流通在内的全产业链条，产业链完整性最高；生物岛重点企业最集聚，以金域医学、燃石医学为代表的企业以临床检测业务为核心，不断向产业链上下游延伸；知识城国际生物医药价值创新园目前有凯普医学检验、诺诚健华、诺新医疗、官洲医疗等企业，随着近期国务院批复《中新广州知识城总体发展规划（2020～2035年）》，未来3～5年，将有更多检验检测企业向知识城汇聚。（3）产业链网络结构更加紧密。区域内企业与企业之间的关系更加紧密，如区内企业金域医学与达安基因和万孚生物在检测产品上有非常紧密的合作，贝恩医疗设备和科莱瑞迪与达安基因等企业在检测设备上有较多合作。企业与地方政府部门之间、企业与各类中介服务组织或企业（如研究开发、企业咨询、法律援助、资产评估以及金融、保险、广告、策划、审计、会计、测试、维修保养等各种服务性组织或企业）之间以及企业员工与员工之间多种交叉复杂的关系，形成共同得益的网络化产业体系。

（四）产业链招商策略

策略建议一：强链稳链补链，实现产业链完整闭环。重点强化检验检测产业链的上游链条，积极配置政策、资金、技术、人才等要素资源，加大力度重点引入所需链条节点上的关键企业，主要包括检测设备、检测试剂、智能控制系统、化学材料、特殊耗材等领域的生产企业，加快构建区内企业研发与生产的产业链闭环。

策略建议二：打造全覆盖的“一站式”服务，提升行业标准与质量水平。全面布局第三方检测平台网点，增加“一站式”服务体验，主动对接政府、医疗机构和消费者的需求，通过扩大服务范围、深化服务内涵和服务价值，在市场竞争中取得优势，并通过聘请检测机构对产品进行检测并依据行业标准提升产品质量。鼓励行业内具有技术创新及标准化能力的企业参与行业标准制修订，凭借行业公信力以及对新技术、新标准的理解与使用能力将在行业竞争中占得先机。

第三节 培育壮大以“新型疫苗”为核心的创新药物产业链

一直以来，在人类与疾病不断抗争的历程中，疫苗逐渐成为公认的最经济有效的传染病防控手段。作为造福全球的一项事业，疫苗成为20世纪十项最伟大的公共卫生成就之一。疫苗产业具有鲜明的“端到端”的行业特征——以保护人类健康为根本目的；利用现代预防医学、生物技术等方法生产制造产品，从而实现减少及预防疾病、尽量维持人类健康状态的产业。而新型疫苗作为近几年新出现的疫苗，是应用生物化学合成技术、人工变异技术、分子微生物技术、基因工程技术等现代生物技术生产出的疫苗，分为预防性疫苗、治疗性疫苗两大类，主要包括基因工程亚单位疫苗、重组疫苗、合成肽疫苗、基因工程载体疫苗、核酸疫苗和抗独特型抗体疫苗等。研究发现，新型疫苗是生物医药领域不可或缺的重要细分领域，也是生物安全产业的核心产业链之一，兼具预防和治疗传染病的双重作用。近年来，面对代际差异逐渐缩窄、可及性大幅提升等利好形势，我国疫苗市场进入新一轮扩容期，新型疫苗进入了快速发展阶段，成为行业发展的主力军。本书以广州开发区“新型疫苗”为例进行产业链的规划，绘制产业链图谱，厘清产业链上下游关系及发展优势与薄弱环节，做出“诊断”分析，进行精准“治疗”。

一、产业现状与趋势

产业集群中产业链关键环节的发展水平直接决定该产业链的核心竞争能力，关键环节对产业链中其余环节的发展具有较强的带动力和影响力，其发展潜力直接影响产业链的发展水平。因此，准确和有效地识别出产业集群中产业链的关键环节对整个产业链的发展至关重要。作为生物安全产业的核心产业链之一，新型疫苗产业链从上游研发、中游生产、下游销售，均具有典型的生物安全产业集群的重要特征。

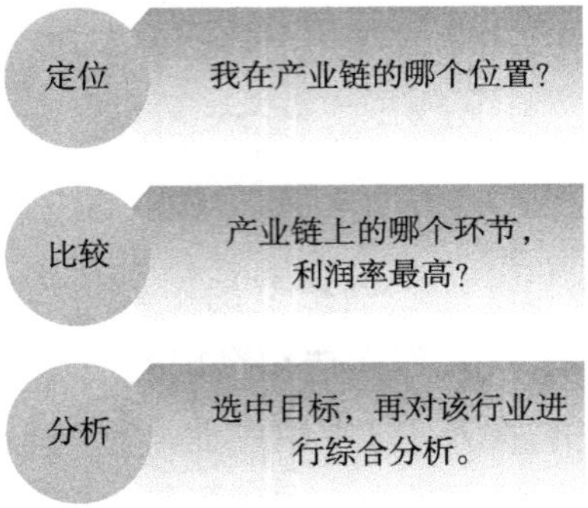

图 6–16　产业链识别的关键步骤

（一）疫苗的发展历程

“疫”是指流行性传染病，“免疫”就是免于发生流行性传染病。虽然“免疫”是近代才出现的词语，但从远古时代人们就已开始接触免疫现象。疫苗的起源可以追溯到 18 世纪早期的中国，那时便出现了通过接种天花患者的脓液来预防天花的疫病预防手段，虽然这种简单的医疗手段具有一定的危险性，但却为利用疫苗手段预防烈性传染病开创了先河。1796 年，英国医生爱德华·詹纳（Edward Jenner）发明牛痘接种疫苗法，疫苗首次作为一种免疫手法正式进入医学界。1885 年，法国科学家路易斯·巴斯德（Louis Pasteur）发明了“减毒活疫苗技术”，基于这项技术研发出了沿用至今的狂犬病疫苗、卡介苗等。20 世纪中叶开始，出现了多糖蛋白结合疫苗和蛋白组分制成疫苗，这也被认为是疫苗发展史上最重要的成就之一。20 世纪 70 年代开始，随着分子生物学的发展，使得在分子层面对微生物基因进行操作成为可能，这也直接催生了基因重组疫苗技术的面世。进入 21 世纪，基因组学的快速发展促使疫苗发展进入“基因时代”。

疫苗两百多年的历史进程，主要划分为三个时期：首先是古典疫苗时期——在发现病原体之前，通过反复观察及摸索经验制出疫苗；其次是传统疫苗时期——利用病变组织、鸡胚或细胞增殖病毒，以及利用培养基培养完整细菌来制备灭活疫苗和弱毒疫苗；第三是工程疫苗时期——利用 DNA 重组技术来生产疫苗。此外，疫苗发展共经历了三次革命：

表 6–2　疫苗三次技术革命及其标志

阶段	年代	标志
第一次疫苗革命	19 世纪末	“疫苗之父”路易斯·巴斯德研制出鸡霍乱疫苗、炭疽疫苗和狂犬病疫苗
第二次疫苗革命	20 世纪 70 年代中期	以重组 DNA 技术为标志，基因工程乙肝疫苗，肝炎，脑膜炎和流感嗜血杆菌的多糖和多糖耦联疫苗，以及无细胞百日咳和回归热的纯化的蛋白质组分疫苗通过临床试验
第三次疫苗革命	20 世纪 90 年代	以基因疫苗（又称核酸疫苗、DNA 疫苗）的诞生为标志，基因疫苗因能刺激机体产生特异而有效的免疫反应，尤其是能诱导产生具有细胞毒杀性功能的 T 淋巴细胞，可有效预防病毒、胞内细菌和寄生虫所引起的传染病

资料来源：根据公开资料整理。

（二）疫苗的主要类型

经历了第一代传统疫苗、第二代重组基因疫苗和第三代基因疫苗，现已出现以治疗为目的的治疗性疫苗。

1. 疫苗 1.0：传统疫苗

传统疫苗主要包括灭活疫苗（Inactivated vaccines）和减毒活疫苗（Live attenuated vaccines）。19 世纪末 20 世纪初，随着微生物学和免疫学的快速发展，更多免疫预防制品相继问世。由于有些微生物不易减毒，有些微生物免疫原性随着毒力一起消失，另外可能存在毒力返祖的风险，众多学者利用物理、化学以及生物的方法，降低病原微生物的毒力，研制出了灭活疫苗，如天花疫苗、霍乱活疫苗、炭疽减毒疫苗、狂犬病减毒活病毒疫苗、鼠疫疫苗、伤寒疫苗等。

2. 疫苗 2.0：基因工程疫苗

第二代疫苗包括亚单位疫苗（Subunit vaccine）和重组基因工程疫苗（Recombinant genetic engineering vaccine）。亚单位疫苗是通过化学分解或有控制性的蛋白质水解的方法，筛选出的具有免疫活性的表面结构成分（抗原）制成不含有核酸、能诱发机体产生抗体的疫苗，拥有明确的生物化学特性、免疫活性和无遗传物质，其免疫效果极高。亚单位疫苗的优点是会减少副反应和由疫苗引起的相关疾病，缺点是本身免疫原性较低，想要得到较好的免疫效果需与佐剂合用。重组基因工程疫苗是应用 DNA 重组生物技术，将病原体外壳蛋白质中可以诱发机体免疫应答的天然的或人工合成的遗传物质，定向植入细菌、酵母或哺乳动物细胞中，使之充分表达，最终经过纯化后得到的疫苗。如脑膜炎球菌多糖疫苗、肺炎球菌荚膜多价多糖疫苗和流感血凝素疫苗等。

3. 疫苗 3.0：基因疫苗

基因疫苗（Genetic vaccine），也被称为核酸疫苗（Nucleic acid vaccine），是指将含有编码的蛋白基因序列的质粒载体，经肌肉注射或微弹轰击等方法导入宿主体内，通过宿主细胞表达抗原蛋白，诱导宿主细胞产生对该抗原蛋白的免疫应答，以达到预防和治疗疾病的目的，如流感病毒核蛋白 DNA 疫苗、丙型肝炎病毒核心抗原 DNA 疫苗等。基因疫苗兼具减毒疫苗的优点，且无逆转的危险。1994 年，世界卫生组织（WHO）在日内瓦召开基因免疫会议，充分肯定了基因疫苗的应用前景。为有效应对新冠肺炎疫情，作为世界最热门的疫苗研发项目，中国军事医学研究院陈薇院士的重组新冠疫苗和美国 mRNA 疫苗均属于第三代疫苗。

表 6–3　常见疫苗类型比较

	传统疫苗		新型疫苗		
	灭活疫苗	减毒活疫苗	亚单位疫苗	重组基因工程疫苗	基因疫苗
免疫效果	一般	强	较差	强	较强
免疫力持续时间	短	持久	持久	持久	持久
保持及运输	2℃～8℃保存，无毒力返祖风险	低温保存，存在毒力，返祖风险	保存期长	保存期长	稳定性好，易于保存和运输
接种后反应	副反应低	隐性感染或轻度感染	副反应低	副反应低	研发中
佐剂	需要	不需要	需要	不需要	需要
注射次数	多次	1 次	多次	1 次	2 次
注射剂量	大剂量	小剂量	大剂量	小剂量	较小剂量
联合免疫	较难实现	较难实现	较难实现	易于实现	易于实现
研制周期	长	长	较长	较长	短

资料来源：根据公开资料整理。

4. 疫苗 4.0：治疗性疫苗

1995 年前，医学界普遍认为疫苗只能应用于疾病预防，但随着免疫学的不断发展，人们发现疫苗还可以用于治疗一些难治性疾病。自此，疫苗兼具了预防与治疗双重功效。治疗性疫苗属于特异性主动免疫疗法，是一种通过诱导特异性的免疫应答，达到治疗或防止疾病恶化的天然、人工合成或用基因重组技术表达的产品或制品。如疱疹病毒疫苗、人类免疫缺陷病毒疫苗、高血压疫苗、糖尿病疫苗等。

表 6–4 预防性疫苗与治疗性疫苗的比较

类型	接种对象	适应症	不良反应	主要特征
预防性疫苗	健康群体，免疫应答属于正常范畴。	易感人群均可应用，并有各种较成熟的客观指标对其预防效果进行评价。	机体大多无病理损伤。	组成成分较单纯，一般均为微生物保护性抗原。
治疗性疫苗	持续性感染者，免疫应答常为低下水平。	在实际应用中，对治疗性疫苗的选用较严格，对其效果评价需有特殊的客观指标，每种疫苗均要分别建立。	由于疫苗疗法属免疫治疗，故常伴有免疫损伤或一定副反应。	应用治疗性疫苗旨在打破免疫耐受，提高对病原体的特异免疫应答，故十分强调佐剂的选用、疫苗的联用及新免疫制剂的开发。

资料来源：闻玉梅. 治疗性疫苗的研究进展. 中华微生物学和免疫学杂志，1996，16：155–158。

进入 21 世纪以来，现代疫苗研发将更加侧重系统化、理性化的研究，成为预防和治疗各种人类疾病的重要手段。

（三）疫苗的行业特征

1. 强监管制度：从研发到流通全链条监管

疫苗的安全性与有效性直接影响着人民群众的身体健康，因此国家在临床前研究、临床研究、产品注册、疫苗生产、上市销售、接种使用等各个方面都制定了一系列严格的法律法规，以加强对疫苗行业的监管。2019 年 12 月 1 日，第十三届全国人民代表大会常务委员会第十一次会议表决通过的《中华人民共和国疫苗管理法》（简称《疫苗管理法》）正式施行，标志着我国在疫苗管理领域进入了有法可依的新阶段。

表 6–5　疫苗监管领域主要法律法规

法规名称	文号	发文单位	生效时间	主要内容
《中华人民共和国药品管理法》（2015 年修正）	中华人民共和国主席令第 27 号	全国人民代表大会常务委员会	2001 年 12 月	加强药品监督管理，保证药品质量，保障人体用药安全，维护人民身体健康和用药的合法权益。
《中华人民共和国药品管理法实施条例》（2016 年修正）	国务院令第 360 号	国务院	2002 年 9 月	规范药品生产企业、药品经营企业、医疗机构的制剂、药品临床与生产、药品包装、药品价格及广告等。
《药品经营许可证管理办法》（2017 年修正）	国家食品药品监督管理局令第 6 号	国家食品药品监督管理局	2004 年 4 月	加强药品经营许可的监督管理，明确《药品经营许可证》发证、换证、变更程序。
《药品生产监督管理办法》（2017 年修正）	国家食品药品监督管理局令第 14 号	国家食品药品监督管理局	2004 年 8 月	加强药品生产的监督管理，明确药品监督管理部门依法对药品生产条件和生产过程进行审查、许可、监督检查等管理活动。
《药品说明书和标签管理规定》	国家食品药品监督管理局令第 24 号	国家食品药品监督管理总局	2006 年 6 月	药品商标和商品名不得大于通用名，有利于打击换药名和换包装药。
《药品注册管理办法》	国家食品药品监督管理局令第 28 号	国家食品药品监督管理局	2007 年 10 月	保证药品的安全、有效和质量可控，规范药品注册行为，明确药物的临床试验要求及新药、仿制药、进口药品的申报与审批。
《药品生产质量管理规范（2010 年修订）》	卫生部令第 79 号	卫生部	2011 年 3 月	国家对药品生产各环节实行质量管理规范认证制度，加强药品质量安全控制。
《医疗器械监督管理条例》（2017 年修正）	国务院令第 680 号	国务院	2014 年 6 月	对医疗器械的研制、生产、经营、使用、监督做出了相应的规定。
《医疗器械注册管理办法》	国家食品药品监督管理总局令第 4 号	国家食品药品监督管理总局	2014 年 10 月	规范医疗器械的注册与备案，保证医疗器械的安全、有效。
《医疗器械说明书和标签管理规定》	国家食品药品监督管理总局令第 6 号	国家食品药品监督管理总局	2014 年 10 月	规范医疗器械说明书和标签，保证医疗器械使用的安全，明确医疗器械中说明书及标签的正确使用方式。

续表

法规名称	文号	发文单位	生效时间	主要内容
《医疗器械生产监督管理办法》（2017 年修正）	国家食品药品监督管理总局令第 7 号	国家食品药品监督管理总局	2014 年 10 月	加强医疗器械生产的监督管理，规范医疗器械生产行为，保证医疗器械安全、有效。
《医疗器械经营监督管理办法》（2017 年修正）	国家食品药品监督管理总局令第 8 号	国家食品药品监督管理总局	2014 年 10 月	加强对医疗器械经营的监督管理，规范医疗器械经营行为。
《医疗器械经营质量管理规范》	国家食品药品监督管理总局公告 2014 年第 58 号	国家食品药品监督管理总局	2014 年 12 月	加强医疗器械经营质量管理，规范医疗器械经营管理行为，明确企业在医疗器械经营中的质量管理义务。
《医疗器械生产质量管理规范》	国家食品药品监督管理总局公告 2014 年第 64 号	国家食品药品监督管理总局	2014 年 12 月	加强医疗器械生产监督管理，规范医疗器械生产质量管理，明确企业在医疗器械生产的质量管理义务。
《疫苗流通和预防接种管理条例》	国务院令第 668 号	国务院	2016 年 4 月	规定了对疫苗流通、预防接种的监督管理工作。
《药品经营质量管理规范》	国家食品药品监督管理总局令第 28 号	国家食品药品监督管理总局	2016 年 7 月	国家对药品流通环节实行质量管理规范认证制度，加强药品质量安全控制。
《体外诊断试剂注册管理办法》	国家食品药品监督管理总局令第 30 号	国家食品药品监督管理总局	2017 年 1 月	对体外诊断试剂实行分类注册管理，并具体规定了体外诊断试剂研制、临床试验、注册检测、产品注册及监督管理。
《生物制品批签发管理办法》	国家食品药品监督管理总局令第 39 号	国家食品药品监督管理总局	2018 年 2 月	每批制品出厂销售前或者进口时实行强制性审查、检验和批准的制度。

资料来源：根据公开资料整理。

2. 高进入壁垒：长周期、高技术、高风险

作为集高技术和高风险于一体的新兴产业，疫苗行业的产品研发周期相当长，其中新型疫苗通常需要 10 到 15 年的研发周期。从临床前研究、临床研究、试生产、产业化到产品销售，整个过程对企业的技术储备、经验积累及研发人员的技术水平、综合素质均提出了非常高的要求。面对新疫苗研发难度大的问题，部分企业尝试采取引进国外成熟生产技术的方法进入该领域，但在生产技术的消化吸收及最终实现产业化的过程中仍面临较大困难，故而

对于那些缺乏技术能力的企业很难进入疫苗行业。虽然疫苗的研发成功率相对高于其他药物，但不到20%的成功率依然非常严峻。数据显示2015年以前的10年时间里，从临床一期一直延续到批准上市的疫苗仅占总量的不到十分之一，其中在淘汰率最高的研发阶段，将近70%的疫苗在临床二期被淘汰。

一直以来，美国等西方国家作为经济全球化的倡导者和推动者，认为产业转移行为符合“微笑曲线”的发展规律——曲线中间为制造业，左端为研发，右端为营销，产业链中制造业附加值最低，而两端的研发和营销附加值更高，故整个曲线呈中间低两端高的微笑形。左端的研发属于全球性竞争，右端的营销属于本地性竞争。但实际上，制造业空心化后，那些建立在制造环节基础上的服务将变得极其不稳定，出现跟随制造环节转移、扩散的趋势，竞争力、创造力也将随之流失——这便是制造业的“磁力效应”。如今，“微笑曲线”突然变成了“哭泣曲线”，美国等西方国家把出现这一现象的责任推卸给中国，认为是中国的崛起掏空了他们的制造业。实际上，我们认为随着政策的调整，尤其是在生物医药领域的生产加工，已经呈现出新的“微微笑曲线”。

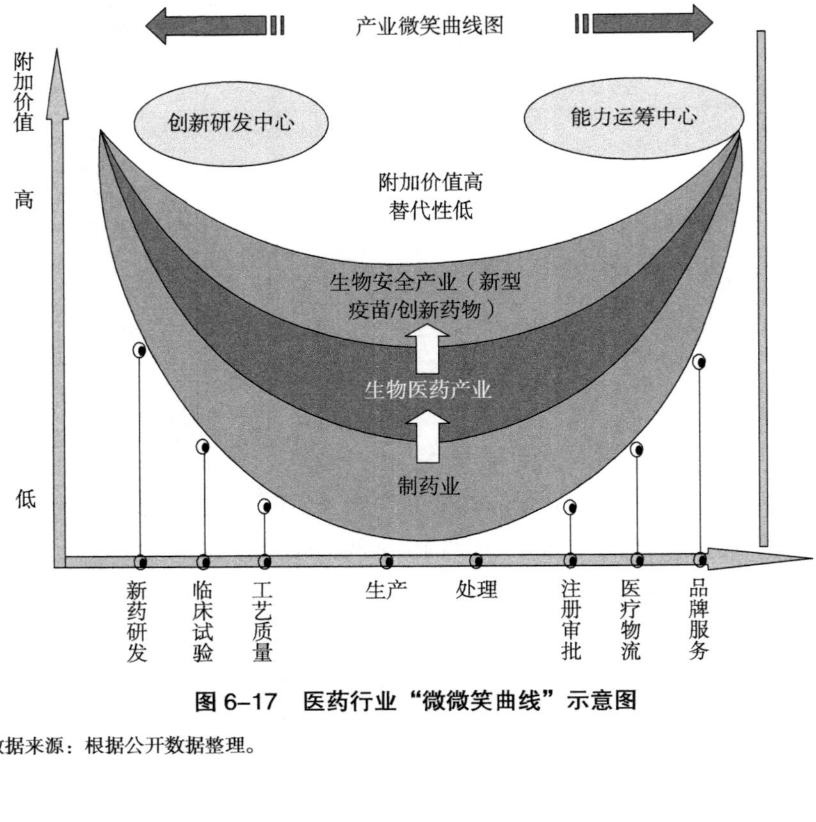

图 6–17　医药行业“微微笑曲线”示意图

数据来源：根据公开数据整理。

3. 庞大资金量：需要强大的资金支持研发与生产

疫苗行业属于资金密集型产业，在疫苗研发、疫苗生产、产品销售等环节均需要巨大的资金支持。研制新产品周期长且费用高，无论是临床前研究和临床研究，还是申请药品注册批件和 GMP 认证，每一个环节都需要大量人力、物力、财力的长期、持续注入，如果没有足够的资金支撑，企业将很难在日益激烈的市场竞争中立足。不仅如此，2011 年 3 月 1 日，《药品生产质量管理规范（2010 年修订）》（卫生部令第 79 号）颁布实施，进一步提高了对疫苗生产企业设备、人员及质量控制等方面的要求，提高了疫苗行业的准入门槛。

4. 与新药研发不同：菌株 / 毒株的获取与保护

作为疫苗研发的基础，菌株 / 毒株的研发、获取和产业化转化是考验疫苗企业研发能力的第一道门槛。全球主要的疫苗菌株 / 毒株来源包括世界卫生组织（WHO）、美国疾病控制中心（CDC）、美国食品药品监督管理局（FDA）、英国国家生物制品检定所（NIBSC）、澳大利亚药物管理局（TGA），这些毒株原本用于科学研究，如需用于产业化生产需进行二次开发。与全球疫苗产业相比，我国疫苗产业起步晚、发展慢、受限多。20 世纪 90 年代，国际疫苗巨头应 WHO 要求捐赠给我国一批可直接产业化的毒株；21 世纪以来，我国才通过国际合作的模式引入一些菌株 / 毒株用于产业化生产，但仍受到产品更新换代和技术等方面的限制；近几年来，随着外资疫苗企业对菌株 / 毒株的保护意识不断增强，尤其是 HPV 疫苗、肺炎疫苗等创新疫苗的毒株，技术转让变得愈加困难。

5. 产业特殊性：大规模产业化有一定难度

疫苗在研发、生产、检验和使用中存在如下五点特殊性：一是菌株 / 毒株作为起始材料具有生物活性；二是生物材料具有高变异性、内源性及外源性污染等潜在危险；三是针对隐蔽性强的潜在不良反应，需要用专业技术进行检验；四是需要通过对样本进行破坏性检验来预测整批质量，产品的质量检测具有局限性；五是疫苗面向部分特定人群，产品质量直接影响公共卫生管理体系。

6. 产品的属性：生命周期更长、商业化价值较高

疫苗的技术更新、产品迭代速度缓慢，例如在过去 10 年时间里，十大疫苗品种中仅有带状疱疹病毒疫苗发生了迭代，而其他疫苗均维持较好的销量

和竞争格局。相较于传统治疗性创新药所面临的专利悬崖和新产品迭代风险，疫苗类产品的生命周期明显更长，某些重磅疫苗上市后销量增长快、价格体系平稳，且产品的生命周期长、技术迭代慢。基于以上产品属性，国内外对疫苗品种估值较高，普遍认为其具有较高的商业化价值。

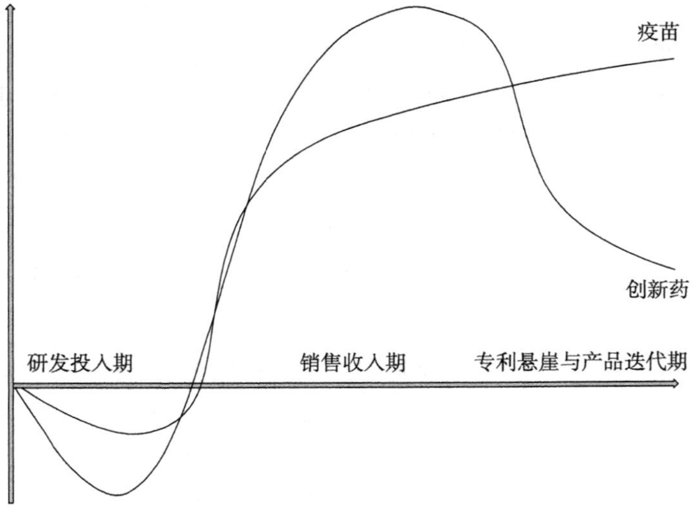

图 6–18　疫苗与创新药的价值链比较

数据来源：根据公开数据整理。

（四）疫苗的研发专利

一直以来，全球疫苗专利产出呈现稳步增长的发展态势。疫苗专利申请量前十位的国家依次为美国、中国、日本、法国、英国、德国、韩国、俄罗斯、加拿大和荷兰。其中，前五位国家专利数量之和占全球专利总量的63.74%，前十位国家专利数量之和占全球专利总量的 76. 47%。

在主要国家专利技术流向中，美国、中国、日本、法国和英国等前五位主要专利技术来源国的疫苗专利申请流向情况如下：美国是最主要的专利技术来源国，最注重其专利技术在日本和中国等亚洲市场的布局，向法国和英国等欧洲市场的专利申请量较少；法国、英国和日本比较专注向美国市场申请专利，向中国的专利申请量均高于中国向上述三位国家的申请量；相对而言，中国向美国申请了 192 件专利，向日本仅申请了 59 件专利，向法国和英国申请的专利量更少。

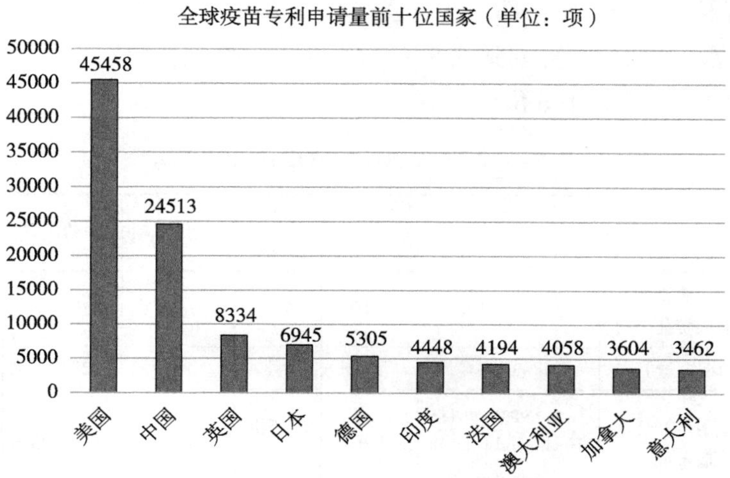

图 6–19　全球疫苗专利申请量前十位国家（单位：项）

数据来源：美国化学文摘社（CAS）文献与物质库，截至 2018 年。

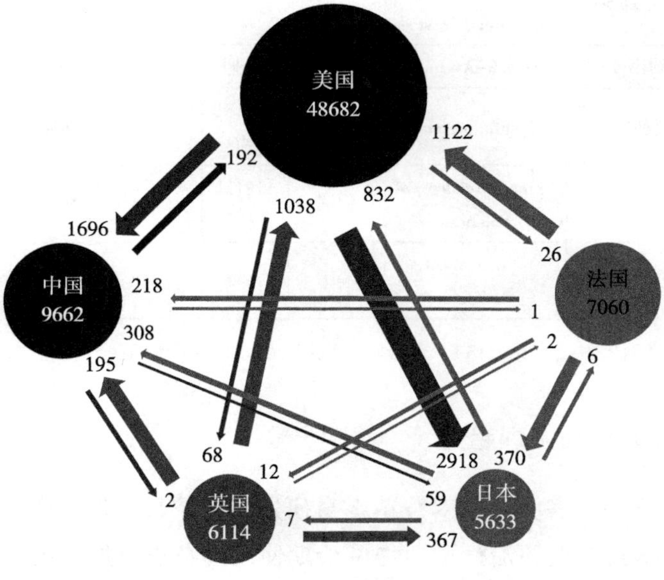

图 6–20　全球主要国家疫苗专利技术流向

数据来源：美国化学文摘社（CAS）文献与物质库，截至 2018 年。

在疫苗专利主要申请机构中，排在前两位的企业或科研机构是英国葛兰素史密斯克莱有限责任公司和瑞士诺华集团，专利数量依次为1685项和855项；美国卫生和公众服务部、默克公司和辉瑞制药公司等美国机构分别排在第3～5位，专利数量分别是695项、658项、480项；中国农业科学院专利数量为468项，排在第6位。

表6-6　疫苗专利数量TOP10申请机构

排序	专利机构名称		国家/地区	机构类型	申请量/项	申请区间	近3年申请占比/%
1	葛兰素史密斯克莱有限责任公司	GlaxosmithKline	英国	企业	1685	1959～2018	7.24
2	诺华公司	Novartis AG	瑞士	企业	855	1928～2018	7.01
3	美国卫生和公众服务部	U. S. Department of Health and Human Services	美国	科研机构	695	1983～2018	9.77
4	默沙东公司	Merck and Co., Inc	美国	企业	658	1946～2018	10.24
5	辉瑞制药公司	Pfizer Inc	美国	企业	480	1943～2017	3.21
6	中国农业科学院	Chinese Academy of Agricultural Services	中国	科研机构	468	2000～2018	30.6
7	赛诺菲集团公司	Sanofi-Aventis	法国	企业	466	1910～2018	4.1
8	巴斯德研究所	Institut pasteur	法国	科研机构	435	1958～2018	9.27
9	中国科学院	Chinese Academy of Sciences	中国	科研机构	414	1990～2018	33.17
10	加州大学	University of California	美国	高校	378	1980～2018	11.7

数据来源：美国化学文摘社（CAS）文献与物质库，截至2018年。

（五）疫苗产业发展趋势

2000年之前，各大药企对疫苗本身研发周期较长、投入资金巨大、承担风险较高、不具有慢病治疗型药物可长期使用等特点有所顾虑，对疫苗产品的投资积极性不高。这种状况在2005年以后逐渐得到改善，随着葛兰素史克、辉瑞、赛诺菲、强生、雅培等大型医药企业以兼并收购等方式纷纷进军疫苗市场，新兴疫苗行业得以快速发展。

1. 国际市场格局：欧美占据市场主导

WHO 统计数据显示，2019 年全球疫苗市场总规模达到 326 亿美元，其中美洲的疫苗市场规模占比达到 48%，欧洲占全球疫苗市场规模比重达到 21%，美洲和欧洲凭借其较高的价值体系和优良的产品结构在全球疫苗市场中占据主导地位；2019 年中国疫苗市场规模仅为 45 亿美元，同比增长 9%，在市场规模上与日本、印度及南美洲市场相当。

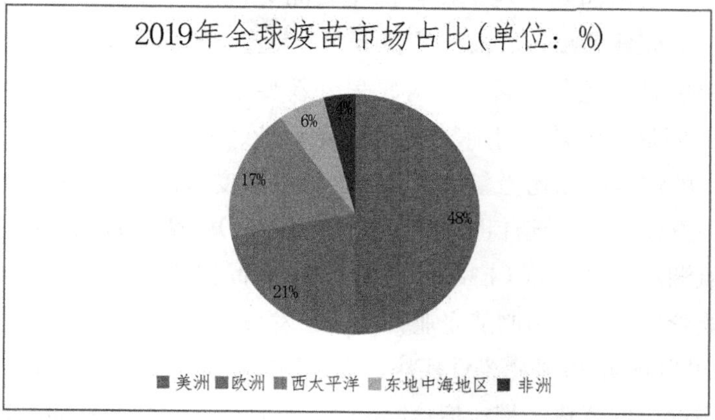

图 6–21　2019 年全球疫苗市场占比（见彩插）

数据来源：根据公开数据整理。

2. 全球竞争格局：呈现寡头竞争状态

图 6–22　2011 ~ 2019 年全球疫苗销售总额

数据来源：根据公开数据整理。

目前，全球疫苗市场经过不断整合逐渐呈现集中度高的行业特征，在

2011～2019年的全球疫苗销量总额分布中，葛兰素史克（GSK）占比28%，默沙东（MSD）占比24.4%，赛诺菲（Sanofi）占比19.7%，辉瑞（Pfizer）占比17.9%，四大制药巨头在全球疫苗市场中占比达到九成，业务销售额的增长速度明显加快，这主要得益于葛兰素史克上市了带状疱疹病毒疫苗以及默沙东HPV疫苗销售额的显著增长。

3. 品种数量比较：中国仍有一定差距

一方面，目前国际市场上疫苗的主要品类包括呼吸系统疫苗（肺炎球菌疫苗、脑膜炎双球菌疫苗、流感疫苗等）、人乳头瘤病毒（HPV）疫苗、水痘和带状疱疹疫苗、轮状病毒疫苗等，另外新型重组带状疱疹病毒疫苗作为新型疫苗放量明显。疫苗行业作为品种驱动行业，从表6–7可以看出位列全球销售额前十的疫苗产品均为新型疫苗或多价多联疫苗，而尚未有中国企业位列其中；另一方面，通过统计世界卫生组织（WHO）、美国食品药品监督管理局（FDA）、欧洲药品管理局（EMA）、国家食品药品监督管理总局（CFDA）等国内外疫苗监管机构和疫苗制造企业官网信息发现，全球上市的预防性疫苗共有约70种，可以预防36种感染性疾病，而中国生产的疫苗可以预防33种感染性疾病（腺病毒、登革热、带状疱疹除外）。综合来看，全球在研疫苗主要涉及传染性疾病等领域，并逐渐向癌症、自身免疫疾病等领域扩展。

表6–7 全球销售TOP10疫苗产品（2018~2019年）

英文商品名	通用名	生产商	销售额（亿美元）	
			2018年	2019年
Prevnar 13	13价肺炎疫苗	辉瑞	58.02	58.47
Gardasil4&9	人乳头瘤病毒疫苗	默沙东	31.51	37.37
Shingrix	重组带状疱疹疫苗	葛兰素史克	10.47	23.17
ProQuad	麻腮风–水痘疫苗	默沙东	17.98	22.79
Pentacel	百白破–脊髓灰质–b型流感五联苗	赛诺菲	20.66	21.79
Fluzone	四价流感疫苗	赛诺菲	20.17	21.17
EngerixB	肝炎疫苗	葛兰素史克	10.79	11.16
Pediarix	百白破–b型流感–乙肝五联苗	葛兰素史克	9.08	9.36
RotaTeq	五价口服轮状病毒疫苗	默沙东	7.28	7.91
Rotarix	口服轮状病毒疫苗	葛兰素史克	6.96	7.12

资料来源：WHO，Bloomberg

中国已经成为全球人用疫苗生产量的第一大国。统计数据显示，我国每年批签发量达到 5 亿 ~ 10 亿瓶（支），我国也因此形成了全球疫苗产品最大的需求和供给市场。中国疫苗经过多年发展，虽然在品种数量上与发达国家差距较小，但在某些品种的产能、工艺、质量上仍存在较大差距，其中产能不足尤为严重。面对依然存在的差距，我国在疫苗科研领域不断加大投入，努力向疫苗研发强国、生产强国迈进。

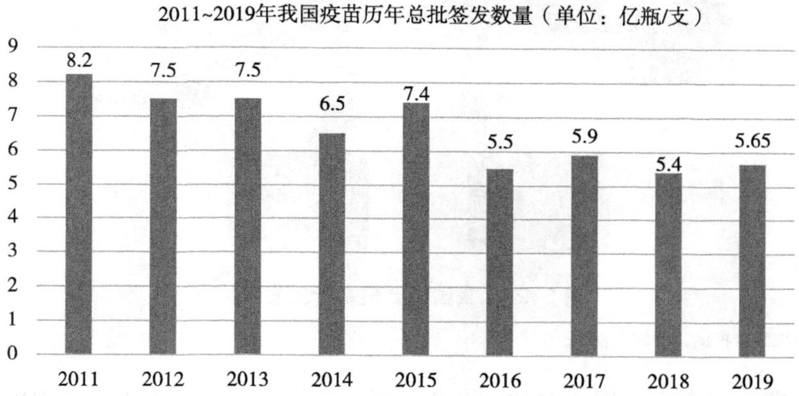

图 6–23　2011~2019 年我国疫苗批签发数量

数据来源：根据公开数据整理。

批签发的全称为“生物制品批签发”，它是指国家对疫苗类制品、血液制品、用于血源筛查的体外诊断试剂，以及药监部门规定的其他生物制品，在产品上市或进口前，由药品检验机构对产品进行资料审核、现场核实、样品检验等监管行为，其中不合格产品不得上市或进口。同样对于中国出口到其他国家的疫苗来说，也必须经过批签发才能在别国上市流通。疫苗批签发被广泛应用于世界各国，作为国家疫苗监管体系的六大职能之一，确保疫苗在上市使用前安全有效。2011 年和 2014 年，我国疫苗监管体系两次顺利通过世界卫生组织的国家监管体系评估（NRA）。疫苗批签发制度中对签发流程有极其严格的规定，在疫苗流通过程中必须做到如下三点：一是规范流通——国家取消疫苗批发关节，提升防控能力降低安全风险；二是全程冷链——疫苗配送过程中全程冷链“不断链”，保障流通质量安全；三是流通溯源——国家建立疫苗全程追溯制度与相关体系，加强全程监管。

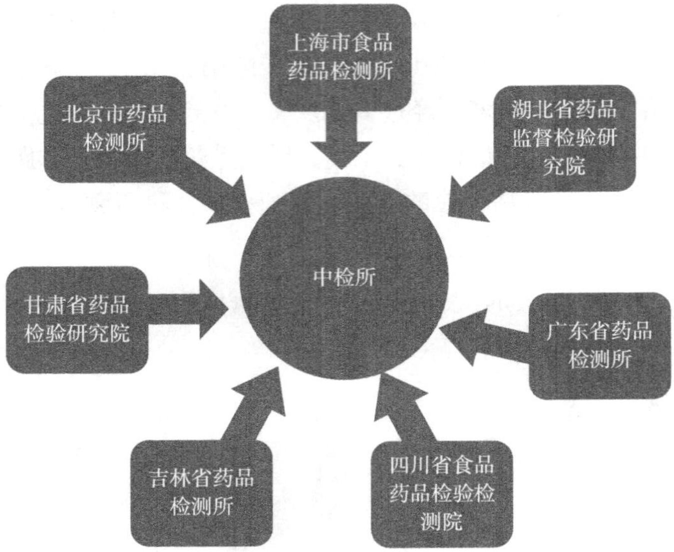

图 6–24　我国主要疫苗批签发机构

资料来源：根据公开数据整理。

疫苗流通管理采用一票制。疫苗流通的终端是各级疾控中心（CDC）、基层卫生服务中心接种点。其中一类疫苗属于国家强制接种，由政府在省级平台统一采购完成，疫苗生产企业直接送至疫苗流通终端；对于二类疫苗，在2016年前采用代理形式，即疫苗生产企业以出厂价卖给代理商，再由代理商负责后续推广及配送等环节。但2016年，山东非法疫苗案发生后，新版《疫苗流通和预防接种管理条例》规定将二类疫苗采购纳入省级集中招标平台，疫苗生产企业直接对接县级疾控中心。自此疫苗批发企业被踢出流通环节，我国疫苗流通实现一票制。

未来，全球和中国的存量市场巨大，随着诸多重磅疫苗品种纷纷上市，疫苗产业进入黄金发展期。一是技术驱动。随着基因组学、蛋白质组学、免疫学等学科研究的不断深入，以及计算机辅助设计等手段的逐渐完善，疫苗研发将趋向于“流程化”“扁平化”的特点，并且研发重点将是研制更为复杂的多价疫苗，以同时预防由同一病原体的不同菌株或不同类型病原体引起的传染病为目的。未来新型疫苗的市场比重不断增大、研发水平不断提升。二是需求驱动。近几年来，受多起假疫苗事件的负面影响，疫苗行业短期内发展受阻。但从长期来看，疫苗行业依然受益于需求驱动且不会受到医保控费及降价影响。同时，医药研发重心将从疾病治疗转向疾病预防，疫苗产业必将迎来更加快速、持续、稳健的发展阶段。三是政策驱动。一方面来自市场监管的力度不断增强、对疫苗质量安全管理更加严格。《关于改革和完善疫苗管理体制的意见》中指出，对疫苗市场的监管既包括对新进入者提高准入门槛，也包括对已进入者建立完善的优胜劣汰机制，规范疫苗接种管理，堵住监督管理漏洞，打击各种违法违规行为，最终确保疫苗在生产和供应全流程中绝对安全。同时，中国 2019 年新颁布的《疫苗管理法》明确规定伤害的“无过错”赔偿原则，都将推动行业加速洗牌。另一方面，在《国家中长期科学和技术发展规划纲要（2006～2020 年）》《“十三五”生物技术发展规划》中，已经将新型疫苗作为重大专项和亟待突破的关键技术提上议程，尤其重视涉及严重威胁我国人民生命健康的重大传染病及复杂疾病的治疗性疫苗。四是产业驱动。政府等非营利组织持续对不同规模的疫苗生产企业提供全方位支持，充分发挥传染病疫苗作为公共卫生卫士的功能潜力，并促进疫苗行业持续发展。

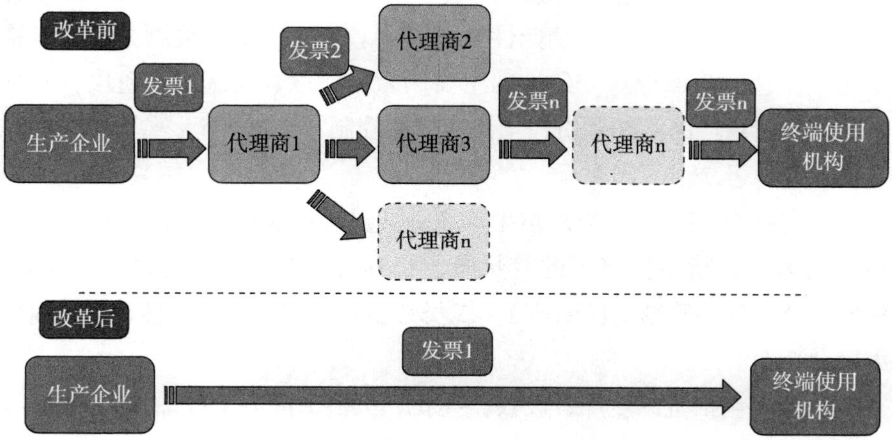

图 6–25　疫苗流通“一票制”

二、产业链诊断

（一）产业链结构

1. 上游：研发

上游是指负责疫苗研发的基础研究机构、高校、流行病研究机构、疫苗临床研究机构及企业，还包括各种参与疫苗研发与生产的设备、培养基、化学试剂及药包材等相关的制造企业。

疫苗研发过程包括临床研究、工艺开发及鉴定方法研究，整个研发周期大概需要 10 到 15 年时间。（1）临床研究：分为临床前研究、临床一到三期研究，以及为确定疫苗安全性、免疫原性及有效性的上市后研究。与其他药品不同，疫苗只要在临床研究阶段通过早期的人体概念验证试验，便有很大的获批成功的可能性；（2）工艺开发：该步涉及准备符合临床试验监管要求的试验用疫苗。生产工艺主要包括临床前毒理学研究及分析评估、多批次临床用疫苗及最终放大，一般按照 1/10 或者全量生产规模下连续三批疫苗用于临床免疫原性的研究使用。此外还需为在正式车间的大规模生产进行技术转移，包括生产工艺和分析步骤。如果在临床三期使用的试验疫苗并非来源于生产车间的大规模生产，待生产车间生产工艺完善后仍需补做桥接试验；（3）鉴定方法研究：主要涉及确定原料纯度的检测方法，检测疫苗产品安全性及效力，确定免疫学及其他预测疫苗效果的检测标准，一般采用包括开发合适动物试验及体外检测方法的功能性效力试验。由于生物学检测方法的不稳定性是影响工艺、生产保持一致性的主要因素，所以在实际生产阶段，70% 左右的时间花费在产品检测和质控（包括质量控制、定标）上。

2. 中游：生产

中游包括全部的一二类疫苗生产企业，其中一类疫苗产品由国有七大所供应（七大所是指中生旗下的兰州所、长春所、上海所、北京所、成都所、武汉所，及卫健委管辖的昆明所），二类疫苗市场则呈现开放性，生产商包括各大民营企业。

疫苗生产包括抗原生产、收获、纯化、灭活、配方（佐剂 / 防腐剂）、药物制备（灌装、检验及包装）的各个阶段及质量控制，涵盖了疫苗制造的全部步骤，按生产流程划分可分为生产出原液的批生产和分装成制剂的后处理两步。疫苗的安全性和有效性与生产过程中工艺的稳定性、鉴定方法及质控体系息息相关。在疫苗的生产过程中，从小试、中试到向生产车间大规模生产进行技术转移均被提出了越来越高的要求，这就需要对生产工艺进行不断地开发优化。此外，在整个疫苗生产过程中，仅检测与质控就占据了 70% 的时间，充分说明了原液生产对疫苗制剂质量的重要性，且拥有核心商业机密。

3. 下游：销售

下游主要包括符合国家法规的经销商和代理商，各级疾控中心、医院及接种点，物流配送企业，下游终端为普通消费者。

鉴于疫苗本身的特殊性，在研发、生产、流通、使用各个环节均受到严格的监管。与其他普通药物相比，疫苗在研发生产过程中不仅需要进行 GLP、GCP、GMP 等认证程序，上市销售前还需要遵守批签发制度，在进入流通领域时实行一票制。

综上所述，疫苗产业链具有两大特征：一是行业集中度将不断提升，头部企业将显著受益。疫苗行业具有技术门槛高、研发风险高、资金密集度高等行业特点，行业整合趋势加快、规模效应显现。大型企业在规模生产技术、质量控制体系以及产品升级换代等方面均占据绝对优势，在业内处于领先地位。随着行业监管力度加大，市场壁垒大幅提升，由于渠道与营销的规模效应，随着市场集中度的逐渐提升，头部企业的盈利能力不断得到加强，马太效应随之显现；二是行业结构调整升级，企业不断向产业链前端和价值链高端转移。位于产业链上游的临床研究，由于技术含量较低、竞争激烈等因素导致议价能力较弱；位于产业链下游的流通领域及销售终端，一方面，强化监管与质量控制，实行批签发制度严格规范对疫苗产品效价与安全性进行监测，在实施疫苗流通新政后，疫苗产品变为高开模式实行一票制；另一方面，市场多方利好，主要表现为一类疫苗因为由国家防疫计划决定且收益少，导致生产企业将目标转向收益巨大的二类疫苗上。同时随着国家三胎政策放开，人们的预防保健意识不断增强，最后是新型农村合作医疗覆盖范围不断扩大，惠及广大普通消费者。

（二）产业链图谱绘制

产业链图谱是一类反映各种产业需求的结构化数据体系，通过利用先进的识别技术对数据进行结构化分类，进而绘制成丰富的知识图谱，并在此基础上借助精细化的人工运营对图谱进行二次加工，以确保数据的真实性和准确性，用图谱清晰准确地反映各领域的数据。

本书通过收集整理大量疫苗产业和企业的数据资料，汇总整理并进行二次加工，初步绘制出新型疫苗产业链图谱，作为后续研究的参考依据。

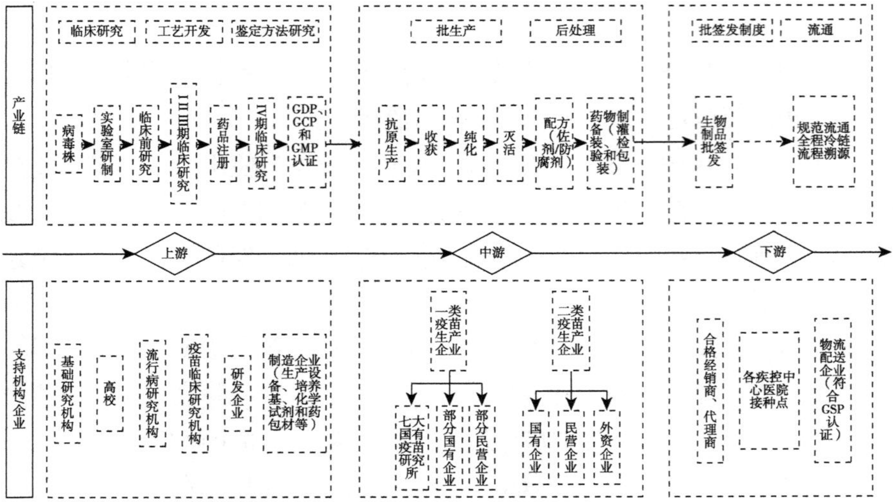

图 6–26　新型疫苗产业链全景图谱

三、产业链主要任务

产业链招商的重点是促进产业集聚，通过分析产业链达成塑造产业链的需求，消除整条产业链的短板，扩大规模效应和技术外溢效应，从而达到目标明确的精准招商目的，全面提升产业的核心竞争力并促使其可持续化发展。

（一）产业链招商地图

1. 产业链招商的目的

产业链招商地图是在熟悉本地区产业优势与产业缺失的前提条件下，依据产业发展需求和区域战略规划，个性化定制绘出潜在的招商目标图系。该地图不仅描绘了区域重点关注技术和产业在全球的分布与发展趋势，而且解构出每个技术细分领域的关联图谱，通过与区域现有产业基础和发展优势相结合，得出亟待解决的技术瓶颈及亟待引入的配套性、互补性产业环节，根据区域个性需求在全球范围内进行产业及技术搜索，最终实现锁定潜在目标企业、机构及领军型人才的产业链招商目的。产业链招商地图可以为地方政府提供更加清晰直观的发展方向及招商目标，运用熟练后可以达到事半功倍的效果。

专栏4 产业链招商

产业链招商是指围绕一个产业的主导产品，及与之配套的原材料、辅料、零部件和包装件等产品和相关服务配套，形成供需“上下游”的产业链条关系，吸引投资谋求协同发展，形成倍增效应，以增强产品、企业、产业乃至整个区域综合竞争力的一种招商模式，并建立起同一产业间各种投入品及成品的技术经济联系。

2. 产业链招商的步骤

第一，提升产业发展规划的专业性。近些年，地方政府愈加重视对区域及园区的整体发展规划，但对于主导产业及配套产业筛选、产业空间布局、产业发展生命周期梯度等问题并不清晰。因此，精准绘制产业链招商地图的第一步便是制定更加专业的产业发展规划。

第二，产业链分析。将所选产业的上下游细分产业及相关产业以图表的形式清晰直观地呈现在产业链招商地图上，通过对产业链进行深入分析，才能进行不断的“延链”“补链”，并最终形成具有一定规模的产业集群。例如某地绘制的机械设备产业链地图，主要分为基础零部件、关键部件和成套机械装备三部分，而成套机械装备又进一步细分为工程机械、金属加工设备、纺织服装设备、农业专用设备等。

第三，行业领域企业分析。不同行业、不同产业所涉及企业数量庞大，不可能将每个企业都列入产业链招商地图。因此需要对行业领域内的企业进行深入分析，判断哪些企业是龙头企业（如世界500强、中国500强、央企等），哪些企业可以作为地区或园区重点合作对接企业，通过梳理研究每个潜在目标企业的综合实力、产品质量、行业地位等，为政府点对点精准招商提供信息支持。

第四，目标企业区域分析。通过区域分析对目标企业进行区域分类，可以为“驻点招商”提供技术支持。对于重点发展区域，充分借助召开专门的招商推介会、投资洽谈会等活动，以及与当地协会、商会开展合作，达到最佳的招商效果。

第五，绘制完成产业链招商地图。通过提炼总结前四步分析成果，把分析结论突出表示，绘制重要的分析图表，便可绘制出完整的产业链招商地图。

3. 产业链招商的作用

园区产业链招商相较于传统的招商引资方式，逐渐摆脱了利用拼土地、拼税收等优惠政策的方式，转变为以打造深层次、有长远效应的产业链为基本目标，以构建产业链为根本需求，补齐产业链薄弱环节并确定目标企业，聚力打造产业集群，最终实现有目的、有针对性的产业招商活动。

第一，产业链招商是产业推动的黏合剂

产业链招商对于促进区域经济发展具有重大的实践意义。首先，产业链招商可以直接促进区域经济总量的增加，除此之外，产业链招商可以将上下游企业紧紧黏合在一起，达到产业高度集聚的效果，从而提高社会化生产的组织化程度；通过就近配套、就近采购甚至是一站式采购，在降低生产成本的同时，也极大增强了产业链竞争力。其次，产业链招商在技术示范层面产生横向和纵向溢出效应。横向溢出效应体现在：同类型企业之间的有序竞争将有助于产业技术上的不断迭代升级；纵向溢出效应则体现在：相互适应过程中的上下游企业将不断向先进技术企业聚拢。尤其是引入高端研发环节，不仅可以极大地促进产业的技术提升，而且还可能发展成为相关产业的研发中心、销售中心及价格形成中心。

第二，产业链招商是集群品牌的助推剂

区域内产业集群的发展地位与产品品牌休戚相关，产业链所在集群由于具有完善的基础设施、完备的服务功能、良好的服务品质和一定竞争优势的核心业务，不仅可以为该区域不断聚集相关产业，而且可以不断促进产业技术的进步升级和经营创新，从而实现产业链区位的可持续发展，最终在市场竞争中形成产业和产品的绝对优势，在打造产品品牌的同时，更不断助推打造区域品牌，实现可持续发展。

（二）产业链精准分析

国家药监局统计数据显示，截至 2018 年 6 月，我国共有疫苗生产企业 45 家，占全球疫苗生产企业的 40%，可实现生产疫苗 63 种、预防传染病 34 种，年产能超 10 亿剂次。全国 45 家疫苗生产企业中，包括中国生物技术股份有限公司下属的北京、兰州、武汉、长春、成都、上海生物制品研究所，医科院昆明所、天坛生物等 8 家国企，辽宁成大生物股份有限公司、中国医学科学院医学生物学研究所 2 家国企，以及其余 35 家民营或外资企业。受国家产业布局影响，广州疫苗产业具有起步时间晚、创新实力弱、创新要素分散、产业基础薄弱等发展劣势，广东省现有代表性疫苗研发企业 6 家，其中广州 1 家、深圳 4 家、珠海 1 家。

表 6–8　广东省疫苗生产企业、经营企业名单

序号	企业类别	企业名称	所在地市
1	疫苗生产企业	广州诺诚生物制品股份有限公司	广州
2	疫苗生产企业	深圳康泰生物制品股份有限公司	深圳
3	疫苗生产企业	深圳赛诺菲巴斯德生物制品有限公司	深圳
4	疫苗生产企业	葛兰素史克生物制品（深圳）有限公司	深圳
5	疫苗生产企业	深圳市卫光生物制品股份有限公司	深圳
6	疫苗生产企业	丽珠集团疫苗工程股份有限公司	珠海
7	疫苗经营企业	国药控股广州有限公司	广州
8	疫苗经营企业	广州医药有限公司	广州
9	疫苗经营企业	华润广东医药有限公司	广州
10	疫苗经营企业	广州健兰生物制品有限公司	广州
11	疫苗经营企业	广东东方新特药有限公司	广州
12	疫苗经营企业	广东颐生堂生物医药科技有限公司	广州
13	疫苗经营企业	广东大翔药业有限公司	广州
14	疫苗经营企业	广州市健业生物制品有限公司	广州
15	疫苗经营企业	广东金安宝生物制品有限公司	广州
16	疫苗经营企业	广东立晖生物药品有限公司	广州
17	疫苗经营企业	广东诺华诺康生物医药有限公司	广州
18	疫苗经营企业	广东国生生物制品有限公司	广州
19	疫苗经营企业	广东健泽医药有限公司	广州
20	疫苗经营企业	广东益生元医药有限公司	广州
21	疫苗经营企业	广东瀚泽医药有限公司	广州
22	疫苗经营企业	广州龙成药业有限公司	广州
23	疫苗经营企业	广东美康大光万特医药有限公司	广州
24	疫苗经营企业	广州中山医医药有限公司	广州
25	疫苗经营企业	国药集团一致药业股份有限公司	深圳

续表

序号	企业类别	企业名称	所在地市
26	疫苗经营企业	深圳市立健医药有限公司	深圳
27	疫苗经营企业	广东润德生物药业有限公司	深圳
28	疫苗经营企业	华润珠海医药有限公司	珠海
29	疫苗经营企业	珠海市医药有限公司	珠海
30	疫苗经营企业	汕头市健信药品有限公司	汕头
31	疫苗经营企业	广东聚盛药业集团天健药业有限公司	汕头
32	疫苗经营企业	佛山市南海新药特药有限公司	佛山
33	疫苗经营企业	佛山市圣邦医药有限公司	佛山
34	疫苗经营企业	中山市医药有限公司	中山
35	疫苗经营企业	中山市兴卫医药有限公司	中山
36	疫苗经营企业	吴川市伟达医药有限公司	湛江
37	疫苗经营企业	广东万联生物制品有限公司	湛江
38	疫苗经营企业	广东仁兴药业有限公司	湛江
39	疫苗经营企业	惠州市卫康中西药业有限公司	惠州
40	疫苗经营企业	广东宏鸣生物科技有限公司	揭阳
41	疫苗经营企业	茂名市绿恒药业有限公司	茂名
42	疫苗经营企业	广东佳丰生物制品有限公司	梅州
43	疫苗经营企业	河源市维尔康药业有限公司	河源

资料来源：根据广东省食品药品监管局公开资料整理，数据截至2016年。

1. 广州开发区“新型疫苗”产业链分析

广州所处的粤港澳大湾区，其中心城市、节点城市具有人口密度大、分布集中、交通便利、开放度高等特点，成为新发传染病的多发地、传播地。广州开发区、广州高新区在新型疫苗产业链“建链”“强链”过程中，主动适应国家医疗卫生事业从治疗向预防转变的新形势，积极招引预防医学研发和产业化项目，着力构建以疫苗为主体的研发产业化基地。上游已经集聚了广州再生医学与健康广东省实验室（简称“生物岛实验室”）、广州呼研所、诺诚生物、华南疫苗、达博生物、恩宝生物、锐博生物、派真生物、瑞贝斯药业等一批疫苗研发机构与企业；中游疫苗生产企业主要有瑞贝斯药业、华南疫苗、永顺生物、伯尼兹生物、恩宝生物、维佰生物、中科蓝华等；下游有颐生堂和益生元两家疫苗经营企业。联盟协会主要有 5 家，分别是传染病诊断试剂产业技术创新联盟、新发传染病疫苗研发技术创新联盟、粤港澳实验动物共享服务与技术创新联盟、全国创新生物医药创业投资服务联盟、广州粤港澳大湾区生物医药促进会。区内还有重要的产学研转化平台“粤港澳大湾区疫苗产业基地”，主要开展流感疫苗、手足口疫苗、H7N9 流感疫苗、腺病毒疫苗、呼吸道合胞病毒疫苗、新型广谱通用流感疫苗、腺病毒载体疫苗、MERS 和新型冠状病毒等新发突发传染病疫苗产品的研发、生产和销售。从产业链集群建设来看，广州开发区、广州高新区已经形成一定规模的企业集聚，拥有病毒检测技术和传染病体外诊断技术等多项核心技术，初步构建形成以疾控中心、医院、高校、科研院所为主干，疫苗研发企业为头部，疫苗生产企业为腰部和疫苗经营企业为尾部的可持续产业生态体系，产业链条完整。

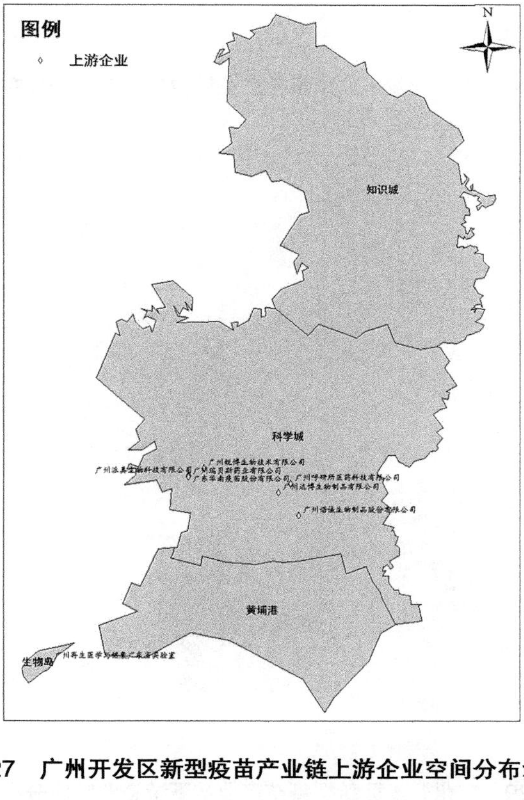

图 6–27　广州开发区新型疫苗产业链上游企业空间分布示意图

数据来源：广州开发区企业数据库（2019 年）。

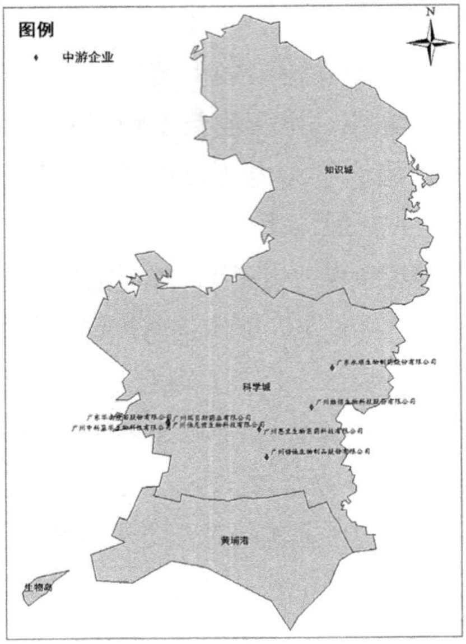

图 6–28　广州开发区新型疫苗产业链中游企业空间分布示意图

数据来源：广州开发区企业数据库（2019 年）。

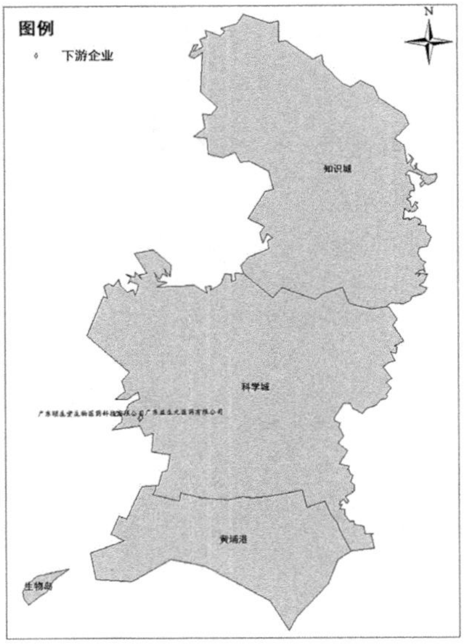

图 6–29　广州开发区新型疫苗产业链下游企业空间分布示意图

数据来源：广州开发区企业数据库（2019 年）。

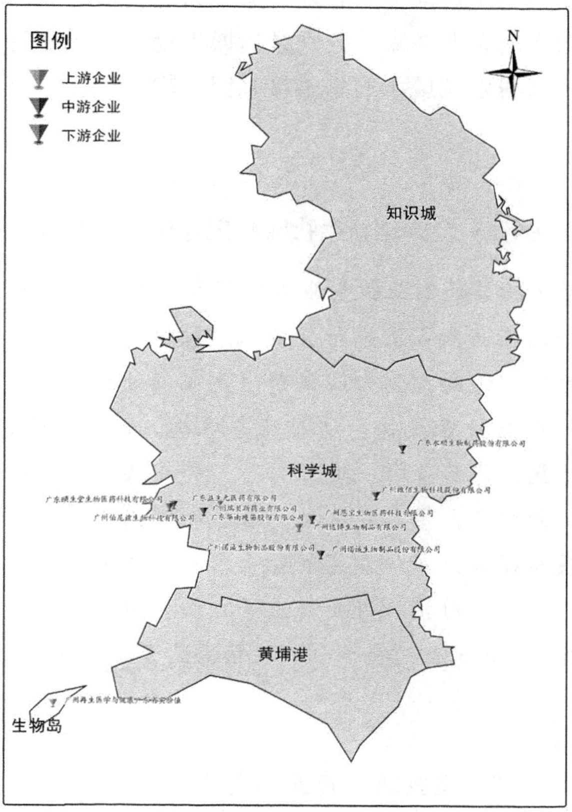

图 6–30　广州开发区新型疫苗全产业链龙头企业空间分布示意图（见彩插）

数据来源：广州开发区企业数据库（2019 年）。

地理信息处理系统对广州开发区企业数据进行分析，得到广州开发区新型疫苗全产业链企业空间分布图（参见图 6–27、图 6–28、图 6–29、图 6–30）。从企业数量上看，疫苗产业链上游企业 9 家，中游企业 8 家，下游企业 2 家。其中，覆盖上游和中游的企业有 4 家，分别是恩宝生物、华南疫苗、瑞贝斯药业、诺诚生物；高新技术企业 8 家，分别是达博生物、华南疫苗、派真生物、瑞贝斯药业、诺诚生物、永顺生物、伯尼兹生物、维佰生物、中科蓝华生物；研发机构 1 家，广州再生医学与健康广东省实验室。从空间结构上看，疫苗产业在地理空间上的集聚特征是：（1）产业空间集聚度不高。从产业链空间分布上，区内疫苗企业均分布在科学城板块，数量不多并且呈现分散性，其他板块无疫苗类企业。（2）产业链尚未形成体系。目前区内有传统疫苗产品研发与生产能力的企业1家，为瑞贝斯药业；有新型疫苗产品研发、生产、销售的企业3家，分别是达博生物、华南疫苗、诺诚生物。产业链条很短，产品研发领域主要集中在基因工程领域，产业规模不大，缺乏龙头企业引领。

专栏5 全国创新生物医药创业投资服务联盟

全国创新生物医药创业投资服务联盟于2018年11月15日在第二届官洲国际生物论坛开幕式上举行了成立启动仪式。该联盟是在国家发展改革委的指导下，由国投创合国家新兴产业创业投资引导基金、广州开发区管委会、创业投资机构、创业服务机构、企业、研究机构等组成，按照“平等自愿、优势互补、资源共享、合作共赢”的原则，将凝聚政府、产业界、金融界、学术界及社会各界的共识与合力，探索创业投资服务产业发展新模式，充分发挥创业资本集聚作用；不断加强各成员在产业形式研判、项目对接、行业交流等方面的协作，推动生物医药技术创新与科技成果转化，打造全国创新生物医药专业投资生态圈。

2. 广州开发区“新型疫苗”产业招商地图指引

我国是世界上为数不多的几个能够依靠自身能力解决全部计划免疫疫苗的国家之一。疫苗产业对国家生物安全战略起到至关重要的作用，疫苗生产和质量控制的重要程度不言而喻，而不同疫苗的生产工艺、生产设备、检验项目及方法各有不同。一方面，在疫苗制备生产过程中，用到的仪器设备包括微生物发酵罐、细胞培养箱、疫苗存储设备等；另一方面，在疫苗质量控制过程中，涉及理化性质检测、微生物学检测和免疫学检测等多个环节，每个环节均需要使用与之相关的仪器设备。例如多糖等大分子物质的含量检测及结构分析环节将使用高效液相色谱、红外光谱及多种分析仪器；核酸分子量、含量浓度检测环节将使用核酸电泳仪、核酸定量仪等仪器；蛋白分子量、浓度、蛋白印迹环节将用到蛋白电泳仪、凝胶成像系统、聚丙烯酰胺凝胶电泳；生物学标记技术将使用同位素检测仪；毒性试验环节的细胞培养、细胞抗原及抗体、细胞核酸物质浓度检测等将使用流式细胞仪、酶标仪等仪器。

表 6-9　疫苗行业内企业招商指引目录（全国 55 家企业名单）

企业名称	编号	分类码	企业负责人	企业类型	注册地址	生产范围
北京华尔盾生物技术有限公司	京 20100029	S	仪忠军	有限责任公司	北京市门头沟区石龙经济开发区泰安路 1 号	疫苗［重组乙型肝炎疫苗（CHO 细胞）］*
施耐克（北京）生物制药有限公司	京 20100215	S	赵荣辉	其他有限责任公司	北京市怀柔区雁栖经济开发区南四街 23 号	疫苗［双价肾综合征出血热纯化疫苗（Vero 细胞）］*
北京科兴生物制品有限公司	京 20100172	S	尹卫东	有限责任公司（台港澳与境内合资）	北京市海淀区上地西路 39 号	疫苗（甲型肝炎灭活疫苗、甲型乙型肝炎联合疫苗、流感病毒裂解疫苗、大流行流感病毒灭活疫苗、甲型 H1N1 流感病毒裂解疫苗）、小容量注射剂 *
北京天坛生物制品股份有限公司	京 20100002	HbS	崔萱林	股份有限公司（上市）	北京市北京经济技术开发区西环南路 18 号 A 座 126 室	生物工程产品［重组乙型肝炎疫苗（酿酒酵母）］、疫苗［麻疹减毒活疫苗、腮腺炎减毒活疫苗、流感病毒裂解疫苗、风疹减毒活疫苗（人二倍体细胞）、麻疹风疹联合减毒活疫苗、麻腮风联合减毒活疫苗、乙型脑炎灭活疫苗、冻干乙型脑炎灭活疫苗（Vero 细胞）、吸附白喉疫苗、吸附白喉疫苗（成人及青少年用）、吸附白喉破伤风联合疫苗、吸附白喉破伤风联合疫苗（成人及青少年用）、吸附无细胞百白破联合疫苗、吸附破伤风疫苗、A 群脑膜炎球菌多糖疫苗、伤寒 Vi 多糖疫苗、黄热减毒活疫苗、脊髓灰质炎减毒活疫苗糖丸（人二倍体细胞）、甲型 H1N1 流感病毒裂解疫苗、气管炎溶菌疫苗、流感全病毒灭活疫苗、水痘减毒活疫苗］、血液制品（抗人 T 细胞兔免疫球蛋白）、小容量注射剂、冻干粉针剂 *
北京万赛生物医药技术发展有限公司	京 20100057	S	李涛	有限责任公司	北京市密云县密云工业开发区汇通街 7 号	疫苗［重组酵母汉逊乙型肝炎疫苗与全硫代寡核苷酸片断（ISM）混合物］*

续表

企业名称	编号	分类码	企业负责人	企业类型	注册地址	生产范围
北京绿竹生物制药有限公司	京 20100210	S	杜琳	有限责任公司（法人独资）	北京市北京经济技术开发区同济北路 22 号	A 群 C 群脑膜炎球菌多糖结合疫苗，A、C、Y、W135 群脑膜炎球菌多糖疫苗，b 型流感嗜血杆菌结合疫苗，AC 群脑膜炎球菌 –b 型流感嗜血杆菌结合疫苗，伤寒 Vi 多糖疫苗，多价肺炎球菌多糖结合疫苗，吸附无细胞百日咳 – 白喉 – 破伤风联合疫苗，破伤风疫苗，A 群 C 群脑膜炎多糖疫苗，小容量注射液 * 吸附破伤风疫苗（原液）*
北京民海生物科技有限公司	京 20100130	S	杜伟民	有限责任公司（法人独资）	北京市大兴区中关村科技园区大兴生物医药产业基地思邈路 1 号	疫苗（无细胞百白破 b 型流感嗜血杆菌联合疫苗、麻疹风疹联合减毒活疫苗、吸附无细胞百白破联合疫苗、b 型流感嗜血杆菌结合疫苗）、小容量注射剂、冻干粉针剂 *
北京祥瑞生物制品有限公司	京 20100082	S	范玉柱	有限责任公司	北京市怀柔区雁栖经济开发区雁栖北三街 17 号	疫苗（AC 群脑膜炎球菌结合疫苗）、体内诊断试剂（结核菌素纯蛋白衍生物、卡介菌纯蛋白衍生物）*
北京万泰生物药业股份有限公司	京 20100232	ST	邱子欣	其他股份有限公司（非上市）	北京市昌平区科学园路 31 号	体外诊断试剂［人类免疫缺陷病毒抗原抗体诊断试剂盒（酶联免疫法）、人类免疫缺陷病毒抗体诊断试剂盒（酶联免疫法）、丙型肝炎病毒抗体诊断试剂盒（酶联免疫法）、乙型肝炎病毒表面抗原诊断试剂盒（酶联免疫法）、梅毒甲苯胺红不加热血清试验诊断试剂、梅毒螺旋体抗体诊断试剂盒（酶联免疫法）］、疫苗［重组（大肠杆菌）戊型肝炎疫苗］*
天士力金纳生物技术（天津）有限公司	津 20080137	S	杨旭	有限责任公司（中外合资）	天津北辰科技园区	疫苗（流行性感冒病毒亚单位疫苗）*

续表

企业名称	编号	分类码	企业负责人	企业类型	注册地址	生产范围
福尔生物制药股份有限公司	冀 20100072	Sb	贾宝山	股份有限公司	三河市燕郊开发区迎宾路 38–2 号	小容量注射剂（人用狂犬病疫苗，流感病毒裂解疫苗，乙型脑炎纯化疫苗，吸附无细胞百日咳、白喉、破伤风联合疫苗）、冻干粉针剂（人用狂犬病疫苗、乙型脑炎纯化疫苗、b 型流感嗜血杆菌结合疫苗、ACYW135 群四价脑膜炎球菌多糖疫苗、A 群脑膜炎球菌多糖疫苗、A+C 群脑膜炎球菌多糖疫苗、A+C 群脑膜炎球菌多糖结合疫苗）、血液制品（人免疫球蛋白、人血白蛋白、静注人免疫球蛋白（PH4））*
华北制药金坦生物技术股份有限公司	冀 20100179	S	马东杰	股份有限公司（中外合资、未上市）	石家庄高新技术开发区	疫苗（重组乙型肝炎疫苗（CHO 细胞））、重组产品（重组人促红素注射液（CHO 细胞）、注射用重组人粒细胞巨噬细胞刺激因子、重组人粒细胞刺激因子注射液）*
科兴（大连）疫苗技术有限公司	辽 20100086	Sb	黄金凤	有限责任公司（台港澳与境内合资）	大连经济技术开发区双 D 港生命二路 36 号	疫苗［腮腺炎减毒活疫苗（冻干粉针剂）］*
大连雅立峰生物制药有限公司	辽 20100107	Sb	李卫东	有限责任公司（中外合资）	大连经济技术开发区铁山中路 1 号	疫苗【流感病毒裂解疫苗（小容量注射剂）】、疫苗【甲型 H1N1 流感病毒裂解疫苗（小容量注射剂）】、疫苗［人用狂犬病疫苗（Vero 细胞）（小容量注射剂）］*
大连汉信生物制药有限公司	辽 20100108	Sb	冉令凤	有限责任公司	大连经济技术开发区铁山西路 17 号	疫苗［重组乙型肝炎疫苗（汉逊酵母）（小容量注射剂）］、疫苗［流感病毒裂解疫苗（小容量注射剂）］* 疫苗［人用狂犬病疫苗（地鼠肾细胞）（小容量注射剂）］*
辽宁依生生物制药有限公司	辽 20100044	Sb	张译	有限责任公司	沈阳市新城子区财落镇大辛二村	冻干人用狂犬病疫苗（Vero 细胞）（冻干粉针剂）、冻干人用狂犬病疫苗（Vero 细胞）（冻干粉针剂）、乙型脑炎灭活疫苗（地鼠肾细胞）（小容量注射剂）、灭菌注射用水 *

续表

企业名称	编号	分类码	企业负责人	企业类型	注册地址	生产范围
辽宁成大生物股份有限公司	辽 20100049	Sb	张晓华	股份有限公司	沈阳市浑南新区新放街 1 号	人用狂犬病疫苗（Vero 细胞）（小容量注射剂）、冻干人用狂犬病疫苗（Vero 细胞）（冻干粉针剂）、乙型脑炎灭活疫苗（Vero 细胞）（小容量注射剂）、冻干乙型脑炎灭活疫苗（Vero 细胞）（冻干粉针剂）、小容量注射剂；沈阳市浑南新区新智街 8 号：小容量注射剂（注射剂一车间）*
长春祈健生物制品有限公司	吉 20110356	S	郑晓丽	有限责任公司（国有控股）	高新开发区火炬路 1 号	疫苗（冻干水痘减毒活疫苗）、疫苗（麻疹减毒活疫苗）*
吉林迈丰生物药业有限公司	吉 20110315	S	陈晓辉	有限责任公司	二道区长吉南线 3088 号	疫苗〔人用狂犬病疫苗（Vero 细胞）〕* 疫苗［人用狂犬病疫苗（Vero 细胞）］*
长春百克生物科技股份公司	吉 20110383	S	孔维	股份有限公司	高新开发区火炬路 1260 号	疫苗（冻干水痘减毒活疫苗）*
长春卫尔赛生物药业有限公司	吉 20110412	S	杨文杰	有限责任公司	双阳区经济开发区永新路 2 号	疫苗〔冻干人用狂犬病疫苗（Vero 细胞）、人用狂犬病疫苗（Vero 细胞）〕*
吉林亚泰生物药业股份有限公司	吉 20110037	S	颜淑芹	股份有限公司	长春经济技术开发区仙台大街 2686 号	小容量注射剂（卡介菌多糖核酸注射液）、疫苗［人用狂犬病疫苗（地鼠肾细胞）］*

续表

企业名称	编号	分类码	企业负责人	企业类型	注册地址	生产范围
长春生物制品研究所有限责任公司	吉 20110001	HbS	金于兰	有限责任公司（法人独资）	长春市绿园区西安大路 3456 号	疫苗（双价肾综合征出血热灭活疫苗（地鼠肾细胞）、森林脑炎灭活疫苗）* 冻干粉针剂、分包装车间、血清抗毒素（破伤风抗毒素、抗狂犬病血清）、疫苗（A 群脑膜炎球菌多糖疫苗、伤寒 Vi 多糖疫苗、吸附白喉破伤风联合疫苗、吸附白喉疫苗、吸附破伤风疫苗、吸附无细胞百白破联合疫苗）、免疫制剂（短棒杆菌注射液）、重组乙型肝炎疫苗（CHO 细胞）* 疫苗（冻干甲型肝炎减毒活疫苗、甲型肝炎减毒活疫苗、流感病毒裂解疫苗）、生物工程产品（重组人干扰素 α2a 栓、注射用重组人白介素 -2、注射用重组人干扰素 α2a、注射用重组人干扰素 α2b、重组人干扰素 α1b 滴眼液、重组人干扰素 α2b 栓、重组人干扰素 α2a 软膏、注射用重组人粒细胞巨噬细胞刺激因子）、分包装车间（冻干甲型肝炎减毒活疫苗）*“长春市高新技术开发区创新路 1616 号”疫苗分装［流感病毒裂解疫苗、双价肾综合征出血热灭活疫苗（地鼠肾细胞）、森林脑炎灭活疫苗、重组乙型肝炎疫苗（CHO 细胞）、冻干甲型肝炎减毒活疫苗、A 群脑膜炎球菌多糖疫苗、伤寒 Vi 多糖疫苗、吸附白喉破伤风联合疫苗、吸附白喉疫苗、吸附破伤风疫苗、吸附无细胞百白破联合疫苗、A 群脑膜炎球菌多糖疫苗稀释液、灭菌注射用水］；血清抗毒素分装（破伤风抗毒素、抗狂犬病血清）；免疫制剂分装（短棒杆菌注射液）；生物工程产品分装（注射用重组人白介素 -2、注射用重组人干扰素 α2a、注射用重组人干扰素 α2b、重组人干扰素 α1b 滴眼液、注射用重组人粒细胞巨噬细胞刺激因子）；冻干粉针剂
上海泽润生物科技有限公司	沪 20110134	S	史 力	有限责任公司（台港澳法人独资）	上海市张江高科技园区爱迪生路 333 号	疫苗（甲型肝炎灭活疫苗［Vero 细胞］）。*

续表

企业名称	编号	分类码	企业负责人	企业类型	注册地址	生产范围
上海葛兰素史克生物制品有限公司	沪 20110135	S	丁晓刚	有限责任公司（外国法人独资）	上海市张江高科技园区牛顿路277号	进口药品分包装（疫苗）*
上海生物制品研究所有限责任公司	沪 20110129	S	晏子厚	有限责任公司（国内合资）	上海市长宁区延安西路1262号	血液制品［人血白蛋白、冻干人血白蛋白、人免疫球蛋白、冻干人免疫球蛋白、组织胺人免疫球蛋白、乙型肝炎人免疫球蛋白、人纤维蛋白原、静注人免疫球蛋白（pH4）、冻干静注人免疫球蛋白（pH4）、人凝血酶原复合物、人凝血因子Ⅷ及血液制品配套灭菌注射用水、狂犬病人免疫球蛋白］、疫苗［水痘减毒活疫苗、流感病毒裂解疫苗、甲型H1N1流感病毒裂解疫苗、百日咳菌苗、吸附白喉疫苗、吸附破伤风疫苗、吸附白喉破伤风联合疫苗、吸附白喉破伤风联合疫苗（成人及青少年用）、吸附百日咳白喉联合疫苗、吸附百白破联合疫苗、吸附无细胞百白破联合疫苗、钩端螺旋体疫苗、伤寒Vi多糖疫苗、A群脑膜炎球菌多糖疫苗、锡克试验毒素；皮内注射用卡介苗］。*疫苗［麻疹减毒活疫苗、腮腺炎减毒活疫苗、风疹减毒活疫苗（人二倍体细胞）、麻疹腮腺炎联合减毒活疫苗、麻腮风联合减毒活疫苗及疫苗配套灭菌注射用水、A群脑膜炎球菌多糖疫苗稀释液］*
上海联合赛尔生物工程有限公司	沪 20110133	S	李克英	有限责任公司（台港澳法人独资）	上海市浦东新区金桥出口加工区桂桥路1150号	生物工程产品（注射用重组人生长激素、重组人生长激素注射液、注射用重组人甲状旁腺素［1—34］）、疫苗（重组B亚单位/菌体霍乱疫苗［肠溶胶囊］、口服重组B亚单位/菌体O139霍乱疫苗［肠溶胶囊］）*
上海荣盛生物药业有限公司	沪 20110146	ST	朱绍荣	有限责任公司（国内合资）	上海市闵行区向阳路888号	体外诊断试剂［丙型肝炎病毒抗体诊断试剂盒（酶联免疫法）、乙型肝炎病毒表面抗原诊断试剂盒（酶联免疫法）、梅毒甲苯胺红不加热血清试验诊断试剂、人类免疫缺陷病毒（HIV 1＋2）抗体诊断试剂盒（酶联免疫法）］、疫苗［水痘减毒活疫苗、流感病毒裂解疫苗、乙型脑炎灭活疫苗（Vero细胞）］*

续表

企业名称	编号	分类码	企业负责人	企业类型	注册地址	生产范围
施耐克江苏生物制药有限公司	苏 20110387	S	赵荣辉	有限公司（自然人控股）	泰州医药高新技术产业园滨河路68号	疫苗［乙型脑炎纯化疫苗（Vero 细胞）］*
江苏全益生物科技股份有限公司	苏 20110166	S	刘武	股份有限公司（中外合资，未上市）	常州市新北区高新科技园创新科技楼	疫苗［甲型肝炎灭活疫苗（Vero 细胞）、流感病毒裂解疫苗］*
罗益（无锡）生物制药有限公司	苏 20110080	S	瞿伯荣	有限责任公司（中外合资）	无锡市国家高新技术产业开发区长江南路 32 号	冻干粉针剂（冻干 A、C 群脑膜炎球菌结合疫苗）、小容量注射液（疫苗稀释液）、疫苗［双价肾综合征出血热灭活疫苗（vero 细胞）］*
威世药业（如皋）有限公司	苏 20110288	HbS	张永深	有限责任公司（台港澳法人独资）	江苏省如皋市如城普庆路 139 号	小容量注射剂（牛痘疫苗致炎兔皮提取物注射液）、片剂 * 牛痘疫苗致炎兔皮提取物注射液前处理（致炎兔皮生产车间）*
宁波荣安生物药业有限公司	浙 20000208	S	赵传义	有限责任公司	宁波保税区创业大道 21 号	疫苗〔人用狂犬病疫苗（Vero 细胞）〕、疫苗〔冻干人用狂犬病疫苗（Vero 细胞）〕、疫苗〔乙型脑炎纯化疫苗（Vero 细胞）〕*
浙江普康生物技术股份有限公司	浙 20000020	S	毛子安	股份有限公司	杭州市西湖区天目山路 182 号	疫苗（甲型肝炎减毒活疫苗、冻干甲型肝炎减毒活疫苗）* 疫苗（冻干甲型肝炎减毒活疫苗）*
浙江天元生物药业有限公司	浙 20000021	S	丁晓航	有限责任公司（中外合资）	杭州市余杭经济开发区天荷路 56 号	疫苗【Ⅰ型肾综合征出血热灭活疫苗、Ⅱ型肾综合征出血热灭活疫苗、双价肾综合征出血热灭活疫苗、双价肾综合征出血热纯化疫苗、流感病毒裂解疫苗、乙型脑炎纯化疫苗、A 群脑膜炎球菌多糖疫苗、A+C 群脑膜炎球菌多糖疫苗、ACYW135 群脑膜炎球菌多糖疫苗、吸附无细胞百白破联合疫苗、b 型流感嗜血杆菌结合疫苗、23 价肺炎多糖疫苗、A+C 群脑膜炎球菌多糖结合疫苗、ACYW135 群脑膜炎球菌多糖结合疫苗、伤寒 Vi 多糖疫苗、伤寒 Vi 多糖结合疫苗、肺炎多糖结合疫苗、甲型 H1N1 流感病毒裂解疫苗】*

续表

企业名称	编号	分类码	企业负责人	企业类型	注册地址	生产范围
浙江卫信生物药业有限公司	浙 S20040181	S	申有长	有限责任公司	浙江省宁波市宁海县科技工业园区竹泉路 29 号	疫苗（冻干腮腺炎减毒活疫苗及稀释用注射用水、双价肾综合征出血热纯化疫苗（Vero 细胞）、吸附无细胞百白破联合疫苗）*
鑫科贤（北京）生物技术有限公司	皖 20100050	S	曲飞宇	有限责任公司	阜阳市经济技术开发区经三路 8 号	疫苗【吸附无细胞百白破联合疫苗、吸附白喉疫苗、吸附破伤风疫苗、吸附白喉破伤风联合疫苗、口服轮状病毒活疫苗、b 型流感嗜血杆菌结合疫苗、人用狂犬病疫苗（Vero 细胞）、冻干人用狂犬病疫苗（Vero 细胞）、A 群 C 群脑膜炎球菌多糖疫苗、麻腮风联合减毒活疫苗、麻疹风疹联合减毒活疫苗、麻疹腮腺炎联合减毒活疫苗、麻疹减毒活疫苗、风疹减毒活疫苗（人二倍体细胞）、腮腺炎减毒活疫苗、流感全病毒灭活疫苗、流感病毒裂解疫苗】*
安徽龙科马生物制药有限责任公司	皖 20100172	Sb	蒲江	有限责任公司（法人独资）	合肥市国家高新技术产业开发区科学大道 93 号	免疫制剂（注射用母牛分枝杆菌），疫苗（流感病毒裂解疫苗），基因重组制品（重组结核杆菌 ESAT5-CFP10 变态反应原）*
厦门万泰沧海生物技术有限公司	闽 20092005	S	高永忠	有限责任公司（法人独资）	厦门市海沧区新园路 130 号	疫苗（重组戊型肝炎疫苗（大肠埃希菌）。*
山东恒业生物技术有限公司	鲁 20100344	Sb	赵宪仕	私营有限责任公司	青岛市市北区高新区 B03-1（青岛高新区市北新产业园）	疫苗（纯化 Vero 细胞乙型脑炎疫苗）*
郑州亚泰生物制药有限公司	豫 20100011	S	张启友	一人有限责任公司	郑州高新技术产业开发区银屏路十九号	疫苗〔（人用狂犬病疫苗（地鼠肾细胞）、人用狂犬病疫苗（Vero 细胞）、冻干人用狂犬病疫苗（地鼠肾细胞）〕*

续表

企业名称	编号	分类码	企业负责人	企业类型	注册地址	生产范围
华兰生物疫苗有限公司	豫 20100124	S	林小军	合资经营企业	河南省新乡市华兰大道甲 1 号附 1 号	疫苗〔（流感病毒裂解疫苗、大流行流感裂解疫苗、重组乙型肝炎疫苗（汉逊酵母）、ACYW135 群脑膜炎球菌多糖疫苗、ACYW135 群脑膜炎球菌结合疫苗、AC 群脑膜炎球菌多糖疫苗、AC 群脑膜炎球菌结合疫苗、吸附破伤风疫苗、乙型脑炎纯化疫苗〔Vero 细胞〕、吸附无细胞百白破联合疫苗、治疗用肉毒毒素、B 型嗜血杆菌结合疫苗、多价肺炎多糖疫苗、多价肺炎结合疫苗、麻疹减毒活疫苗、风疹减毒活疫苗、腮腺炎病毒活疫苗、水痘减毒活疫苗、人用狂犬病疫苗（Vero 细胞）、冻干人用狂犬病疫苗（Vero 细胞）、甲型 H1N1 流感病毒裂解疫苗）〕*
武汉生物制品研究所有限责任公司	鄂 20100193	HbS	魏树源	国有	武汉市江夏区郑店黄金工业园路 1 号	1. 湖北省武汉市江夏区郑店黄金工业园路 1 号；2. 湖北省武汉市东湖新技术开发区关南工业园银光大道 2 号；3. 湖北省武汉市武昌区临江大道 9 号。1. 疫苗【麻疹减毒活疫苗、腮腺炎减毒活疫苗、麻疹腮腺炎联合减毒活疫苗、乙型脑炎减毒活疫苗、人用狂犬病疫苗（Vero 细胞）、吸附无细胞百白破联合疫苗、伤寒 Vi 多糖疫苗、吸附百白破联合疫苗、钩端螺旋体疫苗、A 群脑膜炎球菌多糖疫苗、气管炎疫苗、疖病疫苗、吸附白喉疫苗、吸附破伤风疫苗、吸附白喉破伤风联合疫苗、A+C 群脑膜炎球菌多糖疫苗、肠道病毒 71 型灭活疫苗（Vero 细胞）】；血清毒素（破伤风抗毒素、白喉抗毒素、抗狂犬病血清）；生物工程产品【重组乙型肝炎疫苗（CHO 细胞）】；免疫制剂（抗人 T 细胞猪免疫球蛋白、注射用抗人 T 细胞 CD3 鼠单抗）；体内诊断试剂（锡克试验毒素）；血液制品【人血白蛋白、人胎盘组织液、组织胺人免疫球蛋白、破伤风人免疫球蛋白、狂犬病人免疫球蛋白、人免疫球蛋白、静注人免疫球蛋白（pH4）、冻干静注免疫球蛋白（pH4）、乙型肝炎人免疫球蛋白】；小容量注射剂；冻干粉针剂。*2. 免疫制剂（A 群链球菌制剂）。*3. 小容量注射剂、注射用抗肾综合征出血热病毒单克隆抗体（Ⅰ型）*

续表

企业名称	编号	分类码	企业负责人	企业类型	注册地址	生产范围
广州诺诚生物制品股份有限公司	粤 20110081	S	陈建农	股份有限公司（未上市）	广州市萝岗区广州科学城广州国际企业孵化器 A 区 A1001 房	广州市番禺区钟村镇万宝工业基地疫苗［冻干人用狂犬病疫苗（Vero 细胞微载体）］*
深圳康泰生物制品股份有限公司	粤 20110171	S	杜伟民	股份有限公司	深圳市南山区科技工业园科发路 6 号	深圳市南山区科技工业园科发路 6 号 小容量注射剂疫苗［重组乙型肝炎疫苗（酵母）］*
深圳赛诺菲巴斯德生物制品有限公司	粤 20110142	HbS	PIERRE TROTEMANN	有限责任公司（外商合资）	深圳市科技工业园科发路 6 号	1. 深圳市坪山新区锦绣东路 25 号赛诺菲巴斯德生命科技园区疫苗（流行性感冒病毒裂解疫苗）。2. 深圳市科技工业园科发路 6 号进口药品分包装（流行性感冒病毒裂解疫苗、抗狂犬病血清），进口药品分外包装［23 价肺炎球菌多糖疫苗，b 型流感嗜血杆菌结合疫苗，A 群 C 群脑膜炎球菌多糖疫苗，人用狂犬病纯化疫苗（Vero 细胞），脊髓灰质炎灭活疫苗，甲型肝炎灭活疫苗，吸附无细胞百白破灭活脊髓灰质炎和 b 型流感嗜血杆菌（结合）联合疫苗，流行性感冒病毒裂解疫苗］，流行性感冒病毒裂解疫苗分包装，小容量注射剂 *
深圳葛兰素史克海王生物制品有限公司	粤 20110177	S	David J. Gustin	中外合资	深圳市宝安区（光明新区）光明办事处长风路北侧	深圳市宝安区（光明新区）光明办事处长风路北侧疫苗（流行性感冒亚单位疫苗、流行性感冒裂解疫苗）*
深圳市源兴生物医药科技有限公司	粤 20110176	S	杨向阳	有限责任公司	深圳市南山区高新技术开发区北区郎山路清华源兴药业公司院内	深圳市南山区科技园中区高新中一道生物孵化器大楼五楼生物工程产品（重组人用 SARS 疫苗腺病毒）*

续表

企业名称	编号	分类码	企业负责人	企业类型	注册地址	生产范围
成都欧林生物科技股份有限公司	川 20110403	S	樊绍文	股份有限公司	成都高新区天欣路 99 号	疫苗（b 型流感嗜血杆菌结合疫苗）* 疫苗（吸附破伤风疫苗）*
成都康华生物制品有限公司	川 20100148	SHb	蔡勇	有限责任公司（自然人投资或控股）	成都市国家经济技术开发区北京路 182 号	疫苗［冻干人用狂犬病疫苗（人二倍体细胞）、ACYW135 群脑膜炎球菌多糖疫苗、人用流感疫苗、人用大流感流行疫苗］、片剂 *
成都生物制品研究所	川 20100378	Sab	葛永红	全民所有制	成都市锦江区锦华路三段 379 号	疫苗［乙型脑炎减毒活疫苗、皮内注射用卡介苗（冻干粉针剂）（配稀释剂）、治疗用卡介苗、伤寒 Vi 多糖疫苗（小容量注射剂）、A 群脑膜炎球菌多糖疫苗（冻干粉针剂）（配稀释剂）、吸附百白破联合疫苗（小容量注射剂）、吸附无细胞百白破联合疫苗（小容量注射剂）、吸附白喉疫苗（成人及青年用）（小容量注射剂）、吸附白喉破伤风联合疫苗（小容量注射剂）、23 价肺炎球菌多糖疫苗（注射剂）、水痘减毒活疫苗、B 型流感嗜血杆菌结合疫苗、重组（CHO 细胞）乙型肝炎疫苗、伤寒、副伤寒甲、乙联合疫苗、伤寒、副伤寒甲联合疫苗、伤寒疫苗、钩端螺旋体疫苗、皮上划痕人用炭疽活疫苗］、生物工程产品［重组人粒细胞刺激因子注射液］、免疫制剂［卡介菌多糖核酸注射液（小容量注射剂）］、体内诊断试剂［卡介菌纯蛋白衍生物（小容量注射剂）］、体外诊断试剂［梅毒甲苯胺红不加热血清试验诊断试剂］*
成都信立邦生物制药有限公司	川 20100365	HabS	张成	有限责任公司（法人独资）	成都高新西区	冻干粉针剂、颗粒剂、原料药（醋酸奥曲肽、香菇多糖、胸腺五肽）、疫苗［冻干人用狂犬病疫苗（Vero 细胞）］*
玉溪沃森生物技术有限公司	滇 20110065	S	黄镇	有限责任公司	玉溪市高新区东风南路 83 号	疫苗（b 型流感嗜血杆菌结合疫苗、吸附破伤风疫苗、吸附无细胞百白破联合疫苗、冻干 A，C 群脑膜炎球菌多糖结合疫苗、A 群 C 群脑膜炎球菌多糖疫苗、ACYW135 群脑膜炎球菌多糖疫苗）*

续表

企业名称	编号	分类码	企业负责人	企业类型	注册地址	生产范围
中国医学科学院医学生物学研究所	滇 20110014	HbST	李琦涵	国有	云南省昆明市茭菱路 935 号	疫苗（脊髓灰质炎减毒活疫苗糖丸、口服脊髓灰质炎减毒活疫苗、甲型肝炎减毒活疫苗、甲型肝炎灭活疫苗、冻干甲型肝炎减毒活疫苗）、生物工程产品（注射用重组人粒细胞巨噬细胞刺激因子）、冻干粉针剂（注射用转移因子）、小容量注射剂、体外诊断试剂（甲型肝炎病毒 IgM 抗体诊断试剂盒、甲型肝炎病毒抗体诊断试剂盒）*
兰州生物制品研究所有限责任公司	甘 20110001	HbSbTb	朱莉萍	一人有限公司（法人）	兰州市城关区盐场路 888 号	疫苗（A 群 C 群脑膜炎球菌多糖疫苗、A 群脑膜炎球菌多糖疫苗、b 型流感嗜血杆菌结合疫苗、风疹减毒活疫苗（兔肾细胞）、口服轮状病毒活疫苗、流感全病毒灭活疫苗、流感病毒裂解疫苗、甲型 H1N1 流感病毒裂解疫苗、皮上划痕人用布氏菌活疫苗、皮上划痕人用炭疽活疫苗、皮上划痕用鼠疫活疫苗、冻干人用狂犬病疫苗（地鼠肾细胞）、人用狂犬病疫苗（地鼠肾细胞）、人用狂犬病疫苗（Vero 细胞）、麻疹减毒活疫苗、乙型脑炎减毒活疫苗、伤寒 Vi 多糖疫苗、百日咳疫苗、吸附白喉破伤风联合疫苗、吸附百白破联合疫苗、吸附百日咳白喉联合疫苗、吸附破伤风疫苗、吸附无细胞百白破联合疫苗、吸附白喉疫苗、吸附无细胞百日咳疫苗、治疗用布氏菌制剂）、血液制品（冻干人血白蛋白、人血白蛋白、人免疫球蛋白、乙型肝炎人免疫球蛋白、冻干乙型肝炎人免疫球蛋白、冻干静注人免疫球蛋白（pH4）、静注人免疫球蛋白（pH4））、血清抗毒素（破伤风抗毒素、多价气性坏疽抗毒素、抗狂犬病血清、抗炭疽血清、肉毒抗毒素、白喉抗毒素）、毒素制剂（注射用 A 型肉毒毒素）、生物工程产品（重组乙型肝炎疫苗（CHO 细胞））、体外诊断试剂（丙型肝炎病毒抗体诊断试剂盒（酶联免疫法）、乙型肝炎病毒表面抗原诊断试剂盒（酶联免疫法）、梅毒甲苯胺红不加热血清试验诊断试剂、抗 A 抗 B 血型定型试剂（单克隆抗体）、人类免疫缺陷病毒抗体诊断试剂盒（酶联免疫法）、梅毒螺旋体抗体诊断试剂盒（间接酶联免疫法））、小容量注射剂（氯化钠注射液、灭菌注射用水、脑膜炎球菌多糖疫苗稀释剂）*

资料来源：根据网上公开资料整理。

广州开发区“新型疫苗”产业要在招商战略上制胜，必须瞄准国内处于行业金字塔中上部的创新型企业，尤其是在预防性疫苗领域正在开发“重磅疫苗”的企业（参见图 6–31），是开发区未来的重点招商对象。招商对象的匹配依据包括企业信息、企业所有制形式、企业实力与信誉、产品占有市场份额、营销网络及研发与拓展能力。

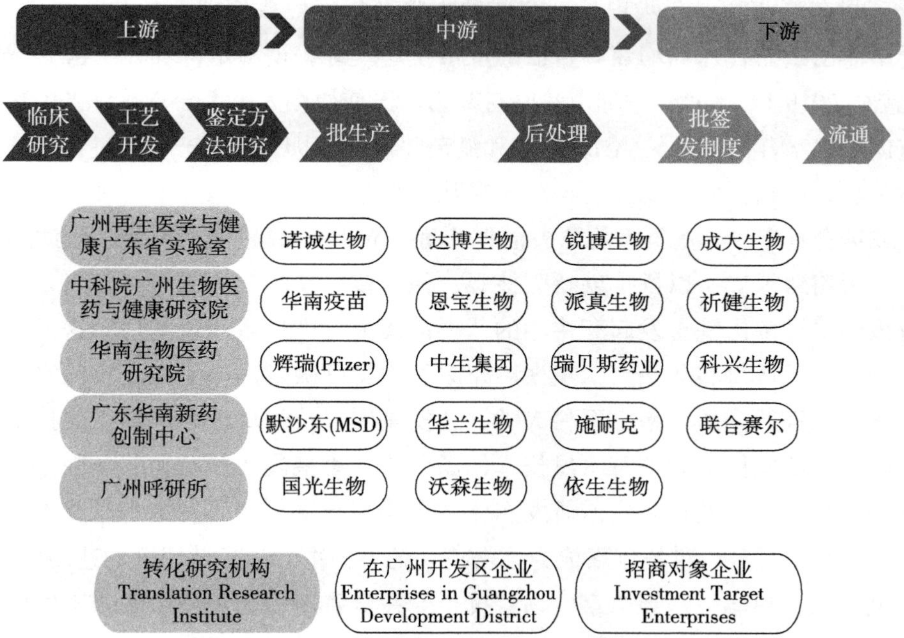

图 6–31　广州开发区“新型疫苗”产业链精准招商指引示意图

（三）产业链招商策略

策略建议一：通过本土培育或外部引入拥有具备核心竞争力的龙头企业，以期在国内及国际市场占据一席之地。从竞争方面看，疫苗行业对安全性要求很高。因此，对研发能力高度依赖，这就导致中小企业逐渐被淘汰，潜在竞争者望而却步，全球疫苗市场集中度高。近年来，随着国内行政管制逐步放宽，民营企业崭露头角。目前民营企业行业整体市占率占比 50% 左右，国企与外企占有剩余 50% 的市场份额。从市场份额看，当前国内规模疫苗生产企业有 30 多家，并且主要市场份额被成大生物、长生生物、康泰生物、智飞生物、沃森生物、天坛生物与华兰生物等7家疫苗生产企业所占据。虽然行业集中度没有全球市场高，但整体竞争格局较为明朗。除了比较企业之间的销售能力外，还有一个细节需要大家注意，政策明确规定独家代理机制，即境外疫苗企业在国内只允许指定一家代理机构售卖进口疫苗，但如果疫苗品种在国内缺乏竞争对手，就很容易形成市场垄断。从区域比较看，深圳相较于广州在疫苗产业起步更早，全球两大疫苗生产巨头企业——葛兰素史克、赛诺菲巴斯德在深圳均建有自己的疫苗生产基地，增强了深圳在疫苗领域的优势。2019年11月，深圳市政府与赛诺菲巴斯德在人民大会堂签订《中法疫苗创新战略合作协议》。创新药品和疫苗将落地深圳，加速产业化过程。从整体来看，广州开发区新型疫苗产业要从“群狼环伺”的困局中突破，必须引入或培育具有核心竞争力的龙头企业带动疫苗产业向前发展，化威胁为机遇。

策略建议二：以科技创新为核心，强化核心技术攻关能力。广州开发区应该围绕钟南山院士发起和主导的“粤港澳大湾区疫苗产业基地”这一重大的产业研发成果转化平台，集聚广州医科大学呼吸疾病国家重点实验室、广州呼吸疾病研究所、南方医科大学、达安基因、传染病诊断试剂产业技术创新联盟、新发传染病疫苗研发技术创新联盟、粤港澳实验动物共享服务与技术创新联盟，以及众多疫苗研发企业共同构建自主创新研发平台。此次疫情中，广州开发区以科技创新成为抗击疫情的主力军，来自黄埔区的达博生物、恩宝生物、锐博生物等7家生物科技企业在全省新冠肺炎疫苗研制工作中充当绝对主力，其中在广东省防治新冠病毒科技攻关重大专项中，达博生物承担了“新型冠状病毒2019-nCoV疫苗的开发生产”的课题研究，采用的是一种被称为“亚单位疫苗”的技术。

策略建议三：持续开发新型疫苗品种。目前新型疫苗与多价多联疫苗占据全球市场前十，其中包括肺炎疫苗系列、HPV疫苗系列、DTaP及其联苗系列、麻腮风-水痘带状疱疹疫苗系列、口服轮状病毒疫苗系列等是盛产重磅品种的摇篮。纵观全球疫苗巨头的研发管线，其中多个高商业化价值的在研品种均处于临床后期，预示着全球疫苗市场将迎接新一轮的快速扩容期。要打开国际市场，参与到全球竞争中，广州开发区必须持续加强二类疫苗的研发与资金投入，组建省级和国家级新型疫苗研究中心，从全球范围内吸引从事新型疫苗研发的科研机构、企业、专家团队、科技人才在广州开发区不断集聚，率先形成全球顶尖的新型疫苗研发创新高地。

第四节　其他产业链

一、精准医疗产业链

精准医疗（又称“个性化医疗”）通过基因组、蛋白质组等组学技术和医学前沿技术，精确寻找疾病的原因和治疗的靶点，并对一种疾病不同状态和过程进行精确分类（精准诊断），最终通过为特定患者提供个性化精准治疗，提高疾病预防与诊治的效益。

（一）产业现状与趋势

精准医疗产业链主要包括个性化诊断（诊断设备 + 基因诊断 + 免疫诊断）、个性化治疗（肿瘤免疫治疗 + 干细胞治疗 + 基因治疗）。重点基因诊断领域主要包括 NIPT（无创产前检测）、乳腺癌、直肠癌相关的肿瘤检测。从细分领域来看，精准医疗主要集中在基因测序、PCR、抗体药物、细胞免疫治疗、基因芯片等领域，其中，基因测序诊断治疗占比超过 40%。

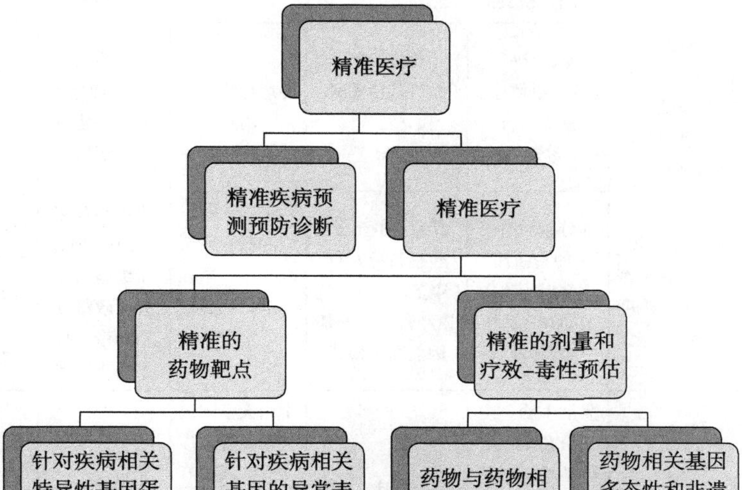

图 6–32　精准医疗包括精准诊断和精准治疗

精准医疗在应用方面分为三个层次：

表 6–10　精准医疗在应用方面的三个层次

层级	应用	方案
基础层次	基因测序	–
	诊断病情	形成个体化治疗方案或者疾病早筛、靶向治疗
中等层次	细胞治疗两个方向	–
	免疫细胞疗法	CIK，NK，CAR–T
	干细胞治疗	脐带血库、新药筛选和治疗
高级层次	基因编辑	–
	基因改造	对癌变细胞的变异基因进行批量改造，使之成为正常基因

黄埔区从事精准医疗的企业在“个性化医疗”中所涉产业包括基因测序、基因诊断服务、肿瘤细胞免疫治疗、干细胞治疗等领域，主要参与者包括诊断设备商、诊断服务商、药物生产商；并衍生至生物样本库、临床大数据、信息安全等产业。

表 6–11　黄埔区生物医药细分行业

产业链	个性化诊断			个性化治疗		
技术环节	诊断设备（含基因测序仪、试剂、基因芯片、信息服务商等软硬件）	基因诊断（含基础测序、独立三方诊断）	免疫诊断（含医院检验科、独立三方诊断等）	肿瘤免疫细胞治疗	干细胞治疗（含干细胞存储、药物及治疗）	基因治疗（基因治疗技术、治疗药物）
行业特点	行业集中度较高，呈现寡头垄断，后进入难度较大	细分领域有一定的垄断性，成熟应用集中在 NIPT 及肿瘤诊断	市场竞争充分，包括特色专科（康圣环球）、连锁经营（达安基因）两种模式	以肿瘤专科医院为主，重在临床诊断及治疗	干细胞存储较为成熟，干细胞治疗处于政策真空地带，技术尚不成熟	早期研发阶段，没有大规模的商业化应用，以国外生物技术公司为主
代表性企业	–	易活生物：主营 EFIRM 液体活检无创基因精准检测仪、肿瘤突变基因检测试剂盒	达安基因：主营诊断试剂 + 服务	中山大学附属肿瘤医院，广州达安临床检验中心 香雪制药：主营肿瘤 T 细胞治疗	赛莱拉：主营干细胞及免疫细胞服务	康盛生物：主营基因工程重组蛋白质

资料来源：根据企业公开信息整理。

黄埔区企业数据库细分领域中，精准医疗企业共有 259 家，其中主要代表性企业 6 家，空间分布情况如下（参见图 6–33）：

从空间层面看，黄埔区精准医疗领域中约 90% 企业分布在黄埔中部地区的广州科学城版块，也是生物医药产业孵化器最密集的地区，为打造世界级生物医药产业创造了良好的内外部条件和环境。

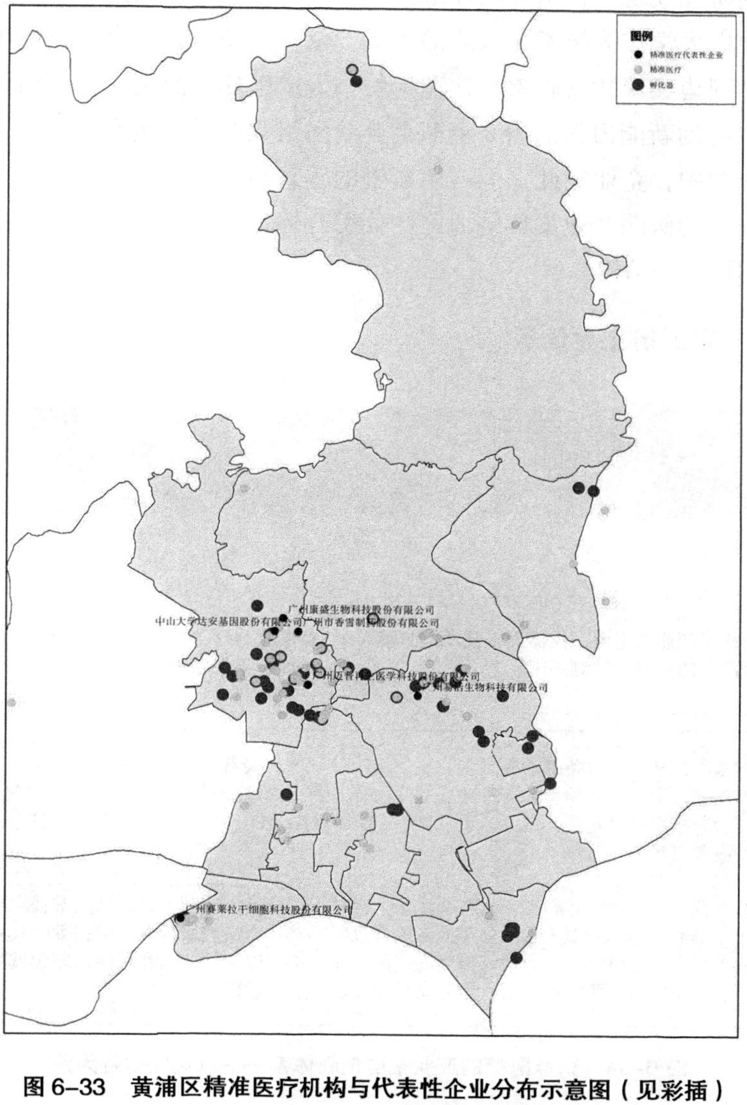

图 6–33　黄浦区精准医疗机构与代表性企业分布示意图（见彩插）

从企业层面看，达安基因是依托中山大学作为科技创新力量的具有代表性的广州本土企业，而且达安基因拥有自己的产业园“达安创谷”，具备全产业链优势，这一结构与美国波士顿－剑桥地区“依托哈佛大学和波士顿大学等”生物医药产业集群和英国剑桥科技园“依托剑桥大学”生物医药产业集群等世界先进地区的集群结构高度相似。

根据研究发现，在精准医疗细分领域中，已经形成以达安基因为龙头企业，以中山大学作为技术与人才的支撑，依托达安创谷健康产业孵化基地作为平台，周边集聚达安临检、达瑞生物、天成医疗、泛美实验和润虹医药等众多实力与创新能力强的 180 余家企业共同组成今天的达安创谷生态圈。在这个生态圈中，企业彼此之间产生紧密的垂直与水平联系，已经融合成为创建世界级生物医药产业集群的地区产业综合体，初步具备世界级生物医药产业集群的形态与结构。

（二）产业链主要任务

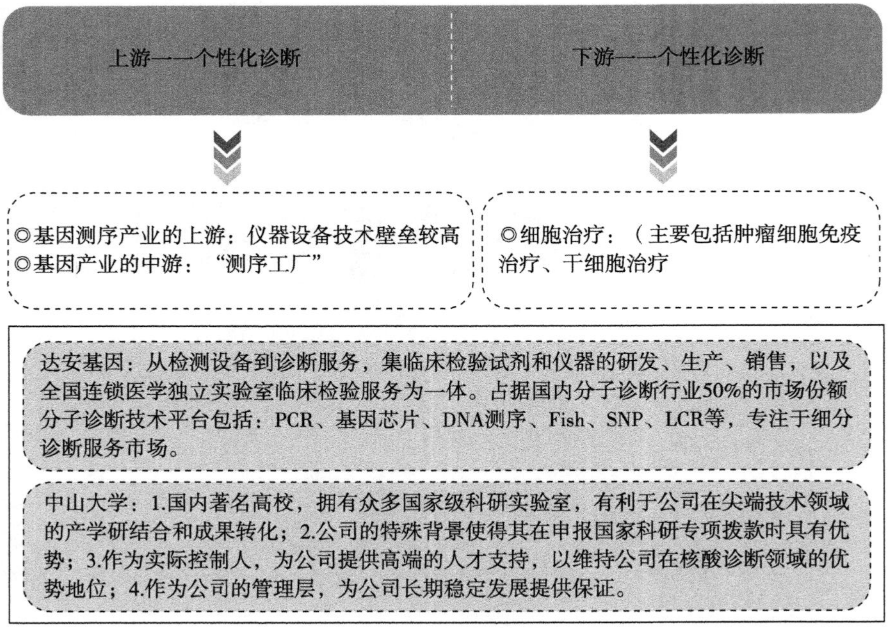

图 6–34　精准医疗的产业集群创新体系——以达安创谷为例

未来一段时期，黄埔区应发展壮大达安基因、易活生物、赛莱拉干细胞等一批代表性企业，积极引入产业链中缺失诊断设备环节的优秀企业。充分依托达安创谷健康产业孵化基地，强化生物医药专业孵化载体达安创谷，加速孵化基地内的本土小企业，融合成为精准医疗产业综合体。

二、体外诊断产业链

体外诊断（In Vitro Diagnosis，IVD），指通过对人体样本（血液、体液、组织等）进行检测而获取临床诊断信息，进而判断疾病或机体功能的产品和服务。体外诊断产品主要包括诊断设备（仪器）和诊断试剂。根据我国国家食品药品监督管理局（SFDA）的《医疗器械分类目录》标准，体外诊断设备属于临床检验分析仪器类。体外诊断方式由于能在疾病早期较为快速、准确地诊断，因此在临床医疗和相关医学研究领域中发挥着越来越重要的作用。全球医疗服务市场中，IVD 所占比重加速；而我国 IVD 市场表现为起步晚，但成长速度较快，近 5 年增长率保持在 15% 以上。

（一）产业现状与趋势

按检验原理或检验方法分类，体外诊断主要包括临床生化诊断、免疫诊断、分子生物学诊断、血液学诊断、微生物诊断、尿液诊断、凝血诊断等。国内体外诊断主要集中在三大领域：生化诊断试剂、免疫诊断试剂和血液学与流式细胞，其中生化诊断试剂已经基本实现国产化，酶免疫和胶体金应用较为广泛，化学发光诊断发展迅速；分子试剂是实施精准医疗重要技术的前提基础，代表诊断技术的前沿方向，是未来具有潜力的细分市场。

按照技术水平，整个体外诊断市场又大致可以分为高、中、低三个技术层次。低端市场主要对应手动或半自动的普通酶联免疫产品，中端市场又可分为中低端（生化、血液检测、尿液检测等）和中高端（化学发光免疫产品、荧光定量 PCR 分子诊断等）两部分，而高端市场主要有流式细胞仪、高通量基因芯片等。

按照搭配试剂的方式，体外诊断仪器被分为开放式系统和封闭式系统。开放式系统即诊断仪器可以搭配多家厂商的试剂使用，封闭式系统则要求同一厂家的仪器和试剂必须配套使用，如化学发光、基因芯片、基因测序等。

按检测环境及条件的不同，体外诊断又分为实验室诊断和床旁诊断

(Point of Care Testing，POCT)。POCT是指利用便携式分析仪器或配套试剂在采样现场进行快速检测得到结果的一种方式，便携、操作简便、结果及时，因此得到了快速发展和应用。

从行业的整体增长来看，伴随着体外诊断技术不断升级、前沿科学技术应用持续升温、全球人口基数不断增长，以及慢性病、肿瘤等发病率不断提高，处于成熟发展阶段的全球IVD市场呈现出持续发展的态势。我国体外诊断行业几年一直保持20%的年均增长速度，正处在飞速发展阶段。2017年我国IVD市场总规模预计约600亿元，预计未来5年，行业将继续保持15%的增长。中国IVD处于行业的成长期，从人均诊断费用来看，是世界平均水平的一半，不到日本的15%。与发达国家相比，我国体外诊断行业仍处在发展前期，我国人口约占全球的1/5，但体外诊断市场规模仅为全球的3%，规模仍然较小。

从细分行业的增长来看，体外诊断市场的细分结构主要是生化、免疫和分子三大领域，国际与国内市场份额分别占比59%和70%。一是生化诊断领域。目前技术成熟，检测成本低，未来主要以糖和非蛋白类基础指标为主，逐渐淡出其他领域，在基层市场占有率高。二是免疫诊断领域。化学发光免疫诊断是国际发展的趋势，凭借其自动化程度高、检测精密度高及检测速度快等优势迅速抢占全球高端免疫诊断市场份额，成为免疫诊断的主流。三是销售模式新转变。检验科的建设、采购、售后、增值服务都交由厂家来外包完成，检验科达到降低成本，提升效率的目的，这将是未来的主要销售模式。集采模式的出现也将会改变IVD行业的渠道生态。

(二)产业链主要任务

黄埔区现有的体外诊断细分行业代表性企业包括万孚生物、益善生物、凯普生物、进德生物等，行业基础实力雄厚。

未来一段时期，黄埔区应深入实施产业专利协同运用机制，提高万孚生物、益善生物、凯普生物等企业在免疫诊断和分子诊断领域的市场竞争力，促进体外诊断行业从高成本、经验型向低成本、精确型快速迭代发展。

表 6–12　黄埔区体外诊断细分行业的相关（部分）企业

序号	企业名称	主要业务活动或主要产品	高新技术领域 – 大类
1	广州鸿琪光学仪器科技有限公司	医学诊断及试剂	生物与新医药
2	广州华银医学检验中心有限公司	临床检验服务、病理诊断服务	高技术服务
3	广州市锐博生物科技有限公司	细胞分析寡核酸产品、miRNA 寡核酸产品、siRNA 寡核酸产品	生物与新医药
4	广州天宝颂原生物科技开发有限公司	体外诊断试剂及配套仪器	生物与新医药
5	广东和信健康科技有限公司	病原体检测试剂盒	生物与新医药
6	广州恩康生物科技有限公司	克伦特罗试剂盒、莱克巴多安试剂盒	生物与新医药
7	广州海力特生物科技有限公司	HIV–1DNA 定量检测试剂盒	生物与新医药
8	广州开泰生物科技有限公司	生物细胞医学检测	高技术服务
9	广州坤图生物科技有限公司	肿瘤基因检测数据生物信息分析服务	生物与新医药
10	广州万联生物科技有限公司	生物试剂的生产、销售；生物技术咨询服务；生物技术研发服务	生物与新医药
11	广州东林生物科技有限公司	医疗诊断试剂研发	生物与新医药
12	广州蓝吉生物技术有限公司	检测融合基因的试剂盒及检测方法	生物与新医药
13	广州维伯鑫生物科技有限公司	猪瘟重核酸荧光 PCR 检测试剂盒	生物与新医药

资料来源：根据公开资料整理。

三、疫苗配套产业链

（一）配套产业链的识别

将广州开发区打造成为世界级创新型生物安全产业集群需重点关注新型疫苗、检验检测、医疗器械和治疗药物等核心产业链，在综合研究这些核心产业链条的过程中发现，产业链有核心产业链和非核心产业链的区别，其中，为核心产业链提供保障与支持（如设施、设备、原材料、能源、技术、信息等）、对核心产业链有支撑作用的产业链，本书定义其为配套产业链，包括医药原材料的生产与供应、医用和研发用仪器设备原部件的生产与制造、医药包装、医药冷链等产业链。

（二）以疫苗产业链为核心链的配套产业链

1. 疫苗包装产业链

（1）概述

疫苗与其他药品不同，对安全性要求很高，因而对包装的安全性和稳定性也有着非常严格的规定，主要体现在对无菌包装的要求、容器壁光滑且质量稳定，以及包装材料须具备良好的耐低温性、气密性，不能与疫苗产业化学反应。疫苗瓶必须确保在无菌洁净车间生产，既需要从生产各环节保证无菌性，亦可在生产完成后进行二次灭菌处理。

此次蔓延全球的新冠肺炎疫情，由于疫苗瓶储备不足，即使疫苗最终获得生产批准，也无法在短时间内全球推广。据国外媒体报道，当前全球大约共有 2 亿个疫苗瓶，这些疫苗瓶还需要供应流感、伤寒、脑膜炎等疫苗生产。在新冠肺炎疫苗研制成功后，全球仍将有数十亿人由于疫苗瓶短缺无法接种疫苗。可见瓶小作用却不小。

（2）产业链

疫苗包装产业链包括上游原材料供应、中游疫苗瓶制造、下游应用三个环节。疫苗瓶是承载疫苗的容器，主要作用不仅是负责药品储存和运输，更是在药品有效期内保证其安全性、有效性及稳定性，尤其对于肌肉注射、静脉注射等高风险药品，对疫苗瓶的质量提出更加严格的要求。

疫苗瓶的原材料主要来自玻璃，市面上的玻璃有很多品类，但普遍用作药用玻璃的主要是钠钙玻璃、低硼硅玻璃和中硼硅玻璃，由于玻璃不是绝对惰性的，药品装载在玻璃中时间太久也会发生化学反应，疫苗与玻璃瓶是否会发生化学反应及反应作用的强弱主要取决于玻璃的耐水性。玻璃耐水性越强，则与内部药物发生化学反应的风险越低，证明玻璃瓶的质量越好。三种常见的药用玻璃中，耐水性由高到低依次为中硼硅玻璃、低硼硅玻璃和钠钙玻璃。

相比其他两种常见的药用玻璃，中性玻璃具有良好的化学稳定性，氧化铝含量较低，耐水性、耐酸性均表现优良，可以很好地实现保护药物的作用，另外在长期接触药物的过程中 pH 值稳定，避免了析出沉淀物或玻璃屑脱落等问题（详见表 6–13），国际上称这类玻璃为 I 类瓶。以欧美为代表的国际市场，注射用、血液和血液制剂等注射剂原则上均使用 I 类瓶，即按照国际标准，疫苗等水针剂注射剂均须使用Ⅰ类瓶。然而我国90%以上的疫苗瓶仍使用低硼硅玻璃和钠钙玻璃，符合国际标准的中硼硅玻璃仍需进口。每年我国生物制剂、疫苗等各类注射剂生产规模可达300亿支，大约需要5万吨中硼硅玻璃，但实际我国一年仅可以生产30亿支符合国际标准的Ⅰ类瓶，主要原因包括两点：一是使用中硼硅玻璃对于我国玻璃生产企业来说成本太高；二是在生产过程中，中性硼硅玻璃管的稳定性较难把握。

表6–13　药用玻璃按成分分类性能指标对比

化学组成及性能	玻璃分类			
	硼硅玻璃			钠钙玻璃
	高硼硅玻璃	中硼硅玻璃	低硼硅玻璃	
B_2O_3（%）	12～13	8～12	5～8	＜5
SiO_2（%）	约81	约75	约71	70～75
Na_2O+K_2O（%）	约4	4～8	约11.5	12～16
MgO+CaO+BaO+（SrO）Al_2O_3（%）	—	2～7	3～6	0.5～2.5
平均线膨胀系数（20～3000 C）×10－6/K－1	3.2～3.4	3.5～6.1	6.2～7.5	7.6～9
颗粒法耐水性	很强	很强	很强	弱
耐酸性能	很强	很强	中等	中等
耐碱性能	中等	中等	弱	弱
加工性能	较差	很好	很好	较好
机械强度	很好	很好	很好	较差

资料来源：根据公开资料整理。

（3）广州开发区招商指引

2018年，我国药用玻璃中使用中硼硅玻璃的仅占总量的7%～8%，反观国外，美国、欧洲、日本、俄罗斯等国在注射用制剂和生物制剂生产过程中均强制要求使用中性硼硅玻璃包装，中硼硅玻璃已普遍应用于医药行业。

药用玻璃包装行业市场化程度较高，细分领域众多，行业内存在较多小型企业（年产能5亿支以内）和非上市公司，我国共有药用玻璃生产企业60余家，主要分布在西南、华东、华北等地区。业内拥有窑炉的药用玻璃包装生产公司竞争主要依靠成本优势和质量优势，各公司优势产品不同。窑炉建设投资生产成本较高，生产过程有相当高的技术难度和产品质量要求，行业进入壁垒较高。但是行业内还有部分公司不建设窑炉，通过直接购买药用玻璃管配套相关设备进行玻璃管加工生产，主要集中于江浙一带。后者投资较小，且由于管制玻璃容器工艺差异导致质量差异较大，产品质量良莠不齐。广州市以至于整个广东省目前暂无专业的大型药用玻璃制造商。

表 6–14　国际中硼硅玻璃主要制造商产能及世界市场占比

序号	制造商	主要产地	中硼硅玻璃产能（吨 / 年）	占世界总产量份额（%）
1	肖特	德国、西班牙、巴西、印度	117 000	57
2	格雷斯海姆	美国、意大利	48 000	23
3	电气玻璃集团 NEG	日本	23 500	11
4	爱姆科	美国、法国	10 500	5
5	纽博	意大利	8000	4

资料来源：根据公开资料整理。

表 6–15　国内药用玻璃生产企业招商推介

序号	公司名称	所在地区	主要产品和产量
1	山东药玻	山东淄博	拥有 21 座玻璃窑炉，产品种类包括模制瓶、棕色瓶、丁基胶塞、管制瓶、安瓿瓶和铝塑盖塑料瓶六大系列，其中主导产品模制瓶年产量 90 多亿支，其中模制抗生素瓶市占率近 80%，棕色瓶产能 25 亿支，全球市占率近 30%；低硼硅玻璃管年产 20 000 吨
2	重庆正川医药包装材料	重庆北碚区	现具有 32 ㎡拉管（低硼硅）玻璃窑炉 8 座，生产不同类型的无色和棕色管制注射剂瓶、管制口服液体瓶、管制玻璃螺口瓶、安瓿瓶等，主要产品管制玻璃瓶年产量 54 亿支市场占有率近 1/3
3	成都平原尼普洛药业包装	四川邛崃	11 条药用玻璃管生产线，年产低硼硅玻璃管 30 000 余吨，1ml ~ 25ml 低硼硅安瓿瓶 50 亿支，安瓿瓶市场占有率近 1/8，各类管制注射瓶、管制口服液瓶 17 亿支
4	山东力诺特种玻璃	山东济南	现拥有 14 条国际先进的拉管生产线，年产低硼硅玻璃管 30 000 吨，各类安瓿 / 管制瓶 32 亿支
5	吉林尼普洛嘉恒药用包装	吉林松原	拥有蹄式燃气玻璃窑炉 5 座，年产低硼硅玻璃管 30 000 吨；钠钙玻璃口服液体瓶、低硼硅玻璃管制注射剂瓶、低硼硅玻璃安瓿、钠钙玻璃模制注射剂瓶 25 亿支
6	山东阿华医药材科技	山东聊城	拥有高标准玻璃窑炉两座。年产无色低硼硅玻璃药用管 10 800 吨、棕色纳钙玻璃管 7000 吨、1ml ~ 30ml 各种规格玻璃管制注射瓶 20 亿支

续表

序号	公司名称	所在地区	主要产品和产量
7	重庆万州神宇药用玻璃制品	重庆万州区	全自动黄料、白料玻璃管窑炉各一座，安瓿瓶生产线 8 条、特制试用管生产线 10 条。年产管制瓶产量 20 亿支，黄料玻管 7000 吨，白料玻管 6000 吨

资料来源：根据公开资料整理。

2. 疫苗冷链产业链

（1）概述

医药疫苗冷链物流，是指对医药疫苗从生产、贮藏、销售、运输、配送等直到注射前的各个环节，需始终保持疫苗要求的低温环境，以防止因为温度变化而导致疫苗失效甚至变质，保证疫苗质量和药效的一项特殊的冷链物流系统工程。

表 6–16　市场主流疫苗储运温度要求

<table>
<tr><th rowspan="2">使用中的主流疫苗品种</th><th rowspan="2">疫苗主要存储要求</th><th colspan="2">疫苗中间环节存储要求</th><th rowspan="2">医疗中心</th><th rowspan="2">卫生站</th></tr>
<tr><th>地区</th><th>城区</th></tr>
<tr><td>口服脊髓灰质疫苗</td><td colspan="2">–15℃ ~ –25℃</td><td colspan="3" rowspan="16">所有的疫苗均应存储在 2℃ ~ 8℃的环境下</td></tr>
<tr><td>卡介苗</td><td colspan="2" rowspan="7">世界卫生组织不建议冻干疫苗存储在 –20℃环境，–20℃不会伤害疫苗但是最好在 2℃ ~ 8℃的环境下进行存储和运输</td></tr>
<tr><td>麻疹疫苗</td></tr>
<tr><td>麻腮风三联疫苗</td></tr>
<tr><td>麻疹风疹疫苗</td></tr>
<tr><td>黄热病疫苗</td></tr>
<tr><td>B 性流感嗜血杆菌疫苗（冻干）</td></tr>
<tr><td>a 型和 c 型脑膜炎双球菌疫苗</td></tr>
<tr><td>B 型肝炎疫苗</td><td colspan="2" rowspan="8">存储在 2℃ ~ 8℃的环境下，这些疫苗为低温敏感疫苗，不能被冷冻</td></tr>
<tr><td>脊髓灰质炎疫苗</td></tr>
<tr><td>白喉破伤风疫苗</td></tr>
<tr><td>百白破疫苗</td></tr>
<tr><td>百白破 B 型肝炎疫苗</td></tr>
<tr><td>B 性流感嗜血杆菌疫苗（液体）</td></tr>
<tr><td>破伤风白喉减量疫苗</td></tr>
<tr><td>破伤风疫苗</td></tr>
<tr><td colspan="6">稀释液不可冷冻，如果冻干疫苗与稀释液一起包装，那冻干疫苗也应该存储在 2℃ ~ 8℃环境下</td></tr>
</table>

资料来源：根据公开资料整理。

疫苗与其他药品不同，对温度敏感，属于冷藏特殊药品，其储运温度一般为2℃～8℃，在生产、贮藏、运输、接种的任一环节都可能因为温度过高或过低而导致疫苗降效甚至失效，需要通过全程冷链来保证疫苗质量和效果。质量是疫苗的第一生命，疫苗的失效一般较难直接从感官上识别，这就加大了疫苗出现问题时的隐蔽性和识别的困难性。当发现问题时，往往较多的受种者已接种，造成严重影响。其次是疫苗的时效性，一旦疫苗超出有效期就不能被注射了。疫苗接种直接影响人的生命健康，而其质量问题较多地发生在物流包装过程中，若储存运输未经严格有效的监管，将会给社会带来严重的不良影响。

（2）产业链

疫苗冷链产业链分上游材料/设备供应（冰排、冷藏车、冷库、冷藏集装箱等）和技术支持、中游仓储/运输和下游疫苗冷链物流应用三个环节，其中，中游环节疫苗制品在各个疫苗生产、配送、仓储企业和机构及接种单位之间的冷链运输、冷链存储是产业链的核心环节，关乎到疫苗制品的安全性和有效性。

（3）广州开发区招商指引

统计数据显示，我国疫苗类制品、注射针剂、酊剂、口服药品、外用药品、血液制品等医药冷藏品的销售额占医药流通企业总销售额的10%左右。其中，疫苗冷链流通领域占据医疗冷链物流市场的最大部分，占比达到43%。

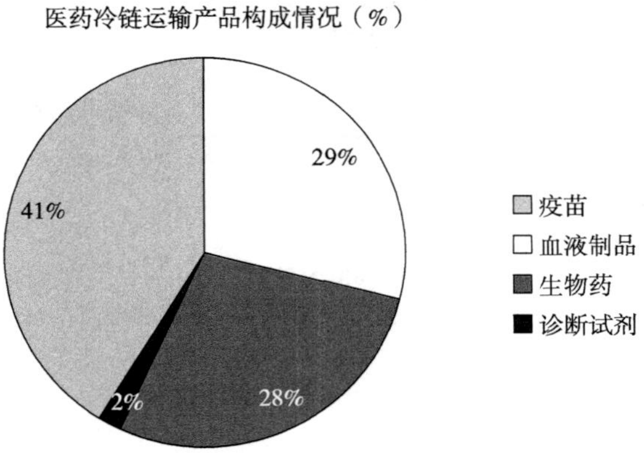

图 6–35　医药冷链运输产品构成

目前在生物医药行业负责医药物流的企业可分为两类，传统药品企业和社会物流企业。传统药品企业主要负责医药物流中的仓储环节，社会物流企业则充当了医药物流过程的主力军，除去少数区域性自建物流资源，各大药企巨头及电商平台在医药跨省、跨区域运输有 80% ~ 90% 由社会物流企业负责。

药企的自建物流和社会物流在医药冷链运输方面各有所长。传统龙头药企拥有非常强大的医药仓储能力，而社会物流受困于政策等历史原因在该领域相对欠缺，但在网络资源领域存在巨大优势。对于医药电商平台而言，自建运输、配送由于不符合其成本结构而可能性不大。例如，自建一个医药冷仓成本超过亿元，即便改造也需要上千万元，每辆大型冷运车成本超过百万元，这些对于每单毛利仅 10% 的医药电商平台是无法接受的。由此可见，第三方物流平台仍是未来医药行业的运输主力。

近年来，国药控股、华润医药、上海医药、广州医药、九州通、顺丰等一大批全国性、区域性的生物医药物流领域龙头企业不断涌现，他们在医药冷链物流领域拥有先进的管理理念、完善的基础设施设备、领先的冷链物流技术，而且基本实现了网络化、信息化、自动化的疫苗物流要求，并参与行业标准制定，积极引领医药冷链物流发展。

表 6-17　国内医药冷链物流企业招商推介

序号	公司名称	总部所在地	主营业务	行业地位
1	上海医药（集团）有限公司	上海浦东新区	覆盖医药研发与制造、分销与零售全产业链	公司综合排名位居全国医药行业第二，是中国为数不多的在医药产品和分销市场方面均居领先地位的医药上市公司
2	中国医药集团总公司	北京海淀区	以预防治疗和诊断护理等健康相关产品的分销、零售、研发及生产为主业	中国规模大、产业链全、综合实力强的医药健康产业集团拥有覆盖全国 31 个省、自治区、直辖市的医药流通配送网络和与国际水平接轨的 30 个配送中心，是国内最大的生物医药研发、生产企业，承担了 80% 以上的国家免疫规划用疫苗的生产任务
3	广州医药集团有限公司		主要从事中成药及植物药、化学原料药及制剂、生物医药制剂等领域的研究和开发，以及制造与经营业务	中国最大制药企业、广州生物医药健康产业龙头企业

续表

序号	公司名称	总部所在地	主营业务	行业地位
4	华润医药集团有限公司	北京朝阳区	制造业务涵盖研发、生产及销售医药产品。经营着一个由178个物流中心构成的全国性分销网络，战略性覆盖中国28个省、直辖市及自治区	—
5	九州通医药集团股份有限公司	武汉汉阳区	以西药、中药、器械为主要经营产品，以医疗机构、批发企业、零售药店为主要客户对象，并为客户提供信息、物流等各项增值服务的大型企业集团	中国医药商业领域具有全国性网络的少数几家企业之一，连续多年位列中国医药商业企业第四位，领跑中国民营医药商业企业，2019年位列《财富》（中文版）500强第106位
6	顺丰速运	深圳福田区	为客户提供一体化综合物流解决方案的能力，不仅提供配送端的物流服务，还延伸至价值链前端的产、供、销、配等环节，从消费者需求出发，以数据为牵引，利用大数据分析和云计算技术，为客户提供仓储管理、销售预测、大数据分析、金融管理等一揽子解决方案	顺丰已形成拥有“天网＋地网＋信息网”三网合一、可覆盖国内外的综合物流服务网络，其直营网络是国内同行中网络控制力强、稳定性高，也是独特稀缺的综合性物流网络体系
7	京东物流	北京大兴区	集合仓配一体、快递、冷链、大件、物流云等为一体的智能供应链服务	全球唯一拥有中小件、大件、冷链、B2B、跨境和众包（达达）六大物流网络的企业，凭借这六张大网在全球范围内的覆盖以及大数据、云计算、智能设备的应用，京东物流打造了一个从产品销量分析预测，到入库出库、再到运输配送各个环节无所不包，综合效率最优、算法最科学的智能供应链服务系统

资料来源：根据公开资料整理。

3. 疫苗注射器产业链

（1）概述

注射器属于医疗器械产业细分领域——低值医用耗材中的注射穿刺类产品。注射针/注射器是我国医用穿刺器械领域消耗数量最大的器械产品，也是全球医疗器械市场增长最快的器械产品之一。为不断提高注射器使用的安全性、操作的便利性、患者的舒适性，如自毁式注射器、安全式注射器、预充式注射器、无针式注射器等越来越多的新型注射器纷纷面世。新型注射器的成功批量应用，除了设计的因素之外，很大程度上得益于制造技术的精细化、成型效率与新型材料的应用。随着医疗器械产业的不断发展进步，新一代注射器相继推出，如安全自毁式注射器、无针环保注射器、可回缩注射器、环保预弃型注射器、无菌无痛留置针等，其中，无菌自毁式安全注射器、无菌无痛留置针受市场格外青睐。

最常见的一次性注射器是采用高分子聚丙烯材料做成，由芯杆、活塞、外套及注射针组成，经环氧乙烷进行灭菌处理的无菌、无热源针头注射器，是最常用的医疗器械。我国作为世界上医疗器械第一大市场，对一次性活塞注射器的需求十分旺盛。

（2）产业链

疫苗注射器产业链主要分上游原材料和生产设备（聚丙烯、聚乙烯、橡胶、不锈钢、注射器自动化生产线等）、中游组装生产和下游应用三个环节。

鉴于生产一次性注射器的技术准入门槛较低及工艺较简单，加之行政审批复杂度远低于药业，我国一次性塑料注射器生产企业已多达 300 余家，而全国一次性注射器和输液器的年均消耗量可达 150 亿支及 130 亿个。纵观一次性注射器市场，拥有较高地域品牌度的企业集中在山东、上海及江浙一带，而市场主要集中在华东、中南及华北地区，其中华东和中南地区每年的一次性注射器销量就占到全国总销量的 60% 左右，华北约占 22%。

（3）广州开发区招商引资推介

国际上，美国 BD 公司（Becton，Dickinson and Company）作为全球最大的医疗技术公司之一，是世界最大的注射器供应商，市场份额约占 45%；国内有影响力的企业主要分布在山东及江浙沪一带。

表 6–18　注射器国际主要供应商

序号	企业名称	总部所在地	主营业务及产品	行业地位
1	BD 医疗	美国	产品涉及输液治疗、安全注射、麻醉系统三个领域，主要产品为静脉留置针、输液连接产品、医用注射器、针头和锐利物收集器、麻醉产品、动脉留置针等	世界上最大的生产和销售医疗设备、医疗系统和试剂的医疗技术公司之一
2	贝朗	德国	专业医疗设备、医药制品及手术用医疗器械供应	世界上最大的专业医疗设备、医药制品以及手术医疗器械供应商之一

资料来源：根据公开资料整理。

表 6–19　注射器国内主要生产企业

序号	企业名称	企业所在地区	主营业务及产品
1	威高集团有限公司	山东威海	医疗器械和医药，产品主要包括输注耗材及设备、输血器材、心内耗材、留置针及各种异型针、血液净化设备及耗材、骨科材料、手术设备及附件、创伤护理、手术机器人、微创器械及设备、ICU 产品及附件、大容量注射液及其他药品、肾科产品、生物诊断试剂、手术缝合线、牙种植体、感控设备及耗材、PVC 及非 PVC 原料等 1000 多个品种
2	康德莱集团	上海市	医用穿刺器械、医用高分子耗材、介入类耗材、医疗器械市场供应链等领域的医疗产品和服务
3	江西三鑫医疗科技股份有限公司	江西南昌	医疗器械研发、制造、销售和服务。主导产品有“血液净化类、留置导管类、注射类、输液输血类、心胸外科类”五大系列
4	江西洪达医疗器械集团有限公司	江西南昌	主要产品包括输液、输血器具类、注射器具类、穿刺器械类、检查或辅助器械类、麻醉器械类、导管类、医疗设备类、心血管介入类、血液净化制品类等
5	山东侨牌集团有限公司	山东淄博	一次性使用无菌医用器具、医用敷料、卫生材料的生产、研制和开发，主要产品包括输液器、注射器、输血器、脱脂纱布、医用胶布、脱脂棉、输血（液）器具用软聚氯乙烯粒料、静脉（注射）针尖
6	双鸽集团有限公司	浙江台州	一次性输注医疗器械、软包装大输液生产
7	山东新华安得医疗用品有限公司	山东淄博	药物输注、肠内营养输注、血液样本采集、现代伤口护理及外科引流等系列产品的研发、生产和销售

资料来源：根据公开资料整理。

表 6–20　广东省部分注射器生产企业

序号	公司名称	公司所在地	主营业务及产品
1	广东海鸥医疗器械股份有限公司	揭阳普宁市	无菌医疗器械研发、生产、销售、服务，产品主要包括输注器械系列产品（一次性无菌注射器、一次性配药用注射器、一次性无菌自毁型固定剂量疫苗注射器、自动回缩安全注射器等）、呼吸麻醉系列产品、吸氧及雾化系列产品和医用导管系列产品
2	广东因特圣医疗器械有限公司	佛山顺德区	研发、生产、销售医疗器械及配件，产品主要包括一次性无菌注射器、一次性无菌输液器、一次性无菌阴道扩张器、一次性静脉输液针、一次性无菌自毁注射器、内胆式无菌溶药注射器、一次性无菌混合喷药装置，安全自毁注射器是公司开发研制的核心产品

续表

序号	公司名称	公司所在地	主营业务及产品
3	广东龙心医疗器械有限公司	江门开平市	一家专业集研发、生产、加工、销售为一体的一次性医疗器械企业，主要产品包括医用导管、医用粘合剂、输液器、注射器等一次性使用医用耗材
4	广州禾亿硅橡胶有限公司	广州增城区	—
5	深圳市保安医疗用品有限公司	深圳龙岗区	致力于一次性使用无菌医用耗材开发、生产、销售、服务，主要产品包括一次性使用无菌注射器、高压造影注射器及附件、泵用输液器、自动排气式安全型输液器，无菌注射针、静脉输液针，真空采血管（静脉血样采集容器）、静脉采血针、阴道扩张器、标本袋等医用产品
6	深圳市昕力医疗设备开发有限公司	深圳龙岗区	—
7	广东康德莱医疗器械集团有限公司	珠海金湾区	—
8	汕头华尔怡医疗器械有限公司	汕头龙湖区	一次性使用无菌医用耗材开发、生产、销售、服务，汕头唯一一家专业生产一次性使用无菌注射器、自毁式安全注射器和输液器等无菌产品的企业

资料来源：根据公开资料整理。

四、疫苗关联产业链

（一）关联产业链的识别

打造广州开发区为世界级创新型生物安全产业集群需重点关注新型疫苗、检验检测、医疗器械和治疗药物等核心产业链，在综合研究这些核心产业链条的过程中发现，产业链有核心产业链和非核心产业链的区别，其中，对核心产业链发展有带动作用（后向关联，为核心产业链提供生产资料）、自身被核心产业链带动发展（前向关联，利用核心产业链生产的产品）以及为核心产业链提供技术和服务的产业链，本书定义其为关联产业链，包括食品安全、基因技术、大数据与物联网等产业链。

（二）以疫苗产业链为核心链的关联产业链

1. 疫苗大数据产业链

（1）概述

中国作为世界最大的疫苗生产国，国产疫苗可以占到全国疫苗接种量的95%以上，是为数不多可以依靠自身能力解决全部计划免疫疫苗的国家之一。接种疫苗是预防疾病行之有效的手段之一。2019年6月29日，《中华人民共和国疫苗管理法》颁布实施，作为史上最严格的疫苗管理法规，要求建立可以实现全流程追溯的“全国疫苗电子追溯协同平台”，甚至可以追溯到最小单支包装和疫苗的“最后一公里”。2019年12月12日，国家药监局综合司、国家卫生健康委办公厅发布《关于做好疫苗信息化追溯体系建设工作的通知》，《通知》中再次提到在2020年3月31日之前，各地建立好完善的疫苗信息化追溯体系，对上市疫苗实现全程可追溯，并确保疫苗最小包装单位的可追溯、可核查。

在过去，用来存储疫苗的设备只有一台普通的冰箱，但由于缺乏数据记录的功能，所有疫苗出入库只能通过人工盘点，无法将疫苗信息进行实时反馈，这就导致疫苗厂家、医疗机构、被接种者三者之间信息无法及时互通。此外，无法全流程打通疫苗流通和接种过程，难以及时发现并解决疫苗出现的问题，这也导致疫苗安全问题时有发生。随着云计算、大数据、物联网等新技术手段的发展和应用，逐渐为过去的这些难题提供了解决契机。通过搭建物联网智慧医药疫苗全程信息系统，可实现生产企业、疫苗种类、物流企业、冷链温度、有效期、接种人等信息在内的全流程信息查询和电子追溯。

（2）产业链

疫苗大数据产业链主要分为三大环节：产业链上游是对疫苗相关数据的采集及整合；产业链中游是指数据的存储及运算；产业链下游是对数据的分析及挖掘，以及数据的应用和消费等。

上游疫苗大数据采集和整合。存在于疫苗的生产、储存、运输、分销以及后期接种管理的一系列过程中。在储存和运输环节，通过在疫苗物流过程中的不同载体设备（冷藏库、冷藏车、冷藏周转箱等）上安装数据采集终端，可实现对疫苗物流全程的实时数据采集。其中，对流通环节的数据信息采集及疫苗生命周期的环境温度监测数据采集分别通过无线射频识别技术（RFID）

和温度传感器实现。RFID 接收转发装置通常安装在物流过程的关键节点上，如仓库、收费站、码头、机场等，RFID 标签根据需要粘贴在内外包装、产品及物流工具上。同时，在保温包装及运输车内部设置温度传感器，对疫苗的储存和运输环境进行实时连续的温度测量与监控；在生产和接种环节，可使用二维码技术对疫苗生产单位信息、疫苗种类、疫苗生产日期及有效期限、物流企业及物流信息、接种单位、接种人和受接种人等信息进行绑定并上传至后台服务器，同时生成特定二维码，采用逐级二维码形式，把疫苗封装在疫苗瓶内，疫苗瓶封装在疫苗盒内，疫苗盒封装在疫苗箱内，在所有的疫苗瓶、疫苗盒、疫苗箱上均印有二维码。

中游疫苗大数据存储和运算。主要是采用 5G 无线通信技术实现对现场采集的疫苗信息实时传输至数据库，由数据库中心和数据云平台存储和运算疫苗从生产至到达用户过程中各个环节的数据信息。若发生意外，系统能够为疫苗的迅速召回及售后、维权等提供信息支持。同时，用户也可利用开放的客户端查阅疫苗的相应信息，保证用户对所用疫苗的信息知情权。

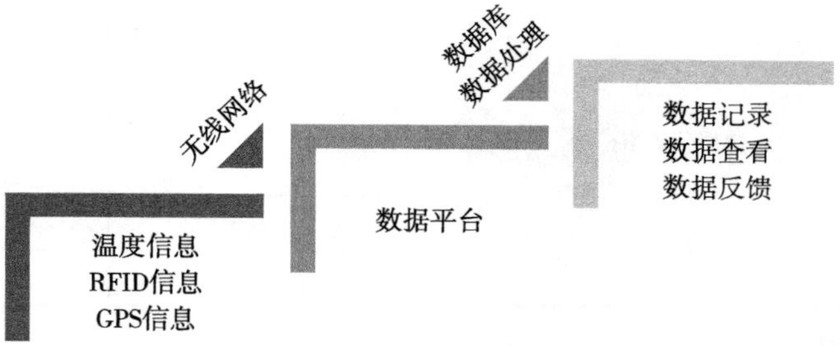

图 6–36　大数据信息平台示意图

下游疫苗大数据分析和挖掘。主要是疫苗大数据经 5G 网络上传至数据库和数据云平台后，由数据库和数据云平台完成数据处理，包括与现场终端设备的实时通信、数据存储查询、相关曲线的绘制、数据分析处理、结果反馈等。

下游疫苗大数据应用。主要包括疫苗全程冷链大数据应用、疫苗生产储运大数据应用和疫苗接种管理大数据应用三大方面。在疫苗全程冷链大数据应用方面，疫苗全程冷链管理所需要的信息主要来源于两方面的连续数据：一是每个冷链环节段的数据，另一个是各冷链段之间的交接数据。在众多连续数据中，温度信息属于核心数据，而其他信息属于附属数据。其中核心数据可以用来判断疫苗的质量情况，附属数据则可以用来判断疫苗所处外部环境状况及了解相关负责人。一旦发现数据出现不完整或者疫苗脱离冷链等信息，就可以依据相关信息对疫苗是否变质做出判断；在疫苗生产储运大数据应用方面，主要采集的是疫苗生产企业、物流及仓储企业的信息，以及交接转运位置、时间、货物量、运输车辆和责任人等数据，可保证疫苗全程转运可监控及后期出现问题时追究相关单位和个人的责任；在疫苗接种管理大数据应用方面，主要采集接种疫苗、接种单位、接种人、受接种人，以及接种时间和地点等各项数据信息，保障接种安全和信息可追溯。

（3）广州开发区招商引资推介

表 6-21　国外大数据行业各领域主要企业

序号	所属领域	企业名称	总部所在地
1	数据存储与管理	IBM	美国
2		甲骨文	美国
3		Intel	美国
4		Green-plum	美国
5	数据分析与挖掘	IBM	美国
6		甲骨文	美国
7		微软	美国
8		谷歌	美国
9		亚马逊	美国
10		Facebook	美国

资料来源：根据公开资料整理。

表 6-22　国内大数据行业各领域主要企业或单位

序号	所属领域	企业或单位名称	所在地
1	数据采集	百度	北京海淀区
2		阿里巴巴	浙江杭州
3		腾讯	广东深圳
4	数据存储与管理	中兴	广东深圳
5		华为	广东深圳
6		用友	北京海淀区

续表

序号	所属领域	企业或单位名称	所在地
7		浪潮	山东济南
8		拓尔思	北京海淀区
9		数据堂	北京海淀区
10		九次方	北京房山区
11		亿赞普	北京海淀区
12		达梦	湖北武汉
13	数据分析与挖掘	百度	北京海淀区
14		阿里巴巴	浙江杭州
15		腾讯	广东深圳
16		华为	广东深圳
17		南大通用	天津西青区
18		神舟通用	北京海淀区
19		广州巨杉	广东广州
20		上海易鲸捷	上海浦东新区
21		北京大学	北京海淀区
22		中南大学	湖南长沙
23		复旦大学	上海杨浦区
24		吉林大学	吉林长春
25		北京理工大学	北京海淀区
26		西安交通大学	陕西西安
27		电子科技大学	陕西西安
28		中国科学技术大学	安徽合肥
29	数据运维	百度	北京海淀区
30		阿里巴巴	浙江杭州
31		腾讯	广东深圳

资料来源：根据公开资料整理。

2. 基因技术及其应用产业链

（1）概述

基因技术在实际生产生活领域中的应用称为基因工程技术，是以分子遗传学为理论基础，以分子生物学和微生物学的现代方法为技术手段，按照预先设计的蓝图将不同来源的基因在体外构建杂种DNA分子，随后导入活细胞，以实现改变生物原有遗传特性、获取新品种、生产新产品的遗传技术。基因技术的实际应用领域包括基因鉴定、基因制药、基因诊断、基因检测、基因治疗、基因编辑、基因克隆等技术。

将基因工程技术应用在疫苗研发、生产中就可以得到基因工程疫苗，包括基因工程疫苗（基因工程亚单位疫苗、基因工程载体疫苗、核酸疫苗、基因缺失活疫苗及蛋白工程疫苗）、遗传重组疫苗、合成肽疫苗、抗独特型抗体疫苗以及微胶囊可控缓释疫苗等。传统疫苗的工作原理是将减毒、灭活或亚单位的病原微生物及其代谢产物作为抗原，制成预防传染病的自动免疫制剂。与传统疫苗不同，基因工程疫苗是通过基因工程方法、分子克隆技术将病原的保护性抗原基因分离出来，转入原核或真核系统并使其表达出病原的保护性抗原，从而制成疫苗，或者通过删除、突变病原携带的毒力相关基因，变成不携带毒力相关基因的毒力缺失疫苗或者突变疫苗。

相较于常规疫苗通常是一个完整的病原体，基因工程疫苗只包含病原的一部分，因此基因工程疫苗最大的优点便是安全性高，尤其是针对治病力强的病原。此外基因工程疫苗还具有以下三个优点：一是可以降低生产成本，方便廉价大批生产；二是容易区分感染动物和免疫动物，这是由于基因工程疫苗缺失某种蛋白成分或只含有病原的1～2种蛋白成分，基于病毒中是否有与基因工程疫苗中相同的病毒蛋白抗体，就可以很方便地将病毒感染者从免疫动物中区分出来；三是基于活载体制作多价疫苗，以实现一针防多病的目的。

表6–23　几种基因工程疫苗的特性比较

项目	基因工程亚单位苗	基因缺失或突变苗	活载体苗	DNA疫苗
免疫效果	较差	好	好	较好
免疫次数	多次	一次	一次	二次
佐剂	需要	不需要	不需要	需要
安全性	好	好	较好	好
稳定性	强	强	较强	较强
保存期	长	长	较长	较长
研制周期	较长	较长	长	短

资料来源：根据公开资料整理。

回顾从19世纪末到21世纪初疫苗技术及品种的整个发展历程，从19世纪80年代到20世纪20年代，主要完成细菌减毒传代培养技术储备，实现细菌灭活及减毒活疫苗的制备；从20世纪30年代到60年代，主要完成病毒从动物体内到体外细胞培养的技术积累，实现病毒减毒活疫苗的工业化生产；随着20世纪60年代超速离心、色谱层析技术的发展，使得20世纪70年代多糖组分疫苗、蛋白组分疫苗等相继上市以及20世纪80年代多糖－蛋白结合技术的出现，使得高纯度的多糖免疫原性不断加强；随着20世纪70年代组分疫苗技术的成熟，在20世纪80年代到90年代出现了无细胞的多联疫苗；随着组分提纯（70年代）、蛋白结合技术（80年代）的逐渐成熟，21世纪初出现了多价的多糖－蛋白结合疫苗；随着20世纪80年代基于基因测序等对病毒基因序列的深入了解，20世纪90年代合成病毒样颗粒（VLP），并在20世纪初得到多价VLP疫苗；同时，随着测序技术的逐渐成熟，出现了反向疫苗学，并在21世纪初基于反向疫苗学发现并上市了保护性抗原的疫苗。

纵观疫苗相关技术发展过程可以发现，跨越一代技术大概需要30～40年，一代技术从成熟到疫苗上市或产品/技术再次升级需要10～15年。下一代疫苗技术主要包括病毒载体疫苗、核酸疫苗、反向疫苗学技术。根据20世纪80年代对基因重组技术的应用情况及Taylor在1988年首次提出了非复制型病毒载体的概念，预计在2028年成熟应用这类技术（如腺病毒载体疫苗）；1990年首次提出的核酸疫苗的概念，预计2030年之后可以成熟应用该技术；2014年成功应用反向疫苗学技术及疫苗上市，预计2024～2029年可以借助该技术研发得到新的重磅疫苗。

传染病从未从人们的生活中消失过，人们对疫苗的需求也在不断增加。基因工程技术、新兴载体技术不断提高，新兴疫苗迅速发展，疫苗的应用范畴也从传染病领域不断扩展到肿瘤等非传染病领域，这将进一步促进疫苗市场的发展。

（2）产业链

基因技术及其应用产业链主要包括上游产品或服务研发、中游产品生产和下游应用三大环节，具体到疫苗生产领域，则上游为疫苗产品研发，中游为疫苗产品生产，下游为疫苗接种应用。

在发生由流行性传染病引起的重大公共卫生事件时，疫苗研发及生产一般由国有性质的研究机构和企业主导，如在此次抗击新冠肺炎疫情的战斗中，广东省科技厅、省卫健委联合组织数家科研机构、企业同步开展腺病毒载体疫苗、基因工程重组亚单位疫苗、mRNA 疫苗等疫苗的研发工作。部分二类疫苗的研发和生产市场则被社会企业所占领。

（3）广州开发区招商引资推介

广州开发区及整个广东省在利用基因技术生产疫苗领域有全国领先的基础优势。

表 6–24　广东省基因工程疫苗研发生产机构和企业

序号	企业或机构名称	所在地	主导产品或服务
1	广州再生医学与健康广东省实验室	广州黄埔区	干细胞与再生医学理论与技术前沿研究，布局再生医学前沿基础研究、临床创新研究、生物信息、生物安全研究以及高端生物医疗器械耗材研发五大科研方向
2	广州达博生物制品有限公司	广州黄埔区	基因治疗药物研发与生产
3	广州锐博生物科技有限公司	广州黄埔区	利用核酸技术为基因功能、细胞生物学及药物研究提供产品与技术服务
4	中国科学院深圳先进技术研究院	深圳南山区	生物制药、纳米药物、抗体药物、基因 / 核酸药物、再生 / 细胞治疗、疫苗 / 免疫治疗、药学 / 药剂学，以及转化医学、生物医药工程技术和公共服务平台等
5	广东华南疫苗股份有限公司	广州黄埔区	基因工程人用疫苗（呼吸道合胞病毒（RSV）疫苗、预防用人乳头瘤病毒（HPV）疫苗、EV71 全病毒纯化灭活疫苗、脊髓灰质炎病毒样颗粒（PV）疫苗、EV71 病毒样颗粒疫苗）、动物疫苗、中试服务、产品定制、细胞培养
6	广州恩宝生物医药科技有限公司	广州黄埔区	创新疫苗及生物药物研发，包括新型腺病毒疫苗、呼吸道传染性病毒中和抗体药物研制，以病毒为载体的新型疫苗和基因治疗策略的研发，同时承接构建以腺病毒为表达载体的技术服务。
7	深圳源兴基因技术有限公司	深圳南山区	病毒载体（包括腺病毒、慢病毒、痘病毒、疱疹病毒、腺相关病毒等）基因治疗、基因疫苗等药物的研发、生产和外包服务
8	深圳康泰生物制品股份有限公司	深圳南山区	重组乙型肝炎疫苗（酿酒酵母）、b 型流感嗜血杆菌结合疫苗、麻疹风疹联合减毒活疫苗、无细胞百白破 b 型流感嗜血杆菌联合疫苗、23 价肺炎球菌多糖疫苗等产品
9	珠海丽凡达生物技术有限公司	珠海横琴新区	创新型 mRNA 药物研发

资料来源：根据公开资料整理。

表 6-25　国内基因工程疫苗主要研发生产机构和企业

序号	企业名称	企业所在地	主导产品
1	上海生物制品研究所	上海长宁区	重组乙型肝炎疫苗（病毒）
2	长春生物制品研究所	吉林长春	重组乙型肝炎疫苗（病毒）、重组乙型肝炎疫苗（CHO 细胞）
3	兰州生物制品研究所	甘肃兰州	重组乙型肝炎疫苗（CHO 细胞）
4	武汉生物制品研究所	湖北武汉	重组乙型肝炎疫苗（CHO 细胞）
5	华北制药金坦生物技术股份有限公司	河北石家庄	重组乙型肝炎疫苗（CHO 细胞）
6	北京华尔盾生物技术有限公司	北京门头沟区	重组乙型肝炎疫苗（CHO 细胞）
7	北京天坛生物制品股份有限公司	北京大兴区	重组乙型肝炎疫苗（酿酒酵母）
8	上海葛兰素史克（GSK）生物制品有限公司	上海浦东新区	重组乙型肝炎疫苗（酿酒酵母），甲、乙型肝炎联合疫苗
9	大连汉信生物制药有限公司	辽宁大连	重组乙型肝炎疫苗（汉逊酵母）
10	华兰生物工程股份有限公司	河南新乡	重组乙型肝炎疫苗（汉逊酵母）
11	重庆智飞生物制品股份有限公司	重庆市江北区	重组结核杆菌融合蛋白（EC）（宜卡®）、b 型流感嗜血杆菌结合疫苗（喜菲贝®）、ACYW135 群脑膜炎球菌多糖疫苗（盟威克®）、注射用母牛分枝杆菌（微卡®）、A 群 C 群脑膜炎球菌多糖结合疫苗（盟纳康®）等自主产品，同时，公司统一销售默沙东授权的四价人乳头瘤病毒疫苗（酿酒酵母）、九价人乳头瘤病毒疫苗（酿酒酵母）、口服五价重配轮状病毒减毒活疫苗（Vero 细胞）、23 价肺炎球菌多糖疫苗、甲型肝炎灭活疫苗（人二倍体细胞）等所有进口疫苗
12	云南沃森生物技术股份有限公司	云南昆明	23 价肺炎球菌多糖疫苗、吸附无细胞百白破联合疫苗、A 群 C 群脑膜炎球菌多糖结合疫苗、A 群 C 群脑膜炎球菌多糖结合疫苗、b 型流感嗜血杆菌结合疫苗等
13	康希诺生物股份公司	天津滨海新区	重组新型冠状病毒疫苗（腺病毒载体）、重组肺炎蛋白疫苗、13 价肺炎球菌结合疫苗、组分百白破疫苗（3 种）、重组结核病疫苗等多个创新疫苗

资料来源：根据公开资料整理。

第七章　黄埔区 广州开发区打造“一群一心一区”三位一体的全球顶尖生物安全产业基地的实施路径

根据前文第六章所述，黄埔区、广州开发区要通过规划建设一个世界级创新型生物安全产业集群、一个全球生物安全能力中心和一个国际生物安全示范区，打造“一群一心一区”三位一体的全球顶尖生物安全产业基地。其中世界级的生物安全产业集群是“生物安全产业基地”的业态内核，同时也是产业基地成为“全球顶尖”的重要表征。黄埔区将重点发展第三方检验检测、新型疫苗、精准医疗、体外诊断及各类相关产业链，全产业全要素协同发展，全面打造现代化的产业集群治理体系。全球生物安全能力中心则是担负生物安全产业发展中协调统筹的责任，辐射大湾区、保障全中国、服务全世界。国际生物安全示范区依托广州开发区“开拓进取、勇立潮头”的优良传统以及“敢为人先”的黄埔精神，利用自身产业发展基础以及科学创新的引导举措，打造一个粤港澳大湾区、中国乃至世界的生物安全治理、产业化、创新发展、意识教育的优秀样板。

未来，黄埔区生物安全产业将形成“一核一轴四区多中心”的空间布局结构。其中，“一核”是以中试为重要节点的产业发展核，“一轴”为集研发、中试和生产的生物安全产业创新发展轴，“四区”包括知识城片区（产业区）、科学城片区（中试区）、创新港（商务区）以及生物岛（研发区），“多中心”则是知识城国际生物医药价值创新园、知识城生物安全产业基地、科学城生物中试基地、科学城生物安全 CBD、生物岛生物研发基地等众多产业园区。

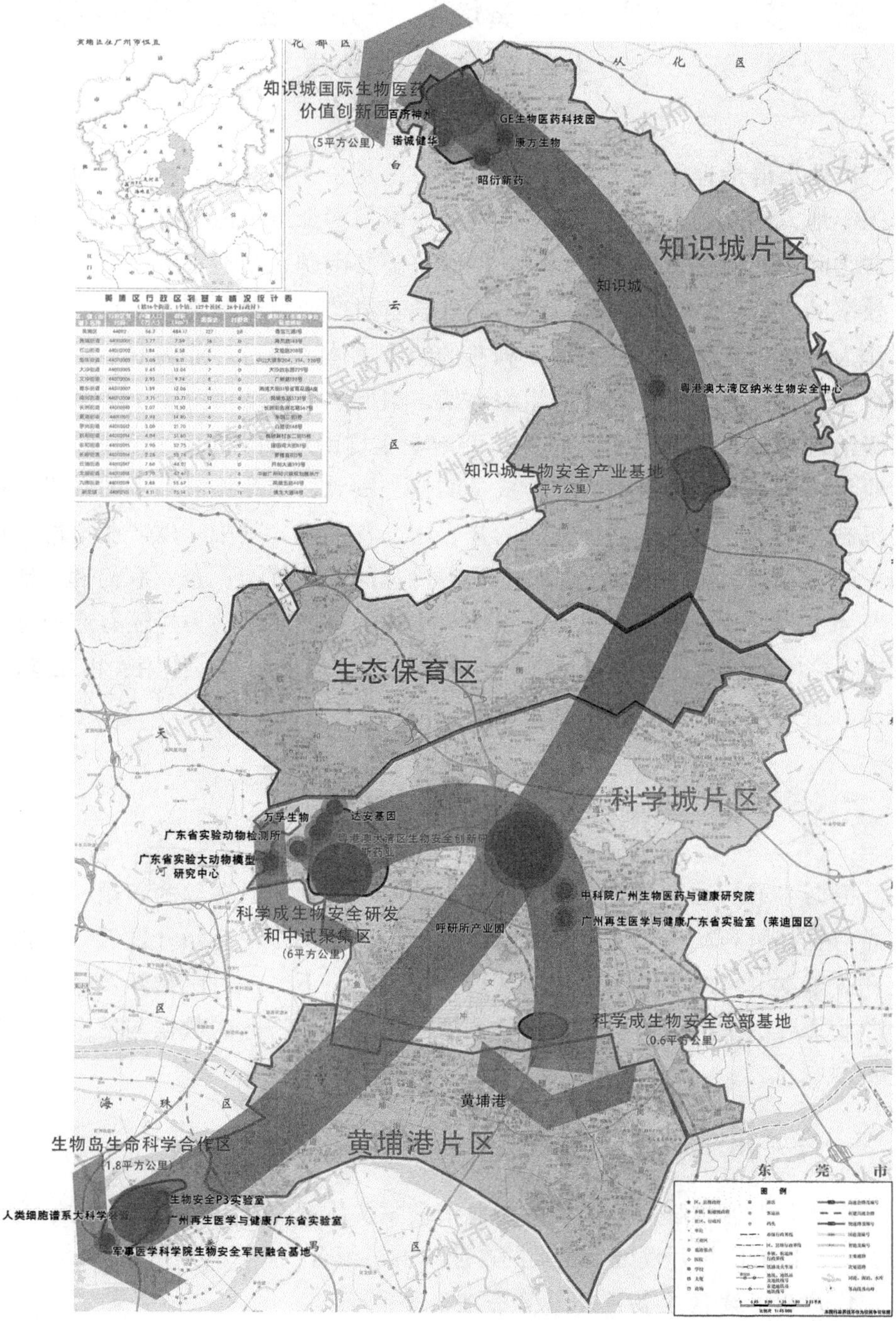

图 7–1　全球顶尖生物安全产业基地“一核一轴四区多中心”空间布局图（见彩插）

第一节 “一群”——黄埔区 广州开发区打造世界级生物安全产业集群

产业集群治理作为一种新的制度安排，是企业家、地方政府、地方行业组织等地方性产业力量在本地产业网络内以及和全球价值链上其他地方产业集群之间沟通协调、互动博弈、共同解决公共问题、塑造集群品牌、提高集群效率的过程和结果。结合目前国内外学者对产业集群治理的探讨，产业集群作为由地理临近的、具有独立利益的经济主体，通过产业关联、重复交易和社会关系嵌入而形成的空间组织构架，集群的组织结构决定了集群治理与层级治理相比，有其自身的特征，即产业集群治理的对象是集群网络整体，产业集群治理的路径是整合集群成员的核心资源，产业集群治理的方式以社会机制为主，产业集群治理面对的是多边交易关系。其中，以产业集群治理的主体为基础，进一步建立了产业集群治理的基本框架：企业家治理、地方政府为主体的政府治理、以行业组织为主体的行业治理，另外还有产业链组成成员之间的价值链治理等，这些不同维度的治理形式相互作用、相互渗透、相互协同，构成了完整的产业集群治理体系。

一、黄埔区生物安全产业集群治理现状

根据本书前述章节所定义，当前生物安全产业的概念较为新颖，产业的边界与生物医药产业边界存在大部分的重合，特别是在广州开发区，生物安全产业基本上可以等同于生物医药产业。因此，下文在对广州开发区生物安全产业集群组织的分析上，采用的是原本生物医药产业的数据与信息，特此说明。

（一）广州开发区的生物安全产业集群组织发展情况

广州开发区生物安全产业的行业治理主要体现在产业集群组织的结构与功能上，目前广州开发区生物类的产业集群组织有：

1. 广州开发区生物医药质量管理协会

由区内知名生物医药企业联合组建，2020 年 3 月成功主办了“2020 中国

广州开发区生物医药龙头企业‘云招聘’大会”活动，帮助区内生物企业招贤纳士。

2. 广州市生物产业联盟

该联盟是在广州市政府的指导和支持下，由广州生物产业龙头企业共同发起，于2017年经广州市民政局批准成立的社会组织，是联系政府相关部门、开展行业自律、推动技术创新进步、促进产业健康快速发展，集国际性、专业性、学术性和应用性“产学研用融”于一体的非营利服务型联合体平台。联盟聚集了广州地区120余家生物医药企业、高校科研机构、临床医疗机构、金融投资机构和媒体服务机构，以优势互补、协调发展、合作共赢为目标，立足广州，面向国际，推动广州生物产业集群、规模和高效发展。联盟成立的同时与广州开发区签订了战略合作框架协议，这意味该联盟首批产业化和临床转化项目将落户广州开发区，同时也标志着广州市生物产业联盟正式启航。

3. 广东省医药合规促进会

经广东省民政厅批准，于2016年12月成立，是目前全国唯一的全省性、联合性、非营利性的医药合规保证组织。会员由广东省内药品生产与销售企业、保健食品生产与销售企业、食品生产与销售企业、化妆品生产与销售企业、医疗器械生产与销售企业、医药科研、医药传媒等企业、事业单位和相关业务的法人、非法人机构与个人组成。

从目前收集到的信息可以看出，广州开发区已经有行业治理组织开始发挥产业集群治理作用，但从数量上来看还比较少，从发挥的作用上来看还没有充分起到“集群组织”的作用。另外，也没有专门针对生物安全产业的集群组织成立。因此，从产业集群组织上反映出的广州开发区产业集群治理能力是比较弱的。

（二）广州开发区的生物安全产业集群政府治理情况

广州开发区的地方政府为主体的政府产业治理主要体现在开发区生物安全产业政策制定部门、市场监管部门、业务监管部门。其中，政策制定部门有区政策研究室、科技局；市场监管部门主要是市场监督管理局，主要监督产品合格性等；业务监管部门比较多，比如有环境部门监管生产排污、安监部门监管安全生产、税务部门监管合法经营等。

（三）广州开发区的生物安全产业集群治理的整体评估

广州开发区生物安全产业治理的整体情况如图 7–2 所示。政府治理能力较强，行业治理能力（即政府之外的行业组织治理能力）较弱，以企业家为主体或产业链自身等表现出来的其他治理能力目前不明显。

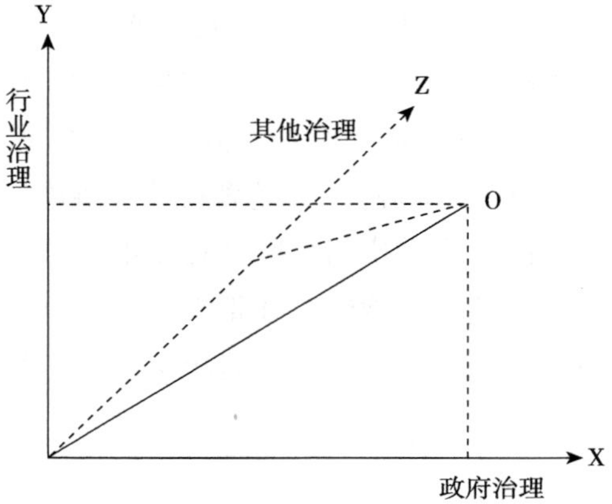

图 7–2　广州开发区生物安全产业集群治理水平示意图

二、黄埔区生物安全产业集群治理体系设计

同生物医药产业相类似，生物安全产业亦具有高投入、高风险、高回报、研发周期长等特点。因此企业对集群组织的需求会比较强烈，因为集群组织可以对产业集群内部成员进行有效的关联，促进其交流合作，共同形成创新优势，打造高度粘合的集群文化，提升集群内企业的外部竞争能力。所以，结合生物安全产业的特点与产业内企业的诉求，广州开发区应设计并建立起政府指导下的，以生物安全产业集群组织为主的，侧重集中性和协同性的产业集群治理体系。具体如下：

（一）组建生物安全产业集群治理组织

举例来说，广州开发区生物安全产业发展促进会，发挥产业集群治理组织的专业性、专门性、服务性、灵活性等特点，高效推动各部门达成产业集群发展共识，促进集群生态迅速成长壮大。

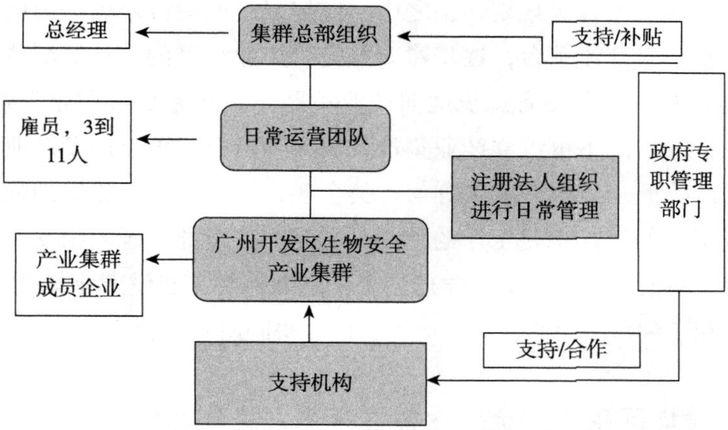

图 7–3 广州开发区生物安全产业集群组织结构

（二）同政府合作联动

建立健全官产学研集群创新网络、偏重协调与创新的管理机制，其目的在于新业务的催生以及新技术的培育。同时，政府间接影响着官产学研网络的协调，加之实际主持方为产业集群组织或联席联络会议，这使得介入活动能够更加符合区域集群实际。

（三）构建多层次的生物安全产业集群治理体系

构建多层次的产业集群治理体系需以产业集群治理为目标，进行多主体、多因素的共同协作、配合协作、相互补充完善。多层次的产业集群治理体系本质上是一种产业集群发展所需的制度环境，即产业集群的各关系主体要受到集群内正式和非正式治理机制的作用，是推动产业集群实现优质、高效运行并为达到预定目标提供支撑的一种机制。

（四）建立产业集群公共服务平台

产业集群公共服务平台是由政府、企事业单位或社团组织出资设立的，面向中小企业集群或企业集中区企业开展的公共服务活动，为其提供设计、研发、试验、分析、检验检测、质量认证、培训、信息化、交易等共性需求服务。建立产业集群公共服务平台有助于加强对产业集群工作的宏观指导。因此，广州开发区要积极组织并研究制定本区域重点产业集群发展的战略和规划，并将其纳入各级规划体系之中。应加强产业集群培训的力度，着手建立产业集群信息交流平台，逐步建立并完善产业集群的统计监测体系。各项现有的财政专项资金要有意识地向产业集群公共服务平台和龙头企业倾斜，在条件允许的情况下可设立产业集群发展专项资金，重点用于产业集群发展环境建设。除此之外，产业集群与各类金融机构对接与合作的加强以及产业集群融资平台的搭建也是工作的重心。同时，广州开发区生物安全产业集群应与高校、科研机构等建立产学研用协同创新网络，建设产业集群研发中心、设计中心和工程技术中心，搭建产业、产品协同研发平台。

三、黄埔区生物安全产业集群竞争力提升路径

（一）全面提升区域对内对外开放程度

全面融入“一带一路”建设，以粤港澳大湾区为依托，构筑双向开放新高地。鼓励产业集群内的企业以自身或以整个区域为单位，主动与国外优秀企业进行深度交流与密切合作；积极引进国外的先进技术，集成创新，形成自身的技术优势；全面掌握世界市场的变化，把握国际市场的发展趋势，以此为依托，不断调整自身的发展方案；降低对企业“走出去”的投资限制、加强政策扶持力度，从而增强企业的国际竞争力。

（二）着力完善区域基础配套设施建设

完善区域内基础设施建设，如配置交通通信网络、电力供应系统、医疗和教育服务等，加快行政处理的效率以及法律保障的力度，改善该区域的产业集群环境、产业发展环境和人才发展环境，逐步打造世界一流的营商环境，继而能吸引更多世界范围内的优质企业和高素质人才在此聚集，这对提高该区域的国际竞争力有着重要的推动作用。做好区域生物安全企业医疗废弃物分类和源头管理，做到对医疗废弃物全流程、全方位的科学化监管。其一，以规范分类和清晰化流程为基础，建立各企业内部分类投放、分类收集、分类贮存、分类交接、分类转运的医疗废弃物管理系统。其二，以电子标签、二维码等信息化技术手段为依托，对生物制品和医用耗材购入、使用和处置等环节进行精细化全程跟踪管理，鼓励企业使用具有追溯功能的医疗用品以及具有计数功能的可复用容器，从而确保医疗机构废弃物不仅能分类完全并

且有可追溯性。其三，积极引入第三方专业垃圾（医疗废弃物）处理服务商，由政府牵头共同制定固废污染防治行业标准和医废处理费用收取标准，降低企业医废处理成本，减轻企业负担，确保区域安全生产及环保需求。

（三）优化区域产业布局与一体化发展

依据区域内各生产要素的分布及产业基础等情况，合理设计并优化该区域内的产业布局。一方面要发挥主导产业的带动作用，加大招商引资力度，完善配套产业链，打造以特色产业园区为载体的核心产业集群；另一方面，要加强产业转型升级的力度，优化优势企业的合理布局，增强区域内产业发展的内生动力，大力培育技术创新型产业集群，提升产业集群整体竞争力，促进区域一体化发展。

（四）继续深化区域高端人才培养制度

以深化改革、制度创新为手段，消除现行管理体制中存在的弊病，在分配制度、用工制度、培养制度方面大胆创新，增强机构人才优势；加强岗位职业培训的范围，加大基础人才培养力度，为生物安全发展提供大量的高技能人才；加快培养生物安全方面各专业领域的精英力量，组建起一支结构合理、技术领先、与产品质量安全发展方向和新兴学科的发展动态相匹配的高端人才队伍。

（五）提高区域内自主创新能力

强调企业自主创新的重要程度，企业应重视在创新人才的招募和培养、企业的技术创新、管理创新和产品创新方面的资金投入；积极实行“走出去”战略，同国外优势企业开展合作交流，从而提升自身技术创新能力，打破国外对技术的垄断。此外，政府部门应出台相应的政策，支持企业科技创新；加强资金扶持力度；建立符合区域实际的创新激励机制，从而保障企业能够尽快形成独特的技术优势和竞争优势，形成发展合力。

全面促进国际生物岛与广州大学城产学研创深度融合，强化原始创新，通过技术积累和能力提升，完全自主研发关键技术，形成自主知识产权，将企业合作创新或消化吸收再创新转化成为原始创新能力。注重集成创新，将现有的技术与市场需求有机融合，形成新技术，并以此为依托开发新产品。

鼓励企业进行技术引进并进行合作创新，进一步提升企业的集成创新能力。

（六）鼓励民营资本向区域集聚

生物安全产业拥有与生物医药一样的高投入、高风险、高回报、周期长的典型特点，使得企业对资金的需求尤为迫切。生物安全产业集群要化解融资难题，应大力引导民营资本向区域集聚，激活民营资本的流动活力，扩大有效投资。吸收政府投资与资助、外部投资、贷款、风险投资等，构建形成规模庞大的资金体系，设立生物安全产业基金，不断吸引创业企业和风投企业向区域集聚。

第二节 “一心”——黄埔区 广州开发区打造全球生物安全能力中心

建设集生物安全企业总部内脑、生物安全产业大脑与指挥中心、国际生物安全事项裁决法庭所在地以及国际生物安全活动中心等多功能一体化的生物安全能力中心。该能力中心将以“一总部一核心”为基础，通过企业的管理与决策部门集聚形成总部经济，通过成立专业化的集群管理组织治理全区、全国范围内的生物安全产业相关企业，通过信息化与大数据系统辅助应急医疗物资的调配以及应急处置能力的建设，通过成立相关协会、立法部门规范我国生物安全相关条例法规，通过会展、论坛等多样化的交流方式促进全球生物安全知识的传播与革新。以此，通过多渠道协同合作，多体系共同支撑，广州开发区全球生物安全能力中心将汇聚全球生物安全领域相关的政策、资金、人才、资源，辐射全国乃至全世界生物安全秩序的运行与发展。

一、全球生物安全能力中心的定义与概念

根据上文的相关理论基础，广州开发区将要打造的全球生物安全能力中心可以定义为以“粤港澳大湾区生物安全创新港”为空间载体，由众多生物安全产业中的企业内脑、相关服务业形成的总部基地，以及其他由政府部门主导所形成的职能核心（有利于产业发展的集群化管理组织和应对危机的指

挥中心）集聚形成的区域。广州开发区此次要打造建设的全球生物安全能力中心虽与总部基地类似，但是与传统意义上的企业总部基地或政府管理部门建设不同，不论是内涵还是外延，生物安全能力中心的概念都有一定程度的扩展，是一种更有利于产业发展、激活要素、盘活存量、细化功能、实现整体发展的总部中心发展模式。

在建设目标上，要开发统领广州开发区内生物安全上下游企业的总部集聚地，除了要努力完善资源支撑、技术交流等各类配套服务功能，还要在产业整体规范性发展等方面既为广州开发区服务，又为粤港澳大湾区、全国乃至世界服务，最终形成开放互动的产业社区型体系。在建设模式上，不同于以往的企业总部基地仅包含企业总部的内脑以及相对应的配套服务企业，广州开发区全球生物安全能力中心还要建立专业化的集群管理组织，引入生物安全相关的政府职能，以政府职能为主的能力中心辅助企业的进步，促进行业标准与地位的提升，以企业内脑为主的总部集群提高基地内的产能产值，拉动开发区的经济增长。在能力中心内实现有效的政企融合，以相辅相成的合作模式发挥总部基地的经济效益与政府职能核心的集群效应，推动整个生物安全产业在我国的发展。

从实体范围上看，生物安全能力中心的建筑实体落地在创新港区域，但是从全区的角度出发，能力中心的建设将引领管理开发区内生物岛研发基地、科学城中试基地以及知识城生产基地的发展，并与上述不同功能的区域基地合力形成广州开发区的生物安全产业集群，辐射全国及世界的生物安全领域发展。

从体制机制上讲，就是要积极推进区划调整，加快总部经济和分区域重点建设的进程，即使一时调整不到位，也要实质性地按照有利于企业与整体行业发展的能力中心标准进行规划、建设、运行和管理。从发展方向上讲，在继续大力建设开发区内其他生物医药集聚地的同时，要加快能力中心的建设以及加强与其他区域的互动功能，坚持“上下衔接，左右逢源”的区域发展要求，着力呼应周边，实现联动发展。从发展内涵上讲，就是要更好地体现产业集群发展，体现创新先行、功能细化和全产业链发展，满足企业、行业两开花的要求。

从实现功能角度出发，生物安全能力中心的主要功能不再是侧重入驻企业自身的经济效益发展，而是要同步实现生物安全政府职能核心的要求。在中心内进驻为企业总部内脑提供资源沟通、技术交流、金融管理、法律咨询等相关服务的机构，实现企业规模快速增长，达到经济发动机的功能；同时，引入促进产业整体发展的集群管理组织，以及产业应对特殊情况的信息决策组织，利用政府设立中国国家生物安全局的机遇落地生物安全常识推广、生物安全技术交易交流、全球物资储备调配、生物安全法例制定裁决等功能的能力中心，以此在辅助生物安全全产业链企业自身发展的同时，缩小我国生物安全整体行业水平与世界领先国家的差距，建成一套我国自主可控的生物安全产业发展与危机应对体系。

综上可得，广州开发区所打造的全球生物安全能力中心与常见的企业、产业总部基地建设的出发起点相似，但是在功能定位、发展模式、作用机制以及组织架构上都存在一定的差异，是在总部基地的发展过程上更进一步的丰富了其功能作用与建设模式，是一种更有利于生物安全全产业发展的集群、管理架构。

二、规划建设全球生物安全能力中心的重要意义

作为 21 世纪的战略性新兴产业之一，生物安全及生物医药领域必将是未来大国地位竞争的主战场。全球生物安全能力中心将是中国的生物安全产业面向世界、面向未来的桥头堡，将肩负支撑中国的生物安全产业全方位高水平与世界对接，提升国际影响力，参与全球生物安全新秩序制定的战略任务。当前国际国内的生物安全形势正呈现深刻而复杂的变化，我国必须坚定不移的鼓励创新研发，尽快拥有属于我国的、能满足人民需求的生物安全治理体系，以避免未来受制于目前暂时落后的生物安全“卡脖子”技术。生物安全能力中心作为中国面向世界、面向未来的桥头堡，将全方位、深层次、高水平推进进一步开放，成为我国深度融入国际化生物安全竞争的重要载体。

从生物安全产业的现实需求来看，广州开发区建设全球生物安全产业能力中心具有重要的现实意义。

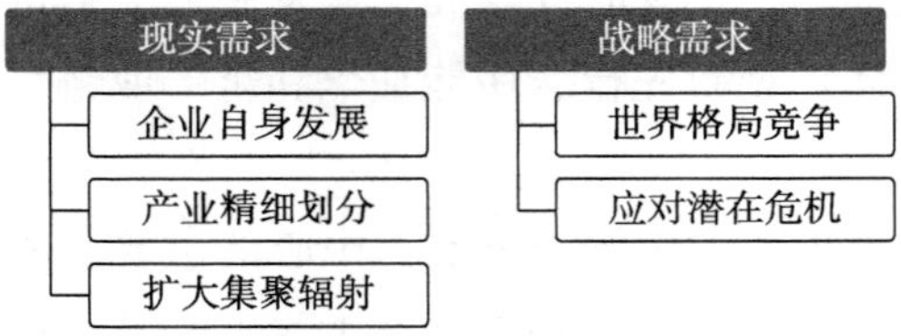

图 7-4　全球生物安全能力中心建设需求

一是顺应企业自身发展的科学规律。根据迈克尔·波特的价值链理论和竞争优势理论，企业与企业的竞争，不只是某个环节的竞争，而是整个价值链的竞争。企业任何战略制定的核心就是竞争优势，实施竞争战略的过程实质上就是企业创造、维持竞争优势的过程。而广州开发区要打造的生物安全能力中心中的企业总部基地，其规划目标就是使得企业内部的各个部门在空间和资源上都得到优化的配置，具有相同位置的部门聚集在一起，让企业在价值链的各个环节都能产生竞争优势。因此，开发区内现有的生物医药、生物安全企业需要顺应现代化的企业发展科学规律，根据价值链理论及企业微笑曲线将具有低附加值的生产基地建设在城市外围，而将研发、管理、决策等高附加值的企业环节进行集聚，不同的区域发挥不同的功能，共同促进企业自身的高速发展。

二是产业基础需要进一步细分。产业的发展要进行整体规划、合理分工、避免雷同。区域竞争是区域经济保持活力的基本动因，但同质化的竞争则对参与竞争的双方都具有杀伤力。目前广州市的生物医药总产值与北京、上海、苏州等生物医药集聚园区相对比并不具备优势，但是生物医药企业总数、生物医药上市企业数量及营业收入均位居前列，说明广州生物医药产业主体力量具备一定的实力。同时，广州市的生物产业一半以上都聚集在广州开发区，并且开发区在精准医疗、体外诊断、精准器械、疫苗研发等相关产业链上都拥有具备一定规模的企业，广州开发区现有的产业基础足以支撑全区开始打造生物安全能力中心。对比北京、上海、苏州等以企业研发生产为主的生物医药集聚园区，广州开发区是全国首个提出打造国家生物安全治理试验区的区域，具备一定的先发优势，这也为产业的区分化发展和在开发区内建设成世界级的生物安全能力中心奠定了基础。再纵观开发区内的各生物园区建设，国际生物岛、科学城、中新知识城，分别是以研发、中试、生产为主要目的，各自为战，对于整个区内生物安全产业的协同发展还需要一体化的统筹管理，生物安全能力中心将正好填补这一空缺，通过对各组团进行统筹规划、合理分工，避免区内区外产业同质化带来的恶性竞争和整体不经济问题，避免形成“大而全”“小而全”的“诸侯经济”，避免产业雷同、重复建设和资源浪费。

三是扩大产业集聚和辐射能力的需要。从产业经济发展的一般规律来看，产业经济发展必须要有中心区域带动。中心区域能否真正发挥好作用，关键在于区域中心企业总部基地和政府职能核心的集聚能力和辐射能力。广州开发区作为广东省省会城市的一部分以及粤港澳大湾区的“湾顶明珠”，具有较强的经济实力和产业基础，但要发挥好辐射和带动作用，需要进一步强化产业中心区域的意识，提升集聚和辐射能力。开发区以能力中心建设为龙头，将企业内脑、政府能力中心等多主体、多层次产业发展主体纳入统一的产业管理体系中，能把人口、物资、资金、观念、信息等各种可见或不可见要素汇聚于“干道十字路口”。与此同时，能力中心成为开发区内生物安全产业各种发展轴线的枢纽、对内联系和对外联系网络相结合的枢纽，有利于提升产业整体的辐射带动升级，提升产业整体竞争力，提高广州开发区的首位度。

从国家层面的战略需求看，广州开发区建设全球生物安全能力中心体现了新冠肺炎疫情大背景以及国家参与世界竞争的要求，顺应了产业发展规律和经济发展规律，体现了人民需求与国家利益综合统一的真挚期盼。

生物产业代表中国参与世界格局竞争。生物产业作为战略性新兴产业之一，在大国博弈的国际竞争中占据重要地位，同时也是美国对我国实施贸易战制裁的十大领域之一。在世界几大国家利益团体群雄割据的纷争之下，我国拥有自主完善的生物安全体系，参与大国之间国际地位的竞争，保护我国生物安全主权的需求迫在眉睫。广州开发区所建设的全球生物安全能力中心将是我国生物安全能力的综合体现，将代表国家生物安全自主知识产权与应急响应能力与欧美、日韩等发达国家相关产业行业进行直接竞争。

三、全球生物安全能力中心的规划目标

广州开发区全球生物安全能力中心将按照“一总部一核心”（即企业总部基地与政府职能核心）的规划模式进行开发建设，汇聚全球能力，发挥集群作用，促进我国生物安全产业高速发展，占据世界生物安全话语权。通过能力中心的建设，统领开发区内各生产研发基地的运行以及我国生物安全产业的发展，在区内与生物岛生命科学合作区、科学城生物安全研发和中试集聚区、知识城国际生物医药价值创新园、知识城生物安全产业基地以及广清经济特别合作区形成“1 中心 5 集群”的生物安全产业集群模式，并在能力中心内部形成 1 个企业管理决策总部基地、5 个政府职能汇聚核心的建设结构。

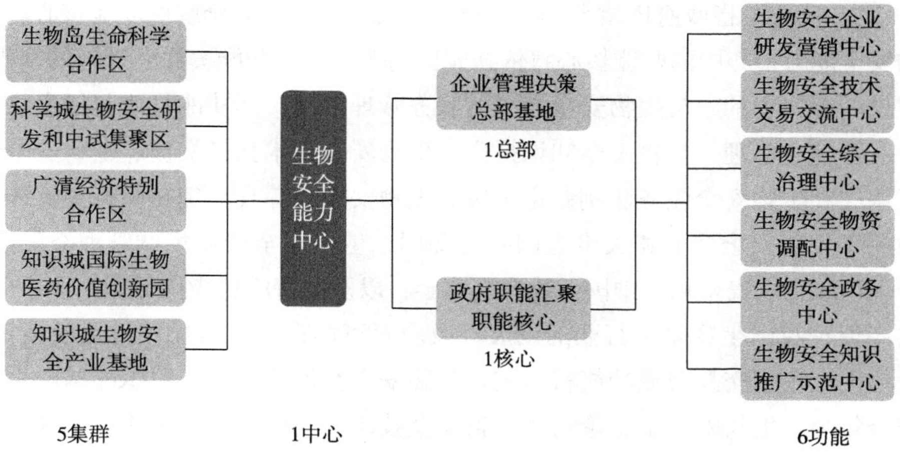

图 7–5　广州开发区全球生物安全能力中心架构

生物安全能力中心的“一总部”指以生物安全上下游产业中企业内脑及相对应的配套服务企业组成的企业总部聚集区。总部基地产业集群的核心构成要素是在园区内聚集的众多生物安全企业的内脑（企业内部从事管理、办公、决策等高智力活动的部门），这些企业的内脑无一不是企业内部起重要作用的高端管理决策部门，它们之间的集聚弱化掉了产业集群中生产制造以及材料供应等多个琐碎的环节，这既提高了企业之间相互合作的整体效率，同时也增强了园区对市场信息的灵敏度和应变性，可以说，它是园区产业集群核心竞争力的体现。同时，由于生物安全技术又具有高度的知识密集型特点，因此企业的内脑集聚也将更进一步放大这种特点，推动整个行业技术水平的进步。总部基地产业集群的辅助构成要素主要是为核心构成要素提供资源沟通、技术交流、金融管理等服务的机构，它是产业集群形成的保障，主要包括了代理机构、公共服务机构和园区管理机构。其中，代理机构主要包括了技术中心、信息中心、培训中心、咨询公司等在产业集群中起着桥梁纽带作用的服务机构；公共服务机构则主要包括了金融机构、法律援助机构以及为企业引进人才的人才服务机构等等；而园区管理机构则主要包含了物业管理、后勤等提供硬件服务的内部机构。可以说，正是这些辅助构成要素的存在，才真正地盘活了总部基地中的整个产业集群，缺少了这一辅助的构成要素，产业集群将无法正常运作，而核心层次的构成要素也将失去其存在的价值和意义。

“一核心”指政府搭建平台，在能力中心形成生物安全政府职能核心。生物安全能力中心中的职能核心将依托园区内企业内脑和配套服务设施的基础，建设一套完善的、与生物安全相关的服务管理体系。其功能具体包括生物安全产业综合治理、生物安全知识推广、生物安全技术交易交流、生物安全物资调配和生物安全政务法例制定裁决。生物安全的综合治理功能将主要体现为关于生物安全产业相关事宜的政府部门，生物安全产业集群管理委员会，中国国家生物安全局、中国生物安全协会，以及疫情应急指挥部等主体单位，共同促进我国生物安全行业的发展以及应对可能存在的生物安全风险危机。生物安全技术交易交流功能将落实在生物安全会展中心，用以承办国际生物安全年会、生物安全学者论坛、生物安全技术交易博览会、生物安全知识竞赛等相关知识交流活动。生物安全知识普及推广功能呈现在能力中心园区中的生物安全主题公园，向市民科普推广生物安全常识，示范平民化的新兴生物安全技术，引发社会民众的重视。最后，能力中心的政府职能核心部分还将建设国际生物安全法院，设立国际生物安全法庭，针对生物安全领域进行立法，判决可能出现的知识产权、商品商标、生物安全主权侵犯等利益纠纷。

生物安全能力中心规划区域占地 2.3 平方千米，目前以老旧厂房为主，紧邻四条主干道路——广园快速路、开发大道、东鹏大道以及连云路，与广州绕城高速相距 1.8 千米；距离科学城中试集聚区 8 千米，距离知识城生产基地 30 千米，距离生物岛 16 千米，距离广州白云机场 36 千米。生物安全能力中心的建设格局主要通过四大区域的划分来呈现其“总部 + 核心”的规划模式。生物安全中心大厦群区域将集合包含中国生物安全协会、中国国家生物安全局、生物安全应急指挥调配中心等管理组织，与包含生物安全国际法庭、生物安全会展中心的生物安全活动中心，以及开发建设成的生物安全主题公园共同凸显生物安全能力中心的“政府职能核心”；生物安全的企业总部区域将体现“企业总部基地”的规划思想，整合企业总部内脑与相关配套服务，与政府职能核心共同推动开发区与我国的生物安全能力提升。预计一期投资 90 亿元开发建设中心大厦群、主题公园及企业总部西区，二期投入 60 亿元建设活动中心及企业总部东区。

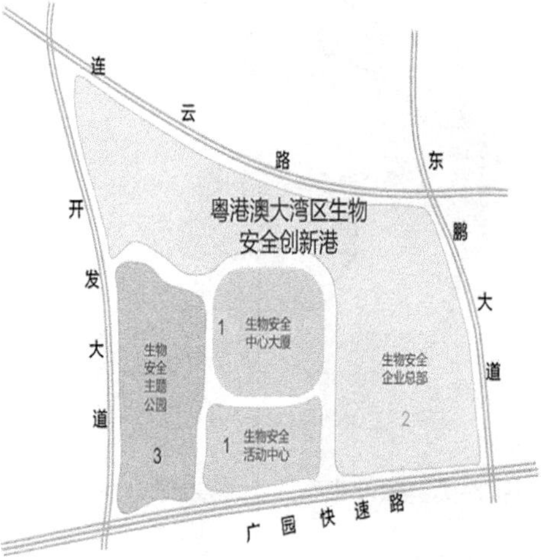

图 7–6　能力中心区域规划草图

生物安全能力中心的建设目标：期望在 2020 ~ 2025 年之间实现开发区内以及国内的生物安全产业相关龙头企业总部入驻或设立华南分部，围绕核心产业链进行重点招商，成立中国生物安全协会，筹建生物安全产业集群组织；2025 ~ 2030 年之间国际龙头企业总部进驻或设立中国 / 亚太分部，生物安全产业集群规模突破 5000 亿元，集群组织的经济规模效益和技术创新效益开始明显显现，并使我国生物安全行业标准指标达到欧美生物安全组织、集群等全球领先水平；2030 ~ 2035 年之间广州开发区的生物安全产业达成世界生物安全制造、创新领先地位，综合年产值向万亿目标靠拢；同时位于能力中心会展交流中心内的全球生物安全智库、高端交流频繁；国际生物安全法庭发挥作用，具备国际生物安全立法的基础，并能独立判决国际生物安全纠纷；建成生物安全应急处置亚太 / 全球指挥中心。

四、全球生物安全能力中心的实施路径

建设全球生物安全能力中心要紧抓五大实施保障路径：创新驱动、服务引领、政策特许、区域联动和龙头带动。

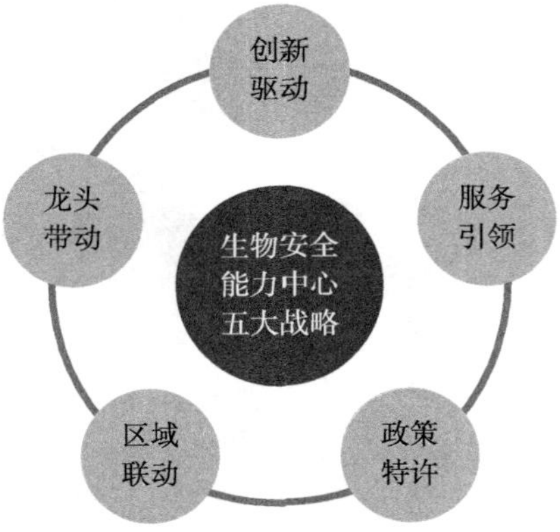

图 7–7 建设生物安全能力中心五大战略

（一）创新驱动

由于生物安全技术及生物医药技术都属于战略性新兴技术，因此生物安全能力中心的发展要牢牢依托广州开发区着力建设的生物医药高水平创新平台和人才储备基础。依托广州再生医学与健康省实验室（生物岛实验室）、中科院广州生物医药与健康研究院、华南生物医药研究院、华南新药创制中心、粤港澳大湾区高性能医疗器械创新中心等重点科技创新平台，以及钟南山、裴钢、贺福初、谢晓亮、施一公、王晓东、徐涛等生物医药领域的战略科学家，打造世界级的生物安全知识交流平台，吸引世界级的生物安全高端人才，构建国内一流的生物安全区域创新体系，快速催熟生物安全新产业、催生生物安全新技术，以生物安全能力中心驱动生物安全全产业的不断发展。联合广东省生物产业协会、广东省生物医药行业协会等现有的涉及生物安全相关领域的行业协会，成立中国生物安全协会，并起草制定适应国情的生物安全行业准则；整合现隶属于生态环境部的中国生物安全信息交换所，成立中国国家生物安全局，学习国外现有成熟体系并开创符合我国生物安全特性的管理架构，统筹发展生物安全技术创新与应急管理；积极搜索生物安全科技领域的海外华人杰出专家，以优惠条件、优美环境、优质服务吸引华人生物安全技术专家到园区创业；争取广东省政府的支持，积极推动组建粤港澳大湾区高校生物安全技术研究联盟，联盟秘书处落户能力中心园区职能中心；依托珠江优美环境吸引力，积极吸引国内外知名开发商，以商业化模式打造国际生物安全高端社区，吸引国内外生物安全高端技术人才。

（二）服务引领

紧抓此次疫情下生物安全产业存在重大需求的机遇，以高定位、以特取胜，强化交流、交易、展示、信息平台建设，创新生物安全厂商服务模式，吸引龙头企业和中介服务机构集聚，引领以能力中心为主体的全区生物安全产业集群不断升级。设立黄埔生物安全产业基金，吸引国内外风险投资、私募股权和天使投资基金，以股权融资、担保融资等方式支持生物安全产业发展；筹划协办世界生物安全峰会与世界生物安全技术交易博览会；策划生物安全科普展与全球中学生生物安全知识竞赛，抓住下一代生物安全专业人才的培养；联合生态环境部及计划建设的中国国家生物安全局和知名媒体，发起成立全球生物安全百人会（贤人会），筹划举办首届全球生物安全论坛。

（三）政策特许

高度重视生物安全产业具有强烈政策依赖性的特点，通过“国家生物安全治理试验区”的政策特许权，形成局部领先的政策环境、市场秩序、产业体系，提升园区产业引力、吸引生物安全产业聚集。全力把握广州开发区率先打造国家生物安全治理试验区的制度优势，争取粤港澳大湾区生物安全市场一体化、生物安全产业基金试点、科技创新人才引进资金倾斜、园区开发建设资金补贴、园区土地使用指标倾斜、园区入驻企业租金减免、新药上市审批加速等优势条件。

（四）区域联动

以能力中心为核心，全方位联动开发区内各研发、中试、生产基地，突出开发区生物安全产业优势，通过实施区域联动战略，吸引北京、上海、苏州等生物医药园区资金、技术、人才聚集，创造持久竞争优势。启动“生物安全集群大脑”工程，开发全国生物安全产业集群地图与应急指挥调度平台系统，利用大数据优势进行全国生物安全集群化发展策略引领，实现全国生物安全关键物资的紧急调配；关键基础设施建设与香港、澳门共同运作，实现政策与交通的快速对接，连接国内市场与国际市场；推出北上广苏等地人才无障碍流动直通车，鼓励其他生物医药园区的高端技术研发、决策管理人才到广州开发区工作，社会保障体系进行同步接轨。

（五）龙头带动

以龙头企业为引领，通过区内现有龙头企业（百济神州、万孚生物等）带动生物医药行业的技术革新和新药的批量生产；发挥龙头企业的影响力，拉动中小微企业的同步发展，并同时推动医疗器械、药物原料生产等生物安全全产业链的高速前进。

五、生物安全中心应急管理的五大能力

（一）增强生物安全应急管理规划能力

确立生物安全应急管理规划价值理念、指导方针和基本原则（以人民为中心的价值理念，以总体国家安全观为指导方针，以及人类命运共同体国际视野）。强调生物安全应急规划的系统性、全面性、整体性，鼓励生物安全政策与其他政策领域的融合，推动生物安全应急管理规划与其他应急管理规划的协同。促进生物安全突发事件的协同治理，将政府间事权以纵向形式进行划分，重要领域生物安全部际联席会议制度以横向形式建立，组建协调机制下的分部门管理体制。超前规划重点关注的生物安全事件类型，分析生物安全的事件形势。通过生物安全应急能力规划的实施，增强全社会的生物安全风险防御意识，加强应对风险的能力。

（二）增强生物安全应急管理规范能力

能够加强人类对其行动的预期性、防范未来事件的不确定性是制度的功能之一。生物安全应急管理规范化符合该功能，其本质是以法律法规、应急预案、标准规范等一系列确定性的制度规范，应对生物安全的不确定性事件。以安全风险评估、监测预警体系、生物因子调查、名录清单管理、风险监测预警等不同领域为依托，建立生物安全应急管理的标准体系。根据即将出台的《生物安全法》，相关的制度规范应予以确立，法律冲突应得以解决。以此为基础充实相关规范和应急预案，完善技术标准，组建一套完整的生物安全应急管理制度规范体系。

（三）增强生物安全事件预防预警能力

一方面，我们需要加强日常的预防准备能力。生物安全风险意识、风险排查、应急预案、培训演练和物资储备等预防方面的能力须提升。提高生物安全风险意识，是做好生物安全事件应急管理的心理基础；做好日常生物安全风险评估、隐患排查，是关口前移的重要前提；完善预案，做到一事一案，开展经常性演练活动，并不断进行动态修订；研究并完善储备目录，目录应包含药品、防护用品、医疗器械、通用性生活物资储备等。另一方面，提高事前的监测预警能力需予以增强。加强对生物安全风险的动态监测、风险感知、事件预警的能力。其中，该方面的起点是风险的动态监测能力，该能力亦体现了国家生物安全能力的先进性。在提升该能力的过程中，应配置硬件设施设备及专业操作技术人员，从而提高长期动态监测应急对象的能力；做好人机结合和人工与系统整合工作，增强风险感知的能力；设计有效的激励机制，使应急管理者有动力对初始信息进行披露和事件预警。

（四）增强生物安全事件应急响应能力

大多数的生物安全事件波及范围广，往往会涉及全体社会公众，因此生物安全应急管理要深入到全体社会公众和机构。一是要开展经常性的演练、疏散和集体培训学习活动，从而增强企业、学校、社区的应急能力。二是要开展全面性预案建设、重大情景构建以及经常性演练，以求推动交通、物流、物资供应等行业的应急响应能力建设。三是通过加强信息化、完善预案、改进力量投送方式、追踪生物安全新领域、人员装备组合科学化和实战需求测算精确化等方面的工作，从而加强军队防疫救援的组织管理、应急响应、远程投送、越野机动和自我保障等能力，提高军队应急防疫救援能力，继而推动生物安全事件应对的军地、军民的融合工作。

（五）增强生物安全应急科技支撑能力

增强重大科技设施的实用性，及时收缩小、零、散的局面，均衡规划高等级实验室布局。政府要对生物安全工作给予财政资金支持和政策扶持，可通过加大经费投入、基础设施建设、人才培养，鼓励和扶持自主研发创新、科技产业发展等途径具体展开。组建专业的生物安全政策战略研究智库机构，从而加强国家生物安全研究及对策分析工作。发展生物安全产业，推动生物安全应急管理和常用技术设备国产化，推动中国生物安全产业发展，改变从基本防护用品到设备设施依赖进口的不利局面。

第三节 “一区”——创建生物安全产业社区、国际人才社区，塑造国际生物安全示范区

广州开发区依托区内现有的生物医药产业化基础，率先提出打造国家级生物安全治理试验区，建设全球领先的生物安全产业基地。全力塑造广州开发区国际生物安全示范区，创建生物安全产业社区、建设国际生物安全人才社区，是打造国家生物安全治理试验区的重要载体和抓手。

一、设计生物安全产业社区，打造创新发展样板

产业发展是城市的动力，对于以制造业为核心的新型工业城市来说，产业园区就是城市发展的“基础设施”，与交通、水电、通信一样构成城市运行的骨架。与过去相比，城市现在需要的综合能力，已经不是产业招商的能力，而是产业运营的能力。在互联网经济浪潮中崛起的城市，都是通过一个或多个明星企业和产业集群形成城市竞争力，而那些长期以“招商”思维运营的城市正在面临无商可招的尴尬境地。伴随城市发展半径扩张，人们对于办公与生活之间的需求平衡点产生了变化，传统的办公与生活相割裂的产业园区逐渐没落，新兴的产业园区逐步呈现在了历史的舞台。这类新兴的产业园区要求产业生产与城市生活同步发展，核心是要将产业园区规划的方方面面作为城市的一部分进行整体打造，兼容生存生产与生活生态的有机平衡与相互交织。

（一）产业社区的构建

产业社区是以产业生产要素为基础，融入城市生活等功能，产业要素与城市协同发展的产业集聚区的新型概念。产业社区具有“产业”和“社区”双重属性，它以产业为基础，是产业要素与城市元素融合、协调发展的新型

产业功能区及城市综合体，是涵盖生产、生活、文化、娱乐为一体的多元载体。它比工业园、产业园区的先进之处在于将产业反映的空间形态与城市的各个层面融合起来，是未来产城布局的创新型空间模式。相较于传统产业园区，产业社区打破了地理边界的桎梏，其空间更开放、企业生态更多元、社群交流更活跃，可以说，产业社区是产业园区的3.0时代。

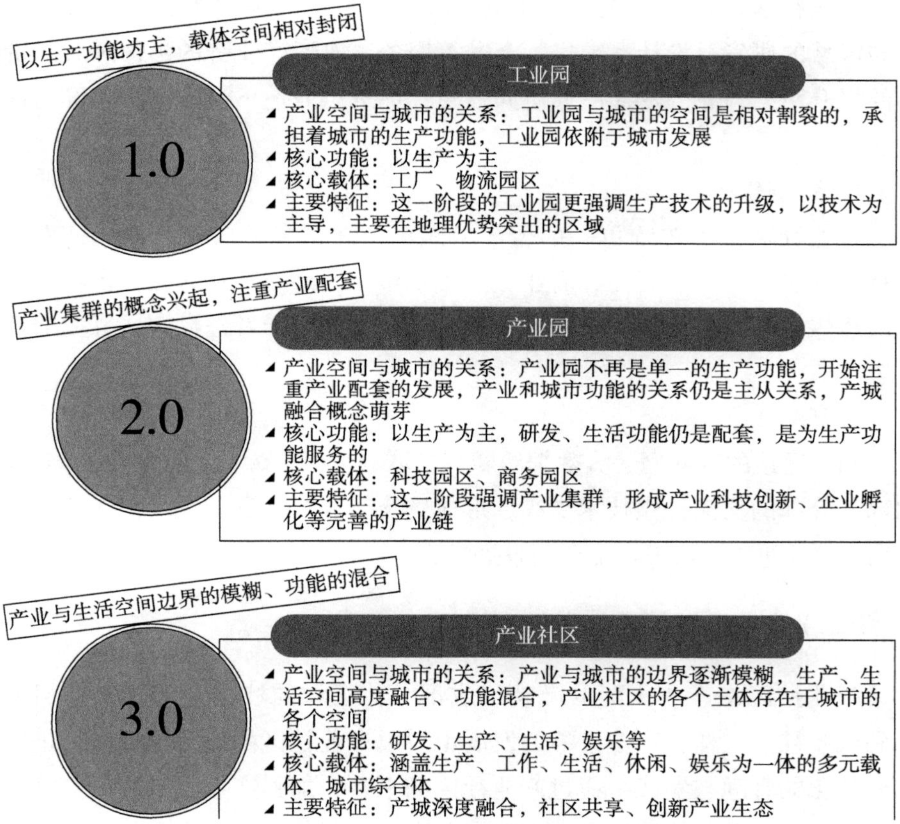

图7–8　产业社区发展阶段示意图

资料来源：中产网。

产业社区具有"产业"与"社区"的深度融合的特性，产业社区因为企业的存在聚集了大量就业人口，是社区形成的基础，而同时社区元素的构建强化了对人才的吸引力，通过搭建配套服务体系和社群关系网络，打造宜业宜居、便捷舒适的生活环境，产业功能与生活功能实现相互促进、融合发展。具体来说，产业社区具有以下特征：

1. 开放性

产业社区具有开放性的特征，没有固定的空间边界，更多的是通过产业园区内部的要素与外部环境的交流进行连接沟通，通过营造人性化的公共空间，形成集约高效、品质宜人的产业社区空间场景。

2. 协同性

产业社区以产业集聚、产业链完整与产业生态完善为目标，通过引入不同区域的研发、设计、销售、金融等服务，实现产业链的延伸延展和价值链的提升转型，充分发挥产业协同效应，促进产业上下游和产业集群的良性发展。

3. 多元性

产业社区脱离传统单一的生产型园区，强调多元功能的深化开发，因此将成为包含生产、居住、商业、文化娱乐、休闲、景观绿化等多功能一体化的载体，最终成为经济集聚的城市综合体，为生产者提供宜居宜业的社区环境。

4. 社群性

利用通达的互联网、大数据等新兴的联通方式，为产业社区生产与生活、内部与外部的交流提供技术支撑，形成物流、人流、资金流、信息流互联的网络社群，进一步激发产业创新发展潜力。

（二）产业社区与产业集群的关系

产业社区是产业集群的微观组成部分，正如同社会治理要向基层下移落到城乡社区一样，产业集群的发展也要以产业社区的建设为抓手，进行更加精细化的管理与实践。通过产业社区的平台，加强产业集群内一部分市场主体之间的联系与协同发展，打造产业命运共同体，激发产业集群的微观活力。优化不同产业社区之间的组织与分工体系，营造良好的产业集群发展生态。精准聚焦，依托基础设施建设、城市面貌改造、生产要素互联互通等手段，因地制宜地强化“产业”的“社区”属性，实现产业集群发展环境的升级，从而增强产业集群的对外吸引力。

目前一些产业生态完善的产业园区就将城市生活的一切功能集聚于一体，将产业反映的空间形态与城市的各个层面融合起来，打造社区化的产业园。如新加坡打造形成的“纬壹科技城”便是集工作、学习、生活、休闲于一体的活力社群概念，发展人才、创新密集型产业。这里有近 4.7 万名员工，有超过 400 家领先企业和环球机构，超过 700 家起步公司、16 个公共研究机构，以及五所企业大学或学院，其中包括英国最大制药公司葛兰素史克（GSK）在亚洲的新总部和首个全球学习中心、宝洁公司（Procter & Gamble）的创新中心、美国希捷（Seagate）专注开发移动储存设备的新设计中心，以及卢卡斯电影公司（Lucas film）等。

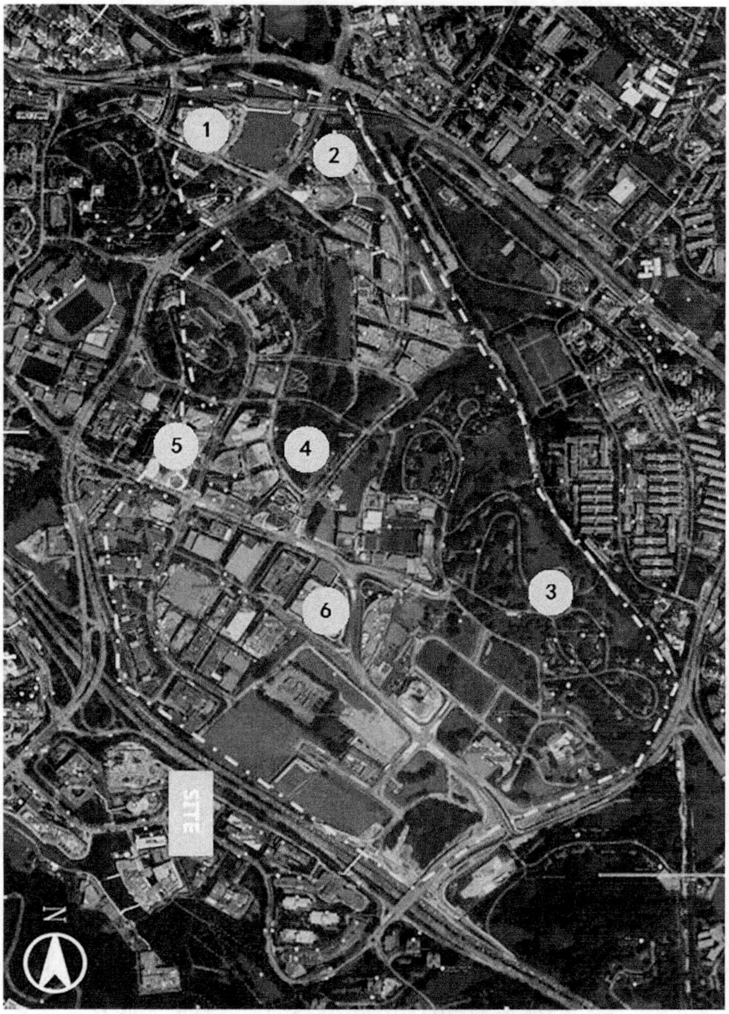

图 7–9　新加坡纬壹科技城

资料来源：图片来源于网络。

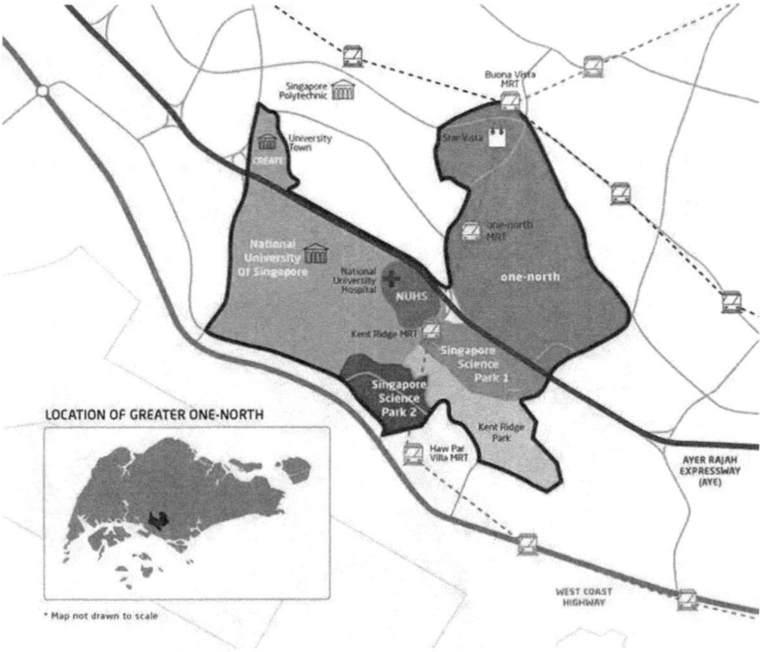

图 7-10　纬壹科技城区位示意图

资料来源：图片来源于网络。

（三）产业社区与产业链的关系

1. 注重产业链的构建

产业社区是产业链空间分布的载体，但在产业社区中的产业链上企业集聚度会更高，即产业社区中的产业链应该是联系更紧密的上下游企业形成的产业短链。通过对产业社区内短产业链的优化，可以向上下游进行延链、补链形成全产业链，实现产业集群内由短向长产业链的升级和完善。

2. 促进产业生态的形成

产业链是产业社区内的微观主体进行经济技术组织协作的主线。确定一至两条能够充分发挥地区自身优势的产业链进行重点培育是产业社区发展战略规划的主要抓手。产业社区除了生产型企业，更强调位于产业链上下游企业和产业横向生态的延展。比如，积极引入金融、商务服务、咨询等相关企业，通过完善创新链、人才链、资金链以构建产业生态，发挥产业协同效应和聚集效应。除了产业社区内硬件设施的建设，其软环境也就是社区氛围的营造更应被重视，通过生产与生活之间深层次的有机互动，构建完善的服务体系并重视产业社区物理空间的设计、居住舒适度的打造等，加速形成良好的产业生态。

（四）广州科学城产业社区研究与对标分析

本书以科学城作为广州开发区的代表性产业社区，对标国内主要生物医药产业集聚地进行产业社区指数的计算与分析，提出知识城与生物岛未来也要发展到科学城的产城融合阶段。产业社区的一个突出特征就是具有完善的生活配套设施，能够为从业者们提供全方面的服务，帮助其更方便地平衡工作和生活之间的关系。基于此，本书从人们日常生活所必需的衣食住行、教育、医疗、休闲等方面出发，设计了商场密度、超市密度、餐饮服务密度、住宅区密度、公交地铁站密度、中小学校密度、医院诊所密度、体育休闲密度共 8 个指标用于对产业社区生活配套设施水平的评价。

由于广州科学城是广州开发区内产业社区化发展水平最高的地区，本书将广州科学城作为广州开发区的代表性生物安全产业社区，对比对象则选择中关村生命科学园、张江高新区和苏州 BioBAY 这三个国内综合实力最强的生物安全产业集聚区，以及广州在粤港澳大湾区内最主要的竞争对手、深圳的代表性产业集聚区——国际生物谷。利用高德地图 POI 数据分别计算了五地在上述 8 个指标上的表现情况并以雷达图的形式进行呈现，以期能够更准确地把握广州科学城在配套设施方面的完善程度，发现短板，从而为未来的发展指引方向。

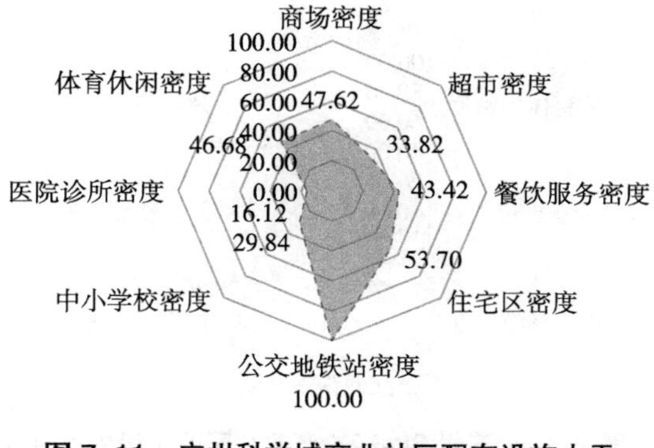

图 7-11　广州科学城产业社区配套设施水平

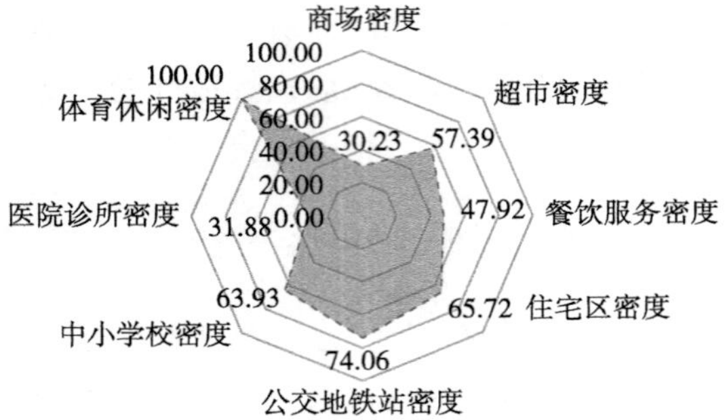

图 7-12　张江高新区产业社区配套设施水平

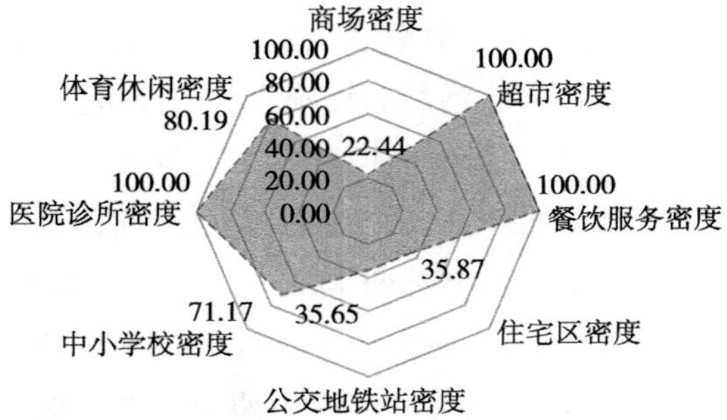

图 7-13　中关村生命科学园产业社区配套设施水平

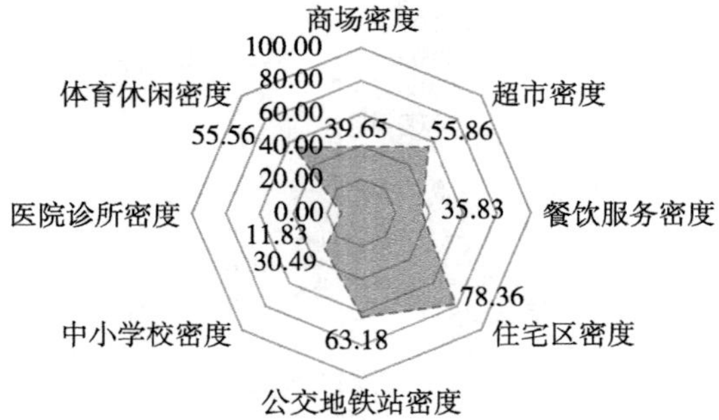

图 7-14　苏州 BioBAY 产业社区配套设施水平

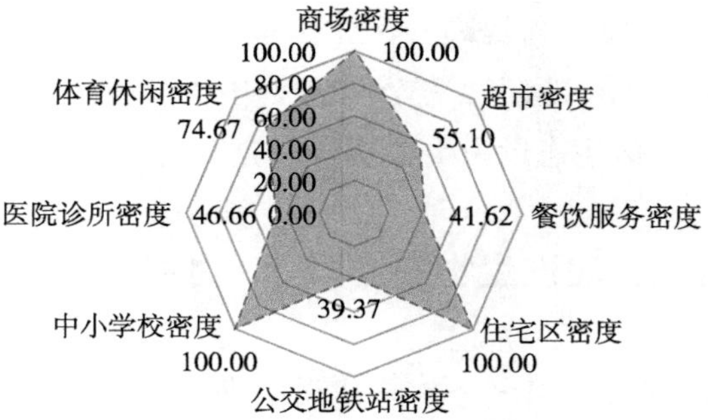

图 7–15　深圳国际生物谷产业社区配套设施水平

通过（图 7–11、图 7–12、图 7–13、图 7–14、图 7–15）五幅图的对比我们发现：广州科学城在公交地铁站密度上是各产业社区中水平最高的，说明人们在科学城乘坐公共交通工具出行是非常便利的。张江高新区在体育休闲密度上是各产业社区中水平最高的，说明张江的人们在工作之余的休闲娱乐活动上有相对较多的选择。中关村生命科学园在超市密度、餐饮服务密度、医院诊所密度上都是各产业社区中水平最高的，说明这里的人们购买生活必需品和外出就餐或者点外卖都是非常方便的，而且在医疗卫生上拥有丰富的资源。深圳国际生物谷在商场密度、住宅区密度、中小学校密度上都是各产业社区中水平最高的，说明这里的人们前往商场逛街购物非常便利，拥有较为充足的居住空间，而且在子女义务教育上拥有丰富的资源。相较而言，苏州 BioBAY 则没有水平非常突出的方面。

产业社区的总体生活配套设施水平可以通过中间阴影部分的面积进行判断。可以看出，广州科学城的阴影部分面积与苏州 BioBAY 相近，相比张江高新区、中关村生命科学园和深圳国际生物谷则差距明显，说明广州科学城在生活配套设施水平上不占优势，亟待加强。究其原因，中关村生命科学园在 8 个指标中的 3 个指标上都最为领先，在中小学校密度和体育休闲密度上的得分也较高。深圳国际生物谷同样在 8 个指标中的 3 个指标上都得分最高，在超市密度和体育休闲密度上的得分也较高。张江高新区虽然只有在 1 个指标上位列第一，但是在另外 5 个指标上的表现较为均衡，只有 2 个指标得分较低。而广州科学城除了 1 个优势指标外只有在住宅区密度上表现尚可，在其他 6 个指标上的得分均较低，导致整体水平偏低。

为了营造更好的产业社区环境，充分发挥产业与社区之间相互促进的作用，广州科学城未来应着力提高社区生活配套设施的供给能力和服务水平，尤其要尽快补足在商场、超市、餐饮服务、中小学校、医院诊所、体育休闲等方面的短板，以社区生态助力生物安全产业发展。

二、筑巢引凤，建设生物安全国际人才社区

国际人才社区建设是以人才生态建设促进产业更新的重大举措，人才生态建设涉及各个方面，体制机制的创新是国际人才社区建设的重要抓手。近年来，一些国际人才聚集度较高的城市，开始把国际人才社区建设纳入地方发展战略。建设国际人才社区，也成为这些地方进一步增强国际人才竞争力新的着力点和突破口。广州开发区一贯重视国际人才的引进和人才政策的实施，推进国际化建设，已经建设多家国际学校、国际医院、国际保险、国际公寓等生活配套服务设施，逐步探索制定更好的留住外籍高层次人才的相关政策，吸引大量优秀国际高层次人才加速向广州开发区聚集。建设生物安全国际人才社区，是广州开发区率先制定实施国际人才体制机制的“试验田”，也是打造粤港澳大湾区生物安全创新港和全球生物安全能力中心的重要组成部分。

（一）国际人才社区的背景与意义

建设生物安全国际人才社区，就是要网罗生物安全产业链上的国际科技人员以及海外留学归国优秀人才等齐聚广州开发区，为广州开发区建设世界级生物安全产业集群和具有全球影响力的生物安全能力中心提供有力的人才支撑和智力保障，形成人才、产业、资金“磁场”，有力推动生物安全集群建设。

（二）建设生物安全国际人才社区思路

优化产业结构：加快生物产业人才向广州开发区集聚，促进生物安全产业向高端化、智能化、国际化发展。

优化社会服务：提供教育、医疗、文化、生活等多点服务支撑，满足海外高层次人才的多样化需求。

优化区域环境：推动产城融合向创新城区的新型开发区模式转变，提升

国际人才幸福、宜居的主人翁感受。

发展愿景：特色风貌，展现新形象；人业匹配，培育新产业；改革创新，激发新活力；分步实施，积蓄新动能。

（三）建设生物安全国际人才社区内容

依托粤港澳大湾区生物安全创新港，将区域内的产业园区、智能城区、休闲商区、艺术街区、居住社区融为一体共同发展。

主体项目包括建设50万～70万平方米可容纳1万～2万人的人才公寓，建造3万平方米的国际人才文化交流中心，建设首个粤港澳大湾区国际人才政务服务中心和高端人力资源咨询服务机构。

配套项目包括建设首个粤港澳大湾区外国人出入境服务大厅，建设国际人才交流驿站、异域文化主题展示廊道，搭建高端国际人才引进平台。

三、超前部署，构建国际生物安全示范区

经过此次新冠肺炎疫情的肆虐，广州开发区在生物安全产业方向呈现出了创新要素集聚、核心产业领先、应急能力突出以及临床资源丰富等几大特点，因此恰以广州开发区生物安全产业基地建设为契机，整合广州科学城、中新知识城和国际生物岛三大产业创新平台；相关高校、科研院所、三甲医院；上下游药物、疫苗、药械等研发生产企业；以及中医中药资源，共同推动国内生物安全相关科教资源、产业资源向广州聚集，编制生物安全产业基地总体规划，将广州开发区国家生物产业基地打造为国际生物安全示范区。该示范区未来将有望建成全球顶尖的生物安全产业基地和世界级产业集群，国际创新要素高度活跃，生物安全技术创新能力和治理能力达到国际领先水平，承担起“国家一流生物安全研发引擎”“全球顶尖生物安全产业高地”“国际前沿生物安全治理标杆”等几大角色，成为全球生物安全治理的典范。

生物安全产业基地总体规划是在广州开发区前期收集和调查的大量资料的基础上，研究满足城市发展目标的条件和措施，在编制初步设计和扩大初步设计之前，所进行的一个轮廓性的全面规划。它既包括项目的近期建设计划，也要考虑项目远景发展设想。

（一）规划编制的主要内容

生物安全产业规划的主体内容是反映产业规划指导性和可操作性的内容体系，具体包括区域产业功能定位与空间布局、产业发展战略和实施策略等。

1. 区域功能定位与空间布局

主要指对规划区的实际条件，以及以前所做的相关规划或者政府工作计划进行深入的分析研究，确定规划区的区域功能定位和区域功能布局，并以此作为产业规划方案制定的最直接依据。

2. 产业发展定位

主要基于区域功能分析的总体结论性意见，从产业细分门类出发，根据自身具有的综合优势和独特优势及各行业运行特点，合理地进行产业发展布局，确定规划区要发展的产业门类、产业结构、产业组织、产业布局及产业目标，描绘产业蓝图。

3. 重点产业研究

生物安全产业是对一个地区发展具有战略性影响的产业，是能带动整个区域产业发展的产业或产业群体，包括制约经济发展的瓶颈产业、推动区域产业升级的主导产业和支撑区域经济增长的支柱产业。

4. 产业发展战略设计

它是指依据产业门类选择的结果，对规划区内产业发展的策略进行重新调整、规划，主要包括对规划区主要产业发展策略的设计及政策保障体系的设计，为各职能部门提供最直接的工作方向和思路。

（二）总体规划的初步设想

以广州科学城、中新广州知识城、广州国际生物岛、粤港澳大湾区生物安全创新港、广清产业园“两城一岛一港一园”为广州开发区生物安全产业基地的重要载体，其中科学城、知识城和生物岛承载核心产业，生物安全创新港作为全球首个生物安全总部基地，广清产业园承担产业转移的拓展功能，共同构建形成国际生物安全示范区。

1. 广州科学城

全面建设科学城生物安全研发与中试集聚区，形成完整的生物安全产业生态闭环；加快建设纳米生物安全中心，形成“生物安全、防检控治”为一体的纳米生物技术综合研发平台；围绕疫苗研发、临床救治药、检验检测技术和产品等优势领域，率先打造若干条竞争力强的生物安全产业链。

2. 中新广州知识城

知识城南区建设生物安全产业基地，重点布局新型疫苗、检测试剂、治疗药物三大细分产业，率先形成生物安全产品生产的产业化高地。知识城北区建设生物医药价值创新园，形成高端生物制药的产业化基地。

3. 广州国际生物岛

瞄准国家级重点实验室目标，建设生物安全高等级（P3、P4）实验室和人类细胞谱系大科学装置，加快推进生物岛国际生命科学合作区建设，持续办好官洲国际生物论坛，深入开展国家生物医药政策创新试验，开设药品管理审批粤港澳绿色通道，率先打造成为具有国际先进水平的生物安全产业创新高地。

4. 粤港澳大湾区生物安全创新港

打造全球顶尖的生物安全总部基地和能力中心，具有指挥、调度、运筹、伦理、法律等重要职能。建立生物安全物资采购、供应和存储体系，统筹规划和建设全球生物安全能力中心，形成集中统一高效的领导指挥体系。

5. 广清特别合作区

承载和转移广州科学城与中新知识城优质的生物安全产业化项目。

第八章　黄埔区广州开发区迈向世界级生物安全产业集群的重大工程

本章提出黄浦区打造世界级生物安全产业集群的治理平台工程、产业大脑工程、智慧应急工程、大科学装置工程、黄埔标准工程、集群品牌工程、产业社区工程、城市治理工程等八大工程，确保战略落地实施，取得实效实果。

第一节　治理平台工程

广州开发区生物安全大数据中心——生物信息数据是生物安全的基础，在强调生物安全保障以及生物安全体系的建设和完善过程中，对生物信息数据的存储、追溯及分析是实现生物安全国家战略的基础。综合运用大数据、人工智能、云计算等数字技术，推动广州开发区内实验室、生物制品、医药研发等生物安全领域相关行业实现信息化转型升级，集成“采集-溯源-存储-分析”生物数据产业链各环节，成立广州开发区生物安全信息数据库——广州开发区生物安全大数据中心。

广州开发区生物安全综合治理平台——以广东省先行先试建设国家工业互联网示范区为契机，推动工业互联网在广州开发区生物安全领域的应用，打造生物安全领域数字新基建，运用物联网技术，打通血液、生物制品、医药研发、实验室、样本库等细分行业平台信息系统，将单点的电器设备升级到物联网化，打通生物安全从底层端的智能硬件设备，到供应链物联网中间的末端平台，实现生物安全资源数据的互联互通，为生命健康数据“流动”起来构建最完整、最基础的闭环系统，构建起一张生物安全大网，建设集生物安全数据监管、生物安全数据运维分析、全流程监控管理溯源、生物资源调配辅助决策等功能于一体的生物安全综合治理平台。彻底解决流程优化、溯源管理、应急保障、决策分析、精准救治、资源调配等一系列问题，筑牢生物安全防卫和应急治理之墙。最终，“生物安全一张网”数据将纳入智慧城市管理平台，并联合应急、疾控、交通、公安等多部门，使广州开发区重大疫情和突发公共卫生事件的应对能力达到国际领先水平。

第二节　产业大脑工程

广州开发区生物安全产业集群作战地图系统——以全球视角，建设生物安全产业大脑，打造广州开发区以生物医药产业为核心的千亿级生物安全产业集群。该作战地图系统可实现3个方面的功能：一是集中展示区内生物安全产业集群要素、资源等的储备规模、空间分布等情况；二是通过梳理生物安全产业各链条中的各环节发展现状及相互联系，绘制生物安全产业各条产业链图谱；三是结合大数据与5G技术，对开发区生物安全产业（检验检测、精准医疗、体外诊断、创新药物）各产业链条进行问题诊断，识别出需要进一步改善的产业链节点。

广州开发区生物安全产业集群应急指挥调度平台系统——该平台系统可实现4个方面的功能：一是可制定开发区生物安全世界级产业集群中长期发展规划，布局开发区生物安全产业集群发展方向；二是结合战略部署，发布开发区生物安全世界级产业集群发展重点支持环节和重点扶持产品目录，引导产业集群转型升级；三是根据产业集群作战系统诊断结果，对补链、强链任务进行指挥调度；四是协调开发区生物安全产业集群发展过程中需要联动多主体处理的问题。

广州开发区智能生物安全防护物资储备与调配平台系统——结合大数据与5G技术，建立开发区智能生物安全防护物资储备与调配系统，满足产业链前端的原材料储备与调配需求，以及产业链后端的产品销售与调配需求。主要功能包括：1. 实时监控企业生产需求，调配生产所需原材料以及生物安全治理所需防护用品、药品、疫苗、器械等产品至生物安全物资储备与调配中心、相应的企业或研发机构；2. 根据终端用户需求，从生物安全物资生产企业调配订单产品至生物安全物资储备与调配中心，由物资储备与调配中心进行包装分发；3. 分析识别从生物安全物资储备与调配中心至用户的最短运输路线，匹配相应的承接物流企业，交付订单产品，利用发达的物流网络进行高效投递。

第三节　智慧应急工程

结合大数据与5G技术，建设开发区生物安全产业应急智慧预案系统，形成一套标准的开发区生物安全产业应对突发公共卫生事件的对策方案，增强开发区生物安全产业的应急管理能力。其功能主要包括：1. 模拟各种突发公共卫生事件的发生场景，有针对性地编制各种情形下的应急预案；2. 对日常预案演练情况进行监控，收集相关信息，利用数据分析技术评估预案效果，并进行问题诊断；3. 根据问题诊断结果调整和更新应急预案；4. 在突发公共卫生事件时，识别产业链受冲击部位及相应存在的短板；5. 结合应急预案和实际情形，精准发布应对指令，指挥应急管理工作；6. 评估突发公共卫生事件的严重程度，决定是否启用应急生产链。

第四节　大科学装置工程

中国微生物基因与生物安全大科学装置——生物安全颠覆性技术的产生需要搭建支撑性、系统性的重大研究平台，从系统性、支撑性的重大基础研究着手，在生物安全与健康研究方面，建立中国微生物基因与生物安全大科学装置，在此基础上开展病原微生物快速高效检测、防控和功能益生微生物资源挖掘与功能开发等工作。中国微生物基因与生物安全大科学装置包括微生物菌种资源保藏库、生物信息学平台、大数据库、生物安全实验室、技术成果孵化平台。其中，微生物菌种资源保藏库——收集、整理和保存包括病原微生物、工业微生物、环境微生物、人体微生物等在内丰富的菌种资源；生物信息学平台——包括超算平台、基因测序平台等，利用高精度的比较基因组学分析技术，发现不同基因组间的全部差异，挖掘与重要生理生化功能相关的基因，从整体水平分析其作用和调控机制；大数据库——即微生物安全与健康科学大数据库，以生物信息为支撑，建立微生物信息资源库，实现微生物资源库信息化管理；高等级生物安全实验室——如 P3 和 P4 实验室等，开展与高致病性病原微生物有关的科研、教学和生产工作；高新技术成果孵化平台——建设开发区留学生创新创业园和技术交易中心，通过开展创业培训、辅导、咨询，提供研发、试制、经营、展会、技术交易的场地和共享设施，以及政策、法律、财务、投融资、企业管理、人力资源、市场推广和加速成长等方面的服务，促进生物安全领域科技成果转化、培养高新技术企业和企业家。

国家生物安全先进制造技术创新中心——建立国家生物安全先进制造技术创新中心，充分运用大数据、云设计、云计算、人工智能等新技术手段，基于大数据模型的数字化解决方案的理念，强化生物安全基础能力和防范重大疫情储备体系建设，完善生物制造领域从基础研究到应用基础研究再到成果转化的全链条，打造完备的生物技术体系、装备制造体系和产品生产体系，为重大新发突发传染病、动植物疫情等生物安全风险防控提供充足的物资储备。

第五节　黄埔标准工程

推进生物安全应急体系和能力现代化，是提高生物安全治理能力的关键，是应对生物安全事件的基础性解决路径。一般意义上治理现代化的最典型特征是社会分工细化及其相互协作的动力机制设计，具体包括体系的规范化、民主化、法治、效率、协调等 5 个方面标准。深入落实好《广州市黄埔区、广州开发区关于推进应急管理体系和能力现代化建设的若干措施》，提升广州开发区生物安全应急管理体系和能力现代化水平，加快在生物安全应急体系和能力建设领域确立黄埔样板、黄埔标准，将生物安全文化深入到开发区生产、生活和生态等区域治理各领域，注重各部门、各领域分工细化和协作，通过技术创新应用和全方位的政策保障，协调增进应急规划、应急规范、监测预警、应急响应和科技支撑 5 个方面能力，促进开发区生物安全治理体系协调高效发展，立足粤港澳大湾区，放眼全球，创建黄埔生物安全应急治理标准。

第六节　集群品牌工程

产业集群品牌是集群内企业集体行为的综合体现，是集群内众多组织、机构在对某一种或某一类产品（服务）长期的生产经营中积累而形成的，具有为外部购买者、合作者，以及其他相关者所广泛认可的知名度、美誉度的名称和标识，其品牌名称由地名和特色集群产业组成，它反映着集群产品整体的质量、档次和服务及集群内企业的信誉水平，代表着集群的市场竞争力。培育产业集群品牌，可以把整个产业集群“打包”推广，提高集群产品和服务的知名度和竞争力，弥补中小企业品牌影响力不足的劣势[①]。在“十四五”及未来更长远的时期，打造出具有较高识别度的“黄埔生物安全”产业集群品牌，是广州开发区生物安全产业发展中的又一重点战略任务。

以广州开发区政府为主体，启动实施“黄埔生物安全”产业集群品牌培育和打造工程，挖掘黄埔精神内涵，推动行业协会积极管理、集群内企业踊跃参与，按照“三步走”计划分步分阶段推进落地实施：第一步即品牌孕育阶段，以广州开发区政府为主导，推进基础设施、组织机构和公共服务平台等“黄埔生物安全”产业集群品牌基础建设工作，加快制定品牌战略发展规划，做好“黄埔生物安全”产业集群品牌的定位和形象设计；第二步即品牌成长阶段，以行业协会为主，注重对“黄埔生物安全”产业集群品牌的推广和维护，通过短视频营销、微信营销、自媒体营销等方式，借助“网红经济”渠道，打造线上营销 + 线下体验模式，多举措扩大“黄埔生物安全”集群品牌影响力；第三步是品牌成熟阶段，通过科学调整和规划生物安全产业发展布局、构建生物安全产业集群创新网络体系等手段，重点对产业集群品牌和企业品牌进行拓展和提升。最终形成政府、企业和社会组织等集群品牌资源共生共荣发展之势，随着集群品牌在国际上的知名度和影响力提升，势必将反哺广州开发区生物安全产业集群，吸引外来投资，促进产业集群和集群品牌国际化。

---

① 范增民 . 产业集群品牌的培育研究［兰州理工大学硕士论文］［D］. 兰州：兰州理工大学，2011.

第七节　产业社区工程

产业社区是以产业功能为主导的人、城、产融合社区单元，具有“产业”和“社区”的双重属性，由产业要素与城市协同发展推动产城融合不断深化，在物理空间上形成产业集群与自然城市生态协调共生的社会经济形态。产业聚集了大量就业人口，是社区形成的基础，而社区强化了对人才的吸引力，通过搭建配套服务体系和社群关系网络，打造宜业宜居、便捷舒适的生活环境，产业功能与生活功能实现相互促进、融合发展。

推进广州开发区产业社区工程，重点依托闲置用地、低效空间进行城市更新改造，补齐公共服务设施配套短板，积极引导生物安全产业向产业集群方向发展，积极搭建园区内部机构和企业合作研发平台，支持为园区内研发成果产业化过程提供资金保障、创新网络等良好条件及环境，重点加强“生物安全数据中心”“生物安全先进制造技术创新中心”“生物医药研发中心”三中心建设，推动要素流动，形成承载产业聚集的多个产业社区。健全完善“飞地经济”合作机制，大力支持粤港澳大湾区跨境研发合作，推动“政＋企＋学＋研＋临床＋资本”创新模式在产业社区落地实践。

第八节　城市治理工程

伴随着城镇化下半场人口持续向中心城市聚集和区域经济的飞速发展，各类生物安全风险也在不断加剧，这就需要城市治理主体在传统的“资源节约型”“环境友好型”等目标的基础上进一步升级建设“生物安全型”城市，构筑更加牢固的安全屏障。建设“生物安全型”城市，实施城市治理工程，首先需要构建完整的城乡生态规划网络，将生物规划纳入城市生态规划的内容之中。创建合理的生物多样性评价体系，积极出台相关政策法规，研究具有可操作性的生物保护策略；加强落实生物多样性保护规划，运用规划手段保护和促进城乡区域生物多样性；完善亲生物主义规划与生物友好建筑的建造，加大亲生物主义建筑及设施的普及。其次，加快建立相应环节的预警机制和应对策略，充分发挥好开发区生物安全产业应急智慧预案系统的应急管理、智能预警作用以及开发区生物安全综合治理平台的统筹调控作用。最后，应加强生物保护宣传教育力度，通过教科书普及宣传、定期开展教育知识讲座和实践活动、动员社会和基层力量等形式培养市民树立起保护生物的观念。

第九章 黄埔区 广州开发区建设世界级生物安全产业集群的保障措施

本章从政策制度、组织领导、专家智库、智能转型、资金、人才等方面提出黄埔区建设世界级生物安全产业集群的若干保障措施。

第一节 健全政策制度体系

广州开发区要打造生物安全治理示范区，应发挥先行试点的作用，适当放松政策管制，构建一套针对生物安全产业发展的涵盖财税金融、人力资源、项目审批、土地开发、吸引外资等各方面的政策制度体系。例如，可向省市级主管部门争取权限下放，尤其是对于注重时效性的项目要做到开发区内一步到位。建立企业诚信评价制度，对于信誉度良好的企业在项目申请审批过程中精简行政环节。引导国有商业银行积极对接生物安全企业开展普惠金融服务，以政府的名义做担保，帮助企业吸引覆盖一个从研发到产出完整周期的稳定投资。在安排新增工业用地时对生物安全产业的需求予以适当倾斜。在生物安全产业高端精英人才的引入上灵活操作，充分考量行业实际情况，合理设置资格评定相关限制条件。以政策激励有相关专业技能的高校毕业生进入生物安全产业发展，提供落户、住房、资金等保障条件。

第二节 加强工作组织领导

为保证广州开发区成功打造为世界领先的生物安全产业基地，建议成立以区委、区政府主要领导为核心成员，以各职能部门主要负责人为主要成员的广州开发区生物安全产业基地建设领导小组，统筹规划和组织实施生物安全产业基地建设工作，审议和协调重大事项，指导各部门工作。黄埔区发改委承担日常组织协调工作，实行统一领导、统一规划、统一建设、统一标准、统一管理，明确责任目标、时间节点、工作举措，科学制定考评工作体系。同时，区内各主要园区结合实际情况，成立园区一级领导小组，共同推进各自园区的建设工作。

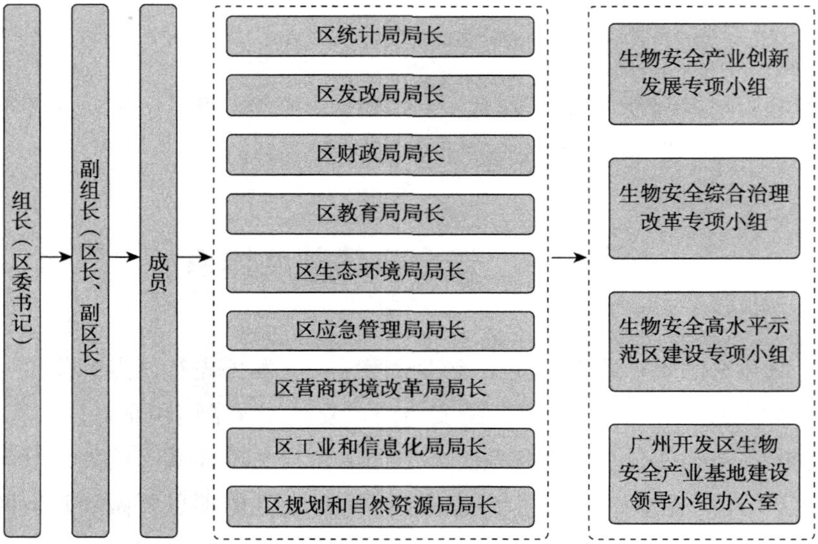

图 9–1　广州开发区生物安全产业基地建设领导小组

第三节　发挥专家智库作用

为加强科学决策和民主决策，充分发挥专家咨询作用，建议由广州开发区管理委员会聘请相关领域专家组建广州开发区世界级创新型生物安全产业集群建设行动专家咨询委员会。在区委区政府的领导下，负责对开发区推进建设世界级创新型生物安全产业集群过程中的重大问题进行调查研究、分析论证，并向生物安全产业基地建设领导小组提出意见和建议，同时，根据区委区政府的工作部署，为开发区世界级创新型生物安全产业集群建设行动督导、监测、考核有关工作提供技术支持。

第四节　加快智能制造转型

广州开发区拥有雄厚的制造业基础，要充分发挥这一优势，发展生物安全高端装备制造业。可引导区内先进制造业企业向生物安全高科技仪器、自动化生产线等领域发展，用最锋利的武器武装生物安全产业基地，最终实现生物安全产业智能化改造升级，提升产业生产效率和产品质量。首先，要制定完善的智能化综合标准技术体系，从生命周期、系统层级、智能功能等多个维度去构建参考模型和体系框架，充分发挥标准化的基础性和引导性作用，指导当前和未来一段时间内生物安全产业智能化生产的标准化工作；其次，要积极整合优化流程、组件、模块、数据、知识、资源等，打造生物安全产业云平台，尤其要引导企业加强对工业大数据的应用，使工业大数据发挥更大的价值，为企业注入发展新动能。此外，还需要发展现代智能制造服务业，通过打造智能生产网络平台、建立智能制造服务业生态园等举措，增强服务业对智能制造的支持。生物安全高端装备制造业的比较优势一旦形成，完善的支撑配套将形成产业链“磁极”，持续吸引生物安全产业要素在广州开发区集聚，壮大产业集群。

第五节　设立首支黄埔基金

根据开发区未来不同发展阶段的目标要求，分别设立不同额度的生物安全产业基金（“黄埔基金”），黄埔基金主要针对生物安全领域涉及的各环节，以广州开发区相关产业项目为重点，在生物医药、医疗卫生、医疗器械、干细胞与再生医学、精准医疗、体外诊断、检验检测等产业方向进行投资布局，助力开发区内生物安全产业进一步聚集发展，打造全球生物安全产业新高地和全球领先的生物安全产业基地。

第六节　组建黄埔国际组织

推动组建国际性生物安全组织——“全球生物安全百人会”和联合国生

物安全组织。“全球生物安全百人会”是以促进国际生物安全产业发展为目标，打破行业、学科、所有制和部门局限，搭建一个通过研究和交流推进多领域融合、协同创新的发展论坛；联合国生物安全组织总部落在黄埔，其主要职能和作用包括：指导和协调国际生物安全工作；根据各国政府的申请，协助加强国家的生物安全事业，提供技术援助；主持国际性流行病学业务，促进防治和消灭流行病；促进从事增进生物安全的科学和职业团体之间的合作；提出国际生物安全公约、规划、协定；促进并指导生物科学研究工作；促进生物安全教育和培训工作；制定有关生物安全方面的国际名称；制定生物风险判别方法国际规范的标准；制定并发展食品、生物制品、生物药品的国际标准；协助在各国人民中开展生物安全宣传教育工作；协调国家间的生物安全纠纷，为世界各地的人们创造一个更美好、更健康的未来等。

第七节　储备生物安全人才

目前全国已有1200多所高校，但没有一所高校本部在广州开发区，创办中国生物安全大学，不只是在众多高校中增加一所学校，而是要办出与广州开发区经济和社会发展相一致，与世界级产业集群地位相匹配，能够成为黄埔文教品牌的优质大学。为此，必须明确世界大学的发展趋势，借鉴世界名校的办学经验，高起点、高标准地建设中国生物安全大学，不遗余力地引进和培养生物安全领域优秀人才。同时，借鉴德国“双元制”职业教育经验，强化生物安全专业技能人才培养，开展“政府引领、双元参与、合同执行、成本分担”的“双元制”本土化教育模式与实践，学历教育与职业培训并重，强化在真实的工作环境里培育学生的实际操作技能和工作才能。围绕重点领域建设1~2个生物安全人才继续教育基地，积极推进校企联合培养的现代学徒制，加强传统职工技术技能升级培训，着力培养和储备一批理论和实践结合的复合型、实用型、创新型人才。

第八节　推进资源统筹调配

随着生物安全被纳入国家安全体系内，生物安全治理的规范化和制度化亟待予以确认和落实。目前科学技术部、卫健委、国家林业与草原局、海关等多个部门均涉及生物安全治理的相关职能，成立一个有针对性地主管生物安全的部门，可以有效地统筹全局、整合资源、精准施策。广州开发区应率先成立黄埔生物安全局，对接国家生物安全主管部门，助力区内生物安全产业基地建设，维护地区生物安全。针对此次新冠肺炎疫情暴发初期出现的一线抗疫物资供应严重不足等问题，应在黄埔生物安全局的领导下建立涵盖生物安全各领域的物资储备制度，配齐仓储、物流、配送等基础设施，加强管理人员队伍建设，严格统计好物资清单，对于有使用期限的物资要及时更新存货。通过直接与区内生物安全相关企业进行订单采购，既能确保物资及时到位，又能激活本地生物安全产业市场，并在行业内起到示范引领作用。

参考文献

[1] Smyth, S. J., Aerni, P., Castle, D., Demont, M., Falck-Zepeda, J. B., Paarlberg, R., Phillips, P. W. B., Pray, C. E., Savastano, S., Wesseler, J., Zilberman, D. (2011). Sustainability and the bioeconomy: Policy recommendations from the 15th ICABR conference. AgBioForum, 14 (3), 180–186.

[2] Porter, Michael E. "South Carolina Competitiveness Initiative: A Strategic Plan for South Carolina." Monitor Group, 2005.

[3] 陈文晖. 中国生物技术产业发展现状、问题及对策 [J]. 中国工程咨询，2004 (03)：22–24.

[4] 龙火生，马毅青，向钊，孙超，杨公社. 生物安全的由来及发展 [J]. 家畜生态，2003 (02)：10–13.

[5] 高璐. 生物科技产业的特点及其发展规划的理论研究 [D]. 中国农业大学，2007.

[6] 刘杰，任小波，姚远，褚鑫，易轩，苏荣辉. 我国生物安全问题的现状分析及对策 [J]. 中国科学院院刊，2016，31 (04)：387–393.

[7] 袁胜鸿，肖晶.P3 生物安全实验室安全防护技术设计分析 [J]. 城市建筑，2019，16 (27)：126–129.

[8] 谢华玲，陈芳，Cynthia Liu，Yingzhu Li，Yi Deng，Jeffrey Smoot，Linda Carter，韩涛，杨艳萍，王学昭. 全球疫苗研发态势分析 [J]. 中国生物工程杂志 2019，39 (5)：35–42.

[9] 张蕊，田澎. 生物制药产业现状分析及我国企业的发展战略 [J]. 工业工程与管理，2005 (05)：107–111+117.

[10] 王静波. 全球生物技术产业投融资态势简析 [J]. 高科技与产业化，2005(05)：9–10.

[11] 程华. 生物安全防护技术在 P3 实验室设计中的应用 [J]. 医药工程设计，2003 (06)：14–18.

[12] 陈伟莉，林繁会. “互联网 +” 对生物技术专业创新创业人才培养模式的影响 [J]. 黑河学院学报，2019，10 (10)：136–137+164.

[13] 宋馨宇，刁进进，张卫文. 对两用生物技术发展现状与生物安全的思考 [J]. 微生物与感染，2018，13 (06)：323–329.

[14] 王莹，李萍萍，张一平，耿红冉，潘子奇，李治非，孙燕荣. 全球生物技术投入产出

现状分析及对策研究［J］. 中国科技资源导刊，2018，50（06）：30–34+100.
［15］秦天宝，刘安翠. 美国生物技术产业发展的法律保障及其启示［J］. 学术研究，2017（03）：53–61+70+177.
［16］李元媛. 生物制药产业现状分析及我国企业的发展战略［J］. 生物化工，2017，3（01）：73–74+84.
［17］王文博，杨晓龙，郝宏展，杨凯育，付莉. 国际生物产业经济现状及启示［J］. 生态经济（学术版），2013（02）：248–251.
［18］秦天宝. 欧盟生物技术产业发展的法律保障——以转基因生物安全管制为例的考察［J］. 河南财经政法大学学报，2013，28（04）：43–50.
［19］郑晓奋. 美国生物技术产业集群创新及对我国的启示［J］. 海南大学学报（人文社会科学版），2011，29（03）：50–54.
［20］张擎. 美国生物医药产业园区发展特点及启示［J］. 中国高新区，2011（04）：111–113.
［21］日本以生物技术产业立国［J］. 中国石油和化工标准与质量，2010，30（12）：43–44.
［22］王宇. 欧洲生物技术产业发展现状分析［J］. 江苏科技信息，2010（10）：6–8.
［23］邢雪荣. 工业生物技术产业发展趋势及对我国的启示［J］. 中国科学院院刊，2010，25（05）：506–513.
［24］尹军祥，李瑞国. 日本生物产业发展现状与趋势分析［J］. 中国生物工程杂志，2010，30（08）：131–135.
［25］谷峻战. 国际生物产业发展现状及扶持政策［J］. 高科技与产业化，2007（12）：37–44.
［26］胡登峰. 伦敦生物技术产业发展态势对安徽产业集群发展的借鉴［C］. 科学技术引领现代农业发展——安徽现代农业博士科技论坛，2007.
［27］李玉荣. 美国生物技术产生的崛起［J］. 生命世界，2007（06）：52–53.
［28］张兵，王玉梅. 论生物技术产业发展的安全风险［J］. 商场现代化，2007（15）：216–217.
［29］连桂玉，金泉源，黄泰康. 国内外生物制药产业发展状况的比较研究［J］. 中国药业，2007（02）：20–21.
［30］张喜凯，李晓龙. 美国的生物技术产业政策［J］. 中国生物工程杂志，2006（03）：93–97.
［31］朱信凯，涂圣伟，杨顺江. 国际生物技术产业政策评论及对我国的启示［J］. 中国软科学，2005（11）：18–23+76.
［32］章欣. 生物安全 4 级实验室建设关键问题及发展策略研究［D］. 中国人民解放军军事医学科学院，2016.
［33］广州开发区投资促进局. 招商 4.0：新时代区域招商的战略思维［M］. 广东高等教育

出版社，2018.
[34] 沈体雁. 产业集群理论方法与政策 -MPA 课程讲义 [R].2019-11.
[35]《中国产业集群地图系统（CCM）建设与应用研究》课题组. 中国标准产业集群报告.2019-02-19.
[36] 李明. 国家生物安全应急体系和能力现代化路径研究 [A]. 行政管理改革.2020-04.
[37] 郑浩. 疫苗冷藏运输策略的应用研究 [D]. 上海：上海交通大学，2014.
[38] 孙建明，李昭，张娇娇，刘青，刘梦雨. 疫苗智能物流包装系统设计 [J]. 包装工程，2018，39（11）：35-38.
[39] 郭伏，李明明，任增根，姜钧. 产业集群中产业链的关键环节识别方法研究 [J]. 辽宁工业大学学报（社会科学版），2019，21（03）：34-38.
[40] 桥本惠子. 日本新兴生物医药企业国际化路径的一个多案例研究 [D]. 浙江大学，2016.
[41] 杨志恒，刘猛，邹嘉琦，张淑园. 我国技术创新成果转化现状与难题破解 [J]. 技术与创新管理，2016，37（01）：39-42.
[42] 江彩霞. 广州生物医药产业培育与发展研究 [J]. 特区经济，2013（03）：35-37.
[43] 叶敏忠，苏瑞波，冯方平. 美国生物医药产业集群发展的经验模式及对广东省生物医药发展的启示 [J]. 广东科技，2012，21（15）：20+2.
[44] 吴琼. 我国生物医药产业集群发展路径研究 [J]. 广西财经学院学报，2011，24（06）：83-87.
[45] 阿丽塔，刘晓婷，孙灵芝. 全球疫苗产业现状与发展趋势 [J]. 中国药业，2011，20（22）：16-18.
[46] 张治然，刁天喜，高云华. 日本生物医药产业发展现状与展望 [J]. 中国医药导报，2010，7（01）：141-143.
[47] 黄伟，陈玉文. 我国生物医药产业集群发展现状与策略 [C]. 2009 年中国药学会药事管理专业委员会年会暨“国家药物政策与《药品管理法》修订研究”论坛，2009.
[48] 吴晓隽，高汝熹. 欧洲生物医药产业集群的案例研究及启示 [J]. 软科学，2008，22（12）：110-113+127.
[49] 周开农，钱忠亮. 健康之城、生态之城——泰州市医药产业园总体规划解读 [J]. 江苏城市规划，2008（03）：19-21.
[50] 吴晓隽，高汝熹，杨舟. 美国生物医药产业集群的模式、特点及启示 [J]. 中国科技论坛，2008（01）：132-135.
[51] 帅平，张宪平. 京津冀都市圈生物技术产业竞争力分析——基于钻石理论 [J]. 现代管理科学，2006（12）：24-25.
[52] 安立志，马玉杰，宋长江. 我国疫苗产业的未来趋势 [J]. 高科技与产业化，2006（08）：99.
[53] 郑海涛，徐安龙. 广州市生物医药产业的现状与前景 [J]. 广东科技，1999（11）：

28-32.

[54] 薛达元. 关于《国际生物技术安全技术准则》的政府指定专家全球性协商会议 [J]. 农村生态环境，1996 (01)：28.

[55] 生物安全发展报告——中国科学院武汉文献情报中心，科技保障安全 [M]. 生物安全战略情报研究中心. 北京：科学出版社，2014

[56] 中国生物工程学会，火石创造. 中国生物医药产业地图蓝皮书 (CBIB 指数).2019 年.

[57] 张佩，赵作权. 世界级先进制造业集群竞争力提升机制及启示 : 以德国工业 4.0 旗舰集群为例 [J]. 区域经济评论，2020.05:131-139.

[58] 沈体雁，李志斌，凌英凯，郭洁. 中国国家标准产业集群的识别与特征分析 [J]. 经济地理，2021，41(09):103-114.DOI:10.15957/j.cnki.jjdl.2021.09.011.

[59] 周麟. 以协同联动的整体优势推进长江经济带产业转移协作 [J]. 中国发展观察，2021(01):28-32.

[60] 李帅帅，范郢，沈体雁. 基于知识图谱的产业集群研究进展评述与展望 [J]. 地域研究与开发，2020，39(03):6-12.

[61] 李志斌，高原，温璐歌，沈体雁. 中国制造业技术外部性来源——基于地级市的多产业分析 [J]. 经济问题探索，2020(04):27-34.

[62] 范郢，古恒宇，孟鑫，沈体雁. 中国东北地区产业集群的空间格局分析——基于两次全国经济普查企业微观数据 [J]. 地域研究与开发，2019，38(03):18-22+31.

[63] 周麟，沈体雁，于瀚辰，曹巍韡，槐玲. 城市内部知识密集型服务业的时空格局研究——以保定市为例 [J]. 城市发展研究，2016，23(11):1-6.

[64] 沈体雁，邱亦雯，周麟. 基于产业生命周期视角的制造业集聚经济研究 [J]. 东南大学学报 (哲学社会科学版)，2016，18(05):79-90+147.DOI:10.13916/j.cnki.issn1671-511x.2016.05.012.

[65] 周麟，沈体雁. 大城市内部服务业区位研究进展 [J]. 地理科学进展，2016，35(04):409-419.

[66] 沈体雁，齐子翔，王彦博. 京津冀产业区际有序转移的市场设计——基于双边匹配算法 [J]. 经济学家，2016(04):42-52.DOI:10.16158/j.cnki.51-1312/f.2016.04.006.

[67] Lin Zhou,Li Tian,Yuan Gao,Yingkai Ling,Chenjing Fan,Deyi Hou,Tiyan Shen,Wentong Zhou. How did industrial land supply respond to transitions in state strategy? An analysis of prefecture-level cities in China from 2007 to 2016 [J].Land Use Policy,2019,87:

[68] Li S, Han S, Shen T. How can a firm innovate when embedded in a cluster?—Evidence from the automobile industrial cluster in China[J]. Sustainability, 2019, 11(7): 1837.

附录：问卷报告

摘要： 广州开发区是我国国家竞争优势产业集群的战略聚集地，也是打造世界级先进集群的主阵地和主战场。近年来，该区生物医药（生物安全）产业高速发展，龙头企业逐渐增多，集聚了一批独角兽企业、瞪羚企业、“隐形冠军”企业、“单项冠军”企业，和大量科技型中小微企业。为深入了解该区生物医药（生物安全）产业发展的现实情况，以及政府、企业、服务/中介机构对产业发展的边际贡献，特设计本次企业调查问卷，从而为该区建设生物安全产业基地提供重要的数据支撑。本次企业调查问卷主要围绕对政府政策实施效果进行评估；对企业信息、组织管理、知识管理与创新能力等进行评价；对企业与竞争企业以及上下游企业的合作关系、企业间交流情况、企业间信任关系、行业协会等中介机构的作用进行调查；并对企业所处市场特征、行业竞争、创业氛围、营商环境等方面进行测评。

1. 调查说明

1.1 调查样本

本次问卷随机抽样调查的受访企业共有108家，采样均衡、全面。数据采样时间为2020年5月7日至6月23日，共历时48天。从企业的所有制情况来看，几乎全是有限责任公司，涵盖了上中下游全产业链的企业；从行业的分布来看，涵盖了精准医疗、高端医疗器械、体外诊断、检验检测、创新药物、干细胞与再生医药等多种行业，产业门类齐全，保证了信息采集的全面性、有效性。

1.2 调查结论

综合此次问卷调查各项分析，可以得出如下结论：

一是企业重视研发创新和人才引进。半数企业研发人员占比超过三成，这与该类企业属于知识密集型和资金密集型的产业特征相符；六成企业认为企业技术创新氛围浓厚；三成企业认为企业技术创新氛围非常浓厚；近四成的企业处于产业链的中游，有半数的企业所在地还没有形成完整的产业链。

二是交通与营商环境亟需优化提升。受访企业中六成的企业认为所在行业竞争力水平高，接近四成企业认为行业聚集度较高；企业所在地区交通便利程度不均衡，半数企业对所在地的交通通达度不满意，应该改善这些企业的交通状况，促进企业更好地发展；整体营商环境水平较好，但是仍有近四成的企业对营商环境不满意，应重点帮助和改善这类企业的营商环境水平。

三是企业所在行业竞争力不断增强。九成以上企业与区域内企业保持相互信任，通过与区域内其他企业长期合作获取发展空间；有半数的企业所在行业经常有新企业进入，产品迭代更新快，行业竞争力在不断增大。

四是区内集群组织正在形成和发展。有半数的企业同意行业协会为其提供了许多有用信息，与有关部门和行业协会的合作频率较高；七成企业能通过参加展会和专业市场寻找自身需要的合作伙伴和信息，表明集群组织已经开始逐步发挥引领作用。

五是企业新产品市场占有率较高。超过四成企业认为新产品进入市场速度较快，种类较多；半数企业开发新市场成功率较高；七成企业开发新产品的差异化程度较高、研发成功率也较高；九成以上企业新产品技术含量较高，六成以上企业有效专利数量较多；七成半的企业创新项目较多，且收入比重逐年增加。

六是区内企业希望得到政府在研发、资金、人才等方面的政策支持。从国内生物产业园区的发展来看，各地园区产业发展和招商引资等政策并没有本质区别，其差异主要在优惠力度不同上，谁给的优惠力度大，吸引的企业就多，形成了政策上的“价格竞争”。广州开发区也不例外，要尽早形成完整的产业链和产业生态，要全力打造具有全球竞争力的产业集群，不能单凭政策红利，还要依靠持续推进机制体制创新、健全园区科学管理体系、建立行之有效的措施和办法。建议开发区持续增大科技研发投入、鼓励区内企业原始创新、搭建产学研成果转化平台、建立风险投资机制、大力引进国际高层次科技人才。

2. 问卷分析

2.1 企业基本情况

① 66.67% 的受访企业所处的产业板块在科学城

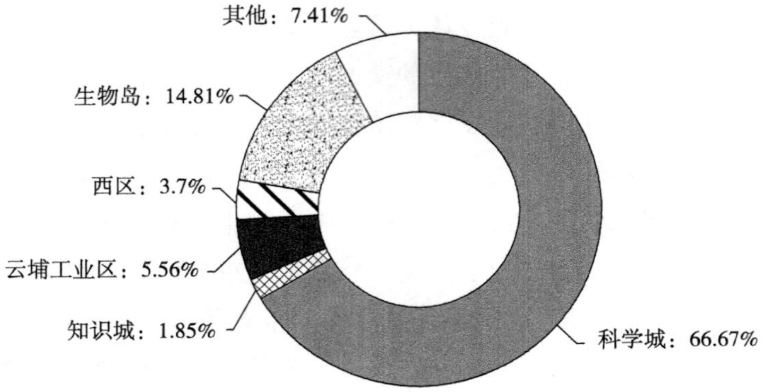

问卷调查统计结果显示，本次参与调查的企业 66.67% 位于科学城，有 14.81% 在生物岛。可以看出，科学城的生物医药（生物安全）产业有较大的数量优势。

② 37.96% 的企业年营收规模在 2000 万元到 4 亿元这个区间

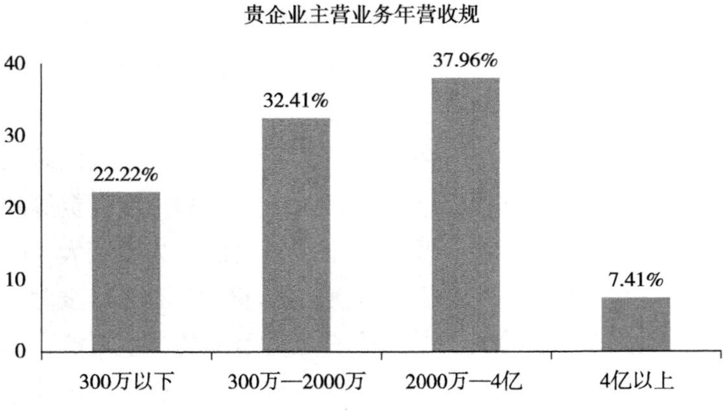

问卷调查统计结果显示，销售收入在 2000 万元—4 亿元区间的企业占比近四成，300 万元—2000 万元区间的企业占比有三成，2000 万元以下的企业占到半数。可以看出，应当支持和鼓励区内中小企业加快发展。

③ 从企业的员工人数看，95% 的企业人数小于 500 人

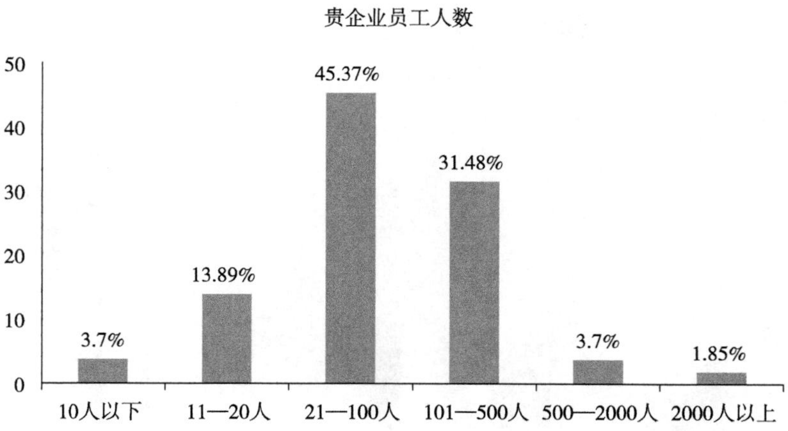

问卷调查统计结果显示，45.37% 的企业人数在 21—100 人，31.48% 的企业人数在 101—500 人。可以看出，开发区的生物企业人数较少，也在一定程度上表明，开发区的中小企业占据主要的数量。

④ 企业的经营范围分布较为均匀

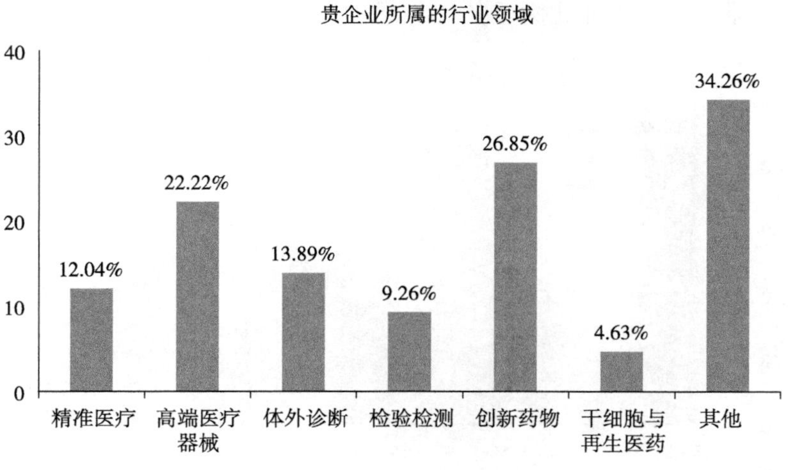

问卷调查统计结果显示，参加此次调研的企业中，经营范围涉及精准医疗、高端医疗器械、体外诊断、检验检测、创新药物、干细胞与再生医药等行业数量较多，但并未形成明显的数量优势。三成以上的企业经营范围为“其他”，还有近三成企业的经营范围为创新药物，二成企业的经营范围为高端医疗器械。

⑤ 企业的研发人员比例

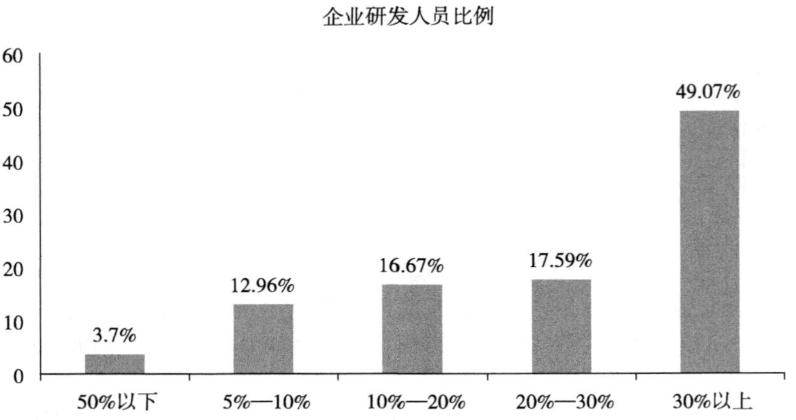

问卷调查统计结果显示，将近一半的企业，研发人员达到了企业人数的三成以上，说明企业都很看重产品的研发。从长远发展来看，研发人员越多，产品的研发就越成熟，有利于企业在市场中处于优势地位。

⑥ 企业的引进人才比例

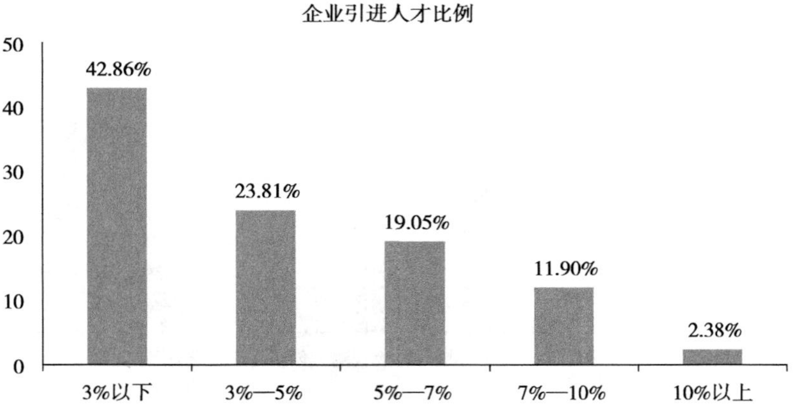

问卷调查统计结果显示，42.86% 企业的人才引进比例不足 3%，23.81% 企业的人才引进比例占 3%—5%，19.05% 企业的人才引进比例占到 5%—7%，人才引进超过 10% 的企业数量较少。由此可见，该区未来在企业人才引进方面需要加强政策支持和引导。

⑦ 九成以上的企业创新氛围浓厚

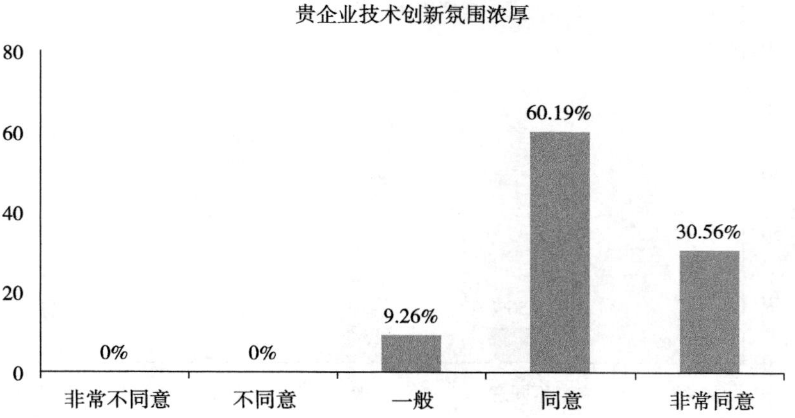

问卷调查统计结果显示，60.19% 的企业同意自己企业创新氛围浓厚，30.56% 的企业非常同意自己企业创新氛围浓厚。由此可见，在生物医药行业领域，创新氛围已经是整个行业最显著的特征之一。

⑧ 近四成的企业处于产业链的中游

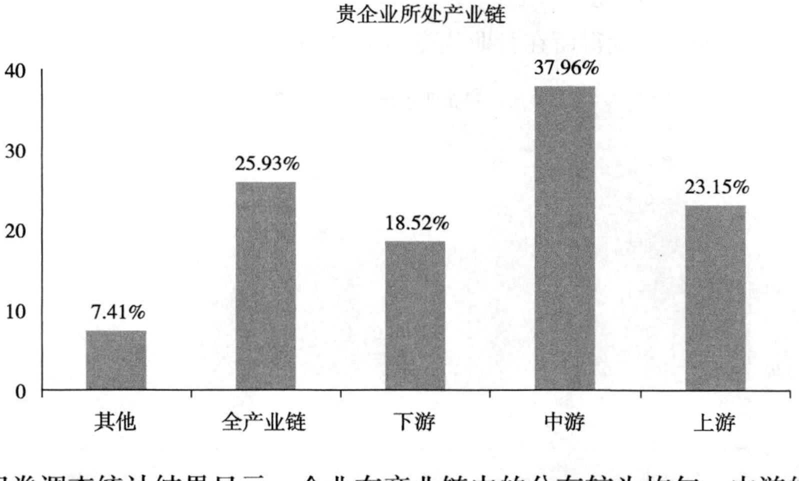

问卷调查统计结果显示，企业在产业链中的分布较为均匀，中游的企业数量是最多的将近有四成，还有四分之一的企业是全产业链。

⑨ 半数的企业所在地还没有形成完整产业链

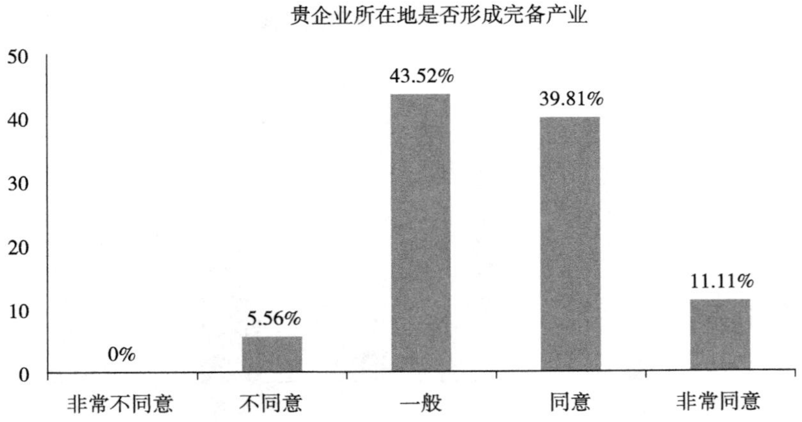

问卷调查统计结果显示，有半数的企业认为自己所在地没有形成完备的产业链，同样也有半数的产业认为自己所在地有完备的产业链。这表明在同一个行业内，出现了产业链发展不均衡的局面，有的企业产业链完备，有的企业产业链不完备。

2.2 企业发展情况

① 六成的企业觉得所在行业的竞争力水平高

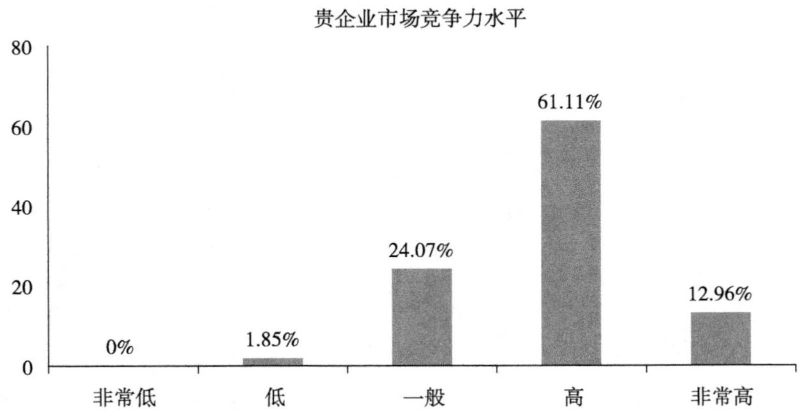

问卷调查统计结果显示，有 61.11% 的企业认为所在行业竞争力水平高，12.96% 的企业认为所在行业竞争力水平非常高。可以看出，行业竞争力高是生物医药（生物安全）产业的鲜明特征之一。

② 八成的企业所在行业不会经常开展促销战

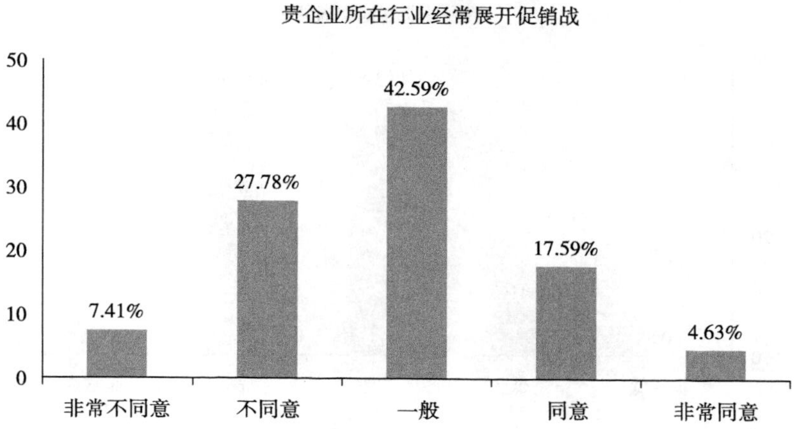

问卷调查统计结果显示，只有22.22%的企业认为自己行业内会开展促销战，这表示生物医药企业的竞争激烈并不体现在促销战上。

③ 半数企业认为同行业聚集水平一般，另外四成认为聚集较高

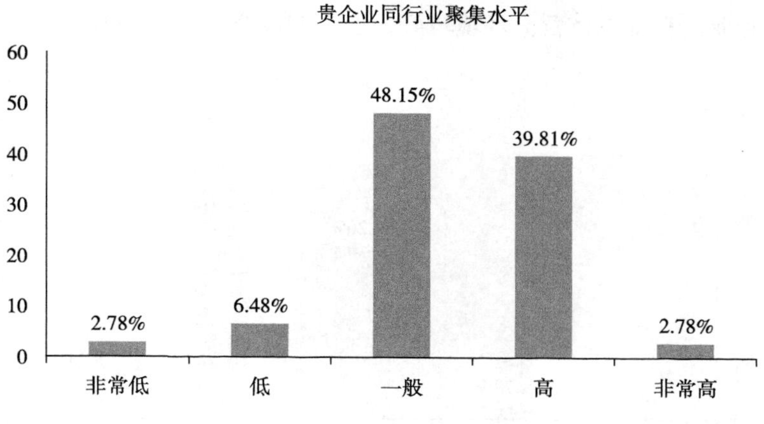

问卷调查统计结果显示，有48.15%的企业觉得所在行业聚集水平一般，有39.81%的企业觉得所在行业的聚集水平高，产业的总体聚集水平处于一般和高之间。

④ 企业所在地的交通便利程度

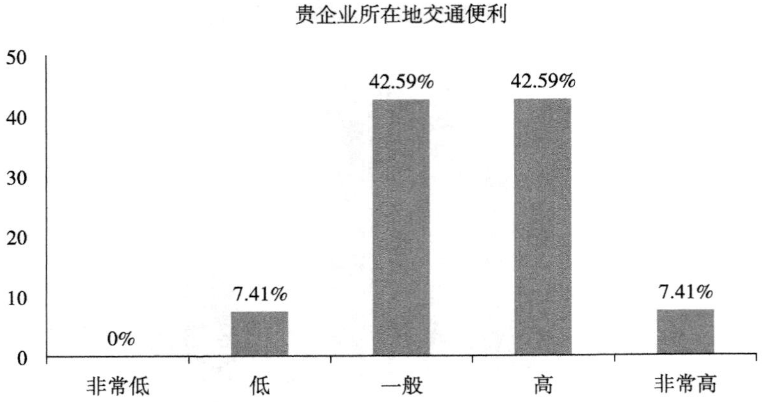

问卷调查统计结果显示，42.59% 的企业认为所在地区的交通便利程度一般，同样也有 42.59% 的企业认为所在地的交通便利程度高。这表明，企业所在地区出现了交通通达度不一致的局面，有半数的企业对所在地的交通不满意。由此可见，应该改善有些企业的交通状况，促进企业更好地发展。

⑤ 企业所在地总体营商环境较好，但近四成企业环境一般

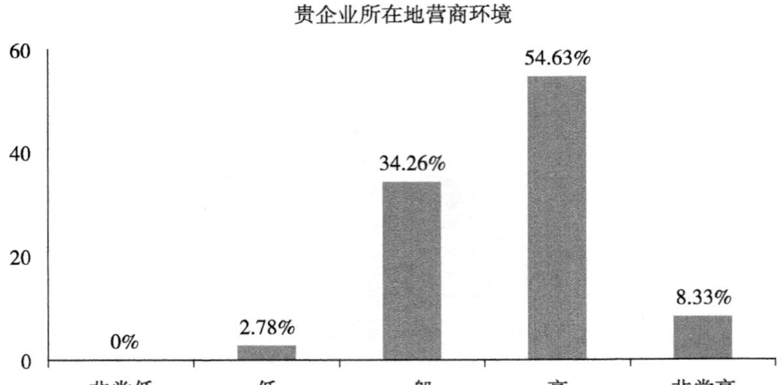

问卷调查统计结果显示，有 54.63% 的企业环境水平很高，然而有 34.26% 的企业，企业环境水平一般。总体来看，行业内的六成企业已经达到了营商环境高的水平，但是依然有近四成的企业的营商环境水平不高。由此可见，应尽量帮助和改善营商环境水平不高的企业，从而提高整个行业的营商环境水平。

⑥ 八成的企业认为开发区管委会为企业提供大量的政策支持

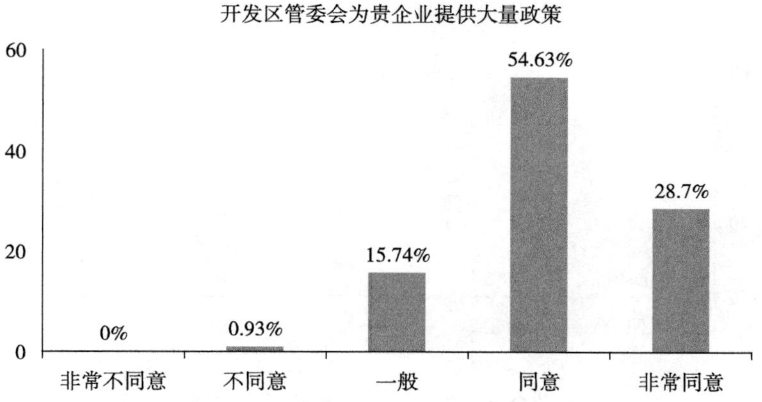

问卷调查统计结果显示，有 54.63% 的企业同意开发区管委会提供了大量政策支持，还有 28.7% 的企业非常同意开发区管委会提供了大量政策支持。可以看到，一方面，企业们对开发区管委会工作的肯定；另一方面，开发区管委会也给予区内企业很大程度上的帮助和政策扶持。

2.3 企业与合作伙伴

① 企业与合作伙伴的信任

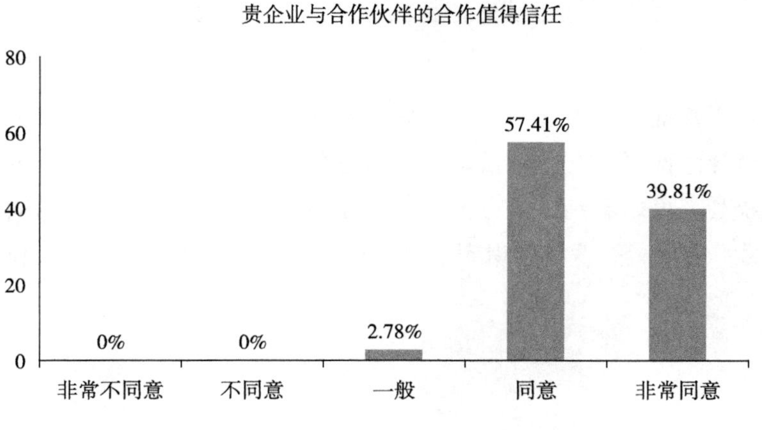

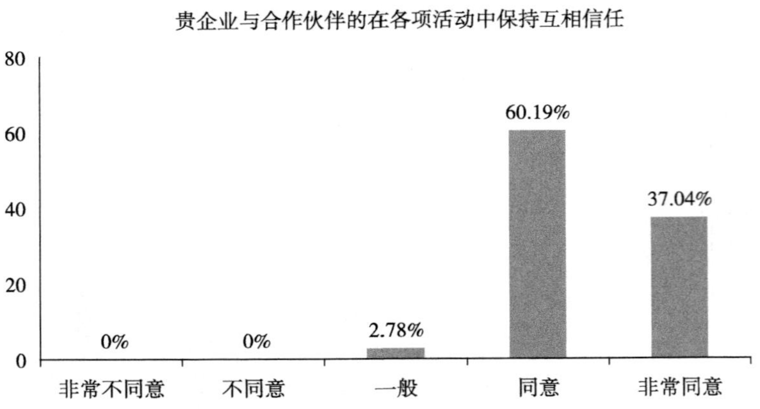

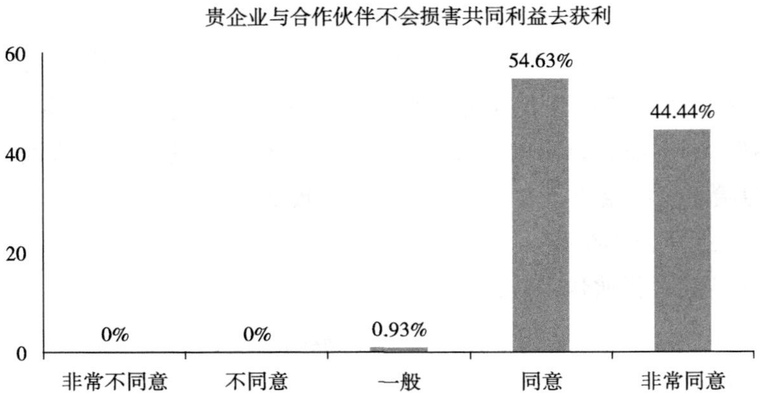

问卷调查统计结果显示，有九成的企业表示自己与合作伙伴的合作值得信任、与合作伙伴的在各项活动中保持互相信任、与合作伙伴不会损害共同利益去获利。可以看到，一方面，各个企业之间相互合作，互相信任的良好局面；另一方面，企业都意识到了只有相互合作，精致团结才能互利共赢。

② 企业愿意与区域内其他企业长期合作

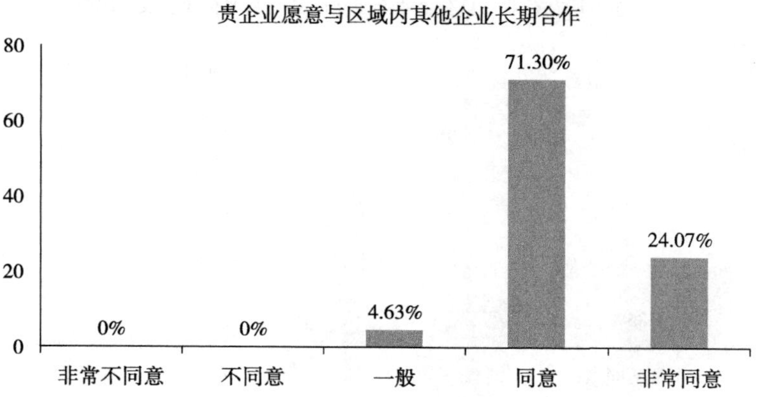

问卷调查统计结果显示，有 71.3% 的企业愿意与区域内其他企业长期合作，24.07% 的企业非常愿意与区域内其他企业合作。可以看到，一方面，行业内的企业非常愿意与区域内的其他企业长期合作；另一方面，通过与区域内其他企业的合作能获得更高的利益和发展空间。

③ 四成企业所在行业经常有新企业进入

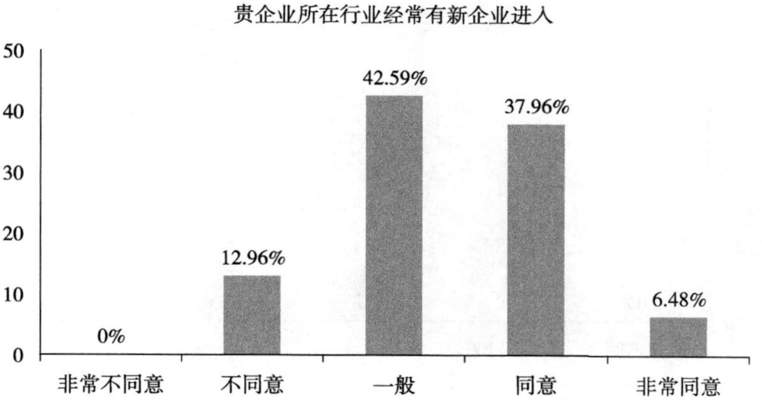

问卷调查统计结果显示，有半数的企业所在行业经常有新企业进入。可以看到，一方面，生物医药行业间不断有新鲜血液注入，发展前景很大；另一方面，该行业的竞争力也在不断增大。

④ 六成的企业表示一旦推出新产品其他企业会及时跟进

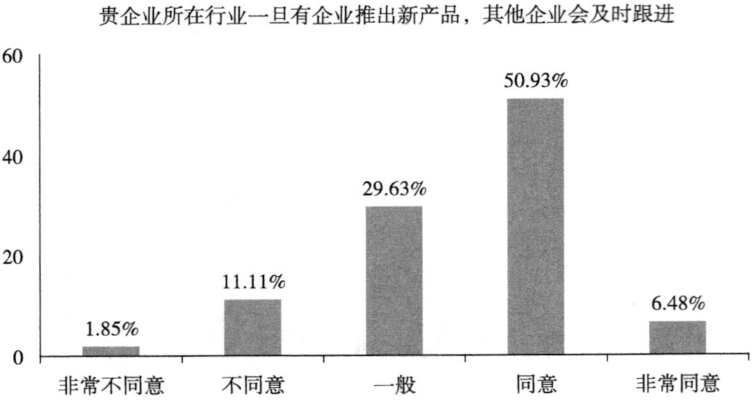

问卷调查统计结果显示，50.93% 的企业同意其他企业会立即跟进自己推出的新产品，6.48% 的企业非常同意其他企业会立即跟进自己推出的新产品。这表明，在新产品推出之后，大量的企业都会及时跟进。

⑤ 八成以上的企业认为自己对合作项目具有较大影响力

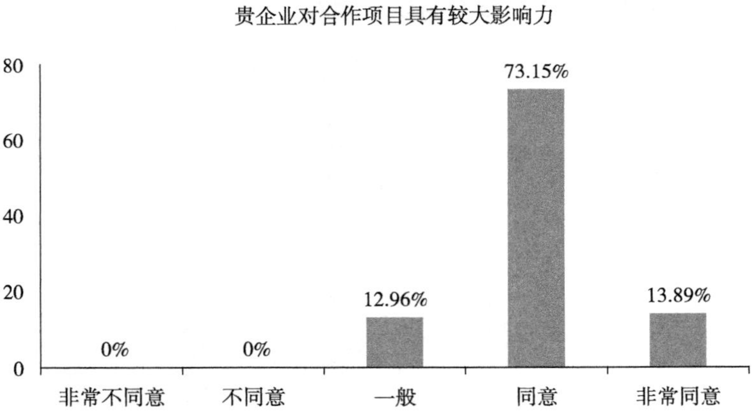

问卷调查统计结果显示，73.15% 的企业同意自己对合作项目具有较大影响力，有 13.89% 的企业非常同意自己对合作项目具有较大影响力。这表明，行业中的大部分企业都在项目中发挥着不可忽视的作用。

⑥ 八成企业直接联系的客户分布范围较广

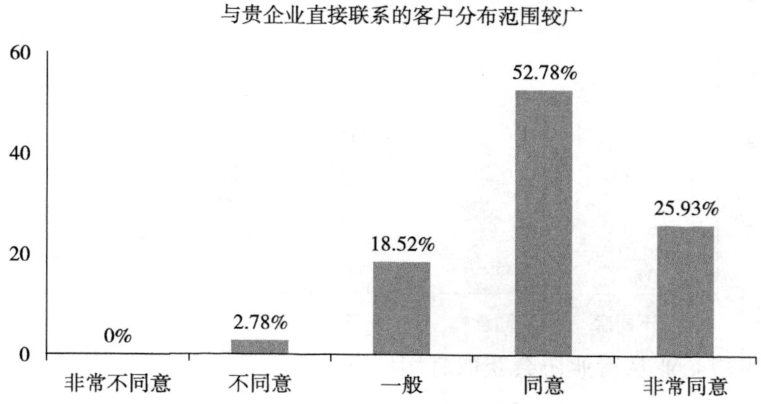

问卷调查统计结果显示，有 52.78% 的企业同意与自己直接联系的客户分布范围较广，25.93% 的企业非常同意与自己直接联系的客户分布范围较广。这表明，大部分企业的客户分布范围较广、非常发散。

⑦ 近八成的企业直接联系的同行企业分布范围较广

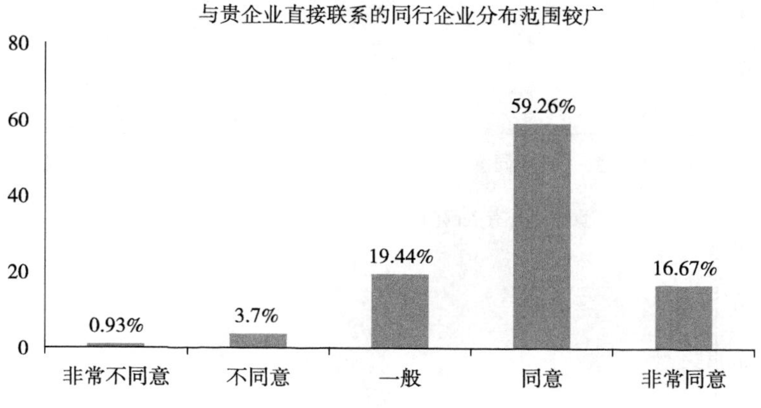

问卷调查统计结果显示，有 59.26% 的企业同意与自己直接联系的同行企业分布范围较广，16.67% 的企业非常同意与自己直接联系的同行企业分布范围较广，19.44% 的企业认为与自己直接联系的同行企业分布范围一般。

2.4 企业的信息获取

① 六成的企业通过合作伙伴获取较多的信息

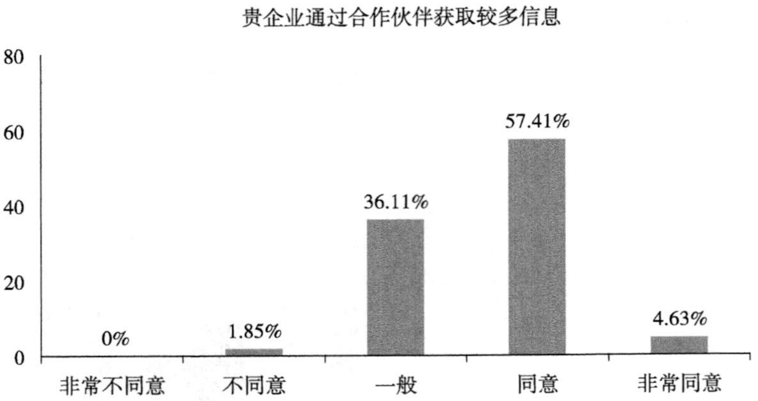

② 半数企业从行业协会获取有用信息

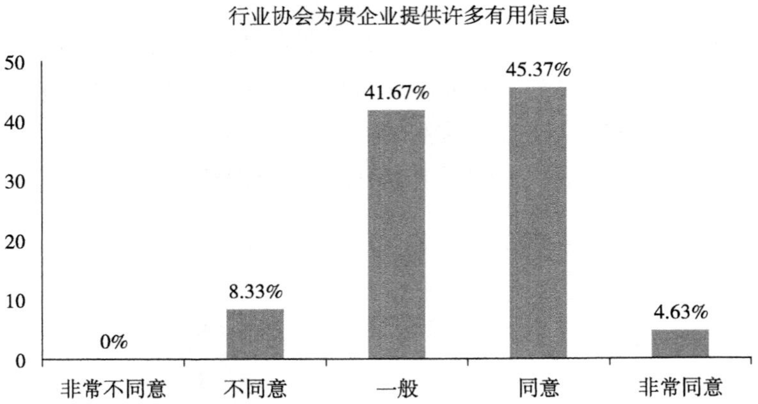

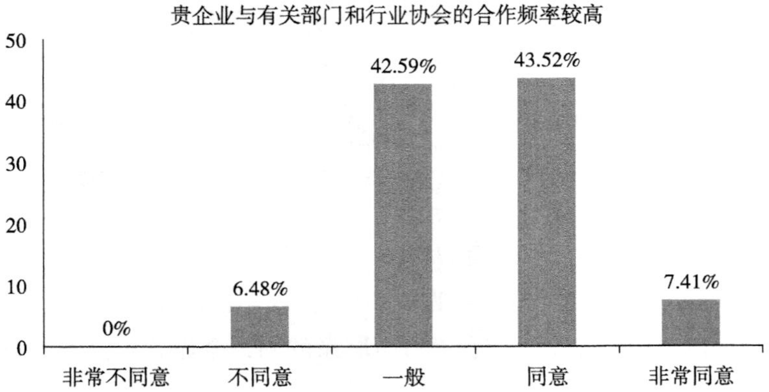

③ 七成的企业通过参加展会和专业市场寻找合作伙伴和信息

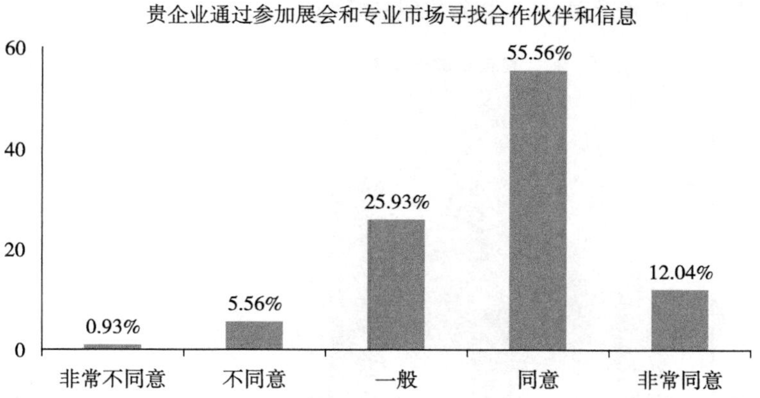

问卷调查统计结果显示，有半数的企业同意行业协会为其提供了许多有用信息、与有关部门和行业协会的合作频率较高。也有半数的企业认为行业协会为他们提供有用信息的程度为一般、与有关部门和行业协会的合作频率为一般。对于行业协会不能提供有用信息、与有关部门和行业协会的合作频率不高的企业，政府可根据行业中企业的实际需求，按照行业发展水平和规模，逐步引导，以便共享资源、开拓市场、集聚发展。

2.5 企业的产品

① 半数企业新产品进入市场速度较快

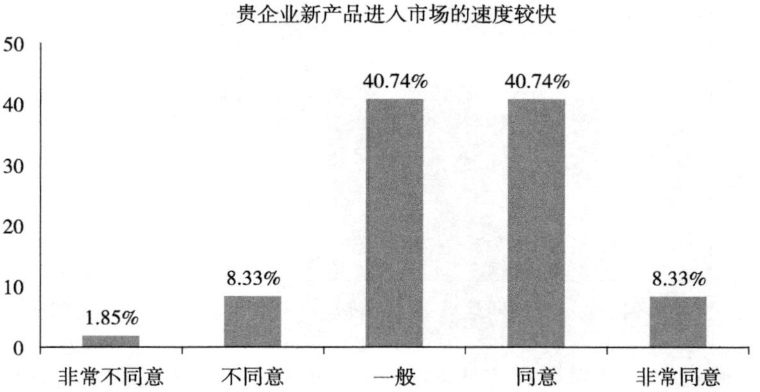

问卷调查统计结果显示，有 40.74% 的企业认为自己的新产品进入市场速度一般，同样的 40.74% 的企业认为自己进入市场速度较快。这说明，还有半数的企业的产品进入市场速度一般。由此可见，政府与企业应该互相交流来改善新产品进入市场速度慢的现状。

② 四成企业新产品进入市场数量较多

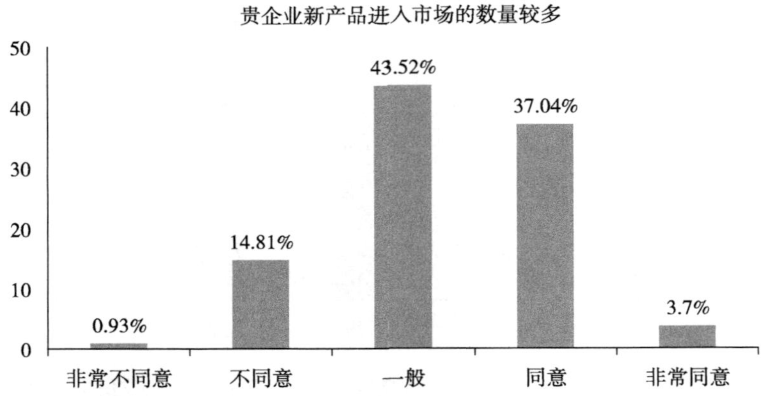

问卷调查统计结果显示，有 43.52% 的企业认为自己的新产品进入市场的数量一般，14.81% 的企业不同意自己新产品进入市场的数量较多。只有 37.04% 的企业同意自己的新产品进入市场的数量较多，有近六成的企业的新产品进入市场的数量不多。

③ 半数企业开发新市场成功率较高

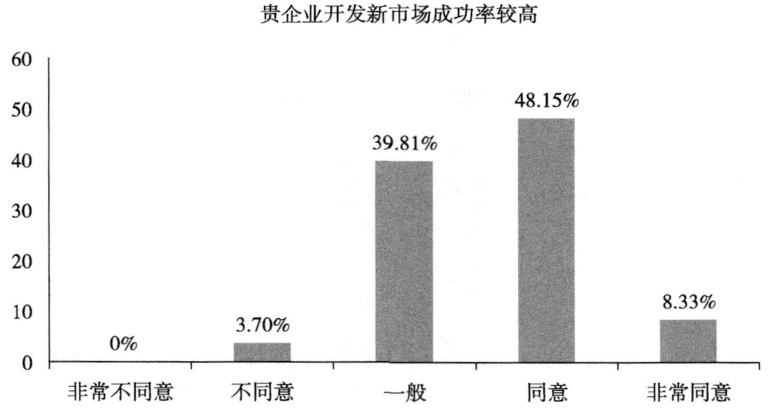

问卷调查统计结果显示，39.81% 的企业认为自己开发新市场成功率一般，48.15% 的企业同意自己开发新市场成功率较高。这表明，只有半数企业开发新市场成功率高，半数企业开发新市场成功率不高。

④ 七成企业开发新产品的差异化程度较高

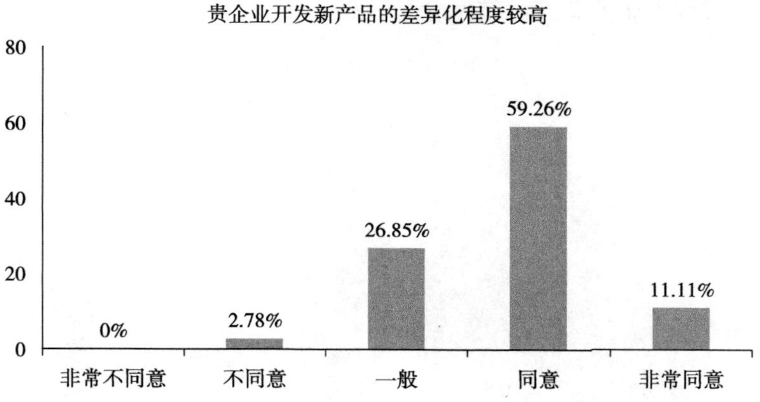

问卷调查统计结果显示，59.26% 的企业同意自己开发新产品的差异化程度较高，11.11% 的企业非常同意自己开发新产品的差异化程度较高，26.85% 的企业认为自己开发新产品的差异化程度一般。

⑤ 七成企业新产品研发成功率较高

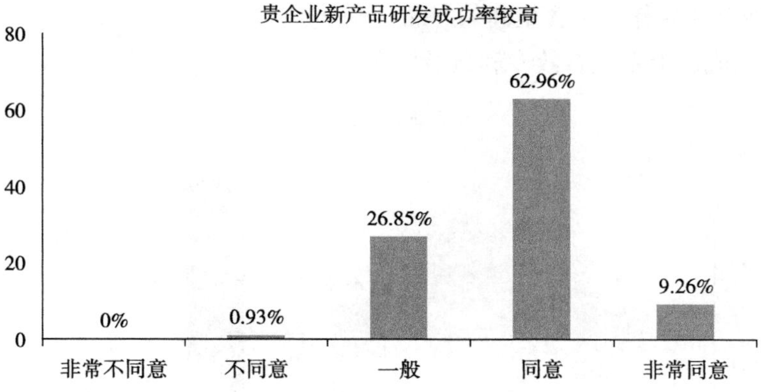

问卷调查统计结果显示，62.96% 的企业同意自己新产品研发成功率较高，9.26% 的企业非常同意自己新产品研发成功率较高，26.85% 的企业认为自己新产品研发成功率一般。可以看出，有七成企业的新产品研发成功率处于较高的地位。

⑥ 九成以上企业新产品技术含量较高

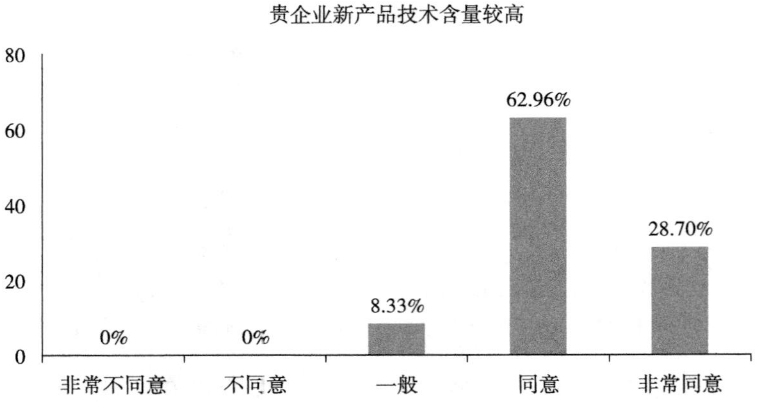

问卷调查统计结果显示，62.96% 的企业同意自己新产品技术含量较高，28.7% 的企业非常同意自己新产品技术含量较高，8.33% 的企业认为自己新产品技术含量一般。这表明，有近九成企业新产品技术含量较高，也说明了行业内企业都在制作技术含量高的产品。

⑦ 六成以上企业有效专利数量较多

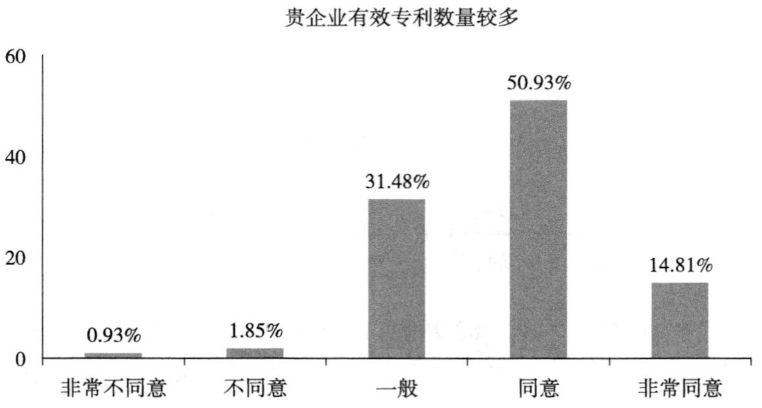

问卷调查统计结果显示，50.93% 的企业同意自己企业有效专利较多，14.81% 的企业非常同意自己企业有效专利较多，31.48% 的企业认为自己企业有效专利一般。

⑧ 占四分之三的企业拥有创新项目较多

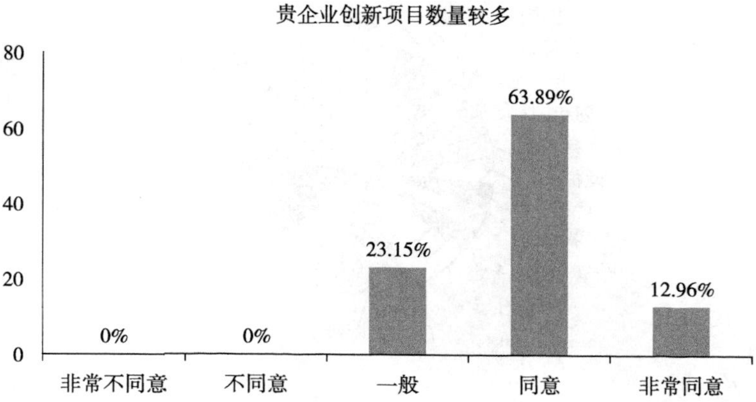

问卷调查统计结果显示，63.89% 的企业同意自己企业创新项目较多，12.96% 的企业非常同意自己企业创新项目较多，23.15% 的企业认为自己企业创新项目数量一般。这表明，行业内的大部分企业创新项目数量较多。

⑨ 七成企业新产品收入占产品总收入比重逐年增加

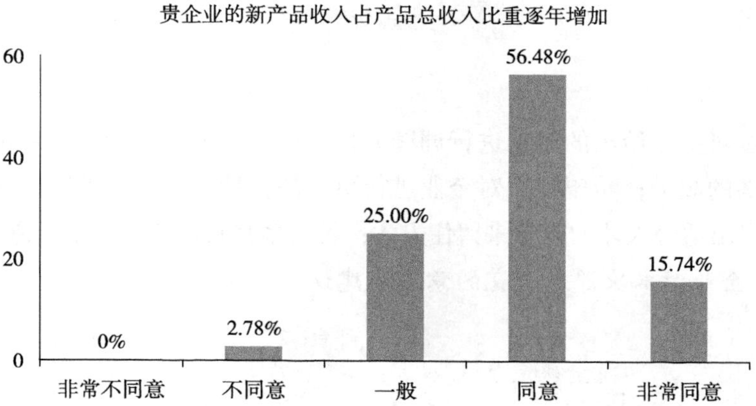

问卷调查统计结果显示，56.48% 的企业同意自己新产品收入占产品总收入比重逐年增加，15.74% 的企业非常同意自己新产品收入占产品总收入比重逐年增加，25% 的企业认为自己新产品占产品总收入比重逐年增加程度一般。

2.6 企业对开发区政府的意见和建议

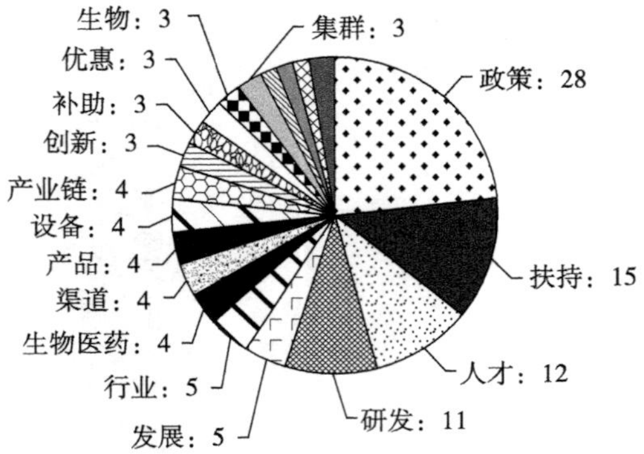

通过对企业给出的意见进行词频分析，可以看出企业希望政府出台适合企业发展的政策；希望政府对企业进行更多的扶持；希望能够吸纳更多的人才，并提出适合人才的政策来留住人才；希望多些政策信息分享渠道。

2.7 企业对本次课题研究的意见和建议

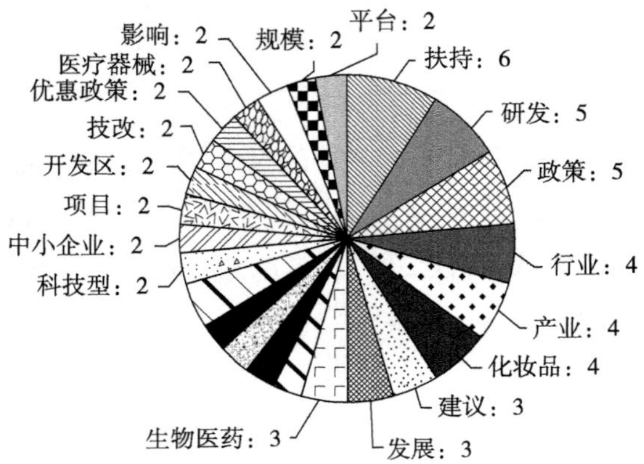

通过对企业给出的意见进行词频分析，企业希望能够多给企业优惠政策和扶持，并在研发方面能够得到更多的支持。

2.8 结语

本问卷广泛征求了在区域经济和产业研究领域的专家意见，指出了在问题设计上存在不足，有待进一步优化提升。课题组将在未来工作中将进一步把问卷问题安排合理、合乎逻辑、通俗易懂，问卷发放形式更加简单、便捷、人性化、激发被调查者的兴趣，切实达到问卷调查的目的，再根据所获取的数据进行科学严谨的分析，得到更接近事实的结论。最后，感谢黄埔区、广州开发区相关部门、有关单位领导的大力协助，感谢黄埔区、广州开发区政策研究室政策兑现处在整个调查问卷过程中给予的大力支持和帮助，感谢广州开发区受访企业的大力协助，特此鸣谢！

后 记

当前正处在人类历史上少有的“万方多难”的时刻。新冠肺炎疫情影响了全世界所有国家、全部人口，成为自二战结束以来全人类共同面对的最严重的一场危机。新冠肺炎病毒大流行加剧了全球动荡，中美矛盾受疫情影响被加倍放大，出现了百年难遇的传染病大流行和百年未有之国际变局，两者相互叠加又相互激荡，使国际体系不仅遭受了“量变”的冲击，更加速了“质变”的到来。在这次新冠肺炎疫情中，我国也暴露出了自身多方面的短板和不足：一是公共卫生、疾病防控体系建设与经济建设不相匹配；二是如遇足以威胁人类健康的突发重大公共安全事件，现有应急响应机制难以有效应对；三是科技创新成果对临床问题导向性不强，数据共享及转化应用渠道不够通畅，而且相关安全等级实验室短缺；四是在应对新发特大突发公共卫生事件时，各地医疗供给、生物安全产品等战略储备普遍不足，公共卫生应计投入、医疗物资的既有和产能储备等均存在短板，生物产业及应急产业发展体系尚不健全。面对新冠肺炎疫情带来的冲击，我国应提高警惕、超前进行生物安全与应急产业布局与提升，开拓政策空间，尽可能降低疫情对我国经济社会发展带来的负面影响。本书重在传递国际先进经验、梳理国家战略部署、提供黄埔实践方案。

本书详细介绍了生物安全与生物安全产业。生物安全应包括三个方面的主要内容：一是防范非人为因素引发的生物安全风险，如生物入侵、自然界传染病等；二是防范人为生物风险的生物安保，如实验室生物安全、生物恐怖袭击等；三是防范危害国家安全的生物遗传信息泄露风险，捍卫生物主权。可以理解为：生物安全是保障全球 70 亿人口生命健康的守门员（全过程生物安全处置产业）、救生员（全覆盖公共卫生应急救生产业）和确保 14 亿中国人生物主权安全的边防战士（自主可控的生物医药产业）。毋庸置疑，未来几年生物安全产业将迎来爆发阶段。

根据对黄埔区、广州开发区的生物安全产业现状的分析，以及国内外类似案例的综合考察，黄埔区、广州开发区已经具备生物安全上下游产业基础，并且基于企业、行业的发展需求，以及国家层面对生物安全的需求，黄埔区将以“粤港澳大湾区生物安全创新港”区域为基础，以打造世界级创新型生物安全产业集群、形成全球生物安全能力中心、建设国际生物安全示范区为发展目标，构建“三位一体”的全球顶尖生物安全产业基地。